Straß Wald · Wedt Thör · Kayser B. · Mauck · Brucker Ba. · Gaftey Bühel

Kaiser B. · Kaiser A. · Kaiser B. · Schatter A. · Schatter A. · Lixlfelden

Bühel · Trefauer Kaiser B. · Streif Kopf B. · Kaiser A. · Vatter A. · Gscheyr B. · Hofla Bährftette

Gschau · Schiflung · Weeg · Schaud auf · Alt Kaiser · Wallenbrun · Rey A. · Retter Ba. · Rumla · Schwent ling · Laufke

Greuden · Trefaus Scheffau · Klein Horngach · Groß au · Witschwients · Bram · Afch au · Granda · Rettenbach Spittal · Taxa

Seebach Niedft · Schef au · Wald Wiben · Gschwent Stanßl · Buchberg · Linde · Sperten · Alpend

Bockhau Beer Bühel Berg · Schwarze · Ober Leuten · Hausbach · Eben · Ahen Fl. · Rer Bühel · Eberharting · Apfeldorf Buchberg

Grabach · Fallbühel · Elmau Gaigen · Holerau · Hausen berg · Oberdorf · Weibledorf · Wiesen schwang · Pauite

Brandfeld B. · Hoch Gschwent zu Weißen · Foidftedt · Nieder Achen · Kogl B. · zum Haus · Haslach · Stein Ba. · Grün wald

Schwirnungftell · Hart Kaser · in der Weif · Wetzach B. · Tanz B. · Reitt · Hofenberg · Steinbach · Sauregg · Kizbühler Horn B.

Nock · Holz A · Schaft Stein B. · Minich au · Gringer Way · Hörla · Grüb · Unter Walchen Ba. · Dra A.

Grabolz · Brixner Sonn Berg · Feuring Spertendorf · Gund habing · Schwarz See · Oberau Griesenau · Tau Kogl

Mayerhof · Brixen im Th. · zu leger · Wacht Haus auf Kögl · Löwenberg · KIZBÜHEL · Unter leuten · Kapsburg

Hofen · Lauterbach · Kirchberg · Klausen · Rettenberg · Sinbell · Hausberg · Kapsburg · Stockangen

Arnberg · Feuring · Kas Bühl · Beckenf A. · Knie paß · auf Högl · Stockach · Mönachsacher B.

Buchten dendorf · Geu B. · Horn Anger · Nieder O · Aurg

Lchrung Gaug B. · Gug B. · Berger Gruben · Hofer Ba. · zu Ho · Bergen · Ober Wiesen

Guep B. · Tufen · Neuerster Kor · Auer Alp Th. · Steinbach au · Kra Thal · Auer Mayrhf · Au Schmo

auf der Gaßen Retten B. · Klein Moos · Feldkasen · Hoch Kasen · Sau Kaser · Thalsau Kaser · Gföll · Tu Th.

Schutte B. · Aschau · Igler A. · Jochberg Reitt · Ober Nieder Wald

Salmfchlag · Gleger · Koliwell Brun · Schm... · Kögl · Pathen achen · Dalz L. · Oberwald Spittal

Achna · Leger Grund · Rettenstein · Schau... · Blau See · in Grund · Au Ba. · Brofs Ba. · Ampfeld zal moos · Wacht H.

Winacht Achenba. · Mier Ba. · Sperner Grund · Sperner Thal · Schönlai · Schönta

R · U · Sperten Aht Fl. · Reiten Ba.

D1719341

Familie Layer

BRIXEN IM THALE 788–1988
EIN HEIMATBUCH

Ein herzliches

Dankeschön

für 25 Jahre

Treue in

Brixen i. Thale

-Bachler Rosemarie-

3. Jänner 1996

Brixen im Thale
788–1988

Ein Heimatbuch

HERAUSGEGEBEN VON
SEBASTIAN POSCH

SCHLERN-SCHRIFTEN 281

UNIVERSITÄTSVERLAG WAGNER · INNSBRUCK 1988

Die Schlern-Schriften wurden 1923 von Raimund v. Klebelsberg gegründet

Herausgegeben von em. Univ.-Prof. Dr. Dr. h. c. Franz Huter

Für den Inhalt ist der Verfasser verantwortlich

Das Umschlagbild zeigt das Dorfzentrum von Brixen um 1885 mit Kirche, Widum, Brixnerwirt und Schulhaus. Ölbild von Kooperator Georg Mayer. (Siehe Seite 241, Inv. Nr. 44. Foto A. Frischauf). Der Vorsatzbogen zeigt einen Ausschnitt aus dem „Atlas Tyrolensis 1774" von Peter Anich und Blasius Hueber im Originalmaßstab 1:103.800. Der Nachsatzbogen zeigt einen Ausschnitt aus dem Güterverzeichnis des Bischofs Arno von 788. (Siehe auch Farbtafel neben Seite 96)

CIP-Titelaufnahme der Deutschen Bibliothek

[Brixen im Thale siebenhundertachtundachtzig bis neunzehnhundertachtundachtzig]
Brixen im Thale 788–1988: e. Heimatbuch/
hrsg. von Sebastian Posch. — Innsbruck:
Univ.-Verl. Wagner, 1988

(Schlern-Schriften; 281)
ISBN 3-7030-0200-X

NE: Posch, Sebastian [Hrsg.]; Brixen ⟨Thal⟩; GT

Grafische Betreuung: Hannes Weinberger

Herstellung: Druckerei G. Grasl, A-2540 Bad Vöslau

VORWORT

Das Vorwort eines solchen Buches enthält in der Regel dreierlei: eine Erklärung, eine Entschuldigung und einen Dank. Die Erklärung nennt den Anlaß und
rechtfertigt die gewählte Form, die Entschuldigung betrifft die unvermeidlichen
Lücken und die vermeidbaren Versehen, der Dank gilt den Mitarbeitern und den
großzügigen Förderern.

Der Anlaß dieses Buches ist die 1200-Jahr-Feier der ersten urkundlichen Erwähnung Brixens im Güterverzeichnis des Bischofs Arno von Salzburg aus dem
Jahr 788. Seine eigentlichen Wurzeln hat aber dieses Unternehmen in einem
neuen, unpathetischen Heimatgefühl. In einer grenzenlos gewordenen Welt, in
der es manchmal den Anschein hat, als wäre das Kennenlernen fremder Länder
und Lebensformen das Hauptziel menschlichen Lebens, wächst auch — oft unbe-
wußt — die Sehnsucht nach einem festen Punkt der Sicherheit und Orientierung.
Und was wäre dazu besser geeignet als die engere Heimat mit ihren vielfachen
und beständigen Bindungen? Gerade weil wir so viel Fremdes kennen, können wir
heute auch das Eigene besser verstehen und das Eigenständige in seinem Wert
eher begreifen.

Jeder Ort in unserem Tal hat als Ergebnis einer jahrhundertlangen Entwicklung seine unverwechselbare Eigenart. Die eigene Art Brixens, die seine Bewohner prägt und die weitere Entwicklung des Dorfes maßgeblich mitbestimmen
wird, diese Eigenart Einheimischen wie Gästen wenigstens in groben Umrissen bewußt und sichtbar zu machen, ist das Ziel dieser Gemeinschaftsarbeit.

Das Buch ist in mannigfacher Hinsicht ein Kompromiß, aber nicht im Sinne
eines mühsam erzwungenen Ausgleichs auf der Basis des kleinsten gemeinsamen
Nenners, sondern im Sinne eines bewußt angestrebten Verbindens divergierender
Elemente, eine mehrfache Quadratur des Kreises sozusagen.

Brixen war durch lange Zeiten hindurch der geistlich-geistige Vorort des nach
ihm benannten Tales. Hieraus erwächst ganz von selbst eine gewisse Gelassenheit
und ein gesundes Selbstbewußtsein. Dies äußert sich in unserem Fall darin, daß
der größere Teil des Buches von Brixner Autoren verfaßt wurde. Die Weltoffen-
heit der heutigen Fremdenverkehrsgemeinde mag man anderseits darin dokumentiert sehen, daß wir uns auch ganz bewußt — und mit Erfolg — um eine Reihe
namhafter auswärtiger Mitarbeiter bemüht haben. Damit ist einerseits übertrie-
benem lokalpatriotischem Subjektivismus vorgebeugt, zum andern aber kann man
aus diesem Verbinden von eigener und fremder Leistung ablesen, daß wir nicht
nur ein Dorfbuch für eine einheimische Leserschaft schaffen wollten, sondern daß
wir auch Nichtbrixner ansprechen, ja daß wir mit dem einen oder anderen Beitrag
auch Fachwissenschaftler erreichen möchten. Dieser Verschiedenheit der Ziel-

gruppen entspricht die Verschiedenheit der Mitarbeiter: an die Seite von Fachleuten, die in ihren Bereichen bereits bestens ausgewiesen sind, treten Autoren, die hier ihre Erstlingsarbeiten vorlegen.

Man wird unschwer erkennen, daß das Buch eine starke historische Komponente hat, doch wollten wir neben der Geschichte und der Kunst auch die Naturwissenschaft und die Wirtschaft nicht zu kurz kommen lassen, sollte neben der Vergangenheit auch die Gegenwart ihren gebührenden Raum erhalten. Es kam uns nicht darauf an, die Vergangenheit im weichen Licht des Abends als eine leider entschwundene Idylle zu malen, wir möchten sie lieber als festen Maßstab für unsere Gegenwart gewertet wissen. Wir müssen heute leben — und Leben bedeutet ständige Veränderung. Der Blick zurück kann uns die Entscheidung für das Morgen nicht abnehmen, aber er kann uns helfen, das rechte Maß zu finden.

In einer Zeit, in der die Liebe zum Wort und die Fähigkeit zum gewählten sprachlichen Ausdruck ebenso rasch abnimmt, wie die Bilder, die uns die Worte ersetzen sollen, an uns vorübergleiten, war die Versuchung groß, ein schönes „Bilderbuch" zu gestalten. Wir hoffen, daß unser Buch trotz der reichen Bebilderung doch ein „Lesebuch" geworden ist.

Nun zur Entschuldigung. Es ist gar keine Frage, daß manchem manches fehlen wird. Dafür gibt es in vielen Fällen plausible Gründe, etwa den, daß wir die Ergebnisse des verdienstvollen Verfassers der kirchen-, kunst- und heimatgeschichtlichen Monographie über Brixen im Thale aus dem Jahr 1936, Matthias Mayer, nicht einfach wiederabdrucken wollten; in solchen Fällen muß der Leser jenes von uns oft zitierte Werk selbst in die Hand nehmen.

Es gibt aber auch in den anderen Bereichen Lücken und Ungleichgewichte. Das ist die Kehrseite einer Gemeinschaftsarbeit. Wenn der Schriftleiter nicht mit harter Hand die einzelnen Beiträge zurechtstutzen und ihnen so den Reiz der Individualität nehmen will, entstehen Einseitigkeiten und Ungleichgewichte. Was an einem Ort zuviel ist, fehlt dafür andernorts. Tröstlich ist, daß sich die ganze Vielfalt dörflichen Lebens ohnehin nicht zwischen zwei Buchdeckel pressen läßt, schon gar nicht, wenn man die Entwicklung über längere Zeiträume hinweg verfolgen will.

Wenn das Ergebnis unseres Bemühens den Erwartungen des geneigten Lesers nicht immer entspricht, möge er dies darauf zurückführen, daß unsere Fähigkeiten, unsere Hilfsmittel und die Zeit, die uns zugemessen war, nicht ausgereicht haben; am guten Willen hat es nicht gefehlt, nichts ist mit Absicht „vergessen" oder zurückgesetzt, nichts wider besseres Wissen allzusehr ins Licht gerückt worden.

Gerne erfülle ich im folgenden die angenehme Pflicht des Dankens. Der erste Dank gebührt den Mitarbeitern insgesamt und im besonderen jenen aus Brixen. Gemeinsam mit Hochw. Herrn Dekan Herbert Haunold und Josef Wurzrainer haben sie mich bei der Planung und Durchführung des Werkes mit Rat und Tat unterstützt und damit wieder einmal als wahr erwiesen, daß auch jene Brixner, die von Studium und Beruf anderswohin geführt wurden, mit unwandelbarer Liebe an ihrer Heimat hängen und sich ihrer Verantwortung für sie bewußt sind.

Herrn OR Dr. Franz Caramelle danke ich für seine fachkundige Beratung und Hilfe bei der Auswahl und Besorgung von Bildmaterial, Herrn Anton Flecksberger aus Kirchberg für seine bereitwillige Mitwirkung bei der Lokalisierung von Urbargütern. Für mannigfache Unterstützung in schwierigen Situationen bin ich dem Herrn Direktor und den Mitarbeitern des Tiroler Landesarchivs in Innsbruck verpflichtet. Nicht unerwähnt sollen auch die wertvollen Dienste sein, die die Angestellten der Brixner Gemeindekanzlei geleistet haben.

Ein zweites Wort des Dankes soll jenen gelten, die durch großzügige finanzielle Förderung die Drucklegung ermöglicht haben: der Gemeinde Brixen im Thale mit Herrn Bürgermeister Johann Nagele, dem Fremdenverkehrsverein des Ortes unter Obmann Alois Strasser, der Raiffeisenkasse Brixen im Thale unter Obmann Matthias Riedl, der Kulturabteilung des Amtes der Tiroler Landesregierung mit Herrn LHStV Prof. Dr. Fritz Prior und Hofrat Dr. Ernst Eigentler. Einen besonderen Dank möchte ich jenen zahlreichen Brixnern abstatten, die durch die Finanzierung von Farbtafeln einen ganz wesentlichen Beitrag zur gediegenen Ausstattung des Werkes geleistet haben. Jenen, die alte Fotos zur Verfügung gestellt haben, sei ebenfalls für ihre Bereitschaft gedankt. Dankbar sei schließlich auch die ideelle Unterstützung durch das rege und stetige Interesse der Brixner Bevölkerung am Fortgang des Werkes vermerkt.

Daß manche freundliche Erkundigung eigentlich eine Äußerung der Besorgnis war, ob da schlußendlich doch etwas Brauchbares herauskommen werde und zwar zur rechten Zeit, habe ich nicht überhört. Auch solche Äußerungen der überlegt-skeptischen Brixner Art haben ihre positive Wirkung getan. Ist der Einsatz hoch, der auf dem Spiele steht, wird auch der eigene Einsatz größer.

Für die Aufnahme des Buches in die angesehene Tiroler Reihe der „Schlern-Schriften" statte ich Herrn em. o. Univ.-Prof. Dr. Franz Huter meinen ergebenen Dank ab. Bei aller Treue zur Erzdiözese Salzburg, der wir seit mehr als 1200 Jahren zugehören, sind wir doch auch sehr bewußte Tiroler. Wir freuen uns, daß dieses Bekenntnis zum ganzen, ungeteilten Tirol durch die Aufnahme unseres Dorfbuches in die erwähnte Reihe seinen sinnfälligen Ausdruck findet.

Nicht unbedankt soll schließlich die gute Zusammenarbeit mit Verlag und Druckerei bleiben. Herr Mag. Gottfried Grasl und seine Mitarbeiter haben mit ebensoviel fachlicher Kompetenz wie persönlichem Einsatz und stetigem Entgegenkommen das Werk betreut.

Brixen im Thale, im Juni 1988   Dr. Sebastian Posch

INHALTSVERZEICHNIS

ANHANG

DER LEBENSRAUM

Geologische Gliederung, Lagerstätten und Bergbau

Von Franz Vavtar

Geologischer Rahmen

Die Gesteine der Erdkruste sind als Bodenbildner und Wasserspeicher für die Nahrung und somit für die Existenz von Pflanzen, Tieren und Menschen von entscheidender Bedeutung.

Mit ihrem Stoffbestand hängt ursächlich auch die Bildung der unterschiedlichen Landschaftsformen zusammen. Von diesen wird wiederum der „Menschenschlag" geprägt. So unterscheiden sich die Tiroler Unterländer, umgeben von weiten Tälern und sanften Bergrücken, nicht nur in ihrem Dialekt von den Tiroler Oberländern, die in engen, von markanten Felsformen gesäumten Tälern wohnen.

Brixen im Thale gibt dem Tal, das sich in Ost-West-Richtung zwischen Kitzbühel und Wörgl in den Kitzbüheler Alpen erstreckt, den Namen. Diese werden zur geologischen Einheit der sogenannten „Nordtiroler Grauwackenzone" gerechnet, welche im Norden durch die „Nördlichen Kalkalpen" und im Süden durch die „Zentralalpen" begrenzt wird. Der Stoffbestand der Gesteine der Grauwackenzone umfaßt vor allem umgewandelte feinkörnige, tonige, mitunter auch sandige Bildungen des Erdaltertums (Paläozoikum). Sie sind relativ weich, verwittern leicht und bilden sanft geformte Erhebungen, die bis in die Gipfelregionen mit Humus bedeckt und bewachsen sind. Nur dort, wo Kalk- und Dolomitgesteine vorherrschen, z. B. am Kitzbüheler Horn, am Großen Rettenstein oder am Gaisberg kann man mitunter schroffere Felsbildungen feststellen.

Nach dem derzeitigen Wissensstand läßt sich für die Kitzbüheler Alpen folgende Entstehungsgeschichte skizzieren:

Am Beginn des Ordoviziums — das ist eine Zeiteinheit des Erdaltertums — setzte vor rund 500 Millionen Jahren in einem Meeresbecken, welches südlich der heutigen Zentralalpen lag, die Bildung der „Tieferen Wildschönauer Schiefer" ein. Im Laufe von rund 50 Millionen Jahren sammelte sich auf dem altkristallinen Meeresboden Schicht für Schicht ein rund 1000 m mächtiges, tonig-sandiges Schlammpaket. Darin treten immer wieder ausgedehnte vulkanische Aschenlagen auf, denen bis 60 m mächtige Lavaströme untermeerischer Vulkanergüsse schichtparallel zwischengeschaltet sind. Spätere Gebirgsbildungsphasen, verbunden mit Temperaturerhöhungen, führten zu Veränderungen im Mineralbestand und im

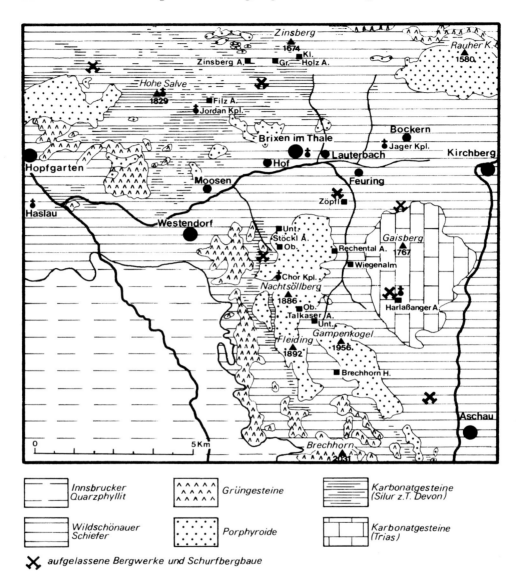

Geologische Skizze des Brixentales und der angrenzenden Gebiete; modifiziert nach
Ohnesorge (1913)

Gefüge dieser Ablagerungen. Aus den Tongesteinen entstanden feinschuppige,
meist hellgraue, in der Hauptsache aus hellen Glimmern und feinkörnigem Quarz
bestehende Phyllite. Die vulkanischen Produkte wurden umgeformt zu grünlichen,
vorwiegend aus Feldspäten, Augit, Hornblende und Chlorit bestehenden sogenannten „Grüngesteinen". Im Steinbruch bei Oberndorf nördlich von Kitzbühel
werden diese Grüngesteine als Schotter gewonnen.

Vor etwa 450 Millionen Jahren begann sich der damalige Meeresboden zu heben. Das Meer wurde zurückgedrängt und es entstand eine mehr oder weniger flache Festlandsplatte. Mit diesen Krustenbewegungen ging ein ausgedehnter Vulkanismus einher. Durch gewaltige Vulkanausbrüche wurde Gesteinsschmelze hochgeschleudert und in Form dichter, halbflüssiger Glutwolken kilometerweit transportiert und als „Feuerregen" (Ignimbrit) abgelagert. Die Produkte dieser vulkanischen Tätigkeit wurden umgewandelt zu den sogenannten „Porphyroiden", die aus einer dichten, mit bloßem Auge nicht differenzierbaren Grundmasse mit größeren Quarz- und Feldspateinsprenglingen bestehen. Porphyroide finden sich westlich der Hohen Salve und am Rauhen Kopf. Auch die Gipfelregionen des Nachtsöllberges, des Fleiding und des Gampenkogels bestehen daraus.

Durch weiter anhaltende Krustenbewegungen zerbrach schließlich am Beginn der Silurzeit, vor etwa 420 Millionen Jahren, diese einheitliche Festlandsplatte in einzelne Schollen, die absanken und neuerlich vom Meer überflutet wurden. Lokal wurde grobkörniges Aufarbeitungsmaterial des Untergrundes angeschwemmt. Reste davon sind z. B. im Klausenbach Graben bei Kitzbühel als 80 m mächtiges Schichtpaket erhalten. Vergleichbare Bildungen kann man auch im Bereich der Spießnägel, südlich von Aschau, und im Graben von Achenberg auf dem Nachtsöllberg, südlich von Brixen im Thale, feststellen (Mostler, 1968).

Je nach Ablagerungsraum und -bedingungen im damaligen Meeresbecken können wir heute unterschiedlich zusammengesetzte, jedoch gleichalte Gesteine aus dieser erdgeschichtlichen Epoche unterscheiden. Zum einen handelt es sich um maximal 200 m mächtige, feinkörnige, tonig-sandige Schlammschichten, die durch spätere Gesteinsumwandlungen zu Phylliten der sogenannten „Höheren Wildschönauer Schiefer" umgeformt worden sind. Zum anderen handelt es sich um ein mehrere Zehnermeter mächtiges, durch Tonverunreinigungen mitunter dunkel gefärbtes Kalk-Dolomit-Gesteinspaket. Darin sind aus Kalk bestehende Skelett- und Gehäuseteile damals im Meer lebender Tiere enthalten. Neben Bruchstücken von Muschelschalen und Schneckengehäusen sowie Stielgliedern von Seelilien (Crinoidea) kann man auch Reste von Panzern der krebsähnlichen Dreilapper (Trilobita) oder von den tütenförmigen Gehäusen der Geradhörner (Orthocerida), die mit den heutigen Tintenfischen verwandt sind, finden. Von besonderer Be-

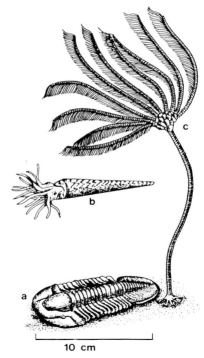

Rekonstruktionen eines Trilobiten (a), eines Orthoceras (b) und einer Crinoide (c) nach Zeichnungen von McKerrow (1981)

deutung für eine exakte zeitliche Zuordnung dieser Gesteine sind millimeter-
kleine, zahn- und kammförmige Skelettreste eines vermutlich wurmartigen Tieres
(Conodonten).

Den Kalk-Dolomit-Gesteinen, deren Ablagerung vermutlich bis in die Devonzeit (390—350 Millionen Jahre) andauerte, sind in den unteren, d. h. älteren Abschnitten als Folge erneuter vulkanischer Aktivitäten verfestigte Aschen zwischengeschaltet. In den oberen Bereichen treten aus Quarz bestehende „Kiesel-
schiefer"-Lagen auf. Die für die Bildung des Quarzes notwendige Kieselsäure
stammt wohl vom Gehäuse kleinster Lebewesen (Radiolarien), welche bevorzugt in
größeren Meerestiefen ab 100 Meter lebten.

Reste dieser kalkigen Ablagerungen der Silur- und Devonzeit sind vor allem
nördlich und nordöstlich von Brixen im Thale im Bereich der Hohen Salve und des
Zinsberges noch erhalten. Entsprechende Gesteinspakete können auch am Kitzbüheler Horn festgestellt werden.

Ablagerungen der Steinkohlenzeit (350—260 Millionen Jahre) sind bis jetzt
aus dem Abschnitt der „Nordtiroler Grauwackenzone" zwischen Wörgl und Kitzbühel noch nicht nachgewiesen worden. In dieser Zeit kam es zu intensiven Bewegungen der Erdkruste, wodurch die im Laufe von 150 Millionen Jahren übereinan-
dergestapelten Schichtpakete seitlich zusammengepreßt wurden. Die Folge sind
Überschiebungen ursprünglich nebeneinander liegender Schichtfolgen; ältere
kamen auf jüngeren zu liegen. Die Gesteine wurden schließlich zu einem Gebirge
aufgefaltet (= variszische Gebirgsbildungsphase). Mit dem Emporheben der Gesteine über das Meeresspiegelniveau setzte jedoch gleichzeitig auch ihre Abtragung ein. Die Gebirge wurden allmählich wieder eingeebnet und weite Teile des
damaligen Festlandes mit Geröll- und Schuttmassen bedeckt.

Im ausgehenden Erdaltertum drang das Meer wieder über das abgetragene, variszische Gebirge vor. Über rötlichen, grobkörnigen Geröllen und feinkörnigen
Sandsteinen sowie Tonschiefern der Permzeit (280—230 Millionen Jahre) wurden
Kalk- und Dolomitgesteine der Trias-, Jura- und Kreidezeit abgelagert. Von diesen
Gesteinen des Erdmittelalters (Mesozoikum), welche sich in den Nord- und Süd-
alpen zu mächtigen, schroffen Felsformationen türmen, sind in unserer Gegend
nur mehr Reste — z. B. die obersten 300 m des Gaisberges — erhalten. Sie wurden
während einer zweiten Gebirgsbildungsphase in die unterlagernden Gesteine ein-
gemuldet und waren auf diese Weise vor der Abtragung geschützt.

Im Zuge dieses zweiten Gebirgsbildungszyklus (= alpidische Gebirgsbildung),
der vor rund 100 Millionen Jahren mit ausgedehnten Krustenbewegungen begann
und über einen Zeitraum von mehr als 90 Millionen Jahren andauerte, wurden die
Schichtpakete des Erdaltertums und des Erdmittelalters in Decken, Schuppen und
Schollen zerlegt und in die heutigen Positionen transportiert. Die ursprünglich
flach gelagerten Gesteinsschichten wurden steilgestellt und zu mächtigen Ge-
birgen (den Ost- und Westalpen) gefaltet. Wiederum konnte die Abtragung tief in
den Gebirgskörper eingreifen. Ihr heutiges Gepräge erhielten die Täler und Erhebungen auch der Kitzbüheler Alpen schließlich durch die Gletscher der letzten Eiszeit vor etwa 10.000 Jahren.

Lagerstätten und Bergbau

Die Gesteine der Erdkruste beinhalten neben den gesteinsbildenden Mineralen (z. B. Quarz, Feldspäte, Glimmer, Calcit und Dolomit) auch die anorganischen, mineralischen Rohstoffe (z. B. Gold und Silber, Eisen- und Kupfererze oder Steinsalz) und organischen Rohstoffe (Kohle, Erdöl und Erdgas). Sie treten meist nur in Spuren auf, können lokal jedoch in abbauwürdigen Konzentrationen angereichert sein. Vor allem Steinsalz und Erze wurden vom Menschen schon seit urgeschichtlichen Zeiten in den Alpen gesucht, bergmännisch gewonnen und wirtschaftlich genutzt. Somit sind die Gesteine auch ein wesentlicher Faktor für die Besiedlung und wirtschaftliche Entwicklung eines Raumes.

Wie die mineralischen Rohstoffe bzw. ihre Minerale und Metallinhalte in die Gesteine der Erdkruste gelangt und dort mitunter überdurchschnittlich angereichert worden sind, diese wichtige Frage beschäftigt vor allem den lagerstättenkundlich forschenden Geologen und Mineralogen.

Bis vor wenigen Jahren wurde — abgesehen von einigen Ausnahmen — angenommen, daß im Zuge der alpidischen Gebirgsbildungsphase heiße, metallreiche Lösungen eines in der Tiefe liegenden Magmaherdes in Spalten und Klüften aufgestiegen seien und in den durchströmten Gesteinen als jüngste Bildungen Platz genommen hätten.

Neuere Untersuchungen, an denen Forscher des Institutes für Mineralogie und Petrographie der Universität Innsbruck in führender Rolle beteiligt waren (u. a. was die Lagerstätten in den Kitzbüheler Alpen betrifft, Schulz, 1971, 1972), weisen darauf hin, daß die primäre Metallanreicherung gleichzeitig mit der Ablagerung der Gesteine erfolgt ist, meist in mittelbarem Zusammenhang mit vulkanischen Aktivitäten. Von späteren Gesteinsumwandlungen und Gebirgsbildungsphasen wurden die Erzminerale in gleicher Weise erfaßt und überprägt wie die Minerale ihrer Trägergesteine.

Die Geschichte des Bergbaues in unserer Gegend begann vor mehr als 3000 Jahren. Bereits in der Bronzezeit (1800—700 v. Chr.) wurde Bergbau betrieben. Die Blütezeit erlebte der bronzezeitliche Bergbau um 1000 v. Chr. Aufgrund zahlreicher Funde konnten Preuschen und Pittioni (1939, 1947, 1954) den urgeschichtlichen Kupferbergbau im Gebiet der Kelchalpe bei Jochberg in die späte Bronzezeit einstufen. Es darf wohl auch angenommen werden, daß die ersten bergmännischen Tätigkeiten im Gebiet von Brixen im Thale in diese Zeit zurückreichen.

Erste, urkundlich belegte Hinweise auf den mittelalterlichen Bergbau in den Kitzbüheler Alpen stammen vom Sideritbergbau Göbra-Lannern im Pletzachtal bei Fieberbrunn und gehen auf das Jahr 992 zurück.

Die Abbaumethoden der damaligen Zeit waren äußerst mühsam. Durch wiederholtes Erhitzen und Abschrecken (= Feuersetzen) wurden die Gesteine aufgelockert und mit Meißel und Hammer Stollen in den Berg getrieben. Das geförderte Erz wurde ausgeklaubt und zu den Schmelzhütten ins Tal gebracht. Sperges (1765, S. 181 ff.) schreibt dazu folgendes: „Die Bergleute in Pillersee im Berggericht Kitzbühel, wo das beste Eisenbergwerk sehr hoch im Gebirge gelegen ist, machen sich im Winter die Förderung von dem Berge in das Thal hinab auf eine ganz besondere Art leicht und bequem. Das Eisenerz wird in große Säcke von Schweine-

häuten gefüllet: ein Knecht sezet sich auf einen Sack, und fährt mit Hülfe eines
langen Steckens, den er rückwärts hinaus unter dem Arme hält, und sich damit,
gleich einem Steuerruder, leitet, auf dem Schnee durch die Rissen ganz sicher den
Berg herab; schleppet auch an einem Stricke noch andre Säcke hinter sich her."
Die leeren Säcke wurde dann wieder zurückgebracht. „Dazu brauchet man große
Hunde, die gleich den Saumrossen Kommete am Hals haben, und die leeren Säcke
den Berg hinauf tragen."

Am Beginn der Neuzeit im 16. Jahrhundert steht auch der wegen des zur damaligen Zeit tiefsten Schachtes (886 m) berühmte Kupferbergbau am Rerobichl
bei Oberndorf in Blüte. In die gleiche Zeit fällt auch eine neuerliche Betriebspe-
riode der Bergbaue von Brixen im Thale.

Im zu Ende gehenden 16. Jahrhundert geraten die Bergbaubetriebe immer
mehr in Schwierigkeiten. Die Ursachen dafür sind sehr komplex. Durch den selek-
tiven Abbau, der damals betrieben wurde, waren die leichter zugänglichen Erzvor-
räte relativ rasch erschöpft. Das Vordringen in größere Tiefen war jedoch mit
hohen Kosten und großen technischen Problemen vor allem bei der Wasserhal-
tung verbunden. Auch kam das Schießpulver beim Stollenvortrieb und beim
Abbau verspätet zum Einsatz. Zur Zeit der Gegenreformation im 16. und 17. Jahrhundert mußten viele der evangelischen Knappen die Heimat verlassen, so daß er-
fahrene Arbeitskräfte verloren gingen. Auch die unsicheren Zeiten und die allgemeine wirtschaftliche Notlage im Zusammenhang mit dem Dreißigjährigen Krieg
sowie die Erschließung neuer und vor allem billigerer Rohstoffquellen durch die
Entdeckung Amerikas taten ein Übriges dazu, daß es zum Niedergang dieser einst
blühenden Bergbaue gekommen ist. Heute gibt es in Tirol noch den Magnesit-
bergbau Hochfilzen, den Dolomitbergbau Schwaz, den Ölschieferbergbau Bä-
chental und den Gipsbergbau Weissenbach.

Aus der Umgebung von Brixen im Thale sind folgende urgeschichtliche und
mittelalterliche Bergbaue bekannt:

Fahlerzbergbau Traholz

In etwa 1400 Meter Höhe, am Südwestabhang des Zinsberges, im Bereich der
Ottner Alm (Vavtar, 1974), zeugen bewachsene Halden, Pingen und ein verbro-
chener Stollen von einem früher ausgedehnten Bergbau. Unweit von Traholz erwähnt Pošepný (1880) einen vorgeschichtlichen Bergbau im Moosgraben am Süd-
abhang der Hohen Salve, der von 1598 bis 1784 (Isser-Gaudenthurm, 1888) neuerlich betrieben worden ist. In den Lokalitäten Kirchthal (St. Georg-Stollen), Maier-
hofwiesen (St. Peter-Stollen), Farbenfeld (St. Margareth-Stollen), Faislingsthal (St.
Johann-, Magdalena-, Jufen- und Aschau-Stollen) und Pernthal im Traxwald
wurde silberreiches Fahlerz, Kupferkies und Pyrit abgebaut. Das Bergwerkszeichen nordwestlich der Hohen Salve bezeichnet wahrscheinlich eine weitere Grube.
Die Verhüttung der Erze erfolgte in der Schmelzhütte zu Haslau bei Hopfgarten.
Erzträgergesteine sind dunkle Dolomite der Silur- und z. T. Devonzeit. Im Halden-
material fallen besonders die blauen (Azurit) und grünen (Malachit) Oxydationsmi-
nerale von Fahlerz und Kupferkies auf.

Kupferbergbau Götschen

Zwischen dem Brixenbach und dem Zagglgraben, auf halbem Weg zwischen den Gehöften Lederer (existiert heute nicht mehr) und Zöpfl, sollen nach Isser-Gaudenthurm (1888) kleine Halden auf einen vorgeschichtlichen, 1645 aufgelassenen, von 1730 bis 1792 von der erzbischöflichen Regierung neuerlich betriebenen Bergbau hinweisen. Pošepný (1880) erwähnt eine Grubenkarte aus dem Jahr 1736, in der ein 30 Klafter (etwa 57 m) langer, nach Süden ausgerichteter Stollen (Xaver-Stollen) eingezeichnet ist. Weiters einen 165 Klafter (etwa 313 m) langen Unterbau- und einen 80 Klafter (etwa 152 m) langen Oberbaustollen in einer Karte von 1788. Neben Kupferkies und Pyrit soll auch Fahlerz gewonnen worden sein. Erzträgergesteine sind hier Phyllite der Wildschönauer Schiefer.

Schurfbergbau Harlaßanger

Am „Kobingberg" in der Nähe der „Haarlosanger-Alpe", rund 30 m westlich der Kapelle, beschreibt Pošepný (1880) drei kleine Halden eines erfolglosen Schurfversuches aus dem Jahre 1788. Angeblich soll hier nach Bleiglanz geschürft worden sein. Die Vererzung von Harlaßanger unterscheidet sich von den vorher erwähnten Metallisationen auch dadurch, daß hier Dolomitgesteine der Triaszeit das Nebengestein bilden und diese Erzanreicherung somit wesentlich jünger einzustufen ist.

Kupferbergbau Foisenkar

Nordwestlich von Aschau im Spertental bestand von der Mitte des 16. Jahrhunderts bis 1809 ein ausgedehnter Bergbau (Pošepný, 1880). Die in zahlreichen Gruben gewonnenen Kupfererze (Kupferkies) wurden in der Schmelzhütte bei Kirchberg verhüttet (Isser-Gaudenthurm, 1888).

Kupferbergbau Schrammbachtal

Pošepný (1880) weist auf einen Bergbau südlich von Bockern, am Nordwestabhang des Gaisberges, im Oberlauf des Schrammbaches hin, wo in der Mitte des 16. Jahrhunderts und von 1750 bis 1780 (Isser-Gaudenthurm, 1888) Kupferkies, Pyrit und Fahlerz abgebaut worden ist.

Bleiglanzbergbau Windau

Bei dem Bergwerkszeichen südwestlich der Ob. Stöckl Alm handelt es sich um eine der 50 Gruben, die nach Srbik (1929) von 1486 bis 1612 in diesem Gebiet betrieben worden sind. Angeblich sollen hier Bleiglanz, Nickel- und Kobalterze abgebaut und in Haslau verhüttet worden sein.

Literaturhinweise

M. Isser-Gaudenthurm, Die Montanwerke und Schurfbaue Tirols der Vergangenheit und Gegenwart. — Berg- und Hüttenmännisches Jahrbuch, 36, Wien 1888, 61.

W. S. McKerrow, Palökologie. — Kosmos Gesellschaft der Naturfreunde, Stuttgart 1981.

H. Mostler, Das Silur im Westabschnitt der Nördlichen Grauwackenzone. — Mitt. Ges. Geol. Bergbaustud., 18, Wien 1968, 89—150.

Th. Ohnesorge, Geologische Spezialkarte der Republik Österreich, Blatt Rattenberg, Maßstab 1:75.000, Wien 1913.

F. Pošepný, Die Erzlagerstätten von Kitzbühel in Tirol und der angrenzenden Theile Salzburgs. — Arch. Pract. Geol., 1, Wien 1880, 257—440.

E. Preuschen - R. Pittioni, Untersuchungen im Bergbaugebiet Kelchalpe bei Kitzbühel, Tirol. — Mitt. prähist. Komm. österr. Akad. Wiss., 3, Wien 1939, 1—159.

E. Preuschen - R. Pittioni, Untersuchungen im Bergbaugebiet Kelchalpe bei Kitzbühel, Tirol. — Mitt. prähist. Komm. österr. Akad. Wiss., 5, Wien 1947, 37—99.

E. Preuschen - R. Pittioni, Untersuchungen im Bergbaugebiet Kelchalpe bei Kitzbühel, Tirol. — Archaelogia austriaca, 15, Wien 1954, 3—97.

O. Schulz, Horizontgebundene altpaläozoische Kupferkiesvererzung in der Nordtiroler Grauwackenzone, Österreich. — Tschermaks Mineralogisch-Petrographische Mitteilungen, 17, Wien 1972, 1—18.

O. Schulz, Neuergebnisse über die Entstehung paläozoischer Erzlagerstätten am Beispiel der Nordtiroler Grauwackenzone. — 2nd International Symposium on the Mineral Deposits of the Alps, Laibach 1972, 125—140.

J. Sperges, Tyrolische Bergwerksgeschichte. Wien 1765.

R. Srbik, Überblick des Bergbaues von Tirol und Vorarlberg in Vergangenheit und Gegenwart. — Bericht des naturw.-medizin. Vereins Innsbruck, 41, Innsbruck 1929, 113—279.

F. Vavtar, Drei Kupfer-Lagerstätten in den Kitzbüheler Alpen („Brunnalm", „Blaufeldalm" und „Ottner Alm") im Rahmen einer paläozoischen Genese. — Veröffentlichungen des Museum Ferdinandeum, 57, Innsbruck 1977, 153—162.

Grundzüge des Landschaftsbildes und der naturräumlichen Ausstattung

Von Hugo Penz

In allen Höhenstufen prägen sanfte Gebirgsformen das Landschaftsbild des Brixentales. Die Talsohle ist für ein Gebirgstal verhältnismäßig breit und flach. Sie wird nur durch einzelne Murschwemmkegel gegliedert, die von den aus den Seitengräben kommenden Wildbächen nach und nach abgelagert worden sind. Die Talhänge sind nur mäßig steil. Sie werden durch einzelne, nicht sonderlich deutlich ausgeprägte Verflachungen belebt. Auf solchen lokalen Verebnungen sind auf dem Sonn- und Buchberg eine Reihe von Einzelhöfen angelegt worden. Auf der Schattseite mußte der Wald an solchen Verflachungen verschiedentlich Astenwiesen und Almweiden — etwa im Gebiet der Kandleralm — weichen. Die stumpfen Gebirgskämme erinnern in Höhe und Formung an Mittelgebirge. Das gilt für die Grasberge im Norden mit der Hohen Salve (1827 m) und dem Zinsberg (1674 m) ebenso wie für den hufeisenförmigen südlichen Kamm vom Nachtsöllberg (1886 m) über den Fleiding (1892 m) und Gampenkogel (1956 m) zum Gaisberg (1767 m).

Dieses durch sanfte Relieformen geprägte Landschaftsbild hängt mit der Struktur und der Entwicklungsgeschichte des Gebirges zusammen. Am Aufbau des Brixentales sind zwei große Gesteinszonen beteiligt. Allerdings reicht die südlichere dieser beiden Zonen, die Zone des Quarzphyllits, nur in der Umgebung von Hopfgarten weiter nach Norden. Das Gemeindegebiet von Brixen im Thale wird ausschließlich von der Grauwackenzone eingenommen. Die Grasberge dieser schmalen Zone, die sich vom Unterinntal bis in die Steiermark erstreckt, heben sich gerade in den Kitzbüheler Alpen überaus deutlich von den schroffen Felswänden der Kalkhochalpen im Wilden Kaiser ab. Die Südgrenze gegen den Quarzphyllit im Süden ist hingegen sehr unauffällig. Diese beiden Glieder des Alpenkörpers sind nicht nur ineinander verschuppt, sondern sind auch aus Gesteinen mit ähnlichen Eigenschaften aufgebaut. Während in der südlich anschließenden Quarzphyllitzone das namengebende Gestein dominiert, nehmen die Wildschönauer Schiefer in der Grauwackenzone des Brixentales rund zwei Drittel der Fläche ein. Wegen ihrer Struktur werden diese „Schiefer" im Salzburgischen als „Pinzgauer Phyllit" bezeichnet.

Bei den Wildschönauer Schiefern handelt es sich um weiche, fein gefältelte Gesteine, deren graue Färbung etwas variiert. Neben hellgrauen Tönungen kommen auch dunklere, zum Teil fast schwarze Schattierungen vor. Die Schiefer gehen auf sandig-tonige Sedimente zurück. Da die tonigen Bestandteile die Feuchtigkeit stauen, neigen die Wildschönauer Schiefer zu Rutschungen. Murbrüche, bei denen zum Teil größere Gesteinsbrocken abgelöst werden, gefährden immer wieder die Siedlungen auf den Schwemmkegeln. Nicht nur zu den Quarzphylliten, auch gegenüber anderen Schiefern ist die Gesteinsgrenze unscharf. Dies gilt u. a. für die grünlichen Tonschiefer, denen vulkanisches Material beigemengt ist, sowie für die dunkelgrünen, intensiv gefalteten Schiefer, die auf vulkanische Tuffe zurückgehen. Etwas deutlicher treten die härteren Gesteine hervor, die gegen die Verwitterung widerstandsfähiger sind. Selbst die in die Wildschönauer Schiefer eingeschalteten graugrünen, feldspatführenden Quarzsandsteine bilden an den Murbächen niedrige Stufen. Die vor allem auf der Sonnseite unterhalb der Hohen Salve und des Zinsberges anstehenden paläozoischen Kalke führten zu größeren Terrassen und Geländestufen. Noch auffallender sind die auf den Vulkanismus im Erdaltertum zurückgehenden Quarzporphyrschiefer, die zu härteren Geländeformen führten. Sie bauen den schattseitigen Kamm vom Nachtsöllberg über den Fleiding zum Gampenkogel auf und kommen auf der Nordseite neben einigen kleineren Vorkommen — etwa im Graben des Lauterbaches — vor allem am Gipfel des Rauhen Kopfes zum Vorschein. Auch die am Gipfel des Gaisberges erhalten gebliebenen triadischen Kalke und Dolomite sind aus den weichen Schiefern der Grauwackenzone etwas herausgewittert. Verglichen mit dem Hochgebirge sind allerdings diese gesteinsbedingten Gegensätze, die das Landschaftsbild des Brixentales beleben, bescheiden.

Das heutige Landschaftsbild des Brixentales wurde wesentlich stärker durch die abwechslungsreiche Entwicklungsgeschichte des Gebirges als durch Gesteinsunterschiede geprägt. Die Heraushebung der Alpen erfolgte nämlich nicht gleichmäßig, sondern wurde durch Pausen unterbrochen. In solchen Zeiten überwog die Abtragung, und es konnten sich breite Talböden bilden, in die sich die Flüsse im Zuge der nächsten Hebungsphase einschnitten. So entstand die typische Stockwerksgliederung der Alpen mit übereinanderliegenden Steilstufen und Verflachungszonen. Dabei begünstigte das wechselfeuchte tropische Klima, das damals herrschte, die Bildung solcher Verebnungszonen, die in der geomorphologischen Literatur häufig als „alte Landoberflächen" bezeichnet werden. Diese Verflachungszonen lassen sich über alle Gesteinsunterschiede hinweg von den Firnfeldern der zentralalpinen Gletscher bis zum Alpenrand hin verfolgen. Während in den Hochalpen steile Wände und schroffe Gipfel dieses „Sanftrelief" noch überragen, wurde dieses oberste Stockwerk, das „eigentliche Hochgebirge", in den Kitzbüheler Alpen weitgehend abgetragen. Die sanften Grasberge, die übrig blieben, entsprechen der „alten Landoberfläche" und erinnern in Höhe und Formung an Mittelgebirge.

Im Laufe des Jungtertiär haben sich die Täler beinahe bis auf ihr heutiges Niveau eingetieft. Dabei entstand nach und nach das heutige Talnetz. Die großen Längstalfurchen, die wie das Inn-, Salzach- und Pustertal in der Regel tektonischen Linien folgen, zogen einen Teil der ursprünglichen Querentwässerung an sich. Diese konnte sich — wie man am Beispiel des Großachentales gut erkennen kann — vor allem abseits der großen Längstäler bis heute halten. Auffallend kompliziert sind die Abflußverhältnisse in der tirolischen Grauwackenzone, in welcher sich Längs- und Quertäler überlagern. In der Wildschönau, im Söllandl und im Bri-

xental verlaufen die Talfluchten zwar von Westen nach Osten, die Bäche und
Flüsse durchbrechen jedoch die vorgelagerten Bergketten und entwässern nach
Norden. Dadurch entstanden in diesen drei Tälern Talwasserscheiden, von denen
jene zwischen Brixen im Thale und Kirchberg besonders schwer erklärt werden
kann.

Die Süd-Nord-Durchbrüche — u. a. das Tal der Brixentaler Ache von Hopfgarten nach Wörgl — entsprechen der alten Querentwässerung. Die West-Ost-Ta-
lungen der Wildschönau und des Söllandls folgen Gesteinsgrenzen. Sie markieren
den Nordrand der Grauwackenzone, die leichter ausgeräumt werden konnte als die
stabileren Kalkgesteine. Das von Kirchberg nach Hopfgarten verlaufende Brixental ist hingegen zur Gänze in die Schiefer der Grauwackenzone eingeschnitten.
Seine Anlage läßt sich am ehesten aus dem Bauplan erklären: Der Verlauf entspricht dem Ost-West-Streichen der Gesteinsstruktur. Möglicherweise spielte auch
die Tektonik eine Rolle. Die am Gaisberg erhalten gebliebenen jüngeren Trias-
kalke deuten auf eine geringere Heraushebung im Brixental hin. Auch die Lage der
Talwasserscheide bei Spertendorf in nur 830 Meter Höhe ist auffallend. Für diese
überraschend große Eintiefung sind sicherlich eine Reihe von Faktoren verantwortlich. So liegt die Erosionsbasis infolge der Nähe des Alpenrandes relativ
niedrig. Zudem ließen sich die weichen Schiefer leicht ausräumen. Auch die rela-
tiven Höhen sind zu berücksichtigen. Die Flüsse brauchten nur ein Mittelgebirgsre-
lief zerschneiden, in den Zentralalpen hätten sie auch das darüber aufragende
Hochgebirge abtragen müssen.

Die Oberflächenformen wurden in der Eis- und Nacheiszeit nochmals entscheidend umgestaltet. Findlinge, d. h. Geschiebe, die durch das Eis weiter transportiert wurden, belegen, daß das glaziale Eisstromnetz sogar die Bergkämme des Brixentales tief unter sich begrub. Hoch über dem Tal vereinigte sich ein breiter
Seitenast des mächtigen Inngletschers mit Eismassen, die über die Jöcher der Kitzbühler Alpen aus den Hohen Tauern und dem Oberpinzgau heranflossen. Bei Kitzbühel mündete dieser Eisstrom in den Kitzbüheler Achengletscher, der den Chiem-
seegletscher speiste.

Durch die Wirkung des Eises wurde der Untergrund geschliffen, und enge V-
zu breiteren U-Tälern umgestaltet. Allerdings lassen sich diese Folgen der gla-
zialen Erosion im Brixental kaum nachweisen. Die anstehenden Gesteine sind
größtenteils weich und neigen zu Rutschungen. Die Formen sind entsprechend
stark verwischt. Auch die Talquerschnitte haben sich geändert. Am Ende der Eiszeit war die Talsohle noch stärker eingetieft. Inzwischen wurde sie vor allem auch
im Gemeindegebiet von Brixen im Thale durch Murschwemmkegel und den zwischen diesen liegenden Mooren aufgefüllt. Auch die auf die Eiszeit zurückgehende
Grundmoräne, die die Hänge verkleidet, läßt sich nur schwer von den Verwitte-
rungsböden der anstehenden Gesteine unterscheiden. Lediglich dort, wo kantenge-
rundete fremde Geschiebe (Findlinge) im lehmigen Material stecken, kann man
dieses eindeutig als Grundmoräne zuordnen.

Die spät- und postglazialen Ablagerungen des Gemeindegebietes von Brixen
im Thale sind schwer voneinander zu trennen. Um so bekannter sind die spätgla-
zialen Schotterterrassen von Westendorf-Holzham, die am Rande eines Gletschers
abgelagert wurden, der sowohl vom Inn- als auch vom Windautal her gespeist

wurde. Diese Aufschüttungen, die mehrmals wissenschaftlich untersucht worden sind, dürften mindestens 15.000 Jahre alt sein. Damals war das Gebiet um Brixen im Thale bereits eisfrei. Dieser erste größere Gletschervorstoß in der Zeit der Auflösung des alpinen Eisstromnetzes staute die Brixentaler Ache auf, die kurzzeitig über Kirchberg zur Großen Ache entwässerte. Die sonnseitige Schotterterrasse bei Westendorf hängt ebenfalls mit diesem Ereignis zusammen.

Relief, Boden und Klima bestimmen die naturräumlichen Gegebenheiten, die überaus wichtige Voraussetzungen für die wirtschaftliche Inwertsetzung bilden. Dabei treten in der naturräumlichen Eignung neben der Höhenstufung Unterschiede zwischen der Sonn- und Schattseite zutage.

Der lange Zeit versumpft gewesene Talboden wurde ursprünglich (potentielle Vegetation) von einer Moorvegetation, die durch Grauerlen und ähnliche Pflanzenbestände durchsetzt war, eingenommen. Seit die Möser nach und nach kultiviert wurden, nutzen die Bauern diese Flächen in der Regel als Mähwiesen. Lokalklimatisch sind diese Areale durch örtliche Kaltluftseen im Winter etwas benachteiligt. Durch die jungen Meliorierungen wurden die ehemaligen Möser aufgewertet. Nach den Vorstellungen der Regionalplaner gilt ein erheblicher Teil dieser Flächen heute sogar als „landwirtschaftliches Vorranggebiet".

Auf den sonnseitigen Hängen bis fast 900 Meter Höhe und auf den Schwemmkegeln bilden colline Laub-Mischwälder die natürliche Vegetation. Diese durch Wärmeangebot und durch ihre leichten Braunerdeböden bevorzugten Lagen wurden frühzeitig gerodet. Sie bildeten lange Zeit bevorzugte Standorte des Ackerbaues. Inzwischen haben sie ihre frühere Vorrangstellung eingebüßt. Nur noch die Schwemmkegel und die sonnseitigen Verflachungen — etwa jene oberhalb von Hof — gelten im Zeitalter der vollmechanisierten Grünlandnutzung als agrarische Gunstgebiete.

Während der montane Tannen-Fichtenwald auf der Sonnseite in ungefähr 900 Meter Höhe beginnt, setzt er auf der Schattseite bereits am Talboden ein. Er geht gegen oben hin in den montanen Fichtenwald bzw. Lärchen-Fichtenwald über. Auf der wärmemäßig begünstigten Sonnseite mußten die Gehölze des Tannen-Fichtenwaldes weithin Bergbauernhöfen und Mähwiesen weichen, auf der Schattseite blieb der Wald hingegen zu einem erheblichen Teil erhalten. Alleinstehende Bäume in der Nähe der Gipfel belegen, daß die Kämme zu beiden Seiten des Brixentales bestenfalls an die klimatisch mögliche Waldgrenze heranreichen. Diese wurde durch die seit frühester Zeit betriebene Weidewirtschaft so sehr gesenkt, daß heute die „Grasberge" das Landschaftsbild des Brixentales prägen. Eine Sonderstellung nimmt der Gipfel des Gaisberges ein, wo auf den wenig fruchtbaren Kalken die Legföhrenbestände erhalten blieben.

Brixen im Thale mit Sonn- und Buchberg, im Hintergrund der Wilde Kaiser
(Foto Alpine Luftbild)

Die Aufnahme aus dem Jahr 1987 zeigt deutlich, daß die beiden Fraktionen Brixen-Dorf und Lauter-
bach bereits zusammengewachsen sind und daß die Siedlungstätigkeit der letzten Jahrzehnte zu
neuen Schwerpunktbildungen in dem langgezogenen Straßendorf geführt hat. Neubauten entstanden
im Bereich Brixen-Dorf vor allem am Kerschleitl und am Sonnbergweg (im NW), in Lauterbach ent-
lang der Landstraße (im O), am Lauterbach (im N) und südlich der Bahnlinie.

▷

Kälbersalve mit Salvenkogel
(Foto H. Laiminger)

▷▷

Schigebiet Hohe Salve
(Foto FVV Brixen i. Th.)

Blick auf das Dorfzentrum (Foto R. Frischauf)

Brixen i. Th. im Herbst (Foto H. Laiminger)

Literaturhinweise

Amt der Tiroler Landesregierung, Abt. I c/Landesplanung — 1985: Regionales Entwicklungsprogramm für die Planungsräume 21 Brixental und 29 Wildschönau.

GAMS, H., Die Pflanzendecke im Bezirk Kitzbühel, in: Stadtbuch Kitzbühel, Band 1, 1967,
   S. 71—82.

KLEBELSBERG, R. v., Geologie von Tirol, Berlin, 1935.

MUTSCHLECHNER, G., Die Geologie der Umgebung von Kitzbühel, in: Stadtbuch Kitzbühel, Band
   1, 1967, S. 11—26.

PATZELT, G., Unterinntal — Zillertal — Pinzgau — Kitzbühel, in: Tirol — ein geographischer Ex-
   kursionsführer = Innsbrucker Geographische Studien Band 2, 1975, S. 311—326.

RINALDINI, B. v., Die Kitzbüheler Alpen = Ostalpine Formstudien Abt. 2 H. 3. Berlin, 1926.

SAMEH, F., Zur Geologie der Grauwackenzone zwischen der Windauer Ache und dem Brixenbach (Kitzbüheler Alpen), Geol. Diss. Innsbruck, 1972, 83 Bl. (Masch. schr.).

Tier- und Pflanzenwelt der Gegend von Brixen im Thale

Von Hans Laiminger

Es soll auf den folgenden Seiten ein Bild unserer heimatlichen Natur entworfen werden. Sie bietet kaum Außergewöhnliches im Sinne von Sensationen. Freilich, der Rundblick von der Hohen Salve z. B. kann sich (wörtlich!) sehen lassen! Rechnet man noch hinzu, wie leicht dieser Aussichtspunkt auch zu Fuß erreichbar ist, dann gibt es in den Alpen nicht allzuviele Gipfel, die unserem Hausberg gleichkommen. Aber, wie gesagt, „einmalig" oder „sensationell" sind nicht die Attributte, die auf unsere Landschaft passen.

Ich könnte — wenn ich mir einleitend diese persönliche Bemerkung gestatten darf — niemandem böse sein, wenn er etwa für die Erhaltung von Mooren und Sümpfen nur Kopfschütteln übrig hätte. Ja ich muß gestehen, daß sogar mir als Lehrer für Naturkunde erst in den letzten Jahren der Wert dieser Gebiete so recht bewußt geworden ist. Und hier möchte ich auch gleich ein mögliches Mißverständnis oder Vorurteil ausräumen: Mein Eintreten für den Schutz auch dieser Stellen geht nicht auf irgend eine „grüne" Mode zurück, sondern einfach darauf, daß ich mich selbst ein wenig näher damit beschäftigt habe: Nicht nur hinter Büchern — auch draußen unter freiem Himmel. Solche Beschäftigung tut allen, die von Berufs wegen nicht mehr mit der Natur zu tun haben, bitter not. Der moderne Mensch gewinnt durch die unmittelbare Begegnung mit den vielfältigen Erscheinungsformen des Lebens nicht nur verläßlichere Maßstäbe für die Tragweite seines Handelns. Wer sich schlicht und einfach, ohne nützliche oder andere Hintergedanken, in die Schönheit der Formenwelt vertieft, wer einmal etwas von den wirklichen Lebensgesetzen da draußen gespürt hat, wird auch nicht ohne Gewinn für sein Gemüt nach Hause gehen.

So ist mein zweites Anliegen, dem Leser Anregungen zu geben für die Begegnung mit dem ehrfurchtgebietenden Wirken des Lebens um uns. In diesem Sinne wollen wir nun den Streifzug durch das herrliche Fleckchen Erde beginnen, auf dem wir leben dürfen.

Bäche — Lebensadern der Landschaft

Wo immer wir von unseren Bergen ins Tal hinunterschauen, gibt sich der Lauf der Brixentaler Ache als bald breiteres, bald schmäleres Erlenband zu erkennen. Nur mehr ein kleiner Teil aller vergleichbaren Bäche Österreichs zeigt ein so naturnahes Bild wie unsere Ache in den unverbauten Abschnitten zwischen Stöllnbrücke und der Grittlmühle.

Im Wasser gibt es sogenannte Leitorganismen, welche bestimmte Verschmutzungsgrade anzeigen. Die biologische Wasseruntersuchung mit Hilfe eines Mikroskops führt rasch zu einem sehr zuverlässigen Ergebnis. Durch ihr Vorhandensein verraten die Mikroorganismen genausoviel oder sogar noch mehr als aufwendige chemische Analysen. Am 10. November 1987 habe ich bei der Stöllnbrücke eine Probe entnommen und unter anderen diese Leitorganismen gefunden:

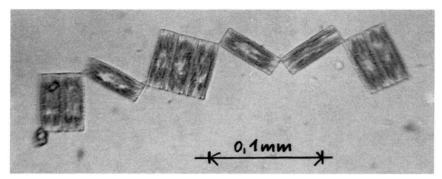

Zickzack-Kieselalge (Diatoma vulgare)

Solche Kieselalgen deuten auf gute Wasserqualität. Das Achenwasser entspricht in unserem Gemeindegebiet etwa der zweitbesten von insgesamt vier Qualitätsstufen. Jedes verunreinigte Gewässer wird nach einiger Zeit wieder sauber, wenn ihm nicht weiter Schmutzstoffe oder gar Gifte zugeführt werden. Man nennt diesen Vorgang Selbstreinigung. Vor allem Bakterien bauen den Schmutz bis zu den niedermolekularen (mineralischen) Bestandteilen ab: Das Wasser wird wieder rein, sauerstoffreich und geruchsfrei. (Aus eben diesem Grund stinkt ja auch der Mist auf dem Feld nur kurze Zeit!) Es gibt keinen natürlichen Stoff, den nicht bestimmte Bakterienarten abbauen könnten. Gegen manche vom Menschen erzeugten Kunst-Stoffe hingegen sind alle Bakterien machtlos.

Je mehr das Wasser mit Sauerstoff durchmischt wird, desto schneller reinigt es sich selbst. An rauhen, vom Wasser überrieselten Steinen können sich die Bakterien in ganzen Rasen ansiedeln, und die Reinigung wird entsprechend beschleunigt. Es ist leicht einzusehen, daß ein naturbelassener Bachlauf für die Selbstreinigung weitaus die besten Möglichkeiten bietet. Der natürliche Grundriß von Bächen ist meist eine Folge von gegenseitigen Krümmungen. Gerade Strecken treten dabei nie auf.

Natürliche Fließgewässer sind in der Regel sehr reich an ökologischen Nischen. Sie bieten nebeneinander und nacheinander einer unglaublichen Vielfalt von Organismen Lebensmöglichkeiten: Da schießt mitten im Bach das Wasser mit Höchstgeschwindigkeit über rund geschliffene Steine und kaum einen Meter daneben kann in einer Gumpe „Wasserstille" herrschen.

Die verschiedenen Kleinstlebewesen dienen als Nahrungsgrundlage für größere Tiere. An der Spitze dieser Nahrungspyramide in einem Bach wie der Brixentaler Ache stehen zwei bemerkenswerte Wirbeltiere: Die Wasseramsel und die Bachforelle.

In Gestalt und Lebensweise hebt sich die Wasseramsel deutlich von allen anderen Vögeln unserer Heimat ab. In der Tierverwandtschaft steht sie etwa zwischen den Drosseln und den Zaunkönigen. Sie besitzt eine zehnmal größere Bürzeldrüse (zum Einfetten des Gefieders) als irgend ein anderer gleichgroßer Vogel. Alle zwei bis drei Stunden betreibt sie, meist auf einem Stein im Bach, Gefiederpflege. Sie taucht ausgezeichnet, ja läuft sogar am Bachgrund gegen die Strömung und läßt sich dabei mit schräg angestelltem Rücken vom Wasserstrom auf den Boden drücken. Ohren und Nasenöffnungen sind mit einer Hautfalte verschließbar. Aufgescheucht, fliegt sie mit raschen Flügelschlägen knapp über den Wellen davon.

Wasseramseln sind sehr ortstreu. Ein Paar bewohnt ein ganz bestimmtes Revier von etwa 1 km Bachstrecke. Nach meiner Beobachtung liegen zwei solche Reviere von Hof abwärts bis gegen Westendorf und ein weiteres zwischen Hof und der Schuhfabrik. Die Nester dieser Vögel sind kugelförmig gebaut und liegen für Feinde wie Beobachter meist unzugänglich, etwa hinter der tosenden Sturzflut eines Wasserfalles.

Die Bachforelle bewohnt kalte und sauerstoffreiche Bäche. Ihre Färbung ist sehr unterschiedlich und hängt vor allem vom Untergrund des Gewässers ab. So kann man z. B. in dem kleinen Nebenbach hinter der Grittlmühle mit seinem morastigen Boden fast ausschließlich ganz dunkle Forellen beobachten. In ihrem Wohngewässer ist dieselbe Forelle immer wieder am gleichen Standort anzutreffen, stets in der Nähe eines Unterschlupfes, den sie gegen andere Forellen verteidigt. Wird diese Forelle weggefangen, so nimmt die nächste in der Rangordnung ihren Platz ein. Dies führt dazu, daß an bestimmten Stellen immer wieder besonders starke Forellen gefangen werden.

Neben den Weiden und gelegentlich auch Pappeln werden die Bachufer vor allem von Grauerlen *(Alnus incana)* eingesäumt. Neben der Uferbefestigung leistet diese Baumart dem Naturhaushalt noch einen anderen Dienst: Mit Hilfe von Bakterien in ihren Wurzeln können Erlen Stickstoff aus der Luft binden und an den Boden z. B. als Nitrate weitergeben.

Diese Fähigkeit gibt ihnen auf dem Schwemmboden einen erheblichen Konkurrenzvorteil gegenüber anderen Baumarten. Aus demselben Grund können Erlen im Herbst darauf verzichten, den grünen Blattfarbstoff aus den Blättern zurückzuholen: sie werfen ihr Laub unverfärbt ab.

Künftig liegt die Gefahr für die Ache nicht so sehr in der Verschmutzung. Kanalisation und Klärwerk haben die Wasserqualität in den letzten Jahren sogar angehoben. Aber eine unüberlegte Verbauung könnte dieses Kleinod unserer Landschaft für immer zerstören. Daher möchte ich dieses Kapitel mit einem Zitat aus dem „Leitfaden für den natur- und landschaftsbezogenen Schutzwasserbau an Fließgewässern" beschließen: „Sollen schutzwasserbauliche Maßnahmen auch ökologischen und landschaftsgestalterischen Anforderungen gerecht werden, so gilt als oberstes Ziel, jegliche Monotonie zu vermeiden. Daraus ergibt sich: Die Gewässer sollen wegen ihrer besonderen Bedeutung als Biotope, Landschaftselemente und Erholungsgebiet möglichst naturnah erhalten oder möglichst natürlich neugestaltet werden. . ."[1].

Bildlegenden für Seite 26:

Großes Bild: Naturnahes Achenstück

Kleine Bilder: Wasseramsel (Foto: Manfred Loner) — Die Larve der Eintagsfliege Ecdyonurus ist durch den abgeflachten Bau und Krallen zum Festklammern gegen die schnelle Strömung geschützt — Bachstelze (Foto: Manfred Loner)

Feuchtgebiete

Wie schon der Name andeutet, haben sie alle eines gemeinsam: Der Boden ist immer oder periodisch von Wasser durchtränkt. Der hohe Wassergehalt hat für die Pflanzen eine ganze Reihe von erschwerenden Folgen. Moore und Sümpfe gehören daher zu den Extremstandorten. Hier können nur ganz bestimmt ausgerüstete Pflanzen und Tiere überleben. Dementsprechend interessant ist die Zusammensetzung der Lebensgemeinschaften, welche wir hier antreffen, und zwar n u r hier! Deswegen sind diese Stellen um so schutzwürdiger, je seltener sie werden.

Machen wir uns zunächst klar, in welcher Hinsicht die Lebensbedingungen in einem Moor verschieden sind von denen der umliegenden trockenen Wiesen: Wenn auch die Oberflächenschichten gelegentlich strohtrocken werden können, hat die Staunässe tiefer im Boden vor allem eine sehr schlechte Durchlüftung zur Folge. Bei Sauerstoffmangel aber können abgestorbene Pflanzenteile zumindest nicht mehr voll verfaulen. Es bildet sich Torf. (Unter einem Sumpf versteht der Bodenkundler einen zwar ebenfalls feuchten Standort, jedoch mit vollkommener Zersetzung der abgestorbenen Pflanzenteile.)

Aber auch die unterirdischen Teile einer Pflanze brauchen zum Leben Sauerstoff. Nun haben die Moorpflanzen in der Photosynthese[2] eine „hauseigene" Sauerstoffquelle, die für sie im sauerstoffarmen Boden lebensrettend zu sein scheint. Binsen z. B. besitzen im Markgewebe ihrer runden Blätter ein spezielles luftdurchlässiges Gewebe, durch welches der Sauerstoff von den Orten der Produktion zu den tiefer gelegenen sauerstoffbedürftigen Teilen dringen kann.

Wenn wir etwa im Mai durch unsere Landschaft gehen, fallen uns Moore und Moorwiesen schon von weitem durch ihre hellere, doch fahle Farbe inmitten des neuen Grün auf. Dieser Vegetationsrückstand hängt ebenfalls mit der hohen Wasserführung zusammen. Ein durchnäßter Boden wird von den Sonnenstrahlen des Frühlings viel langsamer erwärmt als trockener Boden. Erschwert wird die Erwärmung besonders in den Mooren durch eine Schicht abgestorbener, aber nicht verfaulter Pflanzen, die wie eine Isolierschicht wirken.

Wenn wir uns mit Mooren beschäftigen, müssen wir uns noch einen wichtigen Unterschied klarmachen, nämlich jenen zwischen Niedermoor und Flachmoor: Im Flachmoor haben die Pflanzen Kontakt mit dem regionalen Grundwasser, können also von dort mit Mineralstoffen versorgt werden. Anders beim Hochmoor: es ist, besonders durch das Wachstum der Torfmoose, über den Grundwasserspiegel soweit hinausgewachsen, daß ihn die Pflanzen mit ihren Wurzeln nicht mehr erreichen können, sie beziehen ihr Wasser nur mehr vom Regen. Daher findet man echte Hochmoore nur in niederschlagreichen Gegenden. Als Nährstoffquelle kommt aber für die Hochmoorpflanzen nur mehr gewöhnlicher Staub und Blütenstaub in Frage — wie man sich vorstellen kann, eine sehr dürftige Düngung! Diese Armut an Nährstoffen, besonders an Stickstoff, führt nun ihrerseits wieder dazu, daß im Hochmoor nur Pflanzen überleben können, die über bestimmte „Tricks" verfügen, mit der Stickstoffknappheit fertig zu werden: das Heidekraut etwa erreicht dies durch Zusammenarbeit mit einem Wurzelpilz *(Mykorrhiza).* Eine andere Methode hat der Sonnentau entwickelt: er gehört zu den fleischfressenden Pflanzen. An den Klebetröpfchen seiner Fangblätter bleiben kleine Insekten

Großes Bild: Zwischenmoor auf der Filz

Kleine Bilder rechts:
Horste der steifen Segge (Carex elata) im Hofer Moos
Moorfichten zeigen Kümmerwuchs

Schmalblättriges Wollgras   *Sumpfläusekraut*

hängen, werden von Verdauungsdrüsen der Blätter aufgelöst und als Stickstoffquelle verwertet.

Das Moor hinter der Bergstation der Gondelbahn bezeichnet man als ein Zwischenmoor. Sehr schön kann man hier nahe nebeneinander Hoch- und Flachmoorgesellschaften von Pflanzen sehen. Wie flache Linsen wölben sich die Hochmoorstellen empor. Nur hier finden wir den Sonnentau, eingebettet in die Polster des Torfmooses, begleitet von Heidekraut, Heidelbeere oder Moosbeere.

Die beherrschenden, „tonangebenden" Pflanzen der Hochmoore sind die Torfmoose. In unseren Breiten gehören sie zu den Pflanzen mit den höchsten Zuwachsraten. In Schlenken kann eine Torfmoospflanze jährlich bis zu 50 cm Zuwachs erreichen! Die Fähigkeit, Wasser zu speichern, ist bei diesen doch eher einfachen Pflanzen außerordentlich und beträgt bei einigen Arten bis zum 25fachen der eigenen Körpermasse. Man braucht nicht viel Phantasie, um sich auszumalen, welch gewaltige Wassermassen ein Moor speichern, also im Falle eines Wolkenbruches auch abfangen kann. (Von ähnlich großer Bedeutung ist ja auch die Wasser-Auffangkraft der Waldmoose. Wenn sie durch Planie oder Waldsterben vernichtet werden, kommt es zu immer schlimmeren Hochwasserschüben aus den einst bewaldeten Hängen und Gräben.)

Torfmoose setzen im Konkurrenzkampf mit den anderen eine geradezu unverschämt anmutende Methode ein. Sie haben die Fähigkeit, als sogenannte Kationenaustauscher den Säuregrad des Bodens stark zu erhöhen. Ihnen selber macht das nichts aus, den anderen hingegen wird das Leben und Überleben buchstäblich sauer gemacht! Ein Hochmoor bleibt als solches von selbst waldfrei.

Alpen-Fettkraut

Interessant ist, daß es praktisch keine Arten gibt, die ausschließlich an Hochmoore gebunden wären. Sonnentau und Moosbeere (*Vaccinium uliginosum*, nicht die Heidelbeere!) aber z. B. haben dort ihren eindeutigen Verbreitungsschwerpunkt — aus dem einfachen Grund, weil die extremen Lebensbedingungen dieses Standortes fast die ganze Konkurrenz ausschalten. Niedermoore hingegen weisen eine Fülle e i g e n e r , also n u r an diesem Standort wachsender Pflanzen auf, wie etwa das Schmalblättrige Wollgras und das Sumpfläusekraut.

Nicht im Hochmoor, sondern in nährstoffarmen Nieder- und Quellmooren finden wir andere fleischfressende Pflanzen, z. B. das gewöhnliche und das Alpen-Fettkraut. Auf ihren seitlich gerollten Fangblättern befinden sich pro cm² an die 160.000 Verdauungsdrüsen! Das Alpenfettkraut blüht zu Hunderten im Juni in den Niedermoorteilen der Filz.

Wohl die meisten Flachmoore bei uns sind sekundär, das heißt: ohne Mahd oder Beweidung würden sie ziemlich schnell mit Erlen, Weiden usw. zuwachsen. Alle lichtbedürftigen Moorpflanzen würden dann natürlich verschwinden. Die Niedermoore und Streuwiesen gehören zu den Beispielen für Eingriffe in die Natur, deren Folge eine Bereicherung, nicht eine Verarmung an Arten ist! Ziel des Naturschutzes ist hier also keineswegs, eine bestimmte Fläche „der Natur zu überlassen", sondern die bisherige Form der Bewirtschaftung zu garantieren.

Ein besonderer Schmuck unserer Feuchtwiesen und Niedermoore sind die verschiedenen Arten von Orchideen. Diese Pflanzenfamilie gehört zu den größten und wohl auch interessantesten der Erde. In Europa finden wir nur Erd-Orchideen, im Gegensatz zu den tropischen Formen, welche auch auf Bäumen, z. B. in

Das Niedermoor unterhalb von Hof zählt sicher zu den schönsten und größten im weiteren Umkreis

Weiße Waldhyazinthe (Platanthera bifolia)   *Bläulinge bei der Paarung*

deren Astgabeln, wachsen. Alle Orchideen besitzen stark abgeleitete (also erdge-
schichtlich moderne) Blüten mit hochspezialisierten Bestäubungsmechanismen.
Eine Besonderheit des Blütenbaues z. B. besteht darin, daß sich bei vielen Arten
der Fruchtknoten und mit ihm die Blüte während seines Wachstums um 180 Grad
dreht.

Die Samen der Orchideen sind winzig klein, und der Keimling besitzt nicht wie
bei anderen Samenpflanzen ein Nährgewebe für seinen Start ins Leben. Ein Sa-
menkorn kann sich nur dann zu einer neuen Orchideenpflanze entwickeln, wenn
es im Boden, auf den es vom Wind verweht wurde, einen ganz bestimmten Pilz
vorfindet, der ihm am Anfang seiner Entwicklung „hilft" (Ammenpilz). Unter
diesen Umständen wird die große Zahl von Samenkörnern verständlich. Man hat
bei verschiedenen Arten nicht nur Schätzungen, sondern auch Zählungen vorgenommen und ist dabei pro Einzelpflanze auf mehrere Hunderttausende bis Millionen Samen gekommen.

Die alljährliche Blütenpracht unserer Orchideen entsteht nicht in erster Linie
aus den Samenkörnern jedes Jahr neu, sondern aus den unterirdischen Knospen
und Knollen, welche der Gruppe ihren griechischen Namen gegeben haben.

Ist schon die Pflanzenwelt der Moore sehr bemerkenswert, so ist es ihre T i e r -
w e l t nicht minder. Auch unter den Tieren finden wir hier viele Spezialisten, deren
Körperbau und Lebensweise für den Sonderstandort maßgeschneidert sind.

Da fliegt ein kleiner blauer Schmetterling über die Moorfläche mit ihren
weißen Wollgras-Schöpfen. Es ist der Moorbläuling *(Maculinea alcon)*, dessen Le-
benslauf wie ein „Naturkrimi" anmutet: Das Weibchen legt die Eier auf Lungenen-
zian oder Schwalbenwurz-Enzian ab, denn nur diese beiden taugen als Futter-

Blaujungfer (Aeschna cyanea)

pflanzen für die schlüpfenden Raupen. Ab einem bestimmten Alter aber scheint ihnen diese vegetarische Kost zu eintönig zu werden und sie begeben sich regelrecht auf Einbruchs-, ja Raubmord-Tour in einen Ameisenhaufen. Dort rauben sie auf die allerfrechste Weise Ameisenpuppen und entgehen dem Strafgericht der Bestohlenen durch ein unverschämtes Ablenkungsmanöver: sie sondern durch Drüsen am Hinterleib eine Art Zuckersaft ab, welcher die Aufmerksamkeit der Ameisen vom Puppenraub ablenkt. Der aus der Puppe schlüpfende Schmetterling hingegen hat diese Zuckerdrüsen nicht, und so muß er nach dem Schlüpfen zusehen, daß er so schnell wie möglich aus dem Haufen kommt.

Wo Moore in Gräben oder Schlenken freie Wasserflächen haben, kann man zur warmen Jahreszeit verschiedene Arten von Libellen bewundern. Einige von ihnen sind streng an bestimmte Moorpflanzen gebunden, wie z. B. die Speer-Azurjungfer (an die Schnabelsegge). Man müßte schon einige Geduld aufbringen, um den geheimnisvollen Werdegang dieser Tiere selbst draußen mitzuerleben. Nehmen wir als Beispiel die Hochmoor-Mosaikjungfer *(Aeschna subarctica)*:

Die Weibchen legen ihre Eier in Moorschlenken. Die Larven besitzen Fangmasken, leben also räuberisch von kleinen Wassertieren. Nach etwa zehn bis zwölf Häutungen ist dann die Zeit für den Schlüpfvorgang gekommen. Die Larve braucht dazu aber unbedingt ruhiges sonniges Wetter, muß also über eine Art innerer Wettervorhersage verfügen. Jede Fehleinschätzung des Wetters endet tödlich. Nach Wetterstürzen im Sommer kann man daher an stehenden Gewässern Ansammlungen von Libellen-Leichen am Ufer beobachten. Auch die erwachsenen Libellen leben räuberisch, und auf ihren Jagdflügen erreichen sie Spitzengeschwindigkeiten von 80 km in der Stunde! Mit den Fangbeinen erbeuten sie Insekten in der Luft, welche sie auch im Flug verzehren.

Moore und Sümpfe, Tümpel und Teiche sind Raststätten für durchziehende Vögel im Frühjahr und Herbst. Weißstorch, ab und zu auch der noch größere Schwarzstorch, Bekassinen, Kiebitze, Schnepfen, aber auch Wiedehopf und Rotschenkel gehören zu diesen Durchzüglern, die wir ohne Feuchtbiotope nie oder ungleich seltener zu Gesicht bekommen würden.

Wiesen

Das Wirtschaftsgrünland unterscheidet sich in mehreren Punkten stark von allen anderen Formen der Pflanzennutzung: es wird nicht nur e i n e Pflanzenart gepflegt, wie etwa beim Getreide- oder Kartoffelanbau, sondern von vorneherein eine M i s c h u n g verschiedener Arten. Ein Maisfeld ist immer eine Monokultur, so klein es auch sein mag, jeder Quadratmeter Wiese hingegen kann nichts anderes als eine Polykultur genannt werden.

Es stellt sich ganz von selbst eine Kombination von Arten ein, die dem jeweiligen S t a n d o r t entspricht. In den seltensten Fällen deckt sich die Zusammensetzung genau mit jener des Saatgutes (z. B. Dauerwiesenmischung), welches früher vielleicht einmal aufgebracht worden ist. Bei uns kann man das deutlich dort beobachten, wo planierte Flächen neu begrünt wurden. Das ziemlich einheitliche Grün

Höswurz (eine Orchidee!) (oben) und
Goldpippau (links oben) auf der früheren Schlepptrasse des Zinsbergliftes

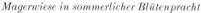

Magerwiese in sommerlicher Blütenpracht

nach der Einsaat nähert sich (unter günstigen Bedingungen) von Jahr zu Jahr mehr dem standortgemäßen Gepräge mit Blumen und anderen Kräutern, die in der Saatgutmischung sicher nicht mitenthalten waren.

Wenn allerdings durch die Planie oder Drainage auch der Boden, also der Standort verändert wurde, kommt die ursprüngliche Pflanzengesellschaft nie wieder. Eben diese Tatsache macht ja den Pisten-Ausbau in ungünstigen Höhenlagen so problematisch.

Die Pflanzengesellschaften des Grünlands haben einen sehr feinen Zeigerwert: man kann von ihnen sehr sicher auf Bodenbeschaffenheit, Klima, Bewirtschaftungsform usw. schließen.

Wenn sich Standortbedingungen ändern, wird auch die Pflanzenzusammensetzung anders. In unseren mittleren Berglagen ist etwa der Goldhafer *(Trisetum fla-vescens)* ein massebildendes Obergras, in tiefen Lagen tritt an seine Stelle der Glatthafer *(Arrhenaterum elatius)*. Das heißt aber auch: der eine tritt an die Stelle des anderen, und das gilt für viele Weidepflanzen. Daraus ergibt sich die allbekannte Tatsache, daß Wiesen zwischen viel weiteren Extremen wachsen können als alle Kulturpflanzen in Monokultur.

Eine Wiese kann geradezu als Paradebeispiel für die biologischen Vorzüge einer Mischkultur gegenüber den Monokulturen gelten. Auch nach Jahrhunderten gleicher Nutzung tritt keine Bodenmüdigkeit ein. Massenhafter Schädlingsbefall ist im mitteleuropäischen Grünland so gut wie unbekannt.

Der Sonnberg

Wie ein großer Arm legt sich sein weiter Bogen um Brixen, bietet Schutz gegen die kalten Winde von Norden, fängt an seinen Hängen die Sonnenwärme ein. Hier sind Plätze mit bestem Klima zu finden; mancherorts so gut, daß auch der Wein gedeihen würde, wie das ja früher auch eimal tatsächlich der Fall war.

Die Landschaft auf der Sonnseite kann als Musterbeispiel gelten, wie abwechslungsreich die Natur trotz oder sogar wegen der Nutzung durch den Menschen sein kann. Schließlich verdanken doch z. B. alle lichtliebenden Bodenpflanzen hier dem Menschen ihre Bleibe, denn würde nicht mehr gemäht, sie alle gingen im Schattendunkel des Waldes unter!

Einen besonderen Reiz verleihen dem Sonnberg seine Hecken und Baumreihen. Zwar gibt es ja Feldgehölze auch in der Ebene, aber bei uns liegt die ganze Parklandschaft für das Auge als Ganzes überblickbar, wie in einem Amphitheater ausgebreitet. Bunt und vielfältig ist die Zusammensetzung dieser Baumzeilen zwischen den Wiesen: Haselnuß und Traubenkirsche („Elsenstauden"), Weißdorn, Heckenrose und Berberitze bilden das „Erdgeschoß", durchrankt gelegentlich von Himbeere oder Nachtschatten. Darüber bauen sich die Kronen der Bergahorne, Eschen, Vogelbeerbäume und manch anderer stattlicher Baumgestalten auf.

Und durch diese herrliche Landschaft führt so mancher stille Weg. Man könnte die Wanderung etwa im Mosner Wald beginnen und, ohne allzugroße Höhenunter-

Der Sonnberg vom Chor aus gesehen

schiede überwinden zu müssen, durch die ganze Breite dieses Sonnenparks bummeln bis hinein ins Grabner Tal. Wie oft man den Weg auch mit offenen Augen ginge, er wäre jedesmal anders.

Noch nach dem Zweiten Weltkrieg gab es am Sonnberg etliche Getreidefelder. Beim Pflügen im steilen Gelände war es unvermeidlich, daß sich am unteren Rand des Feldes immer mehr Erde ansammelte, selbst dann, wenn die unterste Baufurche von den „Dreck-Tragern" wieder nach oben geschafft wurde. Dort, wo solche stark der Sonne ausgesetzte Bauraine den Weg säumen, finden wir oft niedrige, bunte Trockenrasengesellschaften mit viel Thymian, Silber-Fingerkraut, Habichtskraut, rundblättriger Glockenblume usw. Man braucht sich kaum zu bücken, um die Augen nahe genug am Boden zu haben und auch etwas vom Leben der kleinen Tiere mitzubekommen: Das Gewimmel der kleinen Wegameisen, die blitzschnellen Beutezüge der Springspinnen, die metallglänzende Panzerung der Laufkäfer.

Andere Wegstrecken sind an der Bergseite von Mauern geschlichteter Steine flankiert, wie etwa in der Schneckgasse unterhalb Zeller. Hier lebt, streng beschränkt auf die Hohlräume zwischen den Steinen, eine besondere Felsspaltengesellschaft. Zu ihren kennzeichnenden Arten gehören die Mauerraute, der gelbe Lerchensporn und der zierliche Streifenfarn.

Am Beispiel dieser zwei leicht zu erkennenden Pflanzengesellschaften im gleichen Klima, in gleicher Höhe und Besonnung wird auch der weniger naturkundige

Spaziergänger erahnen können, daß die Mischung von Kräutern und Blumen, an denen er vorübergeht, alles eher als zufällig ist.

Man möchte im nachhinein meinen, die Erkenntnis, daß nicht alles überall wachsen kann, müßte eine uralte Binsenwahrheit sein, und natürlich haben schon die Ackerbauern des Altertums bereits ungefähr gewußt, wo man Getreide anbauen kann und wo nicht.

Doch erst im vorigen Jahrhundert zeigte ein großer Naturforscher erstmals der Welt, wie genau man aus der beobachteten Pflanzenkombination eines Standortes auf seine Bodenbeschaffenheit schließen kann. Es war Franz Unger, ein gebürtiger Steirer, seines Zeichens Stadtphysicus (etwa Amtsarzt) zu Kitzbühel in den Jahren 1830 bis 1836. Genau am Ende der Kitzbüheler Dienstzeit erschien sein bahnbrechendes Werk: „Über den Einfluß des Bodens auf die Verteilung der Gewächse". Er wurde Professor für Botanik in Graz und ist dort 1870 in hohen Ehren gestorben.

Kitzbühel und seine Umgebung nehmen in der naturkundlichen Forschung überhaupt einen besonderen Rang ein, wirkten neben Unger hier doch auch so bedeutende Männer wie z. B. Josef Traunsteiner, Anton Sauter, Dalla Torre oder F. Arnold. Selbst König Friedrich August II. von Sachsen reiste nach Kitzbühel, um die Pflanzenwelt am Kitzbüheler Horn, wohl aber auch an anderen Stellen kennenzulernen. Der erste Dekan von Brixen, Wolfgang Hechenberger (1804—1821), war ebenfalls nebenbei Botaniker und hat ein Herbarium angelegt.

Doch zurück zum Sonnberg. Wo ließe sich der Lauf der Jahreszeiten schöner erleben als hier! Im Tal liegt noch lange schwerer Schnee, da entlassen die sonnendurchwärmten Aperflecken hier oben schon ihre ersten Frühlingsboten: Unter den Schmetterlingen wagt sich der kleine Fuchs aus der Erde, in windgeschützten feuchten Mulden blühen die Schlüsselblumen und Sumpfdotterblumen mit großem zeitlichem Vorsprung.

Baumgruppen und Sträucher im Wechsel mit Bergwiesen, das ist ein idealer Lebensraum für alle T i e r e, die im offenen Feld ihre Nahrung suchen, aber im sicheren Astwerk Zuflucht und Wohnstatt haben. Es mögen mehr als 60 Vogelarten sein, welche hier hausen: angefangen vom winzigen Zaunkönig bis zum behäbigen Bussard mit mehr als einem Meter Spannweite, das muntere Volk der Meisen, die unscheinbar gefärbten Laubsänger mit ihrer desto schöneren Stimme, Spechte, Finken, Drosseln, selbstverständlich auch das kluge Geschlecht der Krähen.

Laufkäfer

◁
Bergahorn bei Franbichl
Kleine Bilder:
Mauerraute (Asplenium ruta-muraria)
Streifenfarn (Asplenium trichomanes)

Buntspecht (Foto: Manfred Loner)

*Noch vor einem Jahr schien diese alte
Ulme in voller Kraft zu stehen, jetzt
ist sie vom nahen Tode gezeichnet*

*Im Vordergrund eine einzelne Buche im Santenbachwald, schräg oberhalb Nieding ist der Buchen-
Fichtenwald einmarkiert*

Hier jagen Habicht und Sperber, selten zwar, aber doch hin und wieder, bekommt man für Sekunden einen von den großen Falken (z. B. Baumfalke) zu Gesicht. Aus dieser sehr unvollständigen Liste möchte ich auf einen ebenso schmucken wie bemerkenswerten Vogel eingehen, den Kleiber. Schon an sonnigen Februartagen vernehmen wir seinen lauten, wiederholten Flötenton. Die Nisthöhle am Baum vermauert er kunstgerecht mit einem stark härtenden Mörtel, den er aus seinem Speichel und Lehm bereitet. Das Flugloch ist gerade groß genug für ihn, Marder und andere Räuber hingegen müssen vor seiner Festung kapitulieren.

Ich habe einmal einem dieser gefiederten Maurer bei seiner Arbeit zugeschaut. Just, als er mit seinem Bauwerk fast fertig war — er mochte über ein halbes Kilo Material verarbeitet haben —, brach ihm durch irgendein Mißgeschick die ganze Platte (Ergebnis mehrtägiger Mühe!) aus der Höhle und stürzte zu Boden. Aber schon im nächsten Augenblick, ohne das geringste Anzeichen von Verwirrung, begann er sein Werk von neuem. Auch wenn sein Verhalten von Instinkt getragen ist, machte mich so viel Unverdrossenheit doch nachdenklich.

Ein naturinteressierter Mensch, sei er nun Botaniker oder Fotograf, Insekten-, Vogel- oder sonst ein -kundiger, könnte am Sonnberg monatelang seinem Steckenpferd nachgehen und käme doch jeden Tag auf seine Rechnung!

Aber leider gibt es auch traurige Kapitel auf dieser so abwechslungsreichen Bühne des Lebens. Seit einigen Jahren hat auch bei uns das Ulmensterben rapide zugenommen. Ein kleiner dunkler Käfer, der nur Ulmen anfliegt, ist schuld am Aussterben dieser schönen Schluchtwaldbäume. Dabei schädigt er die Ulmen nicht so sehr selbst durch den Fraß seiner Raupen. Aber er überträgt eine Pilzkrankheit, welcher nach und nach alle Ulmen zum Opfer fallen werden.

Blick von Suglach ins Brixental

Steigen wir nun etwas höher hinauf, vorbei an sonnverbrannten Bauernhöfen, deren Geschichte oft tief ins Mittelalter hinabreicht. Eine Bank lädt ein zur Rast, und der Blick geht hinaus in die lichterfüllte Weite des Tales. Die Gletscher der Eiszeit haben ihm seine Wannenform gegeben und die meisten Gipfel zu sanften Kuppen abgeschliffen. Man kann es sich kaum vorstellen, daß einst eine riesige Eisdecke sogar die Hohe Salve noch mehr als hundert Meter hoch zudeckte. Doch so schaurig diese Epoche auch anmutet, sie hat das Leben in den Alpen erst richtig interessant gemacht. Wer denkt denn schon daran, daß wir z. B. Gemse und Edelweiß, Silberwurz und Ringdrossel nicht in unseren Bergen hätten ohne die großen Eiszeiten.

Im Wald oberhalb von Nieding treffen wir auf ein ungewohntes Vegetationsbild. Während wir bisher Buchen nur ganz vereinzelt angetroffen haben, finden wir uns jetzt auf einmal in einem richtigen Fichten-Buchen-Mischwald mit reichlich Waldmeister am Boden, also eine ausgesprochen kalkliebende Gesellschaft. Und tatsächlich streicht hier mitten im Silikat der Schieferberge eine uralte Kalkschicht aus, ähnlich jener am Gipfel der Hohen Salve.

Wir haben die bergbäuerlich geprägte Landschaft unter uns gelassen und befinden uns im bald lockeren, bald dichteren Waldgebiet, das sich von der Filz bis hinüber zum Rauhen Kopf erstreckt. Hier ist das Reich des Auerhahns. Licht bestockte ruhige Wälder mit viel Heidelbeeren, mit Ameisenhaufen und Wasserstellen behagen ihm als Lebensraum. Neben dem Filzenwald sind vor allem das Gseng und Hintergseng Schauplätze seiner immer wieder faszinierenden Balz. In den frühen siebziger Jahren sah es einmal beinahe so aus, als ob diese wundersamen Urweltgeschöpfe auch bei uns aussterben würden — wie schon in so vielen Gebieten Europas. Doch zur allgemeinen Genugtuung bei der grünen Zunft haben sich die Bestände — entgegen dem allgemeinen Trend — erstaunlich erholt. Am 6. Mai 1986 konnte ich an einem Platz nicht weniger als fünf Auerhähne beobachten! Weiß der Himmel, was den Tieren solchen Auftrieb gegeben hat, denn: daß es durch Stromleitungsbau, Lift- und Hüttelbetrieb da droben ruhiger geworden wäre, kann man leider nicht behaupten. Hauptsache, sie leben.

Hier ist nun wohl auch der Platz, wo ich der J a g d einige Zeilen schuldig bin. Ich hatte das Glück, viel mit guten Jägern mitgehen zu dürfen. Von diesen Stunden im Wald habe ich noch nie auch nur eine einzige bereut. Auf Pirsch und Ansitz habe ich mehr über die Natur gelernt als manchmal im Hörsaal. Wenn ich es auch heute nicht mehr vor mir selber vertreten könnte, einen Auerhahn zu schießen, habe ich natürlich genauso wie jeder andere den behördlich genehmigten Abschuß zu respektieren. Wenn er auf reellen Angaben beruht, wird auf diesem Weg keine Tierart verschwinden. Ungleich schlimmer ist die Störung und Zerstörung der Lebensräume. Ein guter Jäger, der sich für sein Revier Zeit nimmt, der nicht Konkurrenzdenken und Erfolgszwang noch mit hinaufnimmt in den Bergwald, ein Mann auch mit einem Blick für das, was neben dem Pirschsteig blüht — ich könnte mir keinen besseren Wächter für den Wald und seine Bewohner vorstellen!

Auerhahn bei der Bodenbalz (Foto: Manfred Loner)

Almen

Über der natürlichen Waldgrenze — sie wird bei uns nur von wenigen Gipfelregionen knapp erreicht — wachsen sogenannte alpine Grasheiden oder Urwiesen. Die zweite Bezeichnung will ausdrücken, daß diese Rasengesellschaften ohne Einwirkung des Menschen, also Mahd oder Weide, entstanden sind. Hier können sich nur ganz winterharte Gräser, Zwergsträucher und Blumen halten. Die Lebensbedingungen gleichen schon jenen der unteren Polargebiete, und tatsächlich zeigt dort das Pflanzenkleid große Ähnlichkeit mit jenem unserer Hochgebirge. So wundert uns auch nicht, daß wir hier oben immer wieder Eiszeitrelikte antreffen, also Pflanzen und Tiere, die sich nach dem Abschmelzen der großen Gletscher in die Hochlagen der Berge zurückgezogen haben.

Durch die Almwirtschaft wird die ursprüngliche Waldgrenze mitunter beträchtlich nach unten gedrückt, die Kuppe der Hohen Salve ist ein deutliches Beispiel. So finden wir auf unseren Almen eine Verzahnung von Ur- und menschenbedingten Formen der Grasfluren vor.

$\triangleright$

Schneetälchen am Ostabhang des Gampen
Kleines Bild: Eisglöckchen

Die Talkaser-Alm hat noch viel von ihrem ursprünglichen Charakter behalten

Dort, wo in Mulden der Schnee am längsten liegt, sprießen nach dem Abschmelzen sogenannte Schneetälchen-Gesellschaften. Hier wächst etwa die Krautweide *(Salix herbacea)*, welche schon Linné den kleinsten aller Bäume genannt hat. Eine besonders anmutige Blume an diesen Plätzen kürzester Vegetationszeit ist das Eisglöckchen *(Soldanella alpina)*.

Wo der Boden kalkhaltig ist, wie zum Beispiel im Gipfelbereich der Hohen Salve, finden wir zwischen den Almgräsern eine besonders zierliche Orchidee, das Kohlröschen *(Nigritella nigra)*, bei uns auch Brunelle genannt. Sie verströmt einen starken Vanilleduft und erinnert uns damit an ihre Verwandte in den Tropen, deren Schoten wir als Aromastoff verwenden.

Dem Schifahrer fallen in den verschneiten Almhängen gelegentlich merkwürdig große Hasenspuren auf. Sie stammen vom Schneehasen. Er trägt im Winter ein weißes Tarnfell, im Sommer ist er braun, jedoch deutlich heller als der Feldhase. Die breiten Pfoten wirken wie Schneereifen, verhindern also, daß das Tier im weichen Schnee allzu tief einsinkt. Auch der Auerhahn hat für den gleichen Zweck zur Balzzeit (Bodenbalz!) viele kleine Hornstifte seitlich an seinen Zehen. Diese Eigenheit hat der Waldhühner-Verwandtschaft auch den Namen Rauhfußhühner eingetragen. Ihr temperamentvollster Vertreter, der Spiel- oder Birkhahn, hat im Almland über den Wäldern sein Reich.

Im Kampf der Rivalen fliegen oft die Federn (Zeichnungen nach G. v. Blotzheim)

Im Frühjahr sind die freien Schneeflächen etwa im Holzalm- oder Talkasergebiet Schauplätze seiner Balz. Beim Morgengrauen fallen die Hähne ein und balzen mit gelegentlichen Unterbrechungen bis in den Vormittag hinein. Das Kampf- und Werberitual dieser Boten des Bergfrühlings hoch oben am Berg im anbrechenden Morgen gehört wohl zu den erregendsten Naturerlebnissen unserer Heimat.

Der Anfänger braucht zur Beobachtung (genauso wie für die Auerhahnpirsch) unbedingt die Begleitung eines Erfahrenen, meist eben eines Jägers. Überhaupt sollte sich gerade der angehende Tierbeobachter klarmachen, daß er zu einem argen Störenfried werden kann, wenn er unüberlegt in die verschwiegensten Winkel hineinpoltert. Naturbeobachtung, allenfalls auch Naturfotografie, gehört wohl zu den schönsten Freizeitbeschäftigungen, aber oberster Grundsatz sollte sein: Lieber eine Beobachtung oder ein Foto weniger, als ein Tier in die Flucht jagen!

Viel seltener als das weitklingende „tschuhuiiii" des Spielhahns hört man den knarrenden Ruf des Schneehuhns in den Karen unter den Berggipfeln. Sein Gefieder wechselt mit der Jahreszeit die Farbe wie das Fell von Hermelin und Schneehase. Im Sommer ist die bräunliche Tarnfarbe so vollkommen, daß der Bergwanderer das auf den Boden geduckte Tier auch noch aus großer Nähe übersieht.

Obwohl es die Almen nur am Rand bewohnt, sei hier auch noch das heimlichste aller Waldhühner genannt, das Haselhuhn. Es ist auch von allen am wenigsten bekannt, doch kann sein Bestand z. B. an der linken Talflanke des Brixenbaches oder am Gaisberg als gesichert gelten. Man muß schon Geduld und Glück haben, um einen balzenden Haselhahn zu Gesicht zu bekommen oder wenigstens seine leisen, rhythmischen Pfeifstrophen zu hören.

Der drastische Rückgang der Spielhähne in den Alpen geht vor allem auf das Konto der Schifahrer. Nicht nur aus diesem Grund sollte man sich dafür einsetzen, daß möglichst keine unberührten Gebiete mehr durch Lifte erschlossen, sondern die vorhandenen optimal ausgebaut werden. Die Entwicklung des Liftsystems in Brixen weist vielleicht schon ein wenig in diese Richtung. Sowohl die Gondel- als auch die Bubblebahn folgen zumindest ungefähr bereits bestehenden Trassen.

Daß der Schibetrieb im Winter eine negative Kehrseite für das „wanderbare" Brixen im Sommer hat, an dieser Tatsache kann sich niemand vorbeischwindeln. Auf der anderen Seite ist der Fremdenverkehr, besonders der Schitourismus, eben eine Säule unseres wirtschaftlichen Fortkommens, und zwar, wie es jetzt aussieht, eine der tragfestesten. Ich möchte den radikalen Liftgegnern z. B. auch zu bedenken geben, daß der Liftbetrieb durch Nebenerwerbs-Arbeitsplätze indirekt ja auch zur Erhaltung der bergbäuerlichen Kulturlandschaft beiträgt. Übrigens habe ich in Gesprächen mit führenden Leuten der Liftbranche nicht den Eindruck gewonnen, daß ihnen der Schaden an der Natur einfach egal wäre. Freilich überwiegt das wirtschaftliche Interesse meist noch stark die Sorge um die Natur. Aber sind nicht auch hier schon Anzeichen eines Gesinnungswandels gegeben?

Die Schattseite

Hier dehnen sich große Nadelwälder. Die Fichte herrscht zwar — wie überall — vor, doch gibt es genug Stellen mit einem beachtlichen Anteil an Tannen, etwa im mittleren Teil des Hofer Waldes oder auf der Seite, die gegen den Winkel zu abfällt. Besonders im Herbst geht der Wanderer hier wie durch eine stille und kühle Halle, während vom Sonnberg eitel Sonnenschein herüberlacht. Aber auch der feuchte Schatten hat seine Kinder: Moose und Bärlapp breiten sich in weiten Teppichen unter den Schäften der Fichten.

Dem nachdenklichen Betrachter verbirgt sich nicht die verhaltene Schönheit, die Geometrie der Muster in diesen Polstern und Decken mit ihren verschiedenen Grüntönen. Neben Heidelbeersträuchern und Farnen zeigt sich noch manch andere merkwürdige Pflanzengestalt, wie z. B. aus dem Reich der Flechten.

Beim Wachstum von Fichte und Tanne dominiert der Hauptstamm stark über die Äste. Bei einem Haselnußstrauch beispielsweise ist es gerade umgekehrt. Wie stark bei Nadelbäumen die Tendenz zur Achsenführung sein kann, zeigt das folgende Beispiel:

Durch eine krankhafte Fehlsteuerung entwickelte sich hier an einem Ast eine zweite Führungsachse. Aber dieser Baum hängt — ohne Wurzeln — buchstäblich in der Luft (Standort: Hundbichl-Moos)

*Keulenbärlapp
im Moosteppich*

*Becherflechten, Rippenfarn
und Preiselbeere*

*„Käferlücke" in der
Baumzeile über der
Santenbach-Hochalm*

Das Waldsterben hält sich bei uns zwar noch in Grenzen, doch sind die Anzeichen unverkennbar. Nicht jeder kranke Baum hat seinen Schaden vom sauren Regen. Borkenkäfer, Pilzkrankheiten, schlechter Standort, an ausgesetzten Stellen auch Blitzschlag, haben seit jeher dort und da Bäume vernichtet. Das vorhergehende Bildbeispiel hat sicher nichts mit der Luftverschmutzung zu tun. Wahrscheinlich hat ein Blitz den Anfang gemacht, dann kam der Borkenkäfer in den toten Baum und hat sich von dort auf die Nachbarbäume ausgebreitet.

Wenn die Vogelwelt auch nicht so artenreich ist wie auf der Sonnseite, so kann sich das Pfeifkonzert im Frühling doch auch hier sehr wohl hören lassen. Einer der besten Sänger ist die Singdrossel. Ihr Gesang ist so abwechslungsreich, daß sicher schon mancher Waldgänger zwei oder drei Vögel im Gezweig vermutet hat, während die Strophen doch alle aus einer Vogelkehle kamen.

Große, ruhige Wälder beherbergen auch eine Vogelgruppe, die der gewöhnliche Spaziergänger nur ganz selten zu Gesicht bekommt, da ihr Tag erst mit der Dämmerung beginnt: die Eulen. Durch eine ganz spezielle Bauart ihrer Federn haben diese Nachtjäger einen so leisen Flug, daß sie ihre Beute mit dem feinen Gehör orten können. Die großen, nach vorne gerichteten Augen haben eine extrem lichtstarke Optik, können aber in den Augenhöhlen nicht mehr gedreht werden. Dieser Mangel wird wettgemacht durch eine außergewöhnliche Gelenkigkeit der Halswirbel.

Aus eigener Beobachtung und Mitteilungen von Jägern nehme ich mit hoher Wahrscheinlichkeit an, daß auf Brixner Gebiet auch der Uhu brütet, der seltenste und störungsempfindlichste Vogel unserer Heimat. Er ist mit gut 1,5 Metern Spannweite weitaus die größte Eule und stellt an seinen Lebensraum eine ganz bestimmte Kombination von Ansprüchen — und die ist im vermuteten Brutgebiet gegeben. Die kleinste Eule, der Sperlingskauz, ist ebenfalls in den schattseitigen Wäldern zu Hause.

Waldkauz

Singdrossel

Almrosengallen und Teufelskralle

Schwalbenwurz-Enzian

Die Almen auf der Schattseite unterscheiden sich in ihrem Pflanzenbestand deutlich von den sonnseitigen Gegenstücken. Neben dem geringeren Lichtgenuß prägt vor allem die längere Schneebedeckung das Vegetationsbild. Aus eben diesem Grunde finden wir z. B. die rostrote Alpenrose an Nordhängen viel stärker entwickelt. Wer je im Frühsommer über die Santenbachalm oder den Gampen gewandert ist, kennt die herbe Pracht dieses roten Blütenmeeres. Wenn wir daraus einen Strauß brechen, fällt uns immer wieder einmal ein Zweig in die Hände, auf dem merkwürdige gelbliche oder rötliche Gebilde wuchern. Sie werden von einem Pilz *(Exobasidium rhododendri)* verursacht.

Schon vom Tal aus erkennen wir im Kar oberhalb der Santenbach-Hochalm
das Dickicht von Grünerlen *(Alnus viridis)*, das sich wie ein Riegel quer ins steile
Gelände legt. Auf dem sauren Silikatboden schützt dieses „Staudenwerk" gleich wie
drüben auf dem Gaisbergkalk die Latschen das tiefer liegende Gelände vor Schnee-
brettern und Lahnen.

Im Herbst hallen die Wälder zwischen Kasbichl und Gaisberg in manchen
Jahren mehr, dann wieder seltener, vom Röhren der Brunfthirsche wider. Sie
waren hier früher ein eher seltener Anblick. Doch der erhöhte Wildstand in der
Windau (massive Winterfütterung!) mag manchen König der Wälder zum Auswan-
dern bewogen haben, und nicht wenige von ihnen haben ihren Kopfschmuck in hiesigen Jägerstuben gelassen.

Grünerlengürtel im Kar

Rothirsch in der Brunft (Foto: Manfred Loner)

Zwergstrauchheiden

Wenn wir von der Choralm aus über Fleiding und Gampen gehen oder vom Holzalpjoch in Richtung Hartkaser unterwegs sind, durchstreifen wir ausgedehnte Zwergstrauchheiden. Eine Form dieser interessanten Vegetationsform wurde bereits mit den Almrosenbeständen erwähnt. Wenn auch der Gampen als höchster Brixner Berg nicht einmal ganz die 2000-Meter-Marke erreicht, sind die Lebensbedingungen auf den Gipfeln selbst, besonders aber auch an den Windkanten, extrem zu nennen. So finden wir beispielsweise am Weg von der Einködl-Scharte hinauf zum Gampen stellenweise ein Pflanzenkleid mit fast hochalpinem Charakter.

An den schneefrei geblasenen Stellen müssen die Gewächse ungeschützt die langen Winterfröste ertragen. Der starke Wind belastet zusätzlich ihren Wasserhaushalt. Diesen Umständen entsprechend finden wir hier nur mehr sehr frostfeste Arten wie z. B. Heidekraut und Krähenbeere, aber auch Moosflechten (z. B. *Cetraria nivalis*) oder Strauchflechten (z. B. *Alectoria ochroleuca*). Einige dieser Flechten hielten im Experiment bis zu 196 Minusgrade aus!

An exponierten Steinen und Felsspitzen sieht man gelegentlich die braunroten Krusten der Vogelkot-Flechte *(Caloplaca elegans)*. Wie schon ihr Name sagt, begünstigt sie der Kot von Vögeln, welche diese Plätze als Warten (Spähplätze) benützen.

Wegen der kurzen Vegetationszeit sind so gut wie alle Zwergsträucher hier oben wintergrün. Sie können es sich nicht leisten, jährlich ihre Blätter zu wechseln.

Wie stark hier die Windbelastung ist, erkennt man auch an den vereinzelten dichtbuschigen Kümmerfichten, denen Wind und Eiskristalle diese Wuchsform aufgezwungen haben.

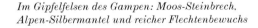

Windschliff-Boschen (Fichte)

Im Gipfelfelsen des Gampen: Moos-Steinbrech,
Alpen-Silbermantel und reicher Flechtenbewuchs

Der Gaisberg

Er liegt mit seinem Kalk- und Dolomitgestein, wohl als Rest eines früheren geologischen Deckenausläufers, wie eine Insel, umgeben von lauter Schieferbergen mit überwiegend Silikatgestein. Demgemäß finden wir hier eine ausgesprochene Kalkflora:

Am Gaisberg wachsen auch die meisten Lärchen

Silberwurz (Dryas octopetala)

Latschen prägen das Bild im felsigen Gelände

Wie wird es weitergehen?

Beide Bilder sind genau vom selben Standpunkt aus aufgenommen. Die obere Aufnahme stammt aus den fünfziger Jahren, die untere wurde 1987 gemacht. Wie stark sich Brixen in diesen 35 Jahren verändert hat, dafür ist dieser Bildvergleich nur eines von vielen möglichen Beispielen. Die Frage drängt sich auf, wie unsere Heimat — bei gleichbleibenden Tendenzen — in weiteren dreieinhalb Jahrzehnten aussehen wird.

Brixen um 1950

Brixen 1987

Viel von der Schönheit unserer Heimat verdanken wir jahrhundertelanger harter Bauernarbeit. Und gerade diese bäuerlich geprägte Landschaft spielt doch auch für den Fremdenverkehr eine wichtige Rolle. Landschaft verbrauchen, das kann jeder, aber wer erhält und pflegt sie — wenn nicht der Bauer? Hier wird dem Bauernstand eine neue Aufgabe und zusätzliche Bedeutung zukommen. Es müßte doch möglich sein, z. B. ein besonders schönes Moor zu erhalten und dem Bauern eine angemessene Entschädigung zu geben dafür, daß er es nicht entwässert, sondern wie bisher bearbeitet. Ich glaube nicht, daß bei gegenseitigem gutem Willen erpresserische Forderungen gestellt würden.

Die Sorge um die Natur ist ja nicht die einzige und größte. Man muß das Ganze unseres Lebens im Auge behalten. Nur selten macht man sich etwa das Gegenstück zur Umweltverschmutzung bewußt: die Innenweltverarmung. Ich fürchte, das Fernsehen richtet in den Seelen unserer Kinder mehr Schaden an, als alle Liftbauer zusammen für den ganzen Alpenraum überhaupt planen könnten. Eine florierende Wirtschaft, saubere Politik, gute Arbeitsplätze usw. sind als wichtige Ziele ja selbstverständlich. Freilich, nach den Meinungsumfragen nehmen Natur und Umweltschutz im Bewußtsein der Menschen einen immer bedeutenderen Raum ein.

Einen Arbeitsplatz kan man neu schaffen, das baufälligste Haus renovieren, aber keine Macht der Erde bringt eine ausgerottete Lebensform zurück. Wie sagen doch die Chinesen: „Jeder dumme Junge kann einen Käfer zertreten, aber alle Professoren der Welt können keinen herstellen."

Ich denke nüchtern genug, um damit zu rechnen, daß die Erhaltung von Naturschönheiten allzuvielen zu wenig wert ist. So wird im Laufe der kommenden Zeit noch manche Kostbarkeit verschwinden und so manches Bild in diesem Beitrag nur mehr von versunkener Pracht und Herrlichkeit künden. Gebe der Himmel, daß es anders käme!

So möchte ich am Schluß meiner Ausführungen den ersten Paragraphen des Tiroler Naturschutzgesetzes zitieren:

„Dieses Gesetz hat zum Ziel, eine in ihrem Wirkungsgefüge, ihrer Vielfalt und Schönheit unbeeinträchtigte Natur zu erhalten und zu pflegen und dadurch eine dem Menschen angemessene, besonders seiner Gesundheit und Erholung dienende Umwelt als bestmögliche Lebensgrundlage zu erhalten, wiederherzustellen oder zu verbessern.

Die Erhaltung und Pflege der Natur erstreckt sich auf alle ihre Erscheinungsformen, besonders auch die Landschaft, und zwar gleichgültig, ob sie sich in ihrem ursprünglichen Zustand befindet oder durch den Menschen gestaltet wurde (Kulturlandschaft). . ."

Wie immer wir in Zukunft auch das Für und Wider abwägen werden — es gibt nur eine tragfähige Grundlage für den Naturschutz: die Ehrfurcht vor dem anderen Leben.

*Noch bietet unsere Landschaft
eine Fülle kleiner Kostbarkeiten.
Tragen wir bei
zu ihrer Erhaltung!*

Weiderippeln
auf der Brixenbachalm

Linden an der Straße

Pinzgerzaun und Hecken
bei Sonnleit

Anmerkungen

[1] Österreichischer Wasserwirtschaftsverband, Arbeitsgruppe, Leitfaden für den natur- und landschaftsbezogenen Schutzwasserbau an Fließgewässern, Wien 1984.

[2] Bei der Fotosynthese bindet die Pflanze mit Hilfe des Blattgrüns Sonnenenergie in Form von Traubenzucker. Bei diesem Vorgang entsteht als Nebenprodukt Sauerstoff.

Hinweise

Wo Mißverständnisse denkbar wären, habe ich hinter die Artnamen in Klammer die wissenschaftliche Bezeichnung gesetzt (Gattung + Art).

Wenn nichts anderes angegeben, stammen die Bilder vom Verfasser.

Aus der großen Zahl guter Naturführer möchte ich dem interessierten Leser einige Bücher nennen, die ihm bei der eigenen Begegnung mit der Natur gute Dienste leisten können:

Pflanzenkunde

AICHELE - SCHWEGELER, Was grünt und blüht in der Natur?, Kosmos - Verlag, Stuttgart
R. FITTER, Pareys Blumenbuch, Parey, Hamburg
HEGI - MERXMÜLLER - REISIGL, Alpenflora, Parey, Hamburg
SCHMEIL - FITSCHEN, Flora von Deutschland (Bestimmungsbuch), Quelle u. Meyer, Heidelberg
POLUNIN, Bäume und Sträucher Europas, BLV, München
JAHNS, Farne, Moose, Flechten, BLV, München
RUNGE, Die Pflanzengesellschaften Mitteleuropas, Aschendorff, Münster

Tierkunde

PETERSON, Die Vögel Europas, Parey, Hamburg
ZAHRADNIK, Der Kosmos Insektenführer, Kosmos, Stuttgart

Allgemein

G. STEINBACH, Die farbigen Naturführer (Reihe), Bertelsmann, Donauland

DER MENSCH UND DIE SIEDLUNG

Zur Herkunft des Namens Brixen

Von Otto Gschwantler

Wenn wir die Namen der Gemeinden des Brixentales betrachten, so können wir bei den meisten den ursprünglichen Sinn leicht erkennen, so bei Hopfgarten, Westendorf, Kirchberg. Es handelt sich hier um deutsche Namen, die auf die bairischen Siedler zurückgehen. Den Namen Brixen kann man hingegen drehen und wenden wie man will, man kann ihn mit keinem deutschen Wort in Verbindung bringen. Dies deutet darauf hin, daß der Name und eine entsprechende Siedlung schon vorhanden waren, als sich die Baiern hier niederließen. Sie übernahmen von den alteingesessenen Bewohnern den Namen des wohl sehr kleinen Ortes.

Seit dem Feldzug von Tiberius und Drusus im Jahre 15 v. Chr. bis zur bairischen Besiedelung, die im 6. Jahrhundert einsetzte, gehörte unser Tal (wie alles Land südlich der Donau) zum römischen Reich, dessen Sprache das Latein war. Im Oberinntal, im Vintschgau und anderen Teilen Südtirols gibt es noch heute viele vordeutsche Orts- und Flurnamen. Ihre Zahl nimmt vom Raum um Schwaz gegen Osten immer mehr ab. Man kann daraus schließen, daß die vordeutsche Besiedelung in unserem Gebiet geringer war und daß hier „der größte bairische Bevölkerungsdruck herrschte"[1]. Einen nennenswerten Bevölkerungszuwachs scheint die Römerherrschaft nicht gebracht zu haben, und auch sonst hat sie in unserem Gebiet kaum Spuren hinterlassen, da es abseits der bedeutenderen Straßenzüge lag. Die Ausgrabungen von Brixen stellen da eine große Ausnahme dar (s. Beitrag Ubl). Der Einfluß der überlegenen römischen Kultur war aber doch so stark, daß auch die alteingesessene Bevölkerung romanisiert wurde, d. h. dazu überging, lateinisch zu sprechen. Der Name Brixen läßt sich aber vom Lateinischen her ebenso wenig erklären wie mit Hilfe des Deutschen. Brixen ist also keine römische Gründung, es bestand hier eine Siedlung dieses Namens vor der Eroberung durch die Römer. Was aber waren das für Menschen, die hier hausten, ehe die Römer kamen, und welche Sprache sprachen sie?

Sie waren Kelten, so sagt man, und sprachen keltisch. Die Kelten treten um die Mitte des ersten vorchristlichen Jahrtausends vor allem an den Randzonen der Alpen in Erscheinung. Über ihr Vordringen in die Alpentäler wissen wir nur wenig. Heute neigt man dazu, in der Ausbreitung der keltischen Kultur nicht in jedem Fall eine Wanderbewegung zu sehen, sondern die Übernahme keltischer Kunst, Kultur und Religion durch einheimische Bevölkerung, wie das etwa die Funde vom Dürrnberg in Hallein nahelegen[2]. Im zweiten vorchristlichen Jahrhundert bildete sich im Gebiet der Ostalpen ein keltisches Königreich mit der Hauptstadt Noreia (wahrscheinlich Magdalensberg in Kärnten) heraus, das als regnum Noricum den Römern entgegentrat. Zu diesem Reich gehörte auch das nordöstliche Tirol, das ja auch in der Römerzeit zur Provinz Noricum gehörte und nicht zur Provinz Raetia wie das übrige Tirol.

Und so hat man versucht, den Namen Brixen als keltisch zu erweisen, und in der Tat lassen sich einige gute Gründe für diese Hypothese anführen. Zunächst ist zu beachten, daß es eine ganze Reihe gleich- oder ähnlichlautender Ortsnamen gibt: Brixen in Südtirol, *Brixia* (jetzt Brescia) in der Lombardei, *Brixellum* (jetzt Brescello) in der Emilia, *Brixius saltus* (jetzt La Bresse in den Vogesen) und vielleicht auch *Bresso* in der Lombardei und *Bressa* in Friaul[3]. *Brix*- fehlt nach Carlo Battisti in vielen typischen nichtindogermanischen mediterranen Landschaften und tritt in einem relativ beschränkten Areal auf[4], das nach Karl Finsterwalder als keltisch anzusehen ist[5].

Eindeutige archäologische Funde, die eine keltische Besiedlung Nordtirols bezeugen, scheint es nicht zu geben, wohl aber spricht einiges Namengut für Keltentum in Nordtirol. Hermann M. Ölberg führt außer Brixen einige Ortsnamen an wie Ebbs, Perjen (Stadtteil von Landeck), Axams, den Flußnamen Trisanna, ferner Ampaß, Fritzens, Glaner (Almleger in der Kelchsau), die auf alte Flußnamen zurückgehen[6]. Bei keltischer Herleitung des Namens Brixen pflegt man von einer idg. Wurzel *bhr̥ĝh*–„hoch" auszugehen[7]. Das silbische *-r̥*- brachte im Keltischen ein *i* hervor, und dies ist der Hauptgrund, weshalb man *brig*- als keltisch anspricht[8]. Es bedeutet „befestigte Höhe als Fluchtburg" und entspricht etymologisch deutsch *Burg*[9]. Es findet sich u. a. in *Brigantia*, dem alten Namen für Bregenz, und in dem damit in Zusammenhang stehenden Namen der *Brigantii*, eines keltischen Stammes, der im Gebiet des Bodensees siedelte[10]. Hierher gehört auch das in Ortsnamen Galliens und der iberischen Halbinsel häufige *-briga*. In England und Irland fehlt es, und im Gebiet östlich des Genfer Sees ist es nur einmal in Oberbayern bezeugt. Es scheint in Gebrauch gewesen zu sein, als die Kelten noch weit von der West- und Südküste entfernt waren, aber bereits nach Spanien vorstießen. Es bezeichnete Bergfestungen und gehört einer ältesten Schicht keltischer Ortsnamen an. Bei der Expansion auf die britischen Inseln und nach Osten wurde das weitgehend bedeutungsgleiche *-dunum*,befestigter Platz' üblich[11]. Das Fehlen von *briga*-Namen in unserem Raum schließt natürlich nicht aus, daß *brig*- als Grundwort hier in Verwendung war. Ölberg verweist auf *Brigetio* am rechten Donauufer gegenüber Komorn und auf den Flußnamen Prien am Chiemsee, der auf ein **brigenna* „Bergache" zurückgeht[12]. Ob dem **brig*- in Brixen die Bedeutung „befestigte Höhe" oder die allgemeinere „Höhe", „Berg" zugrunde liegt, muß wohl offen bleiben. Die Bildungsweise — etwa **brigs-ina* — spricht dafür, daß es sich bei Brixen um einen echt gallischen Ortsnamentypus handelt und nicht etwa einen galloromanischen, „da man dann eher eine Form **brix-ān-um* wie **Wattānum*-Wattens erwarten würde"[13].

In diesem Zusammenhang ist wichtig, daß es in Brixen noch einen weiteren Namen gibt, der mit Sicherheit in vordeutsche Zeit zurückgeht, nämlich *Götschen*[14]. So heißt die bewaldete Bergkuppe am Eingang des Brixenbachtals unterhalb des Bauerngutes Zöpfl. Auch in diesem Fall ist es so, daß man den Namen nicht mit einem deutschen Wort in Verbindung bringen kann, und so muß man auf Sprachen früherer Bewohner dieses Tales zurückgreifen. Aus dem gallischen Bereich des 4. Jahrhunderts sind in latinisierter Form zwei Wörter überliefert: *cucutium* und *cuculla*. Beide bedeuten „Haube", „Kapuze" und in übertragenem Sinn

„Bergkuppe". Auf *cuculla* gehen — so Karl Finsterwalder — unser Wort Kogel für „Bergkopf", ebenso die Ortsnamen Kuchl im Salzburgischen und Kochel in Oberbayern zurück. Nach Finsterwalder liegt unserem Götschen dieselbe Wurzel **kuk-* zugrunde, allerdings mit der Ableitungssilbe *-inu*, also *kúk-inu*. (Diese Wortbildung ist, wie Finsterwalder einräumt[15], sonst nicht nachgewiesen. Ein ähnliches Problem stellt sich, wie wir sehen werden, bei der Etymologie von Brixen.)

Es drängt sich geradezu die Frage auf, wie es denn kommt, daß gerade der Name des Götschen aus vordeutscher Zeit überliefert wurde. Wenn man von der gegenüberliegenden Talseite aus hinüberblickt, sieht man, daß es sich da um eine ganz bescheidene Erhebung handelt, rundum liegen viel markantere Berge, die alle deutsche Namen haben.

Nun steht der Brixener Götschen nicht allein mit seinem Namen. Es gibt einen Götschen über Wiesenegg, gleich über dem Gasthof Hechenmoos etwa auf halbem Wege zwischen Aurach und Jochberg, einen weiteren am Mitterberg bei Bischofshofen, einen Hohen Götschen bei Kaltenhausen. Wenn man auch Namen wie Gütschen, (Hoch-)Gitzen[16], Gitsch und die schweizerdeutsche Bezeichnung „der Gütsch" für „runde Bergkuppe" mit einbezieht, ergibt sich ein noch breiteres Spektrum.

Man hat längst bemerkt, daß der Name Götschen häufig dort auftritt, wo prähistorischer Bergbau nachzuweisen ist. Dies trifft auch auf den Brixener Götschen zu, und dies ist wohl auch der Grund, weshalb diese vorgelagerte Bergkuppe ihren vordeutschen Namen behalten hat. Dies setzt, wie auch der Name Brixen, voraus, daß es zumindest Reste einer vordeutschen Bevölkerung hier gab, die altes Namengut an die bairischen Siedler weitergab.

Man hat versucht, den Ursprung der Kelten in die Hallstattzeit (700—400 v. Chr.) oder gar in die Urnenfelderzeit (1300—700 v. Chr.) zu verlegen oder diese beiden Epochen geradezu als keltisch anzusehen. Heute steht man den Bemühungen, die Träger dieser frühen Kulturen einem bestimmten Volk oder einer bestimmten Sprache zuzuordnen, mit großer Skepsis gegenüber und zieht es vor, von Kelten erst nach ihrer historischen Bezeugung zu sprechen[17].

Als keltisch bezeichnet man „jene alteuropäische Kentum-Sprache, die das aus indogermanischer Zeit ererbte *p* in den meisten Stellungen verloren hat, idg. *ē* im Hauptton zu *ī* palatalisierte und in enger etymologischer Verwandtschaft zu den inselkeltischen Sprachen steht."[18] Da der *p*-Verlust mit Wahrscheinlichkeit für das 6. Jahrhundert, mit größerer Sicherheit für das 4. Jahrhundert nachzuweisen ist[19], kann man erst für die Folgezeit von keltisch im eigentlichen Sinn sprechen.

Die Vertreter der Urnenfelder-Kultur drangen seit etwa 750 v. Chr. in den Süden Frankreichs vor und von dort auf die iberische Halbinsel, und man hat die sehr alte Schicht von *briga*-Ortsnamen in diesem Gebiet mit diesen Einwanderern in Verbindung gebracht, die auch die keltische Sprache mit sich gebracht hätten[20]. So weit wird man wohl nicht gehen dürfen. Allerdings ist mit der Möglichkeit zu rechnen, daß der Sproßvokal *i* älter ist als die Konstituierung des Keltischen im eigentlichen Sinn, so daß das *i* in Brixen in „vorkeltische" Zeit zurückgehen könnte, also in eine Zeit vor der Mitte des ersten vorchristlichen Jahrtausends[21].

Doch sind wir damit noch immer nicht am Ende unserer Spurensuche angelangt. Es herrscht heute Einigkeit darüber, daß für Brixen in Südtirol und auch für unser Brixen nach dem Vorschlag von Battisti von einer Form **Brixina* auszugehen sei[22]. Nach Giovanni Alessio stimmt diese rekonstruierte Form ihrer Struktur nach mit vorindogermanischen Ortsnamen überein. Was das Suffix -ina betrifft, führt er als ein Beispiel für viele etruskisch *Caecina* an[23], bezüglich des Suffixes -s- eine Reihe von Beispielen, von denen jedenfalls einige mit Sicherheit vorindogermanisch sind wie etwa *Crepsa*, der alte Name für die Insel Cres, der Name der Insel *Korsika* und mehrere Appellativa[24]. Finsterwalder hat es als falsch bezeichnet, daß eine Wortbildung wie *Brix-ina* nicht indogermanisch sein könne[25]. Als Beispiel für das (weibliche) Suffix -ina lassen sich anführen *Drawina* (890 und 978 *Trewina*), Nebenfluß der Drau in Kärnten, und *Tullina* (jetzt Tulln) in Niederösterreich[26]. Aber speziell keltische Parallelen dazu konnte ich nicht finden. Zwar gibt es *n*-haltige Suffixe auch im Keltischen, darunter -ina, dessen ursprüngliche Bedeutung im Keltischen anscheinend diminutivisch war[27]. Demnach könnte man *brixina* etwa als „kleine (befestigte) Anhöhe" verstehen. Doch bleibt dies reine Spekulation, solange man nicht analog gebildete keltische Ortsnamen beibringen kann.

Nach Finsterwalder ist auch die Behauptung „methodisch anfechtbar", daß *brig-s* nicht keltisch sein könne, weil diese Wortbildung in anderen idg. Sprachen keine Entsprechung habe. So werde z. B. der von Alessio angeführte Flußname *Apsos* von anderen Forschern als indogermanisch erklärt[28]. „Die Kompliziertheit des noch ungeklärten Problems müßte jedenfalls davon abhalten, die Namen mit *Brix-* als ausreichenden Beweis für nichtindogermanische Siedlung anzuführen."[29] Ölberg bezeichnet die Weiterbildung mit einem *s*-Suffix als „gut indogermanisch und auch keltisch" und verweist auf ai. *vatsá-h* „Jährling", „Kalb" zu gr. ἔτος „Jahr" und auf das schon erwähnte *Apsos, Apsia*[30]. Neben einigen anderen Beispielen lassen sich noch anführen lat. *cap-sus, cap-sa* „Behältnis" (von *capere*), *noxa* „schädliche Handlung" (von *nocēre*)[31]. Flußnamen mit dem Suffix -so sind im „Illyrischen" gut bezeugt[32]. Speziell keltische Belege scheint es aber nicht zu geben. Die auf der Iberischen Halbinsel bezeugten *Cempsi* konnten bis heute trotz eingehender Bemühungen nicht als Kelten erwiesen werden[33]. Auch scheint die Verbindung der beiden Suffixe -s- und -ina kein Gegenstück zu haben.

Das Vorhandensein von *s*- und -ina-Suffixen im Indogermanischen ändert nichts daran, daß die beiden Suffixe auch vorindogermanisch bezeugt sind. Nach Carlo Alberto Mastrelli haben sie kein indogermanisches Aussehen, sind hingegen für die Sprachen des vorindogermanischen Substrates charakteristisch, so daß man *Brixina* seiner Meinung nach nicht „sic et simpliciter" auf das Keltische zurückführen könne. Dazu kommt noch, daß romanische Dialekte vor allem der Westalpen ein Wort mit der Bedeutung „Berg", „Felswand", „Fels", „Bergspitze" (vgl. genov. *brico*, piem. *bric* usw.) bezeugen, das von gall. *brigos* „Berg" zu trennen ist[34] und auf eine Wurzel *brik-* zurückgeht[35]. Auch Mastrelli kann sich im Hinblick auf die Verbreitung der von *brik-s-* abgeleiteten Ortsnamen vorstellen, daß ihnen jenes Wort zugrunde liegt. Dieses Wort sei aber weder „keltisch" noch „mediterran" (und damit vorindogermanisch), vielmehr das Ergebnis einer Umformung „in loco", die ein keltisches *brig* durch ein ligurisch-alpines Substrat erfahren habe. Das -i- der Wurzelsilbe sei viel zu charakteristisch für das Keltische, als daß man nicht versucht ist, in der Form *brik-* das Ergebnis einer Aneignung des keltischen *brig* zu sehen. Wegen des Vordringens der Kelten und der Überlagerung vorindogermanischer Sprachen durch das Keltische sprechen wir von

„Keltiberisch" und „Keltoligurisch", und so sollte man auch die Möglichkeit eines „Keltoalpinen" nicht ausschließen. Mastrelli faßt seine Auffassung zusammen: Die Vorstufe der Wurzel *brik- könnte keltisch sein, aber die Form *brik- und vor allem die abgeleiteten Formen *brik-s- und *brik-s-ina dürften als Formen der prä-indogermanischen alpinen Sprachen zu betrachten sein. Aber könnte man dann nicht ebensogut das *brig- bzw. *brik- (wegen des Berührungseffektes vor -s) in *brixina als Keltisierung eines ähnlichlautenden vorkeltischen Ortsnamens, der die charakteristischen beiden Suffixe aufwies, in Betracht ziehen?

Schon zur Zeit der Urnenfelderkultur (1300—700 v. Chr.), als deren Träger man längere Zeit die „Illyrer" ansehen wollte, war unser Tal besiedelt, und damals wurde auf der Kelchalpe bei Kitzbühel, aber auch am Götschen in Brixen Kupfer-bergbau betrieben. Die erstmalige schriftliche Erwähnung unseres Ortes vor 1200 Jahren sollte uns nicht vergessen lassen, daß der Name Brixen mindestens tau-send Jahre weiter zurückgeht — wenn nicht noch weiter.

Anmerkungen

Meinem Wiener Kollegen Georg Renatus Solta möchte ich meinen aufrichtigen Dank abstatten für Rat, Hilfe und Kritik. Ebenso Herrn Prof. Carlo Alberto Mastrelli von der Universität Flo-renz, der mir auf meine Bitte hin in einem ausführlichen Brief vom 16. März 1988 freundli-cherweise seine Auffassung des hier zu behandelnden komplexen Problems mitteilte und mich ermächtigte, sie in meinen Ausführungen zu zitieren.

[1] ASSMANN, S. 89.   [2] PAULI, S. 193.

[3] Weitere ähnlich klingende Namen bei ALESSIO, S. 80 f. mit A. 4.

[4] (1944), S. 196—207; später hat BATTISTI diese Position aufgegeben, wie FINSTERWALDER (1955/56), S. 42, A. 3 kritisch bemerkt.

[5] (1955/56), S. 42, A. 3; er nimmt zunächst Brixen am Eisack aus, führt aber dann den Fluß-namen Pria an (jetzt Breibach, Triers, Untereisacktal), der für keltische Bevölkerung in jener Gegend sprechen könnte.

[6] ÖLBERG (1965), S. 318 ff.   [7] POKORNY, S. 140 f.

[8] ÖLBERG (1965), S. 320 mit A. 64; unser Brixen und Brixen in Südtirol gehen nach ÖLBERG, S. 320, „eindeutig aufs Keltische zurück". Etwas zurückhaltender S. 335.

[9] POKORNY, S. 141.

[10] Zum Verhältnis von Brigantii zu Brixentes (im Tropaeum Alpium genannter Volksstamm) vgl. ALESSIO, S. 81 f.

[11] RIX, S. 99—107; ÖLBERG (1965), S. 333.

[12] ÖLBERG (1965), S. 333, A. 186.   [13] ÖLBERG (1965), S. 320.

[14] Zum Folgenden vgl. FINSTERWALDER (1971), S. 15 ff.   [15] Ib., S. 16.

[16] Zu den lautlichen Varianten vgl. FINSTERWALDER, S. 16 u. 18.

[17] PAULI, S. 18 ff. mit weiterer Literatur.

[18] BIRKHAN, S. 60; weitere Merkmale ib. S. 62, A. 49a mit Literaturhinweisen.

[19] BIRKHAN, S. 109, A. 29.

[20] PIGGOTT, S. 213. Ein sehr viel differenzierteres Bild, das eine so frühe Datierung ausschließt, zeichnet Koch.

[21] BIRKHAN bemerkt, daß es zumindest fraglich sei, ob der Sproßvokal i als repräsentative Lau-tung des Keltischen gelten könne (S. 109, A. 29). Er tritt etwa auch im Albanischen auf.

[22] ALESSIO (1948), S. 79, ebenso Mastrelli; FINSTERWALDER (1960), S. 221, A 16. ÖLBERG (1965), S. 320, A. 66: *brigs-ina.

[23] (1948), S. 80.   [24] Ib., S. 83 u. 84—87.

[25] (1955/56), S. 42, A. 3, wo aber keine Beispiele angeführt werden. ÖLBERG (1962), S. 204 f. geht auf dieses Problem nicht ein.

[26] KRAHE (1955), S. 88.   [27] PEDERSEN Bd. 1, S. 58.   [28] KRAHE (1955), S. 97.

[29] FINSTERWALDER (1955/56), S. 42 f., A. 3.

[30] (1962), S. 204. Bezüglich der Entstehung des *s*-Suffixes verweist er auf HERBIG, Glotta 9, 1918, S. 100 f.

[31] KRAHE-MEID, S. 137, wo auch altgerm. Namen und alte Flußnamen mit *s*-Suffix (allerdings mit Bindevokal) angeführt werden. Zahlreiche Bildungen mit *-sa-* / *-sō-* / *-su-* (vor allem Tierbezeichnungen), S. 134 f. Zum *s*-Suffix in der verbalen Stammbildung (z. B. got. *wahsjan* zu *aukan*) vgl. ib., S. 255.

[32] KRAHE, S. 88 f.   [33] KOCH, S. 390, A. 9.   [34] MEYER-LÜBKE, 1300a.   [35] ALESSIO, S. 83 f.

Literaturhinweise

G. ALESSIO, Il tema toponomastico mediterraneo *brixa, in: Archivio per l'Alto Adige 42, 1948, 79—89.

D. ASSMANN, Das Werden der Kulturlandschaft des Kitzbüheler Raumes, in: Stadtbuch Kitzbühel Bd. I. Hg. von E. WIDMOSER, Kitzbühel 1967, 83—107.

C. BATTISTI, Appunti bibliografici sulla toponomastica più recente della Venezia Tridentina, in: Onoma 4, 1953, 23—43.

H. BIRKHAN, Germanen und Kelten bis zum Ausgang der Römerzeit. Der Aussagewert von Wörtern und Sachen für die frühesten keltisch-germanischen Kulturbeziehungen (Österr. Akad. d. Wiss., phil.-hist. Klasse, Sitzungsberichte 272), Wien 1970.

K. FINSTERWALDER, Die Besiedlung Tirols im Spiegel der Ortsnamen. Mit bibliographischen Beiträgen aus Nord- und Südtirol. Kritische Bemerkungen zu C. BATTISTI, Appunti [...], in: Onoma 6, 1955/56, 41—63.

K. FINSTERWALDER, Die Deutung der Salzburger Güterverzeichnisse von 788 — 90 und vergleichbare Namenzeugen aus den Nachbarländern, in: Jahrbuch f. fränk. Landesforschung 20, 1960 (Festschrift Ernst SCHWARZ I), 215—228.

K. FINSTERWALDER, Namenkunde des Kitzbüheler Raumes, in: Stadtbuch Kitzbühel Bd. IV. Hg. von E. WIDMOSER, Kitzbühel 1971, 10—60.

M. KOCH, Die Keltiberer und ihr historischer Kontext, in: Actas del II Coloquio sobre Lenguas y Culturas Prerromanas de la Península Ibérica (Tübingen, 17—19 junio 1976). Editadas por A. TOVAR, M. FAUST, F. FISCHER y M. KOCH. (Acta Salmanticensia. Filosofia y Letras 113), Salamanca 1979, 386—419.

H. KRAHE, Die Sprache der Illyrier. 1. Teil: Die Quellen, Wiesbaden 1955.

W. MEID, Wortbildungslehre (H. KRAHE - W. MEID, Germanische Sprachwissenschaft Bd. 3, Sammlg. Göschen 1218 ff.), Berlin 1967.

W. MEYER-LÜBKE, Romanisches etymologisches Wörterbuch, 3. Aufl., Heidelberg 1934.

H. M. ÖLBERG, Das vorrömische Ortsnamengut Nordtirols. Ein Beitrag zur Illyrierfrage. Diss. (Maschinschr.), Innsbruck 1962.

H. M. ÖLBERG, Keltische Siedlung in Tirol, in: Festschrift Leonhard C. FRANZ, hg. von O. MENGHIN u. H. M. ÖLBERG (Innsbrucker Beiträge zur Kulturwissenschaft 11), Innsbruck 1965, 313—342.

L. PAULI, Die Herkunft der Kelten. Sinn und Unsinn einer alten Frage, in: Die Kelten in Mitteleuropa. Kultur, Kunst, Wirtschaft. Salzburger Landesausstellung 1. Mai—30. Sept. 1980 im Keltenmuseum Hallein, Salzburg 1980, 16—24.

L. PAULI, Der Dürrnberg und die keltische Welt, ebd., 189—193.

H. PEDERSEN, Vergleichende Grammatik der keltischen Sprachen, 2 Bände, Göttingen 1909 und 1913.

St. PIGGOTT, Vorgeschichte Europas. Vom Nomadentum zur Hochkultur (Kindlers Kulturgeschichte des Abendlandes 1), München 1974.

J. POKORNY, Indogermanisches etymologisches Wörterbuch Bd. I, Bern und München 1954.

H. RIX, Zur Verbreitung und Chronologie einiger Ortsnamentypen, in: Festschrift für Peter GOESSLER. Tübinger Beiträge zur Vor- und Frühgeschichte, Stuttgart 1954, 99—107.

Zur Geschichte von Brixen im Thale

Auch in diesem Bereich hat vieles von dem, was Matthias Mayer, der verdienstvolle Verfasser der ersten und bisher einzigen Monographie über Brixen, geschrieben hat (S. 2—37), noch heute Gültigkeit. In zwei Punkten können wir aber dank der verbesserten Quellenlage über ihn hinauskommen und neue Ergebnisse vorlegen, was in den Kapiteln „Die Ausgrabungen im Kirchenbereich" und „Das älteste Brixentaler Urbar" geschehen wird.

Mayer hatte zum einen mit der Schwierigkeit zu kämpfen, daß es für den langen Zeitraum zwischen vereinzelten prähistorischen Spuren und Funden (Reste keltischen Bergbaues, Fund einer mittelständigen Lappenaxt — heute die „Wappen"axt des Dorfes — aus der Spätbronzezeit) und der ersten urkundlichen Erwähnung von Brixen in der Notitia (im Indiculus) Arnonis (788) keinerlei direkte Quellen gab zur Erhellung der ältesten Siedlungsgeschichte und zur Entstehung der Seelsorge in dieser Ur- und Mutterpfarre des Brixentales. Die Römerzeit mußte völlig im Dunkeln bleiben, auch wenn man annehmen konnte, daß der alte Bergbau hier wie anderswo im östlichen Tirol und Salzburg weitergeführt wurde; unsere Gegend gehörte ja zur römischen Provinz Noricum, die durch Bergbau und Metallverarbeitung bedeutsam und berühmt war. Auch für die bajuwarische Landnahme, die im Raum Kufstein — Wörgl — Kitzbühel im 6./7. Jahrhundert erfolgt sein dürfte und einen deutlichen Wandel in der Bevölkerungsstruktur und den Lebensbedingungen brachte, gab es keine direkten Belege. Mayer hat allerdings durch eine umsichtige Sichtung des Namengutes, vor allem der echten -ing-Namen von Höfen und Weilern, die Siedlungsgeschichte bis zum Einsetzen schriftlicher Quellen in ganz groben Umrissen darstellen können. Auf der Basis seiner Forschungen zu den alten Kirchenpatrozinien konnte er auch plausibel machen, daß der Beginn der Seelsorge in Brixen schon einige Zeit vor der urkundlichen Erwähnung der *ecclesia ad Prixina* angesetzt werden muß.

Für beides, Siedlungsgeschichte und Entstehung und Entwicklung der Seelsorge, haben die 1978 und 1980 durchgeführten Grabungen im Bereich der Pfarrkirche wertvolles Quellenmaterial erbracht, das bei behutsamer Interpretation einiges Licht auf die „dunklen Jahrhunderte" fallen läßt. Über die weitere Entwicklung des Ortes ab dem 9. Jahrhundert geben zwar vereinzelte Urkunden in Salzburg und München sowie in Brixen selbst (allerdings erst ab 1332) manchen Aufschluß, viele Fragen im Großen wie im Kleinen sind aber nach wie vor offen geblieben. Urkundlich ist, daß der Salzburger Bischof im Jahre 788 in Brixen eine Eigenkirche mit Feldbesitz hatte und daß diese *ecclesia cum territorio* in seiner eigenen Diözese lag; ihre Grenzen waren ja bei der Diözesaneinteilung durch Boni-

fatius im Jahre 739 festgelegt worden. Welche hochfreie Adelsfamilie aber die
Grundherrschaft in der Brixner Gegend besaß, die ursprüngliche Eigenkirche gegründet und für die Bestiftung mit einem entsprechenden Widumsgut gesorgt
hatte, ist nicht urkundlich erweisbar. Nach Hanns Bachmann[1], dem wohl besten
Kenner dieser Materie, kann es allerdings so gut wie keinen Zweifel daran geben,
daß es sich bei der erwähnten Eigenkirche des Salzburger Bischofs zu Brixen um
eine ursprünglich aribonische Eigenkirche gehandelt hat. Neben ihren ausgedehnten Besitzungen im Unterinntal müssen die Aribonen auch im Brixental reichen Besitz gehabt haben, der schließlich zu Beginn des zehnten Jahrhunderts
(durch die bekannte Schenkung Radolts von 902) an das Hochstift Regensburg
überging. Nun war das Bistum Regensburg Landesherr im Brixental, kirchlich unterstand es aber dem Salzburger Bischof; dieser besaß außerdem noch die erwähnte Eigenkirche mit Grundbesitz, d. h. mit einem Meierhof. Die ursprüngliche
völlige Verfügungsgewalt des Eigenkirchenherrn über seine Kirche, d. h. ihr völ-
liger rechtlicher und nutznießerischer Besitz, wurde zwar im Laufe der Zeit in die
mildere Form des Patronats übergeführt, ist aber keineswegs gänzlich beseitigt
worden. Als Erzbischof Eberhard II. (1200—1246) im Jahre 1215 das Eigenbistum
Chiemsee gründete und ihm das Brixental einverleibte, da behielt er sich das Patronatsrecht und den Zehent der Brixner Kirche zurück. So waren also im 13.
Jahrhundert drei Gewalten nebeneinander wirksam: das Bistum Regensburg war
Landesherr, Chiemsee hatte die geistliche Gewalt und der Salzburger Erzbischof,
dessen Weihbischof der Chiemseer war, besaß das Patronatsrecht und den Zehent
der Brixner Pfarrkirche. Die fast zwangsmäßig entstehenden Rechtsunsicher-
heiten und Reibereien wollten Salzburg und Regensburg durch eine Vereinbarung
im Jahre 1285 beseitigen, mit der u. a. Patronatsrecht und Zehent der Brixner
Kirche an Regensburg übergehen sollten. Die Durchführung des Abkommens war
aber nicht möglich, und so blieben die komplizierten Verhältnisse bis zum Jahre
1380 bestehen. Damals kaufte das Salzburger Hochstift unter dem Erzbischof Pil-
grim II. (1365—1396) vom Hochstift Regensburg das Pfleggericht Itter, und 1385
wurde das Tal (nach Ablösung des Rückkaufrechtes) endgültig dem Salzburger
Stiftsland einverleibt. Damit änderten und klärten sich die verworrenen Verhältnisse: die weltliche Herrschaft übte künftig Salzburg aus, Chiemsee war für die
geistlichen Belange zuständig.

Wie sich im geschilderten Zeitraum die Grundbesitzverhältnisse im Tal im
einzelnen entwickelten, wie z. B. der Ur-Meierhof sich zum Weiler Hof wandelte,
wie einzelne Urbargüter geteilt wurden, kurz: wie die Siedlungsgeschichte weiter-
ging, das war nur in einigen wenigen und isolierten Fällen zu klären (meist anhand von Stiftungsurkunden).

Ein einigermaßen geschlossenes Bild ließ sich erst für das Ende des 15. Jahrhunderts entwerfen, denn die ältesten Brixentaler Urbare des Erzstifts Salzburg,
auf die sich M. Mayer stützen konnte, stammten erst aus den Jahren 1485 und
1496; dazu kam dann noch das wertvolle (für Brixen leider lückenhaft überlie-
ferte) Stockurbar Wolf Dietrichs von 1607.

Erst nach dem Zweiten Weltkrieg tauchte ein fast 100 Jahre älteres Urbar auf,
welches sich jetzt im Salzburger Landesarchiv befindet. Dieses nunmehr älteste
Urbar ist für uns in zweierlei Hinsicht besonders wertvoll. Es wurde, wie der ein-

schlägige Beitrag im Buch erweist, im Jahre 1417 geschrieben, dürfte aber die Verhältnisse jener Zeit wiederspiegeln, in der die weltliche Herrschaft von Regensburg auf Salzburg überging (1380—1385). Das bedeutet, daß wir nicht nur die Geschichte einzelner Urbargüter um 100 Jahre weiter zurückverfolgen können, als es bisher möglich war, sondern wohl auch, daß wir damit die früheste Erscheinungsform des Landgerichtes Itter fassen können. Zum andern aber ist dieses Urbar für Brixen auch aus dem Grund bedeutsam, weil sein Schreiber aus Lauterbach stammte und uns in der Person dieses Martein von Lauterbach zum erstenmal eine Laienpersönlichkeit aus unserer Gegend deutlich faßbar wird. Er ist mehr als ein bloßer Name in alten Urkunden, von ihm kann eine regelrechte Biographie rekonstruiert werden, ja sogar über sein Aussehen wissen wir Bescheid. Zugleich gewinnt unser Bild vom kulturellen Leben in Brixen im 15. Jahrhundert klarere Konturen und mehr Farbe. Das ungewöhnliche literarische Interesse des Landadeligen Christoph Rüether, Besitzer des großen Meierhofes in Hof (etwa 1430—1480), die rege Sammler- und Schreibtätigkeit des Vikars Niklas Mansl in Brixen (1466—1486) und schließlich die Stiftung der bedeutenden Bibliothek durch den Pfarrherrn Wilhelm Taz im Jahre 1473[2], all das setzt ein geistig regsames Klima voraus, ist ohne das Vorhandensein einer (wenn auch vielleicht kleinen) gebildeten Schicht schlecht vorstellbar. Ein Vertreter dieser Schicht war der Schreiber des Urbars von 1417.

Anmerkungen

[1] H. BACHMANN, Studien zur Entstehung der in der Notitia Arnonis genannten Kirchen Tirols, in: MIÖG 81, 1973, S. 241—303 und MIÖG 82, 1974, S. 30—84 (speziell zu Brixen: S. 63—65).

[2] Neben dem Kapitel „Die Taz-Bibliothek" von W. NEUHAUSER in diesem Band gibt auch sein Aufsatz „Zur Geschichte des Cod. 60 der Universitätsbibliothek Innsbruck (‚Ackermann aus Böhmen')", in: Codices manuscripti 6, 1980, S. 9—24, einen guten Einblick in die literarischen Bestrebungen in und um Brixen im 15. Jh.

Die Ausgrabungen im Kirchenbereich

Die archäologische Erforschung der abgekommenen Vorgängerbauten unter der Pfarrkirche zu Brixen im Thale

Von Hannsjörg U b l

Im Frühjahr 1978 begannen in der Brixener Pfarrkirche umfassende Restaurierungs- und Neugestaltungsarbeiten, für die auch der gesamte Fußboden entfernt werden sollte. Da die Brixener Kirche als „Indiculuskirche" einen frühmittelalterlichen Vorgängerbau erwarten ließ, erachtete es das Bundesdenkmalamt für notwendig, im Kircheninneren archäologische Grabungsarbeiten durchzuführen. Diese wurden von der Abteilung für Bodendenkmale des BDA im April 1978 begonnen. Ursprünglich sollten die Grabungsarbeiten von dem bis dahin für Tirol und Vorarlberg zuständigen Bodendenkmalpfleger G. Kaltenhauser vorgenommen werden. Da Kaltenhauser jedoch kurz vor Beginn des Grabungsunternehmens zum Landeskonservator für Vorarlberg bestellt worden ist, wurde die Grabungsleitung dem Berichterstatter übertragen.

Die manuelle Grabungsarbeit wurde zur Gänze von Ortseinwohnern geleistet, denen für ihren hingebungsvollen Arbeitseinsatz an dieser Stelle gedankt sei. Zwar hat sich die Kirchengemeinde bei Beginn der Grabung dem gesamten Unter-

Die Grabung im Frühsommer 1978

nehmen gegenüber zunächst noch recht reserviert verhalten, konnte jedoch bald von der Sinnhaftigkeit der archäologischen Arbeit überzeugt werden. So verbesserte sich das anfangs noch etwas frostige Arbeitsklima — draußen lag ja noch Schnee um die Kirche — und die Grabungen konnten zügig vorangetrieben werden.

Die hier vorliegenden Zeilen müssen als ein vorläufiger erster Bericht verstanden werden. Viele und zum Teil wichtige Detailergebnisse liegen noch nicht vor. Besonders fehlt die Auswertung des spätantiken Kleinfundmaterials und die kunsthistorische Bewertung der Wandmalereifunde aus der ersten Steinkirche. Diese werden in der abschließenden Gesamtpublikation des Grabungsbefundes vorgelegt werden. Zwei Umstände beeinträchtigen jedoch das Grabungsergebnis allgemein. Für beide, und das zeigt schon jetzt die Auswertung der Grabungsdokumentation mit voller Klarheit, zeichnet der zeitliche Druck durch den vorgegebenen Fertigstellungstermin für die Kirchenrestaurierung, unter dem die Grabung von Anbeginn an gestanden hat, verantwortlich. So war der jüngste Kirchenboden zu radikal und tiefer als wünschenswert abgetragen worden, wodurch die letzten Adaptierungsphasen des bestehenden Kirchenbaues (Kirche V) unbeobachtet beseitigt worden sind. Und dann blieb zuwenig Zeit, um die gesamte Fläche im Presbyterium und dem östlichsten Joch, die durch Bestattungen des Mittelalters stark gestört war, mit wünschenswerter Genauigkeit zu untersuchen.

Es ist hier noch verfrüht, abschließende bauhistorische Schlußfolgerungen aus dem Grabungsbefund vorzulegen. Soviel kann jedoch, ohne den künftigen Untersuchungsergebnissen zur frühen Fundkeramik und den ältesten Freskofunden vorzugreifen, schon festgestellt werden:

Der heute benützten Kirche, die in den Jahren 1789 bis 1795 nach den Plänen von W. Hagenauer der Baumeister A. Hueber in abgeänderter Form als spätbarock-klassizistischen Bau mit doppelter Turmfassade im Westen und breit ausladender Rundapsis im Osten aufgeführt hat, gehen vier ältere Kirchenbauten voraus. Drei davon waren Steinkirchen, der älteste eine Holzkirche. Eine absolute Datierung der vier Vorgängerkirchen, von denen einzelne Bauteile in den jüngeren Bauten weiterverwendet worden sind, kann noch nicht gegeben werden. Relativchronologisch läßt sich jedoch die folgende Reihung vornehmen:

Kirche V: der bestehende spätbarock-klassizistische Bau
Kirche IV: spätgotischer Steinbau
Kirche III: spätromanischer Steinbau
Kirche II: frühromanischer Steinbau
Kirche I: frühmittelalterlicher Holzbau.

Für alle festgestellten älteren Steinkirchen (Kirchen IV—II) ließen sich deutlich unterscheidbare Bauphasen feststellen, die auf Erneuerungen nach Schadensfeuern zurückzuführen sind oder Modernisierung im Sinne gewandelten Kunstempfindens entsprangen, ohne daß durch sie jedoch das jeweilige Baukonzept verändert worden wäre. Unter dem Niveau der Holzkirche (Kirche I) konnte noch ein älterer Steinbau festgestellt werden (Bau I), der jedoch kein Sakralbau gewesen ist.

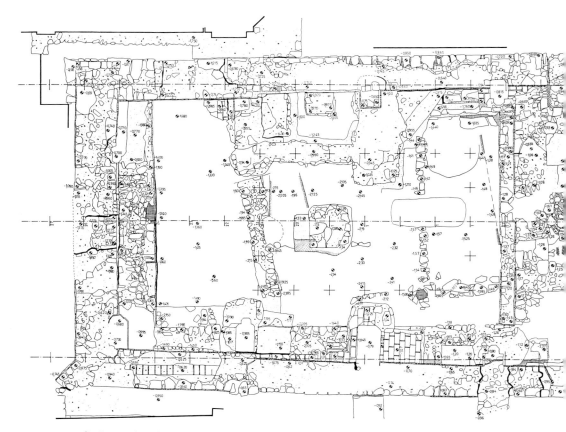

Grabungsplan des BDA. Aufgenommen 1978 von H. Ubl (Meßlinien im metrischen System)

Beschreibung der ergrabenen Vorgängerbauten

Der bestehende Kirchenbau (Kirche V) deckt mit seinem Grundriß — Schiff und Apsis — die älteren Vorgängerbauten nicht nur vollständig ab, er greift noch um das Turmjoch mit der Vorhalle und einem Teil des Westjoches über die älteren Bauten nach Westen aus. Nur das Fundament des mittelalterlichen Glockenturmes wird von der Nordmauer der Kirche V überlagert.

Bau I

Etwa im Zentrum des bestehenden Kirchenbaues (Kirche V) konnte ein ältester Steinbau festgestellt werden, dessen Orientierung gegenüber den Achsen der späteren Steinkirchen (Kirche II — V) deutlich nach Nord verschwenkt ist.

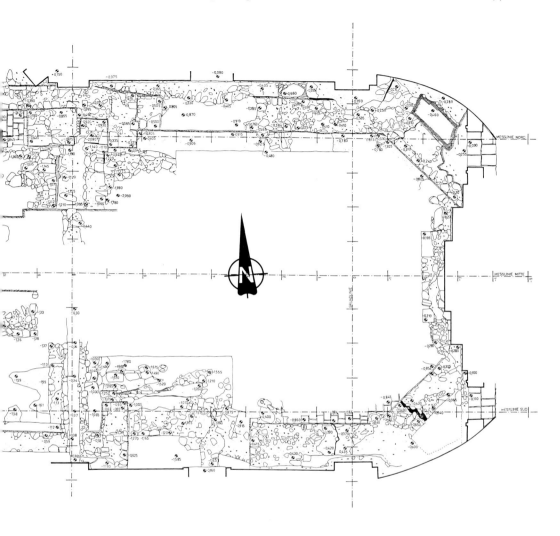

Ob mit dem ergrabenen Raum der gesamte Bau erfaßt werden konnte, dieser also nur einräumig war, oder im Süden, Norden und Osten noch Annexräume vorhanden gewesen sind, ließ sich nicht feststellen.

Der erschlossene Raum weist einen rechteckigen Grundriß von annähernd 6,40 × 4,60 m (rekonstruiert) auf. Das grobsteinige Mauerwerk wechselt in seiner Stärke zwischen 0,60 und 0,68 m. In der kürzeren Westmauer lag vermutlich die Türöffnung. Der unebene Fußboden, von deutlichem Brandschutt überlagert, lag noch etwa 20 cm unter der erhaltenen Mauerkrone; darüber Bauschutt.

Unter der Brandschicht fanden sich auf dem Fußbodenniveau verschiedene Kleinfunde, darunter Bruchstücke einer groben Gebrauchskeramik und von Holzgefäßen, flache Spinnwirtel und einige Eisengeräte, eine weidenblattförmige Lan-

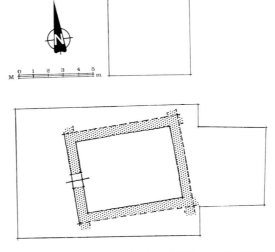

Bau I. Spätantiker Profanbau (Zeichnung H. Ubl)

zenspitze und ein Steigeisen. Ein Spinnwirtel war aus der Wandscherbe einer spätmittelkaiserzeitlichen Terrasigillata-Bilderschüssel geschnitten worden.

Die aus dem Brandschutt geborgenen Funde lassen Bau I eher als Profanbau ansprechen denn als Kirche. Lanzenspitze und Keramik weisen ihn der ausgehenden Antike zu.

Der Spinnwirtel aus Terrasigillata paßt ausgezeichnet zu einer Gruppe weiterer Funde, darunter Bruchstücke römischer Glasgefäße, die aus dem Schwemmhorizont unter dem Boden von Bau I stammen.

Zusammen weisen diese Fundstücke auf einen selbst nicht angeschnittenen römerzeitlichen Siedlungshorizont hin, der nördlich oder östlich der Kirche vermutet werden darf, aber auch höher am Hang gelegen haben mag. Ein zwischen Kirche und Widum gezogener Suchschnitt brachte keinen erhofften Aufschluß.

Kirche I

Etwa 5,00 m weiter östlich der Westmauer des ältesten Steinbaues und auf einem 0,60 m höheren Niveau konnte der durch Brand gerötete Erdboden eines jüngeren Gebäudes freigelegt werden. Die Bodenfläche war im Osten stark durch jüngere Bautätigkeit und verschiedene spätere Bestattungen gestört.

Die westliche und südliche Begrenzung des durch Brandrötung deutlich erkennbaren Raumes von etwas über 4,00 m Breite wurde durch regelmäßig verlegte Steinreihen bestimmt, die sich im rechten Winkel aus der Nord-Süd-Richtung in die Ost-West-Richtung brechen. Den Eckpunkt markiert ein deutliches Pfostenloch von etwa 30 cm Durchmesser, das von einer Steinpackung umkeilt ist.

Bei den aus sorgsam gelegten Findlings- und groben Bruchsteinen gelegten Trockenmäuerchen handelt es sich um die Fundamentpackungen zweier Außen-

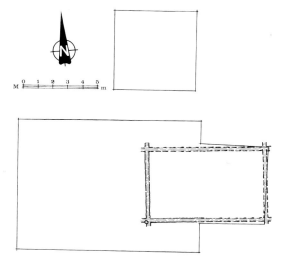

Kirche I. Holzkirche, 8. Jh. (Zeichnung H. Ubl)

wände eines Holzbaues, der als Blockbau angesprochen werden muß. Das Pfostenloch spricht für eine zusätzliche Eckverstärkung durch eine senkrechte Stütze.
Gegen Fachwerksbau spricht vor allem das Fehlen einer Bauschuttzone von Hüt-
tenlehm oder Rutenputz über dem durch Brandeinwirkung gehärteten Fußboden.

Die Orientierung des Holzbaues ist besser nach Osten ausgerichtet als jene des
älteren Steinbaues. Dies, zusammen mit den fundleeren Bauschutt- und Erd-
schichten zwischen den Böden von Bau I und Kirche I, schließt einen zeitlichen
und funktionsbedingten Zusammenhang zwischen beiden Gebäuden aus. Der Eingang in den Holzbau ist in der Achse seiner Westwand zu vermuten, jedoch durch
eine in der Achse der folgenden Steinkirche (Kirche II) gelegene und dieser zuge-
hörende Bestattung gestört und archäologisch nicht mehr nachweisbar.

Das Fehlen jeglichen Fundmaterials auf dem einfachen, abgebrannten Fußboden läßt vermuten, daß der zugehörige Holzbau weder Wohn- noch Wirtschafts-
zwecken gedient hat. Aus der gesamten Fundsituation und seiner Lage, die sich
weiter im Osten mit dem Altarraum der folgenden Steinkirche (Kirche II) orientie-
rungsgleich deckt und anscheinend auch in der Raumbreite übereinstimmt, läßt
sich in dem untersuchten Holzbau eine Holzkirche vermuten.

Nach der historischen Quellenlage und der wiederholten Überbauung durch
die späteren Steinkirchen (Kirchen II — V), also der kontinuierlichen Weiterbenützung des geweihten Ortes, könnte der in Holzkonstruktion errichtet gewesene
Gebäuderest mit jener im sogenannten Indiculus Bischof Arns von Salzburg aufge-
zählten „ecclesia ad prixina" identisch sein.

Wie lange diese nach dem Salzburger Güterverzeichnis im Jahre 788 bereits
vorhandene Brixener Kirche weiter benützt worden ist, wann sie durch Brandeinwirkung zerstört wurde und wann darauf sie durch einen jüngeren Steinbau ersetzt
worden ist, läßt sich zur Zeit noch nicht mit Sicherheit beantworten.

Nach dem Grabungsbefund kann mit einem rechteckigen Saalbau von etwas über 4,00 m Breite und um die 8,00 m Länge gerechnet werden. Ob ein architektonisch besonders hervorgehobenes Presbyterium, etwa in der Form eines eingezogenen Chores, vorhanden gewesen ist oder ob der Altarbereich nur durch eine Schranke vom Laienraum getrennt war, ließ sich durch die Grabung nicht feststellen.

Kirche II

Nachdem die Holzkirche (Kirche I) einer Brandkatastrophe zum Opfer gefallen war, wurde mit annähernd gleicher Orientierung ein Steinbau (Kirche II) über dem Brandplatz errichtet. Welcher zeitliche Abstand zwischen Brand und Neubau liegt, ließ sich archäologisch nicht ermitteln.

Für den neuen Bau wurde die Grundrißform einer einschiffigen Saalkirche mit eingezogenem, geostetem Chor und geradem Chorschluß gewählt. Das Kirchenschiff erhielt eine lichte Weite von etwa 10,10 × 7,00 m, der Chor von etwa 3,50 × 3,50 m. Das Kirchenschiff erweitert sich leicht von West nach Ost, während der Chorraum nach Osten zu an Breite leicht abnimmt.

Das Mauerwerk dieser ersten Steinkirche war bei Grabung in einigen Partien noch über das zugehörige Fußbodenniveau aufragend erhalten. Es war aus Bachgerölle und Geschiebesteinen, die zum Teil zugerichtet worden waren, in dunkelgrauem Kalkmörtel gemauert. An den Kirchenecken waren bewußt — der besseren Festigkeit wegen — größere Steinplatten versetzt worden. Mehrfach ließen sich noch Reste von Innen- und Außenwandverputz am Mauerwerk feststellen. Der gelblich gefärbte Außenwandverputz zeigte Stärken bis zu 3 cm.

Die Stärke des Mauerwerkes wechselte von etwa 1,10 m (mit Verputz) an der Westmauer zu 1,00 m (ohne Verputz) an den Nord- und Südmauern bis zu 0,95 m an der Ostmauer. Die Mauern des Chores sind deutlich schwächer gehalten; ihre Stärke wechselt etwas um die 0,80 m.

Im Kirchenschiff fanden sich noch größere ungestörte Flächen des gegossenen Kalkmörtelestriches. Entlang der gesamten Ostwand des Kirchenschiffes verlief eine etwa 45 cm breite und über 50 cm hohe gemauerte Bank mit verputzter Frontseite, über die man auch in den Chorraum hinaufsteigen mußte. Wie breit die Öffnung zwischen Kirchenschiff und Chorraum dimensioniert gewesen ist, ob also der Chor sich in seiner gesamten Breite zum Laienraum hin geöffnet hat, oder etwa ein schmälerer Triumphbogen eingestellt war, muß unbeantwortet bleiben.

Nach den Mauerstärken, dem Fehlen von Stützpfeilern an den Außenwänden und von Rippenbruchstücken ist anzunehmen, daß sowohl Schiff als auch Chor flach eingedeckt gewesen sind.

Vermutlich befand sich das Hauptportal der Kirche in der Westmauer. Ob noch ein Südportal vorhanden gewesen ist, ließ sich nicht erkennen. Über einige Stufen konnte man jedoch aus dem Kirchenschiff in der Nordostecke durch eine kleine Seitenpforte nach Norden zu ins Freie gelangen. Diese Nordtür vermittelte die Verbindung zwischen dem Kircheninneren und einem campanileartig freistehenden Glockenturm von annähernd quadratischem Grundriß mit den äußeren

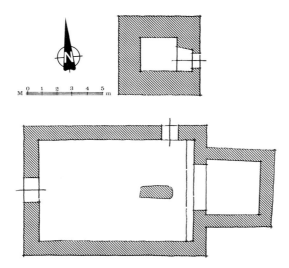

Kirche II. Frühromanische Steinkirche (Zeichnung H. Ubl)

Abmessungen von 5,30 × 5,30 m bei Mauerstärken von 1,50 m. Wie eine hier im Jahre 1980 durchgeführte Grabung nachweisen konnte, war dieser Turm gleichzeitig mit der ersten Steinkirche erbaut worden. Sein Mauerwerk aus zugerichteten Bach- und Findlingssteinen entsprach nach Technik und Mörtel jenem der Kirche.

Von der Innenausstattung der ersten Steinkirche hat sich kaum noch etwas erhalten. Selbst ein Altarfundament konnte im Chorraum nicht festgestellt werden. Das Kirchenschiff, insbesondere aber seine Nordwand muß reich mit figuralem und farbigem Freskoschmuck ausgestattet gewesen sein. Reste dieser Wandmalereien fanden sich im Planierschutt über dem aufgegebenen Kirchenfußboden. Eine Grabgrube in Kirchenachse knapp vor dem Chorraum läßt ein Stiftergrab annehmen.

Nach dem Grabungsergebnis hat es den Anschein, daß der Rechteckchor der ersten Steinkirche bewußt über Altar und Presbyterium der abgebrannten Holzkirche so angelegt worden ist, daß er ihren Dimensionen entsprach und ihrer Orientierung folgte. Der neue Laienraum wurde den Bedürfnissen einer gewachsenen Gemeinde entsprechend vergrößert und nach Westen hin über den alten Grundriß hinaus verlängert. Zusätzlich wurde im Norden der Kirche ein steinerner Glockenturm errichtet, der in der näheren Umgebung keine Parallele hat.

Nach der Grundrißform und den Resten der abgefallenen Wandmalereien ist die erste Steinkirche (Kirche II) der frühromanischen Stilepoche oder dem frühen Hochmittelalter zuzuweisen.

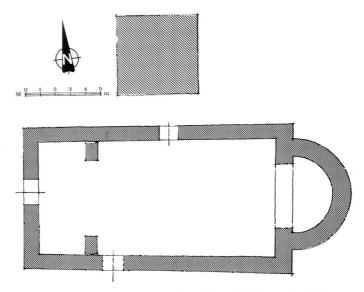

Kirche III. Spätromanische Steinkirche (Zeichnung H. Ubl)

Kirche III

Unter Weiterverwendung einzelner Mauerpartien wurde noch im Hochmittelalter nach einem Teilabbruch der ersten Steinkirche (Kirche II) ein vergrößerter Kirchenbau (Kirche III, oder die zweite Steinkirche) mit gleicher Orientierung aufgeführt.

Erhalten blieben die gesamte Westmauer und die gesamte Nordmauer der älteren Kirche (Kirche II). Abgetragen wurden der Chorbau und die gesamte Südmauer. Das neue Kirchenschiff wurde um die Stärke der abgerissenen Südmauer verbreitert und auf die äußere Ostflucht des älteren Chorbaues verlängert. Damit erhielt die neue Kirche III einen rechteckigen einschiffigen Saal von etwa 15,40 × 8,00 m Raumlichte mit eingezogener Halbkreisapsis im Osten, die einen inneren Radius von gut 2,50 m zeigte.

Das alte Westportal scheint beibehalten worden zu sein. Zusätzlich läßt sich nun auch ein Südportal durch Stufenvorlage im Kirchenschiff im westlichen Drittel der Südmauer nachweisen. Erhalten blieb wohl auch zusammen mit dem Glockenturm die Nordpforte.

Die Rundapsis öffnete sich über einen leicht eingestellten Triumphbogen zum Laienraum. Das zu erwartende Altarfundament ließ sich nicht ergraben.

Das neue Mauerwerk unterscheidet sich weder im Material noch in der Mauertechnik von jenem der älteren Steinkirche. Es zeigt jedoch typischen Fugenstrich, der sich an der Vorgängerkirche nicht hat finden lassen.

Zu Kirche III lassen sich insgesamt drei Fußbodenniveaus feststellen, von denen das älteste, ein einfacher Erdstampfboden, durch Brand schwarz und grau verfärbt wurde. Auch der zweite Fußboden, ein gegossener Mörtelestrich, weist

Brandspuren auf. Seine gestörte Oberfläche wurde mit einer unterschiedlich starken Kalkschlämme überzogen, die auf Adaptierungsarbeiten zurückgeführt werden mag, aber auch andere Ursachen haben könnte. Der letzte Boden ist wieder ein harter Mörtelestrich.

Das Kirchenschiff scheint in allen Bauphasen III a bis c, die den verschiedenen Kirchenböden entsprechen, keine wesentlichen Veränderungen erfahren zu haben. Vielleicht wurde im Westen eine Empore eingezogen, deren Pfeilerfundamente sich an der nördlichen und südlichen Schiffmauer erhalten haben. Das Fundament einer Emporentreppe war im Kircheninneren nicht nachweisbar, mag sich aber auch außen befunden haben, wo es später von Kirche V überbaut worden ist. In allen Bauphasen scheint das Schiff von Kirche III flach gedeckt gewesen zu sein. Ob die Rundapsis von einer Halbkuppel überspannt war, konnte durch die Grabung nicht geklärt werden.

Nach dem momentanen Stand des Auswertungsergebnisses der Brixener Kirchengrabung läßt sich nicht erkennen, wann die jüngere romanische Kirche (Kirche III) abgetragen worden ist und durch einen Neubau ersetzt wurde.

Kirche IV A und B

Noch während des späten Hochmittelalters wurde die spätromanische Kirche III durch Teilabbruch des Kirchenschiffes und vollständige Schleifung des Presbyteriums mit folgenden größeren Umbauten des erhaltenen Restes und neuen Zubauten stark verändert. Nach einem nicht allzu großen Zeitraum erfolgte ein neuerlicher Umbau, bei dem das Presbyterium wiederum abgetragen und in neuer Gestalt wiedererrichtet wurde. Gleichzeitig wurden auch im Inneren des Kirchenschiffes einschneidende Umgestaltungen vorgenommen. Da bei den letzten Adaptierungsarbeiten das Kirchenschiff als Baukörper nur unwesentlich verändert worden ist, kann von zwei Bauphasen eines Neubaues gesprochen werden.

Kirche IV A

Die einschneidenden baulichen Maßnahmen betrafen zunächst vor allem die Westfront und den Chor der Kirche III. Beide wurden gänzlich abgetragen. Dann wurde eine neue Westmauer, mit 1,20 m Mächtigkeit deutlich stärker dimensioniert, um die Stärke der älteren Westmauer verschoben, weiter westlich aufgeführt. Von ihr ausgehend griffen zwei 4,00 m lange Flügelmauern im rechten Winkel auf die erhalten gebliebenen älteren Langhausmauern im Norden und Süden über. Auch sie waren mit 1,10 m deutlich stärker als das ältere Mauerwerk, das sie mit deutlichem Absatz überlappen.

Der Grund für die Veränderung des Kirchenschiffes muß nicht allein im Wunsch einer Kirchenvergrößerung gesucht werden, denn der Flächengewinn des neuen Raumes von etwa 16,60 × 8,00 m Raumlichte zum älteren Kirchenschiff kann als unwesentlich bezeichnet werden. Eher mögen statische Gründe auslösend gewesen sein; Setzungsrisse im Mauerwerk, das U-förmige Überlappen der neuen Westmauer auf die belassenen Langhausmauern und ein schräg abstreichender Strebepfeiler an der SW-Ecke der Kirche sprechen eine deutliche Sprache. Das neue Mauerwerk unter-

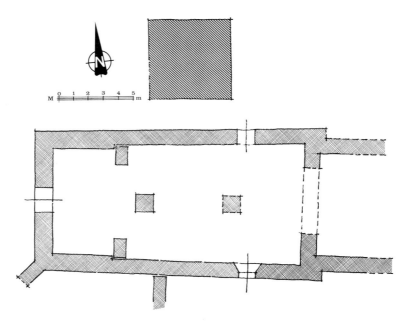

Kirche IV A. Spätmittelalterliche Pfeilerkirche (Zeichnung H. Ubl)

scheidet sich nach Struktur (Mischmauerwerk von Bruch- und Bachsteinen) und Bindemittel (hellgrauer bis beigefarbiger Mörtel) deutlich von den älteren.

Gleichzeitig wurde anstelle der abgetragenen Halbkreisapsis ein neues, leicht eingezogenes Presbyterium erbaut, mit im rechten Winkel von der Ostmauer des Schiffes abstreichenden Seitenmauern von etwa 1,10 m Stärke. Bedauerlicherweise ließ sich nicht feststellen, ob der neue Chor geradlinig geschlossen war oder etwa schon polygonalen Schluß aufwies. Nach der Innenflucht der neuen Presbyteriumsmauern könnte der Chor von Kirche IV A eine innere Breite von annähernd 7,00 m besessen haben. Seine Tiefenerstreckung bleibt unbekannt.

Im Westen des Schiffes scheint über zwei nach innen auskragende Mauervorlagen eine Empore gespannt gewesen zu sein, deren Zugang wiederum von außerhalb des Kirchenschiffes in Form einer Treppenanlage ermöglicht worden sein muß.

Möglicherweise war nun das Kirchenschiff erstmals mit einer gewölbten Decke überspannt worden. Die in drei Joche geteilten Gewölbe könnten von zwei in Kirchenachse gestellten Pfeilern getragen worden sein, von denen einer sich mit 1,20 × 1,20 m Fundamentabmessung im westlichen Drittel des Schiffes noch gut erhalten hat. Für das Vorhandensein des entsprechenden zweiten Pfeilers spricht eine Störung im Boden an der entsprechenden Stelle weiter östlich im Schiff.

Das Hauptportal der Kirche lag weiterhin in der Westmauer. In der Südmauer befand sich eine kleine Nebenpforte. Eine Nordtüre vermittelte noch immer den Zugang zum Glockenturm, lag aber jetzt weiter im Osten in der Nordmauer.

Manches deutet darauf hin, daß im Süden an das Kirchenschiff eine Sakristei angebaut gewesen ist. Wie weit diese auch auf den Bereich des Chorbaues übergegriffen hat, konnte nicht festgestellt werden.

Kirche IV B

Nicht allzulange nach Fertigstellung der Bauphase IV A ist es neuerdings zu einschneidenden Bauveränderungen an der Pfarrkirche gekommen. Wiederum wurde das Presbyterium abgerissen und durch einen kompletten Neubau ersetzt. Das Kirchenschiff blieb in seinen Dimensionen unangetastet, wurde aber mit (neuen) Gewölben größerer Spannweite versehen. (Dabei wurde das Kirchenschiff durch Abtragen der älteren Mittelpfeiler wieder in einen einschiffigen Saal umgestaltet.) Das neue Gewölbe spannte sich nun von der Nord- auf die Südmauer des Schiffes.

Gleichzeitig wurde im Süden des Kirchenschiffes eine Seitenkapelle und beidseits des Presbyteriums Kapellen und Sakristeien angefügt. Das in seiner Länge nur um die Stärke der abgetragenen älteren Triumphbogenmauer nach Osten verlängerte Schiff — es hat nun die Abmessungen von $18,00 \times 8,20$ m — wird durch die Neueinwölbung in 5 Joche gegliedert. Die die Gewölbedienste tragenden vorgelegten Mauerpfeiler sind ungleich dimensioniert, die zum Teil aus Tuffstein gehauenen Sockelstücke der Dienste wiederverwendete Spolien. Sie sind deutlich in das schon bestanden habende Mauerwerk des Kirchenschiffes später eingefügt, gelegentlich auch nur vorgeblendet.

Ebenso später eingeschlitzt oder vorgeblendet (mit deutlichen Baufugen) sind die ihnen an der Kirchensüdseite entsprechenden Strebepfeiler. Bemerkenswerterweise fehlen korrespondierende Strebepfeiler an der Nordmauer des Schiffes.

Gemeinsam mit dem Abbruch des Chores von Kirche IV A wurden auch die Ostmauer des Langhauses mit dem Triumphbogenmauerwerk und die östlichsten Enden der beiden Langhausmauern entfernt. Sie wurden in geschwächter Dimension wiederaufgebaut, sodaß nun im 5. Joch des Kirchenschiffes (östlichstes Langhausjoch) vor dem nur wenig vorgezogenen Triumphbogen zwei seichte, einander gegenüberliegende Altarnischen entstanden.

Das neue Presbyterium wurde in der Breite des Langhauses angefügt. Es ist in zwei Gewölbejoche geteilt und im Osten polygonal geschlossen. Das erste Chorjoch öffnet sich in seiner Gesamtbreite nach Nord und Süd in seitliche Kapellenräume, die selbst nicht mehr untersucht werden konnten. In der südlichen Öffnung fanden sich noch Spuren eines Altarunterbaues, der parallel zum Hauptaltar gestellt war. In der nördlichen Öffnung konnten Substruktionen für eine später eingefügte Kanzeltreppe festgestellt werden.

Vor dem Ostabschluß des Chores, teilweise überbaut durch den bestehenden Hochaltar, trat das Fundament des Hochaltares von Kirche IV B zutage.

Das Hauptportal der Kirche IV B lag unverändert in der Westmauer in Kirchenachse. Das ältere Südportal war verlegt worden und fand sich nach Ost verschoben im Mauerwerk der Südwand innerhalb des 4. Langhausjoches. Gegenüber durchbrach die Nordpforte die nördliche Langhausmauer und vermittelte den Zugang zum noch immer bestehenden freistehenden Glockenturm.

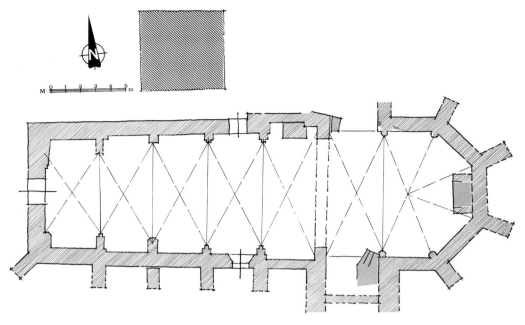

Kirche IV B. Spätgotische Kirche (Zeichnung H. Ubl)

Den beiden Hauptbauphasen IV A und IV B entsprechen im Kirchenschiff zwei gegossene Estrichböden. Sie werden überdeckt von einem dritten Fußboden, der während der Barockisierung der Kirche (Bauphase IV Bb) verlegt worden ist. Dieser Boden stellt sich im Kirchenschiff als Ziegelplattenboden, im Presbyterium jedoch als Marmorboden dar.

Mit der Barockisierung wurde nach dem nun bereits gesprächigen schriftlichen Quellenmaterial im Jahre 1734 begonnen. Ihre Spuren fanden sich reichlich im Abbruchbauschutt der Kirche unter dem Fußboden der bestehenden Kirche V in Form von vergoldeten und reich polychromierten Resten des Decken- und Wandstuckes der umgestalteten Kirche. Spuren der Barockisierung ließen sich auch im Fundament des Hochaltares feststellen, der im 18. Jahrhundert umgestaltet worden ist. Dabei kamen Bruchstücke von Gewölberippen des erneuerten Chorgewölbes in das Sockelmauerwerk.

Außer der Erneuerung schadhafter Gewölbe hat die Barockisierungsphase keine baulichen Eingriffe im Kirchenbau vorgenommen. Dieser wurde wenige Jahrzehnte später, im Jahre 1788, dann vollständig abgetragen und durch den noch heute bestehenden spätbarock-klassizistischen Bau (Kirche V) ersetzt. Dabei wurden radikal alle Teile der alten Kirche zusammen mit dem freistehenden Glockenturm geschleift.

Einem glücklichen Umstand wird die Erhaltung von drei Grundrissen der gotischen Kirche in ihrer Bauphase IV B verdankt, die sich in Archiven erhalten haben. Zwei von ihnen hat Matthias Mayer in seiner 1936 erschienenen Arbeit „Brixen im Tale", Tiroler Anteil des Erzbistums Salzburg 1, auf den Seiten 60 und

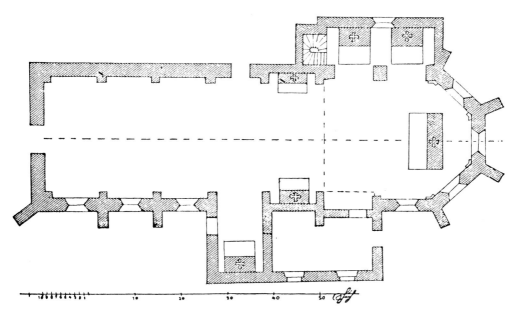

Kirche IV B. J. Singers Plan (Nach M. Mayer, Brixen im Tale, S. 60, Abb. 1)

61 abgebildet. Er schrieb sie dem Schwazer Baumeister Jakob Singer und dem Kitzbühler Maurer Andreas Hueber zu.

Beide Grundrisse decken sich nicht vollständig mit dem durch die Denkmalamtsgrabung freigelegten Baubefund. Sie vereinen wohl Dichtung und Wahrheit. Vermutlich sind beide aus dem Gedächtnis und nach ungenauen Skizzen angefertigt worden und sind Entwurfsskizzen für nicht oder nur teilweise zur Ausführung gelangte Umbauvorhaben.

J. Singers Plan zeigt die korrekte Anzahl der Kirchenjoche, doch stimmen Lage und Anzahl der Nebenbauten nicht mit dem Grabungsbefund überein. Bemerkenswert jedoch ist, daß J. Singer den schräg abstreichenden Strebepfeiler an der SW-Ecke der Kirche richtig angibt. A. Huebers Plan ist im Detail genauer, jedoch um ein Langhausjoch zu lang. Zusammen bestätigen beide Pläne jedoch das Ergebnis der Grabung; zum Beispiel auch durch das Fehlen von Strebepfeilern an der Nordmauer des Kirchenschiffes.

Mit dem Abbruch des Jahres 1788 verschwanden sämtliche Reste auch der ältesten Kirchenbauten — etwa das noch von Kirche II in der Nordmauer bis zuletzt erhaltene frühromanische Mauerwerk — vom Erdboden. Erhalten blieben unter dem Fußboden der neuentstehenden Kirche V nur die Fundamente und geringe Teile von aufgehenden Mauerzügen zusammen mit dem planierten Bauschutt der letzten Kirche IV B. Fast zehn Jahre dauerte der Neubau, bis am 11. September des Jahres 1797 zu Ehren der Himmelfahrt Mariae und des Hl. Martin das jetzt bestehende und nun einer Generalsanierung unterzogene Gotteshaus wieder geweiht werden konnte.

Dieser Bericht ist als Vorbericht zu werten. Viele Detailergebnisse der Bauuntersuchung konnten nicht oder noch nicht eingebracht werden, weil Platzmangel oder noch nicht vorliegende Untersuchungsergebnisse dies verhinderten. Daher sei schon jetzt auf die in Vorbereitung befindliche und in den Fundberichten aus Österreich, dem Publikationsorgan des Bundesdenkmalamtes, zu einem späteren Zeitpunkt mit allen Grabungsplänen erscheinende Grabungspublikation verwiesen. Dort soll auch versucht werden, die verschiedenen Kirchenbauten von Brixen im Thale, die einander am selben Standort unter der bestehenden Kirche abgelöst haben, historisch und kunsthistorisch genauer zu deuten und in den landesgeschichtlich historischen Raum zu stellen.

Hier sei abschließend ein erster Versuch unternommen, die verschiedenen Vorgängerbauten unter der Pfarrkirche von Brixen nocheinmal zusammenfassend kurz zu charakterisieren und annähernd zu datieren:

Bau I: Spätantiker Profanbau, gemauert, an der durch das Brixental ins Unterinntal laufenden Verbindungsstraße. Mögliche Zeitstellung: 5./6. Jahrhundert. In nächster Umgebung eines selbst nicht georteten römischen Gebäudes mittelkaiserzeitlicher Periode.

Kirche I: Einfache Holzkirche. In der Zeit der Abfassung des „Indiculus Arnonis" um 788 schon bestehend.

Kirche II: Frühromanische Steinkirche mit einfachem Saal und geostetem Chor mit geradem Schluß. Möglicherweise identisch mit der in einer Salzburger Urkunde des Jahres 927 genannten „capella ad Prihsinam". Glockenturm.

Kirche III: Spätromanische Steinkirche mit nach Ost verlängertem Saal und eingezogener Rundapsis. Zeitstellung unsicher; vermutlich 11./12. Jahrhundert. Längere Benützungsdauer durch mehrere Fußbodenniveaus gesichert. Glockenturm.

Kirche IV: Spätgotische Steinkirche mit zwei deutlich unterscheidbaren Bauphasen. Zunächst nach West verlängerter Saal, wahrscheinlich zweischiffig mit drei Gewölbejochen und leicht eingezogenem Presbyterium. Später Umbau durch Verlängerung des Saales nach Ost, Anfügung eines zweijochigen, polygonal geschlossenen Presbyteriums und Umgestaltung des Langhauses durch Einfügung von fünf Gewölbejochen und Rückführung auf Einschiffigkeit. 13./15. Jahrhundert. Längere Benützungsdauer durch drei Fußbodenniveaus bestätigt. 1734 Barockisierung von Schiff und Presbyterium. 1788 radikaler Abbruch zusammen mit dem noch immer freistehenden Glockenturm.
Abgesehen von dem nördlich des Schiffes freistehenden Glockenturm begleiten zwei weitere architektonische Besonderheiten alle drei Steinkirchen des Mittelalters (Kirche II—Kirche IV): Der Kirchensaal verbreitert sich allmählich von W nach O und die Nordwand der Kirche war und blieb fensterlos. Daher fehlten hier auch der Kirche IV die Strebepfeiler. Der Kirchenbau verdankt diese Charakteristika der kontinuierlichen Weiterbenützung ältester Bauteile — Nordwand und Westwand — durch mehrere Bauepochen; die nördliche Langhausmauer von Kirche II war noch in Kirche IV erhalten!

Kirche V: Spätbarock-klassizistischer Bau in der bestehenden Form. Baubeginn 1789. Weihe 1797.

Das älteste Brixentaler Urbar

Von Hanns Bachmann

Zur Datierung des Urbars

Urbar undatiert; der paläographische Befund erstes Viertel des 15. Jahrhunderts; die urbariellen Angaben und Nachträge als Anhaltspunkte für die zeitliche Einordnung in Verbindung mit urkundlichen Nachrichten; die Angaben der Urkunden, die eine Einengung der Entstehungszeit erlauben; der terminus ante und post quem; als Ergebnis das Jahr etwa 1417.

Eine der wichtigsten Fragen bei der Edition des Urbars ist dessen möglichst genaue zeitliche Einordnung. Leider hat der Schreiber das Jahr der Entstehung des Codex nicht angegeben, so daß wir gezwungen sind, durch äußere und innere Merkmale des Urbars den Zeitpunkt seiner Entstehung zu ermitteln. Hier steht vor allem der paläographische Befund am nächsten, der einen annähernden Zeitraum für seine Entstehung anzugeben vermag. Allerdings nur einen annähernden, weil der Schriftcharakter nur den Hinweis auf einen gewissen Zeitraum, der sich unter ungünstigen Umständen bis auf ein halbes Jahrhundert ausdehnen kann, geben kann. Dieser paläographische Befund weist unser Urbar, ohne daß ich hier auf paläographische Einzelheiten eingehen möchte, ungefähr in das erste Viertel des 15. Jahrhunderts. Dieser Zeitraum ist für eine Datierung zu wissenschaftlichen Zwecken allerdings zu weit, so daß wir versuchen müssen, ihn durch die inneren Merkmale des Urbars weiter einzuengen.

Unser Urbar enthält eine Menge von Nachträgen, hauptsächlich an Namen, die sich weit über das 15. Jahrhundert erstrecken. Sie bilden einen vorzüglichen Anhaltspunkt für die Datierung. Sie gewinnen aber erst dann an Bedeutung, wenn wir sie mit dem vorhandenen Urkundenmaterial in Verbindung bringen können, das uns besonders in den Pfarrarchiven Hopfgarten und Brixen im Thale zur Verfügung steht, von welchen ich für das damalige Landesregierungsarchiv in Innsbruck nach dem Zweiten Weltkrieg ausführliche Regesten angelegt habe und auch Filmaufnahmen anfertigen ließ. Außerdem stehen uns die alten und immer noch unentbehrlichen Archivberichte von Ottenthal und Redlich zur Verfügung.

Für die Datierung des Urbars sind diese Urkunden — außer wegen des Schriftvergleiches — erst dann von Bedeutung, wenn Bewirtschafter der Güter, die im Urbar genannt sind, auch in den Urkunden aufscheinen. Ich möchte nun jene Urkunden hervorheben, die eine Einengung des Zeitraumes erlauben, der für die Anlage des Urbars durch den Schreiber A in Frage kommt. Diese Einengung der Entstehungszeit des Codex wird uns auch die Feststellung des Schreibers wesentlich erleichtern.

Wir haben bereits eine Urkunde vom 15. September 1438, mit welcher Jörg Hueber von Lauterbach seinem Bruder Christan Glänterlein für eine Geldschuld die von seinem Vater Niclas Hueber ererbten Baumannsrechte bei fünfjähriger Rücklösungsfrist versetzt. Schon im nächsten Jahr, am 15. Juni 1439, war Jörg in der Lage, seine Schuld zu tilgen[1].

Nun finden wir den alten Vater Nicolaus, von dem Jörg die Hube zu Lauterbach erbte, im Urbar eingetragen. Es sind dort von der Hand A drei Inhaber verzeichnet:

Nicolaus, Petrus und noch ein Nicolaus. Das Gut war also dreigeteilt. Alle drei Inhaber sind gestrichen. Über dem ersten Nicolaus steht von anderer Hand B der Name Jorg, über dem Petrus wieder ein Nicolaus und über dem zweiten Nicolaus ein Stephanus, dem weitere Erben folgen. Der in der Urkunde von 1438 genannte Jörg war also der Sohn des Nicolaus, der spätestens in diesem Jahr oder früher gestorben sein muß, während Jörg 1438 noch am Leben war, wie durch Urbar und Urkunde bezeugt wird. Das Urbar muß also zu Lebzeiten des Vaters Nicolaus angelegt worden sein. Jedenfalls vor 1438, ohne daß wir den Zeitraum näher bestimmen können, was mit unserem paläographischen Befund ungefähr übereinstimmt, daß das Urbar aus dem ersten Viertel des 15. Jahrhunderts stammt[2].

Wir wollen des Interesses halber noch vermerken, daß auch der Christanus Glänter, der Bruder des Jörg Huber in Lauterbach, wie die Urkunde vermerkt, im Urbar wahrscheinlich von der Hand A nachgetragen ist. Der ⅓-Teil der Hube des alten Nicolaus muß noch einmal zwischen den Brüdern Jörg und Christan geteilt worden sein, welches ⅙ dann an Egidius, den Sohn eines Nicolaus, fiel, für den ⅙-Anteil im Urbar angegeben ist. Die Stelle soll nur zeigen, wie genau die Angaben des Urbars mit jenen der Urkunden übereinstimmen.

Ziehen wir eine weitere Urkunde zu Rate, nachdem wir einen Anhaltspunkt gefunden haben. Am 25. Februar 1437 eignet Hainz von Linttal aus der Sperten seinen Söhnen Jörg, Hainz und Hanns 9 Mark zu, die ihm sein Schwager Christan der Klenterlein schuldig war. Nun erscheint wieder in der Liste der nachgetragenen Gutsinhaber von Linttal im Urbar auf einem Viertel ein Heinrich mit einem Sohn Jörg auf[3]. Es sind zweifellos die gleichen, in der Urkunde genannten Personen. Demnach muß das Urbar vor dem 25. Februar 1437 angelegt worden sein. Da dieser Heinrich mit seinem Sohn Jörg schon gleich am Beginn der Liste steht, dürfte er wohl der Nachfolger des im Urbar genannten Ulrich, vielleicht dessen Sohn, gewesen sein. Diese Nicolaus und Ulrich des Urbars dürften also einige Zeit vor 1437 einzuordnen sein.

Nr. 73 des Urbars nennt das Gut Chamer mit vier Inhabern und zahlreichen Nachträgen. Unter diesen findet sich auch ein Johannes Strobl auf einem Viertel. Links darunter steht sein Sohn Petrus. Diesen finden wir nun in einer Urkunde vom 6. April 1428, mit welcher ein Christan ab der Awn in der Kreuztracht Westendorf dem Chunrad Sünnleytter und Peter Strobel von Kamer, beide im Brixental, ein Viertel aus dem ganzen Gut zu Obern Zünting in der Brixner Kreuztracht verkauft[4]. Das Urbar muß demnach längere Zeit vor diesem Datum angelegt worden sein, da dieser Petrus Strobl schon sicher zur vierten Generation gehört, die für dieses Gut im Urbar aufgezeichnet ist.

Eine weitere Einengung der Entstehungszeit gestattet das Gut Gründau in der Spertner Kreuztracht[5]. Auf dem Gut saßen zur Zeit der Anlage des Urbars vier Inhaber. Der erste ist im Urbar radiert und nicht mehr leserlich. Auf der Rasur steht von etwas jüngerer Hand Fridricus, dann folgt wieder von der Hand A Petrus, Agnet und Nicolaus. Der alte Hof war zu dieser Zeit bereits in vier Teile zerfallen. Dieser Friedrich von Grintaw erscheint nun in einer Urkunde vom 28. April 1421 und verkauft Pernhart von Gigerstet das halbe Gut Snödenswent in der Kreuztracht Brixen[6]. Es dürfte wohl außer Zweifel sein, daß es sich hier um den im Urbar genannten Fridrich in Grinttaw handelt. Das Urbar kann also nicht nach diesem durch die Urkunde angegebenen Zeitpunkt angelegt worden sein, sondern vorher. Dieser Friedrich war der Nachfolger dieses im Urbar radierten Gutsinhabers, vielleicht der Sohn.

Nun ist für unsere Datierung des Urbars noch eine Urkunde von Bedeutung. Am 3. März 1420 verkauft Chunrad Gränklär zu Westendorf Nykla dem Huber zu Lauterbach, gesessen unter der Leytten, seine „Kascharalben" zu Rettenstain in der Kreuztracht Kirchberg. Wir kennen drei Nicolaus de Huba zu Lauterbach. Zwei, die auf dem Gut saßen, als das Urbar angelegt wurde, und einen weiteren, der offenbar der Nachfolger jenes Petrus war, der gleichzeitig mit diesen beiden Nicolaus einen Gutsteil bewirtschaftete. Wir müssen uns aber doch nahe jenem Zeitpunkt befinden, an dem das Urbar angelegt wurde. Ich möchte vermuten, daß es sich bei dem in der Urkunde genannten Nikolaus um jenen im Urbar nachgetragenen Nachfolger des Petrus handeln dürfte. Dies macht die nachfolgende Urkunde wahrscheinlich.

Es ist jedenfalls beachtenswert, daß in der Urkunde vom 3. März 1420 auch ein Chunrad von Malhausen und ein Hans Mesel ab dem Kirchberg als Zeugen erscheinen. Den Chunrad von Malhausen finden wir im Urbar als Nachfolger des Hainrich, der noch als erster Inhaber des Gutes eingetragen ist, während der Hans Mesel wohl zu jener Familie Mösel gehören mag, die in Kirchberg das Pantzawner Gut innehatte und im Urbar öfters erwähnt wird[7].

Zeitlich knapp daneben liegt eine Urkunde vom 3. Februar 1420, mit welcher ein Ruepprecht Reycher dem Jörig Hueber in Lauterbach sein Gut genannt Tal in der Windaw verkauft. Dieser Jörg von der Hube zu Lauterbach ist im Urbar an Stelle des ursprünglichen Nicolaus eingetragen und ist vielleicht der Sohn desselben gewesen, der ihm unmittelbar nachfolgte. Die Zeitspanne bis zur Abfassung des Urbars kann also nicht mehr groß sein. Jedenfalls bildet dieses Datum wieder einen Grenzwert, vor dem die Niederschrift erfolgt sein muß[8].

Die Urkunden, welche wir bisher herangezogen haben, weisen eindeutig darauf hin, daß das Urbar vor dem 3. Februar 1420 entstanden sein muß und daß wir uns mit diesem Datum aber doch sehr jenem Zeitpunkt nähern, an welchem der Schreiber A, wir werden später noch mehr über ihn aus den Urkunden erfahren, das Urbar abgefaßt haben muß. Gehen wir an Hand der Urkunden zeitlich noch etwas weiter zurück.

Ich möchte hier noch auf das Gut Hünerpühel hinweisen[9]. Zur Zeit der Anlage des Urbars hatte das Gut ein Asprian de Hünerpühel inne. Das Gut war zu dieser Zeit, da nur ein Inhaber erwähnt ist, noch ungeteilt. Es handelt sich nach der Randnotiz um einen Schwaighof. Dieser Asprian wurde gestrichen. Darüber ist ein Name gestanden, der nicht mehr zu entziffern ist. Nun scheint in den Urkunden dieses Gut Hünerbichl des öfteren auf. Am 24. Februar 1418 verkaufte Martein von Lauterbach den beiden Brüdern Wolfhart von Pokchorn und Chunrad von Hunerpuchel einen Almanteil auf der Holzalpe[10]. Zu dieser Zeit saß demnach ein Chunrad auf dem Gut, der aber im Urbar nicht verzeichnet ist. Am 30. September 1426 finden wir diesen Chunrad von Hunerpwhel wieder in einer Urkunde[11], mit der er seinem Bruder Wolfhart von Pokchorn vier Rinderrechte auf der Alpe Holzalm verkauft. Ein solcher Kauf wird am 28. Jänner 1431 nochmals getätigt[12]. Diesmal verkauft er seinem genannten Bruder fünf Rinderrechte und ein „pfarrrecht" auf der Holzalm im Penningberg. Diese Urkunde besiegelt Hans der Sick, dessen Vater der Kirche in Hopfgarten eine Gülte von sechs lb aus dem Gut Ahornau übereignete[13]. Chunrad muß demnach mindestens bis zum Jahre 1431 auf dem Gut gesessen sein. Er ist wahrscheinlich der Sohn unseres Asprian, dessen Name nunmehr unleserlich, aber noch in Spuren erkenntlich, über dem durchstrichenen Asprian gestanden haben dürfte. Ich halte dies deshalb für wahrscheinlich, weil als weiterer Inhaber des halben Gutes ein Achacius, filius Cunradi, genannt wird. Dieser müßte nun der in den Urkunden bis 1431 genannte Konrad sein. Dieser Umstand würde dann den Schluß erlauben, daß unser Urbar zur Zeit des Asprian, also bevor unser Chunrad von Hunerpuchel in den Urkunden am 24. Februar 1418 aufscheint, angelegt worden sein müßte. Die Teilung des Gutes muß vermutlich unter den Söhnen des Asprian durchgeführt worden sein.

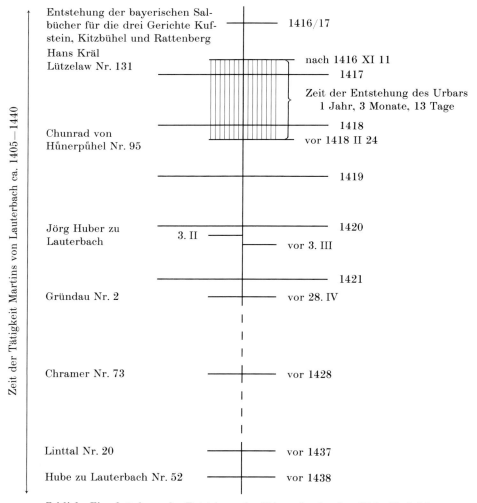

Zeitliche Einschränkung der Entstehung des Urbars durch urkundliche Nachrichten

Wandern wir zeitlich noch etwas weiter zurück. Unter Nr. 131 unseres Urbars finden wir das Gut Lützelaw mit drei Bewirtschaftern: Petrus, Chunrad und Hainreich. Nun meldet uns eine Urkunde, daß am 11. November 1416 Hans Türndl von Kitzbühel und seine Frau Margreth an Martein von Lauterbach das halbe Gut zu Lützlaw, darauf Hans der Kräl sitze, verkaufen und daß das Gut Lehen des Herrn von Salzburg sei. Es ist also kein Zweifel, daß es sich um unser im Urbar genanntes Gut handelt, das damals bereits drei Bauern bebauten. Wir kennen diese Bewirtschafter der Gutsteile seit der Anlage des Urbars und alle ihre Nachfolger nahezu für das ganze 15. Jahrhundert. Dieser Hans Kräl ist in unserem Urbar jedoch nicht genannt. Demnach muß er vor der Abfassung des Urbars auf dem Gut gesessen sein, d. h. bevor die drei Petrus, Chunrad und Hainreich den Hof bewirtschafteten. Da dieser Hans Kräl nicht mehr im Urbar erwähnt ist, muß er als Vorgänger der drei im Urbar erstgenannten Inhaber des Gutes angesehen werden. Das heißt, daß das Urbar nach dem Abgang dieses Hans Kräl angelegt worden sein muß. Einen genauen Grenzwert gibt uns die genannte Urkunde vom 11. November 1416 an, nach welchem Zeitpunkt das Urbar geschrieben worden sein muß. Wir haben nun zwei Grenzwerte, die uns den Zeitpunkt der Entstehung des Urbars eng umgrenzen. Es ist einerseits der 11. November 1416, der terminus post quem, und andererseits der 24. Februar 1418, der terminus ante quem, welche einen Zeitraum von einem Jahr, drei Monaten und 13 Tagen umschließen, innerhalb welcher Zeit das Urbar abgefaßt worden sein muß. Wenn wir also das Jahr 1417 als das Jahr der Niederschrift bezeichnen, dann kann der Fehler nicht mehr groß sein, so daß er auch vom wissenschaftlichen Standpunkt aus zu tolerieren ist.

Anmerkungen

[1] Urkunden im Pfarrarchiv Hopfgarten.
[2] Urbar Nr. 52.
[3] Ukde Pf. A. Hopfgarten, Urbar Nr. 20.
[4] Mein Regest und AB IV, 175, Nr. 781.
[5] Urbar Nr. 2.
[6] AB IV, 174, Nr. 776.
[7] Urbar Nr. 21, 22; Pf. A. Hopfgarten, Ukde 1420 III 3.
[8] Or. Pfarrarchiv Hopfgarten, nicht in den AB.
[9] Urbar Nr. 95.
[10] AB IV, 290, Nr. 1405.
[11] AB IV, 291, Nr. 1407.
[12] AB IV, 291, Nr. 1412.
[13] AB IV, 187, Nr. 862; Urbar Nr. 11 a.

Der Schreiber des Urbars, Martein von Lauterbach, und der vermutliche Anstoß zur schriftlichen Aufzeichnung

Die Aussagen des Urbars, das Gut Neninglehen und die dort sitzenden Schreiber, Chunradus dictus Schreiber, Martinus, seine Witwe Katharina und Tochter Elisabeth. Der Pfleggerichtsschreiber Martein von Lauterbach in den Urkunden, seine Amtsbezeichnungen: 1405 Martein, Schreiber zu Lauterbach, 1410 Propst zu Itter, bereits verehelicht mit Kathrein, 1414 Propst im Brixental, 1414 und 1418 Amtmann zu Itter, 1422 Pfleger zu Engelsberg und Propst zu Itter, Propst im Brixental, 1425 Pfleger zu Itter und Pfleger zu Engelsberg zwei verschiedene

Personen, 1426 Pfleger zu Engelsberg, 1432 Propst von Itter (Landrichter und Pfleger sind andere Personen), 1434, 1435, 1436, 1438, 1439 Pfleger zu Engelsberg, Taidinger bei Gericht, 1439 letztes Aufscheinen in den Urkunden, Tod etwa 1440 oder bald nachher, 1457 EBi Siegmund bewilligt Marteins Messestiftung in Hopfgarten, 1471 Martein als verstorben erwähnt, 1481 Tochter Margaret genannt, verehelicht mit seinem Amtsnachfolger Gorig Hackhl, seine Geburt etwa 1380/1385, Alter etwa 60, Verehelichung vor 1410, Töchter Elisabeth und Margareta und deren Nachkommen auf dem Neninglehen und Lürkingergut, sein Portraitsiegel, sein Amt Propst und Urbarverwalter, Urbargericht, Bildungsgut aus Salzburg, Martein als Schreiber des Urbars, Entstehung der Urbars in seiner Amtszeit, seine Bedeutung: erster siedlungs- und familiengeschichtlicher Überblick über das Pfleggericht, Einblick in die Güterteilungen und den Siedlungsausbau. Grund für die Anlage des Urbars nicht der Besitzwechsel Regensburg-Salzburg, die Anlage der einheitlichen landesfürstlichen Urbare für die drei bayerischen Landgerichte Kufstein, Kitzbühel und Rattenberg 1416, Mitwirken der großen Grundherrschaften, dazu gehörte auch das salzburgische Pfleggericht Itter, Blutgericht bei Landgericht Kufstein, Verwendung dieser Erhebungen für die Anlage eines eigenen Urbars, wahrscheinlich Vernichtung der älteren Urbaraufzeichnungen bei der Anlage des neuen Urbars. Anstoß zur Anlage von der bayerischen Verwaltung.

Nachdem wir die Zeit der Entstehung des Urbars auf etwa ein Jahr und dreieinhalb Monate einschränken konnten, können wir uns der Frage nach seinem Schreiber zuwenden. Auch hier wollen wir wieder die Urkunden befragen, welche Schreiber sie uns für die Zeit der Anlage des Urbars nennen können. In diesen tritt in ganz auffallender Weise eine Persönlichkeit in den Vordergrund, die in der Verwaltung des Pfleggerichtes eine hervorragende Stellung einnimmt: Es ist Martin von Lauterbach, über dessen Person uns die Urkunden sehr viel zu berichten wissen. Vorerst wollen wir uns aber noch dem Urbar selbst zuwenden, das uns über Schreiber des Pfleggerichtes einzelne, sehr wichtige Angaben bereithält.

Es entspricht der Gewohnheit der Zeit, daß Beamte des Pfleggerichtes durch Verleihung bestimmter Urbargüter entlohnt wurden. So scheint dies auch hier durch ein Urbargut der Fall gewesen zu sein. Unter Nr. 47 unseres Urbars finden wir das Gut Neninglehen verzeichnet, das Hainricus Ståbler zur Zeit der Anlage des Urbars innehatte. Er ist also um 1417 auf dem Gut gesessen. Er wird aber nicht als Schreiber bezeichnet. Die Frage mag aber offen bleiben, ob er nicht als solcher beim Pfleggericht tätig gewesen sein könnte, weil die späteren Inhaber als Schreiber nachweisbar sind. Dieser Heinrich Ståbler wurde gestrichen. Er dürfte wohl durch Tod abgegangen sein. Ganz rechts von Neninglehen und oberhalb der Zeile ist von der gleichen Hand A, die den Grundtext des Urbars schrieb, „Chunradus dictus schreiber" nachgetragen. Es ist wohl derselbe Chunrad Schreiber zu Lauterbach, den wir am 11. November 1397 in einer Urkunde als Zeugen bei einem Rechtsakt antreffen, die der Richter zu Itter, Ulreich der Penninger besiegelt[1]. Auch dieser Schreiber Chunrad ist durchstrichen. Das heißt, daß dieser Hainreich Ståbler nicht der Schreiber des Urbars gewesen sein kann, sondern eventuell der Schreiber Chunrad, der den Hainricus Ståbler erst eingetragen, dann gestrichen hat. Aber auch dies ist auszuschließen, da auch dieser Schreiber Chunrad gestrichen ist und links oberhalb mit kleiner Schrift, aber von gleicher Hand „Martinus" nachgetragen ist. Dies kann aber nicht der Schreiber Chunrad gewesen sein, sondern nur Martin, den wir noch eingehender behandeln werden und den wir als Schreiber beim Pfleggericht nachweisen können.

Diese Situation zeigt mit größter Deutlichkeit, daß nur dieser Martein von Lauterbach als Schreiber des Urbars in Frage kommen kann. Auch unser Martinus ist gestrichen worden. Er ist ebenfalls von der Bühne der Geschichte abgetreten, auch er ist wahrscheinlich durch Tod abgegangen.

Nun tritt aber — was sehr beachtenswert ist — ein Wechsel des Schreibers ein. Während die genannten drei Inhaber alle von der gleichen Hand eingetragen sind, die nur jene des Martein gewesen sein kann, tritt nun nach diesem ein anderer Schreiber auf, während die nachfolgende Gutsinhaberin, die relicta Katharina, also die Witwe unseres Schreibers ist, die wir auch von den Urkunden her kennen. Das besagt eindeutig, daß der Schreiber Martin gestorben sein muß und die Witwe das Gut übernommen hatte. Nach dieser, die vermutlich auch gestorben war, folgte dann die „Elizabeth, filia Martini de Lauterpach", allerdings unter Berücksichtigung des Rechtes der Schwestern, von denen wir auch eine aus den Urkunden namentlich kennen. Nach diesen Hinweisen im Urbar selbst dürfen wir unseren Martin von Lauterbach mit genügender Sicherheit als den Schreiber unseres Urbars ansehen und wollen nun sehen, was die Urkunden uns über ihn zu erzählen wissen.

Wir kennen die beim Gericht tätigen Personen dank der überlieferten Urkunden für diese Zeit ziemlich gut. War doch schon am Ende des 14. Jahrhunderts die Schriftlichkeit in den einzelnen Gerichten sehr ausgeprägt und die Urkundenbestände, die uns aus dieser Zeit überliefert sind, schon sehr erheblich. Wir brauchen nur die Archiv-Berichte aus Tirol aufzuschlagen, um uns über ihren Umfang innerhalb des Gerichtsbezirkes Hopfgarten zu orientieren[2]. Hier ist es vor allem der bereits in der Notitia Arns genannte Ort Brixen i. Th., wo schon um 700 die uralte aribonische Eigenkirche stand, die sehr früh schon an das Bistum Salzburg geschenkt wurde. Auch hier hat sich ein erheblicher Urkundenbestand gesammelt, der bis zum Jahre 1332 zurückreicht. Die alte Kirche in Hopfgarten hat unter ihren Archivalien eine bedeutende Zahl von Urkunden, die bereits mit dem Jahre 1355 beginnen. Ebenso die Marktgemeinde, bei der die Urkunden bis zum Jahre 1398 zurückreichen. Diese für die Landesgeschichte so wertvollen und für die Forschung so unentbehrlichen Aufzeichnungen der Archiv- und Urkundenbestände werden heute durch die technische Errungenschaft des Lichtbildes noch weiter ergänzt und erweitert. Wir sind heute in der glücklichen Lage, auch für diese für uns in Frage kommenden Orte die Urkunden im Lichtbild vorliegen zu haben und so auch Schriftvergleiche mit unserem Urbar durchführen zu können. Bevor wir uns jedoch dieser wichtigen Tätigkeit zuwenden, wollen wir erst einmal die Urkunden befragen, ob sie uns Aussagen über Schreiber dieses Gerichtes zu machen vermögen.

Dies ist tatsächlich der Fall. Hier taucht in den Pergamenten eine Persönlichkeit, Martin von Lauterbach, auf, die im öffentlichen Leben häufig in Erscheinung tritt. Wir können seine amtliche Laufbahn in den Urkunden ziemlich gut verfolgen. Erstmals finden wir ihn 1405 als Zeugen, als am 14. Juni Hainreich der Chögel der Kirche und der „lantschaft auf dem Cirichperch" das halbe Gut Ental und ⅓ Zehent zu Schermtann in der Kreuztracht Westendorf verkauft. Die Urkunde besiegelt Ulreich der Penninger von Hopfgarten. Als Zeuge fungiert der Vikar Michel zu Prichsen, gefolgt von Martein dem Schreiber zu Lauterbach und als dritter Erhard der Mösel von Kirchberg[3]. Man wird kaum fehlgehen, wenn man annimmt, daß diese Urkunde beim Pfleggericht Itter ausgefertigt wurde. Dann ist es wohl selbstverständlich, daß dieser Schreiber Martin von Lauterbach auch der Gerichtsschreiber von Itter war, der sich nach seinem Heimatort benannte. Schon seine Nennung in der Zeugenliste gleich nach dem Brixner Vikar verrät seine gehobene soziale Stellung.

Fünf Jahre später, am 27. Mai 1410, verkauft Bartlme der Weiss von Hopfgarten dem Simon Lintauer zu Kundl seine zwei Güter Putzenpühel und Grillpühel bei der Wergel, also beim Wörglerbach, in der damaligen Pfarre Kirchbichl. Hier finden wir unseren Martein zu Lauterbach als Siegler. Er bezeichnet sich als Propst zu Itter. Leider fehlt das Siegel der schlecht erhaltenen Urkunde. Nebenbei sei erwähnt, daß in der Zeugenreihe als zweiter ein Christan, Schreiber zu Praitenpach, erwähnt wird. Dies kennzeichnet die auch auf dem Lande schon sehr verbreitete Schriftlichkeit. Martein muß also innerhalb dieser fünf Jahre an die Stelle des Propstes, also des Verwalters der grundherrlichen Güter von Itter, emporgerückt sein. Das besagt allerdings nicht, daß er nicht doch noch mitunter als Schreiber im Pfleggericht tätig war[4].

Am 19. November des gleichen Jahres kaufte er von dem Pfleger von Kufstein, Ott dem Ebser, das Gut in der Niedern Rotenau[5]. Wir erfahren aus dieser Urkunde auch, daß Martein zu Lauterbach bereits verehelicht war und Nachkommen hatte, ohne daß deren Namen genannt werden. Er führt diesmal auch keinen Titel. Ebenso in der nächsten Urkunde vom 12. März 1411, in der er wieder als Käufer des Gutes zu Ykkenpühel in Hopfgarten erscheint, das er von Dürrenpacher, dem Pfleger der Kundlburg, erwirbt[6].

Er muß ein tüchtiger Geschäftsmann gewesen sein. Am 25. Jänner 1414 verkauft er an die St. Leonhardskirche in Hopfgarten eine Gülte von 30 Kreuzer aus dem Gut zu Obermanczengaden am Penningberg. Auch hier führt er keine Amtsbezeichnung. Wohl erfahren wir aber aus dieser Urkunde den Namen seiner Frau Kathrein, die mit als Rechtsperson auftritt[7].

Im gleichen Jahr, am 28. August, als Paul von Holzhaim dem Philipp Dürrnpacher eine Gülte aus genannten Gütern im Gericht Itter verkauft, finden wir unseren Martein als Besiegler der Urkunde. Er nennt sich Propst in dem Brichsental. Er war also Verwalter der salzburgischen Güter im Brixental[8]. Als im folgenden Jahr, am 28. Juli 1415, Anton Penninger eine Erklärung über die großartige Jahrtagsstiftung seines verstorbenen Vaters Jörg Penninger abgibt, welche Urkunde der Pfleger von Kufstein, Ott der Ebser, und jener zu Itter, Jörg Haslanger, besiegeln, erscheint auch unser Martein von Lauterbach als Propst in dem Brixental als Zeuge[9]. Im folgenden Jahr, am 8. September 1416, besiegelt er als Amtmann zu Itter die Verkaufsurkunde eines Zehents, der Lehen von Salzburg ist[10].

Es spricht für seine wirtschaftliche Regsamkeit, daß wir ihn am 11. November 1416 als Käufer des Gutes zu Lützelau in der Kreuztracht Hopfgarten finden, das Lehen des Erzbischofs von Salzburg war. Die Verkäufer waren Hans Türndl von Kitzbühel und seine Frau Margreth. Auch in dieser Urkunde führt er keinen Titel und nennt sich nur Martein von Lauterbach[11].

Es läßt schon auf eine gewisse Wohlhabenheit schließen, daß er am 24. Februar

Ausschnitt aus dem im Stiftsarchiv St. Peter in Salzburg aufbewahrten Güterverzeichnis des Bischofs Arno von 788 (Notitia/Indiculus Arnonis, Pergament-Rotulus von 46 × 74 cm) (Foto A. Mueller)

Die Brixen betreffende Eintragung steht in der 8. Zeile:
Ad prixina ecclesia cum territorio — „Zu Brixen eine (Eigen-)Kirche mit Feldbesitz"

Porträtsiegel des Schreibers Martin von Lauterbach
(Pfarrarchiv Brixen i. Th., Urkunde Nr. 29 vom 27. März 1418)
(Foto R. Frischauf)

▷

1418 an Wolfhart von Pokchorn und Chunrat von Hunerpuchel seine Bürd auf der Holczalben in der Hopfgartner Kreuztracht verkauft[12].

Während er sich in diesen Jahren immer nur als Martein zu Lauterbach nennt, erscheint er im gleichen Jahr, am 27. März 1418, in amtlicher Würde. Es handelt sich in dieser Urkunde um den Verkauf eines Alpenrechtes in der Kreuztracht Westendorf und im Gericht Itter. Da die Alpe Lehen des Erzbischofs von Salzburg ist, ist anzunehmen, daß Martein von Lauterbach als Funktionär des Pfleggerichtes auftritt, was tatsächlich der Fall ist. Er nennt sich Amtmann zu Itter und besiegelt als solcher auch die Urkunde[13]. Das Pergament ist von besonderem Interesse, weil unser Martein wieder mit einem sehr gut erhaltenen Portaitsiegel den Rechtsakt bekräftigt. Die Bezeichnung Amtmann dürfte wohl soviel wie Urbarverwalter bedeuten, der also die Verwaltung des salzburgischen Urbars inne hatte.

Im gleichen Jahr, am 24. September 1418, finden wir ihn wieder als Besiegler einer Urkunde[14]. In dieser Urkunde führt er, wenigstens nach dem Regest, keinen Titel. Er nennt sich einfach Martein von Lauterbach. Wir dürfen aber doch annehmen, daß er auch diesmal in amtlicher Funktion beim Pflegamt auftritt.

Seine geschäftliche Regsamkeit tritt immer wieder zu Tage. Am 21. Dezember 1418 kauft er von Ortolf von Layming zu Vorchteneck das Gut Hohenswent am Salfenberg in der Kreuztracht Westendorf und im Gericht Itter. Auch hier dürfen wir annehmen, daß der Rechtsakt vor dem Gericht Itter abgeschlossen wurde und Martein von Lauterbach eben als Amtsperson fungierte[15].

Am 26. Jänner 1422 verkaufte Peter Chelner, ein Hopfgartner Bürger, dem Hans Celler, Verweser zu Hopfgarten, seine Rechte auf dem Widem zu Hopfgarten. Dieser Verweser wird wohl der Verwalter des salzburgischen Besitzes in Hopfgarten gewesen sein. Die Urkunde über diesen Rechtsakt besiegelt nun wieder unser Martein von Lauterbach. Er erscheint wieder in amtlicher Funktion und nennt sich Pfleger zu Engelsberg[16].

Als am 3. März 1422 Lienhard von Schermtann einen Betrag zur ewigen Messe und einen solchen zur Frühmesse in der Kirche zu Hopfgarten stiftet, treffen wir den Martein von Lauterbach in seiner amtlichen Funktion als Propst zu Itter als Besiegler der Urkunde[17].

Seine wirtschaftlichen Beziehungen waren ziemlich weitreichend. Am 10. April 1422 kaufte er von Balthasar Muracher zu Egersberg das Gut Burgstall in der Wildschönau, das damals zur Pfarre Söll gehörte. Auch diesmal nennt er sich Propst im Brixental. Er war also grundherrlicher Verwalter des dortigen salzburgischen Besitzes, worunter wir eben die Pflege Itter verstehen dürfen[18].

Die Nachrichten über ihn reißen nicht ab und erweisen ihn im öffentlichen Leben doch als bedeutende Persönlichkeit. Als Ulreich Penninger und seine Mutter Christein am 15. Juni 1422 dem Christan dem Glänterlein die Gülte aus einem Gut verkaufen, finden wir ihn wieder als ersten Zeugen[19]; auch am 12. Juni 1425, als Matheis Smid aus der Wildschönau sich mit seinem Vetter Christan dem Glänterlein von Hopfgarten um eine Erbschaft vergleicht. Hier treten gewichtige Persönlichkeiten in der Urkunde auf. Matheis der Türndel, Pfleger zu Rattenberg, besiegelt das Pergament. Dann folgen als Zeugen der Pfleger von Kufstein, Ott Ebser, der Pfleger von Itter. Hanns Ramseydär, als Pfleger von Engelsberg unser Martein von Lauterbach und weitere Bürger von Rattenberg und Hopfgarten. Hier finden wir also zwei verschiedene Personen als Pfleger von Itter und Engelsberg[20]. In der gleichen Funktion als Pfleger von Engelsberg erscheint er im folgenden Jahr, am 6. November 1426, als Besiegler einer Verkaufsurkunde um einen Zehent in der Wildschönau und der Kreuztracht Hopfgarten[21].

Im folgenden Jahr, am 29. September 1427, kauft er von Jörg Layminger zu Otling das Gut Län in der Wildschönau im Gericht Rattenberg und der Pfarre Söll, was immerhin auf seine wirtschaftliche Regsamkeit schließen läßt[22]. Fast drei Jahre später, am 24. April 1430, erwirbt er durch Kauf von Ulreich Penniger und seiner Frau Barbara das Gut Eghaym in der Hopfgartner Kreuztracht[23]. In beiden Urkunden erscheint er ohne amtlichen Titel nur unter seinem Namen Martein von Lauterbach.

Sein Ansehen und die soziale Bedeutung seiner Persönlichkeit zeigt sich in der Gerichtsurkunde vom 5. August 1432, als der Landrichter zu Itter Hermann Cholbmayer für den Pfleger Hanns Ramseider in Hopfgarten zu Gericht sitzt. Dort erklärten die drei genannten Kirchpröpste von Hopfgarten vor dem Landrichter und den 16 Zeugen des Taidings, an deren Spitze unser Martein von Lauterbach als Propst von Itter steht, daß die verstorbene Diemut Chölbin ihre Morgengabe dem Gotteshaus vermacht hätte, die nun von gerichtswegen der Kirche zugesprochen wird. Die Sache hatte allerdings noch ein Nachspiel, in dem der Propst Martein wieder als maßgebende Persönlichkeit auftritt[24]. Inzwischen finden wir ihn am 17. Juni 1434 als Pfleger zu Engelsberg wieder und zwar als Besiegler einer Verkaufsurkunde[25]. Ebenso eine geraume Zeit später, am 25. Februar 1436, als es sich um den Verkauf von zwei Gütern handelt[26]. Doch zurück zu dem Erbschaftsstreit um die Morgengabe der verstorbenen Diemut Chölbin. Wieder sitzt der Landrichter zu Itter, Hermann Chulmer, für seinen Pfleger am 13. Juni 1435 zu Hopfgarten zu Gericht, und wieder erscheinen die Pröpste der Hopfgartner Kirche und erklären, daß Frau Diemut auf dem Totenbett ihre Morgengabe der Kirche vermacht hätte. Damit wollte sich der Witwer Lienhard der Cholb, von dem die Morgengabe stammte, anscheinend nicht abfinden, dem das Gericht eine neue Frist für eine Tagsatzung gewährte. Wir wissen nicht, wie der Rechtsstreit seinen Abschluß fand. Wesentlich für unsere Frage ist jedenfalls, daß der Propst von Itter, unser Martein von Lauterbach, wieder an der Spitze der Taidinger stand und ein gewichtiges Wort im Taiding hatte[27]. Bald darauf, am 27. Februar 1436, finden wir ihn wieder bei einer Gerichtssitzung in Hopfgarten, die der gleiche Landrichter zu Itter führt, an der Spitze der Taidinger. Diesmal handelte es sich um die Verteidigung der Alprechte der Kirche von Brixen auf die Alpe auf dem Rötenstein[28].

Noch in einer kulturgeschichtlich interessanten Urkunde erscheint unser Martein von Lauterbach, die er als Pfleger von Engelsberg besiegelt. Am 25. April 1435 verkaufte Elsbet von Niederachen für sich und ihren Mann Hainrich, der derzeit „pey dem lantt nicht ist", aus Not und Geldschuld ihres Mannes der Kirche in Wörgl ihr halbes Gut Alberschwent an dem Penningberg[29]. Desgleichen besiegelt er eine Urkunde vom 8. Jänner 1439, in der ein Hopfgartner Bürger der dortigen Kirche zwei „protpenkch", die im Markt Hopfgarten liegen und an die Friedhofsmauer grenzen, verkauft[30].

Nun finden wir ihn noch zweimal in Urkunden, die seinen engsten Heimatsort betreffen. Jörig Hueber von Lauterbach war seinem Bruder Christan Glänterlein

62 fl. Ducaten schuldig geworden, wofür er ihm am 15. September 1438 die Baumannsrechte der Hube zu Lauterbach versetzt, die er von seinem Vater Niklas ererbt hatte, mit Rücklösungsrecht innerhalb von fünf Jahren. Diesmal erscheint Martein von Lauterpach, der die Urkunde besiegelt, als Pfleger von Engelsberg. Aber schon im nächsten Jahr, am 15. Juni 1439, war dieser Jörg Hueber und seine Frau Anna in der Lage, die Schuld zu tilgen und die Hube für die Kinder rückzulösen. Die ganze Rechtssache wird sich vor dem Landgericht abgespielt haben, weil wieder Martein von Lauterbach als Pfleger von Engelsberg siegelt und bei der früheren Urkunde auch Hermann Chulmer als Richter zu Itter als erster Zeuge fungiert[31].

Nun erscheint unser Martein zu Lauterbach zum letztenmal in den Urkunden als Rechtsperson und als Pfleger zu Engelsberg. Anna die Chälsin hatte am 13. Oktober 1439 der Bruderschaft zu Hopfgarten einen Acker zugeeignet, welches Pergament unser Martein von Lauterbach besiegelt[32].

Das plötzliche Verschwinden in den Urkunden ab diesem Zeitpunkt erweckt doch den Eindruck, daß Martein von Lauterbach bald nachher gestorben ist. Am 16. Dezember 1457 gibt der Erzbischof Sigmund von Salzburg noch die Einwilligung, daß auf Fürsprache des Pflegers zu Englsberg, Görg Heckhl, die von Salzburg lehenrührigen Grundstücke, die Martein von Lauterbach der Kirche in Hopfgarten zueignete, für die ewige Messe in Hopfgarten verwendet werden dürfen. Zu dieser Zeit dürfte Martein von Lauterbach wahrscheinlich nicht mehr am Leben gewesen sein, sonst hätte er sich doch selbst beim Erzbischof um diese Gunst beworben. Eine sichere Nachricht von seinem Tode haben wir allerdings erst 1471, als am 3. April Georg Hackel, Pfleger zu Engelsberg, und Wolfgang Penninger zu Marolting der Kirche zu Hopfgarten die von ihrem Sweher und Freund, dem verstorbenen Martein von Lauterbach, zur Stiftung einer ewigen, täglichen Messe testamentarisch bestimmten Güter übergeben. Es sind die Güter Eghaim, Lützla, Län, Burgstall, Tetenpühl, Hohenmos und Snitzern mit einer Gesamtleistung von 12 Mark und 1 kr, die in den Gerichten Itter und Rattenberg und in den Pfarren Brixen im Thale und Söll liegen. Nach den Bestimmungen hatte der Pfleger Georg Hackel einen Laienpriester zu bestimmen, den der Domherr zu Freising und Kirchherr im Brixental, der bekannte Wilhelm Tatz, in einem „zimlichen gemach in dem haus zu Hopfgarten, das zu dem gesellen stand gewidmet ist" aufzunehmen und zu Tisch zu halten hatte. Es ist ausdrücklich vorgesehen, daß jeden Montag Martein des Lauterbachers nach dem Evangelium mit Pater noster und Ave Maria zu gedenken sei. Es ist eine reiche kirchliche Stiftung des Pflegers Martein für Hopfgarten, deren Bedeutung schon in den sieben Sieglern, unter denen sich die Pfleger von Kropfsberg und Itter und der Domherr Wilhelm Tatz befinden, zum Ausdruck kommt[33].

Zehn Jahre später, am 17. Jänner 1481, geschieht in einer Urkunde die letzte Erwähnung Marteins von Lauterbach. Als der Pfleger und Propst zu Engelsberg, Gorig Hackhl, eine Wiese verkauft, wird seine Frau Margarete als die Tochter des verstorbenen Martein von Lauterbach bezeichnet[34].

In den Urkunden erscheint er als beim Pfleggericht wirkende Person in der Zeit von 1405 bis 1439. Das sind 34 Jahre. Da aber urkundliche Nennungen immer zufälliger Natur sind, so kann sich dieser Zeitraum noch nach beiden Seiten etwas ausweiten. Er kann schon vor 1405 als Schreiber beim Pfleggericht tätig gewesen sein. Sicher ist, daß er in diesem Jahr beim Pfleggericht als Schreiber wirkte und die dortige Schreibstube führte. Unter diesem Titel erscheint er dann in keiner Urkunde mehr. Es dürfte also doch das Anfangsstadium seiner amtlichen Tätigkeit gewesen sein, so daß er damals noch ein Mann in jungen Jahren war. Wenn wir annehmen, daß er zu dieser Zeit etwa 20 bis 25 Jahre zählte, dann müßte er in der Zeit zwischen 1380 und 1385 geboren sein. Sollte er um 1440 gestorben sein, dann hätte er ein Alter von etwa 60 Jahren erreicht. Dies ist immerhin eine mögliche Annahme. Seine Ehe mit Frau Kathrein dürfte schon vor 1410 erfolgt sein, weil er zu dieser Zeit bereits Nachkommen gehabt haben dürfte. Von diesen kennen wir namentlich nur seine Töchter Elisabeth und Margareta, die mit dem nachfolgenden Pfleger und Propst zu Engelsberg, Gorig Hackl, verehelicht war, während Elisabeth, wie wir aus dem Urbar wissen, eine Tochter Margareta hatte, die mit Petrus Stöckel verehelicht war und die zusammen das Lürkinger Lehen in Lauterbach bewirtschafteten. Aus deren Ehe kennen wir namentlich die Kinder Christophorus, Magdalena, die mit Thomas Egker verheiratet war, und Wolfgang, nach dessen wahrscheinlichem Tode Magdalena und ihr Ehemann seinen Gutsteil innehatten.

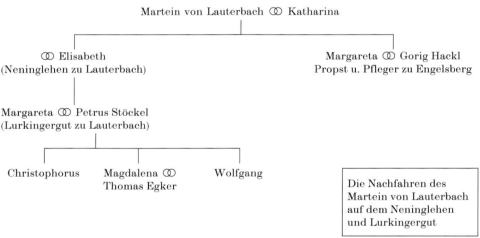

Die Nachfahren des
Martein von Lauterbach
auf dem Neninglehen
und Lurkingergut

Es ist besonders bemerkenswert, daß wir von diesem Martein von Lauterbach ein Portraitsiegel erhalten haben. Es zeigt in einem Wappenschild einen nach rechts blickenden Kopf in Profilstellung. Es ist ein markantes Gesicht mit stark vorspringender Nase. Seinen Mund umrahmt ein Oberlippenbart. Ein an den Wangen etwas ausrasierter Vollbart ziert sein Gesicht, so daß sein kräftiger Backenknochen hervortritt. Ein mit seitlicher Krempe stark aufgebogener, oben abgerundeter Hut bedeckt den Kopf, unter dem rückwärts die Haare hervorquellen. Das nach rechts gewendete Gesicht macht einen energischen und gefälligen Eindruck.

Im schnellen Aufstieg hatte er die Spitze seiner möglichen Laufbahn in der Urbarverwaltung seines politischen Bezirkes, des Pfleggerichtes Itter, erreicht. Wir sehen ihn zuerst in der Funktion des Landgerichtsschreibers, der aber potentiell und bildungsmäßig bereits die Voraussetzungen für die Erreichung der nächsthöheren Stufen im öffentlichen Leben bis zum Pfleger von Engelsberg, der die Spitze innerhalb der Urbarsverwaltung des Landgerichtes darstellte, enthielt.

Kaum daß wir die Laufbahn eines anderen Gerichtsschreibers am Beginn des 15. Jahrhunderts urkundenmäßig mit solcher Genauigkeit verfolgen können wie bei unserem Martein von Lauterbach. Von seinem ersten Auftreten bis zu seinem Lebensende führt er in den Urkunden diesen hübschen Namen, der seine Herkunft aus dem idyllischen Dörfchen mit dem lautmalerischen Namen kennzeichnet, in dem er so fest verwurzelt war. Vielleicht darf er uns als Typus des spätmittelalterlichen, bayerischen Landgerichtschreibers auch für die weitere Umgebung gelten. Sein engstes Heim war das Neniglehen in Lauterbach, das in unserem Urbar auch mit der ausführlichen Angabe seiner Inhaber erwähnt wird[35]. Es wäre denkbar, daß es mit dem Amt des Gerichtsschreibers oder überhaupt mit dem des Urbarverwalters verbunden war, gleichwie wir auch in Itter ein Amtmannslehen finden[36].

Sein Amt umschreibt O. Stolz folgendermaßen: „Ähnlich wie den Urbarrichtern von Kitzbühel, Kufstein und Rattenberg stand dem Propst oder Urbarsverwalter von Itter die Realgerichtsbarkeit über die erzstiftischen, im Gericht Itter gelegenen Güter zu; ebenso die gewöhnliche grundherrschaftliche Gerichtsbarkeit bezüglich Aufrichtung von Verträgen, welche die im Landgericht Kufstein befindlichen, zur Propstei Itter gehörigen Urbarsgüter betreffen. Diese Instanz nannte man im Gegensatze zu den Befugnissen des Pfleg- oder Landrichters Urbargericht. Daher teilen sich die Verfachbücher des Gerichtes Itter in urbar- und landgerichtliche[37]. Ebenso umschreibt Matthias Mayer den Aufgabenkreis des Urbarsverwalters: „Die salzburgischen Urbargüter im Brixentale verwaltete ursprünglich der Propst zu Engelsberg, der bis zur Zerstörung des Turmes im Jahre 1525 wohl auch seinen Amtssitz dort hatte. Hernach erhielt er den Titel Urbarsverwalter und wohnte in Hopfgarten, bis die Urbarsverwaltung bei der Anlage des neuen Stockurbars unter Erzbischof Wolf Dietrich im Jahre 1606 mit der Pflege vereinigt wurde[38].

Wo er die Grundlangen seiner Bildung erhielt, können wir auch nur mit einem gewissen Grad von Wahrscheinlichkeit vermuten. Das benachbarte Brixen im Thale, das für die ganze Talschaft namengebend wurde, hebt sich schon in kultureller Hinsicht von dieser ab, was durch die alte aribonische Eigenkirche noch betont wird. Durch die frühe Übereignung an den Bischof bzw. Erzbischof von Salzburg schloß es sich diesem Kulturkreis auf das engste an. Noch Mitte des 19. Jahrhunderts hatte das Erzbistum Salzburg fünf Schuldistrikte im Kronland Tirol. Davon einen in Brixen im Thale. Diese kulturelle Bindung des Tiroler Anteiles an das Erzbistum Salzburg durch die Pfarr- und Vikariatsschulen mag weit zurückgehen und mit den alten Eigenkirchen zusammenhängen. Es wird wohl kein Zufall sein, daß der erste urkundlich erwähnte „Schulmeister" von Kundl von 1421, Johannes Chloglar, auch zur Zeit unseres Schreibers Martein von Lauterbach wahrscheinlich auch aus dieser Gegend stammte[39]. In Brixen im Thale finden wir den ersten Schulmeister, Thomas Paumgartner, allerdings erst 1584. Da urkundliche Nennungen aber immer zufälliger Natur sind, besagt dies nicht, daß dieser Thomas Paumgartner überhaupt der erste Schulmeister in Brixen im Thale war. Man muß sich vielmehr wundern, daß in diesem Hauptort des Brixentales erst so spät Lehrkräfte namentlich aufscheinen[40].

Wir haben zwar keine direkte zeitgenössische Nachricht dafür, daß unser Martein von Lauterbach das wertvolle Urbar geschrieben hat, was aber nicht dagegen spricht. Wir können nun die Gegenfrage stellen, wer anderer könnte es gewesen sein als unser Martein, der sich in einer Urkunde selbst als berufsmäßigen Schreiber bezeichnet, der im glänzenden Aufstieg alle Funktionen der urbariellen Verwaltung durchlief, die ein Pfleggericht anzubieten vermochte, der in Lauterbach das salzburgische Neninglehen bewirtschaftete, das vor ihm der Schreiber Chunrad innehatte und nach ihm seine Witwe Katharina, der die Tochter Elizabeth unter Vorbehalt des Rechtes ihrer Schwestern folgte? Ein salzburgisches Urbargut, das anscheinend bevorzugt für einen Funktionär des Pflegeamtes, in diesem Falle für den Schreiber, ausgetan war. Wer anderer könnte es gewesen sein als jener Schreiber A des Urbars, der etwa 1417 mit der Niederschrift begann und die Eintragungen für sein Lehensgut bis inklusive seiner Person selbst durchführte und nach dessen Abgang, als die Witwe Katharina das Gut übernahm, ein Schreiberwechsel im Urbar festzustellen ist?

Der paläographische Befund des Urbars rückt seine Entstehung in das erste Vietel des 15. Jahrhunderts und schließt das 14. Jahrhundert aus, in dem das Pfleggericht Itter 1380 vom Hochstift Regensburg durch das Erzbistum Salzburg käuflich erworben und nach Ablösung des Rückkaufsrechtes 1385 dem erzbischöflichen Territorium endgültig eingegliedert wurde. Auch dieser Umstand, daß die Entstehung des Urbars in die Zeit der Amtstätigkeit unseres Schreibers Martein von Lauterbach fällt, die wir urkundlich einwandfrei und genau festzulegen vermögen, spricht dafür, daß Martein von Lauterbach als Funktionär des salzburgischen Pfleggerichtes und in seinem Auftrag diesen für die Verwaltung so wichtigen Codex verfaßte.

Die urkundlichen Nachrichten wie die Aussagen des Urbars weisen als Indizien mit einer solchen Deutlichkeit unseren Martein von Lauterbach als Schreiber des Urbars aus, daß uns keine Alternative für die Wahl eines anderen Schreibers übrig bleibt. Wir können mit der Behauptung, daß nach den dargelegten Gründen Martein von Lauterbach, der als Schreiber, Propst zu Itter und im Brixental, als Pfleger zu Engelsberg und als angesehener Taidinger bei Gericht wirkte, der Verfasser und Schreiber des Urbars ist, nicht fehlgehen.

Mit ihm hat er uns zum erstenmal in der Geschichte jener Talschaften des Langen Grundes, der Kelchsau, des Windau-, Brixen- und Spertentales, die zusammen das salzburgische Pfleggericht Itter bildeten, einen geschlossenen Überblick über den salzburgischen Urbarbesitz innerhalb dieses Pfleggerichtes, der rund 160 Gehöfte umfaßte, gegeben. Aber nicht nur dies. Er hat uns auch die Namen jener Bauern überliefert, die diese Güter bewirtschafteten und hat uns jenes Gebiet umrissen, das die Schenkung des Edlen Randolt von 902 an das Hochstift Regensburg beinhaltete. Jener Randolt hat zweifellos dem Hochadelsgeschlecht der Aribonen angehört, das die zahlreichen Eigenkirchen auch innerhalb Tirols, wie sie die Notitia Arnonis nennt, um 700 errichtete und damit die Christianisierung des Gebietes durchführte. Daß auch Brixen im Thale zu jenen Notitia-Orten zählt, gibt nicht nur den Anlaß zur Feier des 1200jährigen Eintritts in die historische Schriftlichkeit, sondern auch zur Publikation dieses wertvollen Güterverzeichnisses, das uns erstmals einen Überblick über das Pfleggericht Itter vor nahezu 600 Jahren gibt.

Wir fragen uns nun, was die Ursache gewesen sein kann, diesen Codex schriftlich niederzulegen. Sicher muß dieser Wunsch dem Zwecke der Verwaltung entsprochen haben. Es muß demnach der Auftrag von der Urbarverwaltung gekommen sein, deren Bedürfnis er entsprungen sein muß. Man darf es als gesichert annehmen, daß dieses Urbar nicht das erste Güterverzeichnis des Regensburger Besitzes im Brixental und der übrigen Täler war, wohl aber das erste, nachdem dieses umfangreiche Gebiet von Regensburg nach Salzburg gekommen war.

Unsere Untersuchung hat gezeigt, daß das Urbar etwa 1417 entstanden ist. Von der Zeit der Erwerbung des Besitzes durch Salzburg bis zur Aufzeichnung des Urbars sind demnach rund 37 Jahre vergangen, innerhalb welcher die Verwaltung weitergelaufen ist und der schriftlichen Grundlagen für ihren exakten Ablauf sicher nicht hätte entbehren können. Schon dies allein läßt es als glaubhaft erscheinen, daß ein Güterverzeichnis vorgelegen haben muß, in dem auch die Leistungen der Inhaber verzeichnet gewesen sein mußten. Es kann also für die Neuanlage dieses Urbars nicht so sehr der Herrschaftswechsel von Regensburg zu Salzburg bestimmend gewesen sein, sonst hätte man sich nicht beinahe vier Jahrzehnte damit Zeit gelassen. Die lange Dauer zeigt, daß man mit den vorhandenen Verzeichnissen das Auslangen gefunden haben mußte und nicht unbedingt sogleich eines neueren bedurfte.

Wenn nicht der Herrschaftswechsel, so muß ein anderer Grund die Veranlassung zur Neuanlage des Urbars gegeben haben. Wir wissen, daß Herzog Ludwig der Gebartete von Oberbayern für seine drei Landgerichte Kufstein, Kitzbühel und Rattenberg, die damals noch fast neun Jahrzehnte zu Bayern gehörten, großartige Urbare anlegen ließ, die an Ausführlichkeit mitunter die theresianischen Kataster des späten 18. Jahrhunderts übertrafen. Von diesen hervorragenden Geschichtsquellen sind heute leider nur mehr jene zwei für die Landgerichte Rattenberg und Kitzbühel erhalten. Jenes vom Landgericht Kufstein ist schon lange in Verlust geraten und heute nicht mehr auffindbar. Innerhalb dieser ausgedehnten Gerichtsbezirke lagen bedeutende geistliche Grundherrschaften. Man denke nur an jene von Kloster Seeon und Chiemsee in Bayern und an viele andere bis zu den kleinen Herrschaften mit ihrem Streubesitz wie die ländlichen Kirchen, für die die in den Urbaren aufgezeichneten Güter die Grundlage ihrer wirtschaftlichen Existenz bildeten. Alle diese waren in diesen Urbaren verzeichnet, weil sie dem Landesfürsten vogtbar waren. Hier kann man die Feststellung machen, daß die Angaben um so exakter sind, als die Grundherrschaften an Größe zunehmen. Dies läßt doch den Schluß zu, daß diese bedeutenden Grundherrschaften bei der Anlage dieser Urbare selbst mitwirkten und die Unterlagen für die Aufzeichnungen dem Landgerichtsschreiber, der sie schriftlich abfaßte, vorlegten. Nun hatte das Landgericht Kufstein zu dieser Zeit auch die Hochgerichtsbarkeit über das Pfleggericht Itter inne, so daß ihm dieses auch in Hochgerichtssachen unterstand. Wahrscheinlich aber nicht nur in diesen, sondern auch in Sachen der Vogtei über die geistlichen Grundherrschaften, zu denen nun auch das Hochstift Regensburg bzw. Salzburg gezählt haben muß. Sein Besitz war sicher dem bayerischen Herzog vogtbar. Er müßte also ebenso im Urbar des Landgerichtes Kufstein verzeichnet gewesen sein wie jener eines Klosters wie Seeon oder Chiemsee.

Wenn die großen Grundherrschaften nun bei der Erstellung dieses Herzogs-
urbars mitwirkten, dann muß doch auch das Erzbistum Salzburg zu dieser Zeit für
den bayerischen Herzog Ludwig an Kufstein ein Güterverzeichnis eingereicht
haben, das als Grundlage für die Abfassung des landesfürstlichen Urbars für
diesen salzburgischen Grundherrschaftsbereich diente. Es ist also durchaus möglich, daß die Erstellung der landesfürstlichen Urbare den Anstoß dazu gab, diese
von den Grundherrschaften gemachten Erhebungen innerhalb ihres grundherrlichen Bezirkes auch für sich selbst zu nutzen und neue genaue Urbare anzulegen
und ihre eigenen Ermittlungen für sich schriftlich festzuhalten. Dies wäre eine
mögliche Erklärung für die Neuerstellung dieses wertvollen Itterer Urbars, und
diese würde auch durch die festgestellte Zeit der Anlage eine kräftige Stütze
finden. Das Urbar des Pfleggerichtes Itter von 1417 entstand gerade zu jener Zeit,
als die Erhebungen für das Landgericht Kufstein abgeschlossen waren. Auch das
Urbar des Landgerichtes Kufstein ist mit 1417 datiert. Es umfaßt nur den grund-
herrlich salzburgischen Besitz, ohne auf andere Grundherrschaften, seien es nun
weltliche oder kirchliche, Bezug zu nehmen. Für das Erzbistum Salzburg müssen
aber jene neuen Erhebungen doch so wertvoll gewesen sein, daß man sie als
Grundlage für die Verwaltung verwenden und weiterhin evident halten konnte,
wie es ja auch geschehen ist. Es ist verständlich, daß man die älteren Aufzeichnungen ab jetzt entbehren konnte und daß sie nun wahrscheinlich der Vernichtung anheim fielen. 1417 entstand das Urbar des Landgerichtes Kufstein und
1416 jene der Gerichte Rattenberg und Kitzbühel und etwa 1417, wie unsere Ermittlungen ergaben, jenes des Pfleggerichtes Itter. Es ist also durchaus möglich,
daß ein direkter Anstoß von der bayerisch-herzoglichen Verwaltung die Anlage
unseres Urbars bedingte. Vielleicht können weitere archivalische Nachfor-
schungen und Studien zur Lösung dieser Frage beitragen. Jedenfalls zeigt dieser
Fall, wie schmerzlich und unersetzlich in wissenschaftlicher Hinsicht der Verlust
des Kufsteiner Urbars von 1417 ist[41].

Anmerkungen

[1]   Or. Pfarrarchiv Söll, Reg. LA.
[2]   Archiv-Berichte aus Tirol, Bd. IV, 167 ff.
[3]   Or. Per. Dek. Arch. Brixen i. Th.; AB IV, 173 Nr. 765.
[4]   Or. Perg. Serv. Kloster Rattenberg, Ukde Nr. 54.
[5]   Or. Per. Ukde im Pf. Arch. Hopfgarten; AB IV, 186, Nr. 858.
[6]   Or. Per. Dek. Arch. Brixen i. Th., AB IV,174, Nr. 766.
[7]   Or. Per. Pf. Arch. Hopfgarten; AB IV, 187, Nr. 863.
[8]   Or. Per. Pf. Arch. Hopfgarten.
[9]   Or. Per. Pf. Arch. Hopfgarten.
[10] Or. Per. Pf. Arch. Hopfgarten.
[11] Or. Per. Pf. Arch. Hopfgarten; AB IV, 187, Nr. 868.
[12] Or. Per. Schloßarchiv Kapsburg; AB IV, 290, Nr. 1405.
[13] Or. Per. Dek. Arch. Brixen i. Th.; AB IV, S. 174, Nr. 773.
[14] AB IV, 174, Nr. 773.
[15] Or. Per. Dek. Arch. Brixen i. Th.; AB IV, S. 174, Nr. 774.
[16] Or. Per. anh. S. Dek. Arch. Brixen i. Th.
[17] Pf. Arch. Hopfgarten. anh. S.

[18] AB IV, 188, Nr. 872.
[19] Or. Per. Pf. Arch. Hopfgarten.
[20] Or. Per. Pf. Arch. Hopfgarten.
[21] Or. Per. Pf. Arch. Hopfgarten.
[22] Or. Per. Pf. Arch. Hopfgarten.
[23] Or. Per. Pf. Arch. Hopfgarten.
[24] Or. Per. Pf. Arch. Hopfgarten.
[25] Or. Per. Pf. Arch. Hopfgarten.
[26] Or. Per. Pf. Arch. Hopfgarten.
[27] Or. Per. Pf. Arch. Hopfgarten.
[28] Or. Per. Dekanalarchiv Brixen i. Th.; AB IV, 175, Nr. 1784.
[29] Or. Per. Dekanalarchiv Brixen i. Th.
[30] Or. Per. Pf. Arch. Hopfgarten.
[31] Or. Per. Pf. Arch. Hopfgarten.
[32] Or. Per. Pf. Arch. Hopfgarten.
[33] Pf. A. Hopfgarten.
[34] AB IV, 276, Nr. 1339.
[35] Nr. 47.
[36] Nr. 46.
[37] O. STOLZ, Politisch-historische Landesbeschreibung von Tirol, 1. Teil: Nordtirol (Archiv für österr. Geschichte Bd. 107), 1923—1926, S. 104.
[38] Der Tiroler Anteil des Erzbistums Salzburg, 2. Heft: Westendorf, Hopfgarten, Kelchsau und Itter, 1940, S. 191.
[39] Vgl. H. BACHMANN, Kundl, 1986, S. 408 f.
[40] Vgl. M. MAYER, Der Tiroler Anteil des Erzbistums Salzburg, 1. Heft: Brixen i. T., Kirchberg, Aschau, 1936, S. 117 f.
[41] Vgl. H. BACHMANN, Das Rattenberger Salbuch von 1416, Österreichische Urbare I. Abtlg., 4. Bd., I. Teil, 1970, S. XVIII.

Beschreibung der Handschrift

Maße: (ursprünglicher Buchblock, ohne modernen Einband) 270 × 190 mm.

Umfang und Material: 26 Pergamentblätter, gegliedert in 3 Lagen (2 × 10 und 1 × 6 Blätter).

Schreibstoff: Tinte.

Hände: Haupthand (Schreiber der Erstfassung des Urbars) aus der 1. Hälfte des 15. Jahrhunderts. Siehe näher darüber S. 93 ff. Außerdem zahlreiche Nachträge von verschiedenen anderen Händen.

Einband: moderner, mit braunem Leder überzogener Harteinband mit Messingschnallen (in der Restaurierwerkstätte des Salzburger Landesarchivs 1987 angefertigt).

Titel: am modernen Einbanddeckel keine Aufschrift. Am 1. Blatt (Deckblatt) des Urbars steht folgende alte Eintragung: „Bona spectancia ad castrum et dominium Ytter empta per dominum Pilgrimum archiepiscopum anno domini millesimo trecentesimo LXXXV".

Heutige Signatur: Salzburger Landesarchiv, Urbar 5 A.

Herkunft: Das ursprünglich zweifellos dem Erzstift Salzburg gehörige und in dessen Pflegamt (Gericht) Itter aufbewahrte Urbar gelangte um 1950 aus ungenanntem Tiroler Privatbesitz in den eines Kufsteiner Antiquars und wurde von diesem im September 1953 dem Salzburger Landesarchiv verkauft.

Die im Urbar genannten Güter

Anmerkung des Herausgebers: Da eine wissenschaftliche Edition des Textes den Rahmen eines Dorfbuches sowohl vom Umfang wie auch vom Inhalt her gesprengt hätte , haben wir uns mit dem Einverständnis des Bearbeiters dieses Teiles dazu entschlossen, nur einen knappen Überblick über die im Urbar genannten Güter zu geben. Wir führen also im folgenden jeweils nur den Namen des Gutes und die Zahl der Inhaber an, wie sie in der Ersteintragung des Urbars enthalten sind. Lediglich bei jenen Gütern, die auf heutigem Brixner Gemeindegebiet liegen — das sind die Nummern 42—64 und 70—72 —, fügen wir auch die Namen der Inhaber und die heutigen Hofnamen hinzu. Wie sich diese Güter im Brixental verteilen oder anders gesagt: wie das Landgericht Itter gegen Ende des 14. Jahrhunderts ausgesehen hat, geht aus der folgenden Karte anschaulich hervor.

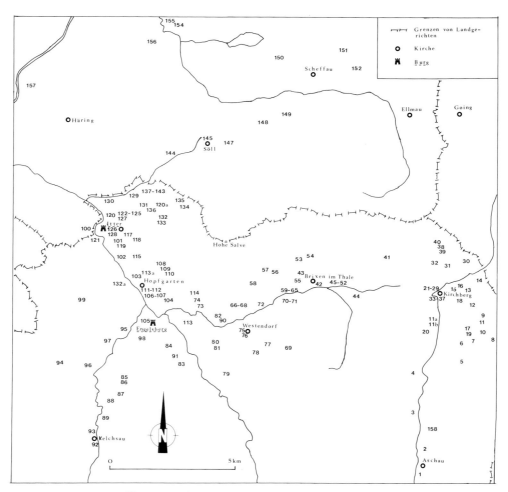

Karte zum ältesten Brixentaler Urbar (gez. von H. Penz)

Herrn Dr. Christoph Haidacher vom Tiroler Landesarchiv sei für seine freundliche Mithilfe, vor allem für die vorangestellte kurze „Beschreibung der Handschrift" an dieser Stelle aufrichtig gedankt. In gleicher Weise ist auch Herrn Anton Flecksberger aus Kirchberg für seine Hilfe bei der Erstellung der Übersichtskarte zu danken, um deren Zustandekommen sich auch Herr Alois Bosetti aus Brixen verdient gemacht hat.

Nr.	Name des Gutes	Zahl der Inhaber
1	de predio in Aschaw (Voder Aschaw)	2
2	de predio in Grinttaw	4
3	Wenigchrintpach	4
4	Predium in Hangentleiten	1
5	Pennswent	1
6	de predio in Gerůn	2
7	Elmengaw	1
8	Ŏbristen	2
9	Ŏdenlehen	1
10	de predio in Hohenmawrach	1
11	de predio in Pranpůhel	1
11 a	Ahornaw	1
11 b	Gannsleitten	1
12	Stawdach	1
13	Wetzing	3
14	Chlawsen	2
15	Wenigrain	1
16	Michelrain	1
17	Obnertann	1
18	Nidertann	2
19	Rŏtenberg	2
20	Linttal	2
21	Malhawsen	2
22	Pantzawner	2
23	de predio Tǎndlǎrn	1
24	Chamerlehen	1
25	de area una vel molendino subtus Kirchberg	—
26	de predio in Hermaneren	1
27	Penkchen	1
28	Voringen	1
29	Nidinng	1
30	Eybental	1
31	Pŭchswent	2
32	Grutten	1
33	de area, domo et orto auf dem Stain bey Kirchberg	1
34	de area, domo et ortulo auf dem Purgelstain	1
35	w. o.	1
36	de area et nova domo lapidea subtus Kirchberg	—
37	de area, domo et orto sub monte Kirchberg circa domum lapideam	—
38	Mosgruben	1
39	Mŭlpach	—
40	Prantach	1
41	Nasen	1

Nr.	Name des Gutes	Zahl und Namen der Inhaber		Heutige Hofnamen
42	Brixner chräwtz-tracht			
43	Öchsenperg	2	—	Exenberg/Jodl/Enting
44	Veyring	4	Ulricus, Rugerus, Petrus et Jacobus	Feuring
45	Zippf ze Lawtter-pach	1	Otto	Egger/Pfisterer-häusl/—
46	Mesenlehen	2	Fridericus et Chunradus	Gruber/—
47	Neninglehen	1	Heinricus Stäbler	Gruber/Reitl/Egger
48	Ekkerlehen	1	Schaidler	Scheidlinger
49	Påwzzerlehen	1	Rudbertus[1])	Baißl
50	Lůrkinger	2	Petrus et Fridericus	—
51	Smidinger	1	—	Pölt
52	Huba in Lautter-pach	3	Nicolaus, Petrus et Nicolaus	Huber/(Glanterl)
53	Prantstat	2	Chunradus et Hainricus	Prantl/Kern
54	Straiffen	3	Ulricus, Chunradus et Nicolaus	Straif a. Sonnberg/(Kröz)
55	Ruetsperg	4	Chunradus, Andreas, Nicolaus et Johannes	Mölling/Beilberg/Starz/Treichl
56	Swaiga in Sneperg	2	Hainricus et Hainricus	(Schneeberg)/Gugg/Ahornau
57	Zoten	—	—	Zott/Frank
58	Ernsperg	4	Andreas, Nicolaus, Chunradus et Hainricus	Lassl/Jaggl/Häusl
59	Obnerchåslern	1	Leonhardus	Oberkaslach
60	Nidernchåslern	1	Andreas	Unterkaslach
61	Frawnpůhel	1	Hainricus	Franbichl
62	Huntpůhel	1	Chunradus	Hundbichl
63	Reytterstat	2	Nicolaus et Jacobus	Reiterstätt
64	Smirelstat	1	Chunradus	Schmirl
65	Trastadel	1		
66	Saluen	1		
67	in secundo Saluen	1		
68	Chlobenstain	1		
69	Chåspůhel	1		
70	villici in Hof	—	—	Hof
71	Maierhofteile	4	Jacobus Chastner, Johannes, Jacobus, Egidius	
72	Huba in Mosen	2	Hainricus et Chunradus	Moosen

Nr.	Name des Gutes	Zahl der Inhaber
73	de predio Chamer	4
74	Pfenichleiten	2
75	Granklår zu Dorff	1
76	Smidlehen	1
77	Züppoltzperg	1
78	Prül	1
79	Taxach et Winttach	2
80	Wyelantstat	1
81	Pösenrain	1
82	predium Fewchten	—
	Secunda institutio Hopfgartner Ckräwtztracht.	
83	Eysenstat	1
84	Gruebach	2
85	Mettenperg	1
86	Glantter	2
87	Sidlaw	2
88	Teuffental	2
89	Zillenperg	2
90	⅓ Hof Fewchten	—
91	Aw	1
92	de Chelsaw	3
93	Rechaw	2
94	Chropfraytten	2
95	Hünerpühel	1
96	Drawchaw	2
97	Penning, Penningperger	—
98	Niderahen	3
99	Rotenaw	1
100	Prukperg	3
101	Sunderwisen	1
102	Råmstet	3
103	villici in Hopfgarten	2
104	Megling	2
105	de novali prope Stegen cis aquam in Hopfgarten	1
106	Nider Linttaw	2
107	Ober Linttaw	1
108	Notstal	1
109	Patenperg	1
110	Maysaw	1
111	Snappfen	1
112	Mitterpach	1
113	Rauchleitten	1
113 a	forum in Hopfgarten	—
114	Lehen ob Hopfgarten	2
115	de predio in Hachach	4 (?)
116	Fulstain	2
117	Ryswegen	2
118	Layming	3
119	de predio in Öd	1

Nr.	Name des Gutes	Zahl der Inhaber
120	in villa Ütter	1
120 a	Playchnerlehen in Ütter	1
121	Rysperg	1
122	Chärntnerlehen	2
123	Marherlechen (Itter)	1
124	Topf	1
125	Pfäffel Heczlehen	1
126	Ambtmanslehen	2
127	Teil des Chärntnerlehen ? oder gleich	1
128	Amptmanslehen in Itter	1
129	Hintenperg	1
130	Nasen	—
131	Lützelaw	3
132	Niderparm	3
132 a	de molendino prope Grauensteg	—
133	Obnerparm	1
134	Perntal	2
135	Sawchogel	1
136	Plaikchen	1
137	Spiegellehen	2
138	Engelreichlehen	2
139	auf dem Pach	1
140	Swent auf dem Pǔhel	1
141	Erelspergerlehen	2
142	Lakchen (Lacharn)	3
143	Pühel	1
144	Viecht	1
145	villici in Sel	—
146	Chrafsteg	1
147	Pach	2
148	Hawnning	3
149	Öd	1
150	Grǔbel ab dem Chayser	1
151	Treffarn	1
152	Otting	2
153	Vochints	1
154	Obereyberg	1
155	Nidereyberg	1
156	Maczing	1
157	Pirhenwang	1
158	Oberachaw et Hetzenaw	—

[1] In den Urbaren von 1485 und 1496 (s. M. Mayer, S. 120), die mit dem vorliegenden bis auf den Umstand völlig übereinstimmen, daß manche Güter weiter geteilt sind, erscheint an der Stelle des Påwzzerlehen ein Rawss (Rewss)lehen, wohl eine Verlesung für Pewssellehen (heute: Baißl), welches schon 1477 auch in einer Urkunde erwähnt ist (Nr. 101 im Pfarrarchiv Brixen im Thale).

Die Bevölkerungsentwicklung
Langfristige Veränderungen und moderner Wandel

Von Hugo Penz

Einführung

Die Bevölkerungsentwicklung der Gemeinde Brixen im Thale zerfällt ähnlich wie die in ganz Mitteleuropa in zwei Abschnitte, die mit den gesamtgesellschaftlichen Veränderungen eng verbunden sind. Das Eindringen der Industrie und industriegesellschaftlicher Verhaltensweisen bildet die entscheidende Zäsur. Die vorindustrielle Entwicklung war durch die Agrargesellschaft geprägt, die sich vom Hochmittelalter bis in das 19. Jahrhundert nur sehr langsam veränderte. Auch die Lebensgrundlagen der Bevölkerung blieben im wesentlichen erhalten. Sie waren auf die Land- und Forstwirtschaft ausgerichtet, die durch das ländliche Kleingewerbe ergänzt wurden. Nur der Bergbau, der zeitweise eine erhebliche Bedeutung erlangte, brachte etwas Leben in die langfristig einheitlich verlaufende Entwicklung. Dieser jahrhundertelang andauernde Trend hängt mit dem Gang der Agrarwirtschaft zusammen, deren Gesamtproduktion nur allmählich durch Intensivierungen und Zurodungen etwas ausgeweitet wurde. Ab der Mitte des 19. Jahrhunderts führte die industrielle Revolution in den österreichischen Alpen zu tiefgreifenden Veränderungen der Wirtschaft und Gesellschaft. Davon wurden auch die entlegensten Bergbauerngemeinden erfaßt. Seit die Industrie, das Handwerk, der Handel und der Tourismus zur Existenzgrundlage immer größerer Teile der Bevölkerung geworden sind, hängt die mögliche Einwohnerzahl der einzelnen Gemeinde verstärkt von den außeragrarischen Beschäftigungsmöglichkeiten ab. Die jüngsten Veränderungen der Bevölkerungsziffern spiegeln dementsprechend die modernen gesamtgesellschaftlichen Verschiebungen deutlich wider.

Zur älteren Bevölkerungsentwicklung

Die Quellenlage erlaubt erst seit der ersten modernen Volkszählung im Jahre 1869 exakte Vergleiche der Einwohnerzahlen. Bei älteren Aufnahmen muß man mit erheblichen Abweichungen rechnen. Diese Zählungen dienten verschiedenen fiskalischen Zwecken und hatten nicht das Ziel, die Einwohnerzahlen möglichst genau zu ermitteln. Die aus solchen Quellen abgeleiteten Bevölkerungsziffern geben den jeweiligen Stand nur ungenau wider.

Zu Beginn der Neuzeit (1497) wies die Gemeinde Brixen im Thale verglichen mit den benachbarten Gebieten einen auffallend hohen Bevölkerungsstand auf. Neben dem Bergbau ist diese Tatsache sicherlich auch siedlungsgeschichtlich begründet. Brixen war Sitz der Urpfarre, die im Frühmittelalter zentralörtliche Bedeutung für das ganze obere Brixental besaß. Mit der Gründung des Marktes Hopfgarten im Hochmittelalter erwuchs ein übermächtiger Konkurrent, dessen Handels-, Verkehrs- und Gewerbefunktion im Verlauf der Neuzeit immer stärker ausgebaut wurde. Brixen blieb hingegen eine agrarisch geprägte Landgemeinde. Die ältere Siedlungsentwicklung könnte die Unterschiede zu den benachbarten Gemeinden des oberen Brixentales erklären. Dadurch wurden die landwirtschaftlichen Kulturgründe früher intensiv inwert gesetzt als in den Nachbargemeinden, die über eine größere Bodenfläche verfügen und daher in der Lage waren, durch Zurodnungen und Intensivierungen die Existenzbasis der Landwirtschaft stärker zu steigern.

Tabelle 1: Veränderung der Einwohnerzahlen in Gemeinden des Brixentales 1497—1869[1]

	Brixen	Kirchberg	Westendorf	Hopfgarten
1497 absolut	751	916	775	924
1497 Index 1869 = 100	76	55	58	34
1792 absolut	917	1493	1304	2210
1792 Index 1869 = 100	92	90	98	80
1817 absolut	986	1147	1127	1836
1817 Index 1869 = 100	99	69	85	67
1837 absolut	947	1608	1219	2363
1837 Index 1869 = 100	95	97	92	86
1869 absolut	992	1655	1324	2757

Die erste Quelle, die genaueren Aufschluß über den Bevölkerungsstand des Brixentales gibt, ist das von M. Mayer (1951) veröffentlichte Register über die Einhebung des gemeinen Reichspfennigs im Jahre 1497. In dieser Urkunde sind alle zur Abgabe verpflichteten Personen, d. h. alle Leute über 15 Jahren, namentlich angeführt, wobei auch die Mittellosen aufscheinen. Um die Gesamtbevölkerung zu ermitteln, rechnete Mayer zu der aus dem Register ermittelten Grundzahl noch ein Drittel hinzu. So kam er bei Brixen auf eine Einwohnerzahl von 751 Personen, von denen 563 in der Liste aufgeführt sind. Diese Berechnung ist vernünftig, weil sie von der typischen Altersgliederung der vorindustriellen Gesellschaft ausgeht. Problematisch ist hingegen seine Annahme, er könne die Einwohnerzahl nach hinten extrapolieren. Seine Vorstellung, die Bevölkerung habe sich alle 350 Jahre verdoppelt, läßt sich möglicherweise auf größere Gebiete anwenden. Kleinräumig wurde die Entwicklung zu sehr durch den grundherrschaftlich gelenkten Siedlungsausbau gestört.

Als im 18. Jahrhundert die Ideen des Merkantilismus aufkamen, begann sich die staatliche Obrigkeit für den Einwohnerstand zu interessieren. Auch kirchliche Stellen veranstalteten Zählungen, um die seelsorgerischen Aufgaben (Osterkommunion, Volksmissionen) gezielter wahrnehmen zu können. Die Ergebnisse solcher Zählungen sind im einzelnen schwer einzuschätzen. Sie geben den Einwohnerstand nur grob wider und sind daher mit den modernen Volkszählungen nur bedingt vergleichbar.

Schwieriger ist es, die Bevölkerungsentwicklung in der ersten Hälfte des vorigen Jahrhunderts zu erklären. Manche Abweichungen gehen auf Erhebungsmängel zurück. Dies gilt vor allem für die Zählung von 1817, die unmittelbar nach der Rückgliederung Tirols an Österreich stattfand. Unbestritten ist jedoch, daß die Einwohnerzahlen in den Nachbargemeinden stärker zunahmen. Dieser Bevölkerungsanstieg entsprach der typischen Entwicklung in der ersten Hälfte des 19. Jahrhunderts. In dieser Periode wurde die traditionelle Wirtschaft und Gesellschaft auf den modernen Strukturwandel vorbereitet, wobei das Handwerk und das Kleingewerbe ausgeweitet wurden. Davon profitierten die Nachbargemeinden weit mehr als Brixen, weil die nichtagrarischen Berufe dort schon vorher — siedlungsgeschichtlich bedingt — stärker vertreten waren. Im Jahre 1792 standen in Brixen im Thale 53 vollbäuerlichen Gütern 63 Kleinhäuschen gegenüber, in Kirchberg 93 Höfen 82 Söllgüter und in Westendorf gar 153 Vollbauern nur 53 Kleinhäusler. Beim Handel und Gewerbe waren die Unterschiede nicht so deutlich ausgeprägt (Hübner 1796, S. 741—742).

Veränderung der Einwohnerzahlen seit dem Beginn des Industriezeitalters

Mit dem Industriezeitalter änderten sich die Grundtendenzen der Bevölkerungsentwicklung. Dabei lassen sich die Veränderungen der letzten 100 Jahre in drei Phasen gliedern. Im ersten Abschnitt, der bis zur Jahrhundertwende dauerte, lag das Brixental in der Peripherie, weitab von den sich entwickelnden modernen industriellen Ballungsgebieten, in denen die Einwohnerzahlen rasch zunahmen. Im Brixental stagnierte damals der Bevölkerungsstand, während in den westtirolischen Realteilungsgebieten die „Bergflucht" beträchtliche Abnahmen verursachte.

Tabelle 2: Entwicklung der Einwohnerzahlen in den Gemeinden des Brixentales, im Bundesland Tirol und im Bezirk Landeck 1869—1981 (absolute Zahlen und Meßzahlen Stand 1869 entspricht 100)[2]

Jahr		Brixen	Kirch-berg	Westen-dorf	Hopf-garten	Itter	Gericht Hopf-garten	Land Tirol	Bezirk Landeck
1869	abs.	992	1.655	1.324	2.757	433	7.161	236.426	21.634
	Meßzahl	100	100	100	100	100	100	100	100
1880	abs.	1.044	1.669	1.370	2.769	479	7.331	244.736	22.354
	Meßzahl	105	101	103	100	111	102	104	103
1890	abs.	1.083	1.683	1.300	2.790	424	7.280	249.984	20.984
	Meßzahl	109	102	98	101	98	102	106	97
1900	abs.	1.074	1.638	1.367	2.844	434	7.357	266.414	20.836
	Meßzahl	108	99	103	103	100	103	113	96
1910	abs.	1.195	2.100	1.605	3.197	447	8.544	304.713	22.415
	Meßzahl	120	127	121	116	103	119	129	104
1923	abs.	1.314	2.104	1.648	3.062	444	8.572	313.888	23.352
	Meßzahl	132	127	124	111	102	120	133	108
1934	abs.	1.446	2.493	1.802	3.339	480	9.560	349.098	24.708
	Meßzahl	146	151	136	121	111	134	148	114
1939	abs.	1.401	2.692	1.783	3.247	489	9.612	363.959	26.316
	Meßzahl	141	163	135	118	113	135	154	122
1951	abs.	1.620	2.842	2.034	3.909	587	10.992	427.465	28.882
	Meßzahl	163	172	154	142	136	153	181	134
1961	abs.	1.707	3.032	2.228	4.163	646	11.776	462.899	31.106
	Meßzahl	172	183	168	151	149	164	196	144
1971	abs.	2.011	3.544	2.681	4.799	792	13.827	544.483	35.629
	Meßzahl	203	214	202	172	183	193	230	165
1981	abs.	2.148	3.718	2.810	4952	910	14.538	586.663	37.553
	Meßzahl	217	225	212	179	210	203	248	174

In den Talschaften der Kitzbüheler Alpen, in denen seit jeher das Anerbenrecht vorherrschte, war die Landwirtschaft aufgrund der günstigen Betriebsstrukturen eher in der Lage, sich zu halten. Das ländliche Handwerk und Kleingewerbe war einer verstärkten industriellen Konkurrenz ausgeliefert. In der zweiten Periode, die von der Jahrhundertwende bis zum Zweiten Weltkrieg dauerte, nahmen die Einwohnerzahlen wieder etwas zu. Nun setzte der Tourismus etwas stärker ein. Dadurch besserten sich die wirtschaftlichen Möglichkeiten etwas. Zudem verringerte sich die Bereitschaft abzuwandern. Infolge der zahlreichen wirtschaftlichen Probleme, die zu einem starken Anstieg der Arbeitslosigkeit in der Zwischenkriegszeit führten, verringerte sich die Sogwirkung, die vorher von den Städten ausgegangen war. In der letzten Periode entwickelte sich mit dem Aufschwung des Wintersportfremdenverkehrs nach dem Zweiten Weltkrieg der Tourismus zum Schlüsselgewerbe. Damit kamen zahlreiche neue Erwerbsmöglichkeiten hinzu, und die Einwohnerzahlen stiegen seither kontinuierlich an.

Tabelle 3: Die natürliche Bevölkerungsbewegung sowie die Geburten- und Wanderungsbilanz in den Gemeinden des Brixentales 1951—1981[3]

	Brixen %	Kirchberg %	Westendorf %	Hopfgarten %	Itter %
Geburtenziffer					
1951—1960	21,2	20,0	23,8	26,4	26,6
1961—1970	24,2	23,8	25,6	25,8	30,3
1971—1980	14,9	13,9	14,7	15,2	16,2
Sterbeziffer					
1951—1960	9,5	9,9	9,1	11,1	6,5
1961—1970	9,8	10,1	9,4	9,5	7,9
1971—1980	9,9	9,1	8,4	9,0	5,8
Natürliche Bevölkerungsbilanz					
1951—1960	+ 11,7	+ 10,1	+ 14,7	+ 15,0	+ 20,1
1961—1970	+ 14,4	+ 13,7	+ 16,2	+ 16,3	+ 22,4
1971—1980	+ 5,0	+ 4,8	+ 6,3	+ 6,2	+ 10,4
Wanderungsbilanz					
1951—1960	− 6,5	− 3,6	− 5,6	− 8,7	− 10,5
1961—1970	+ 1,9	+ 1,9	+ 2,3	− 2,1	− 2,1
1971—1980	+ 1,6	− 0,1	− 1,6	− 3,1	− 3,5
Bevölkerungsbilanz					
1951—1960	+ 5,2	+ 6,5	+ 9,1	+ 6,3	+ 9,6
1961—1970	+ 16,3	+ 15,6	+ 18,5	+ 14,2	+ 20,3
1971—1980	+ 6,6	+ 4,9	+ 4,7	+ 3,1	+ 13,9

Geburtenziffer = Geborene/1.000 Einwohner und Jahr
Sterbeziffer = Gestorbene/1.000 Einwohner und Jahr
Natürliche Bevölkerungsbilanz = Geburtenüberschuß/1.000 Einwohner und Jahr
Wanderungsbilanz: Zuzüge minus Fortzüge/1.000 Einwohner und Jahr
Bevölkerungsbilanz: Veränderung der Einwohnerzahl/1.000 Einwohner und Jahr

Die Einzeldaten für die einzelnen Gemeinden des Brixentales sowie für das Land Tirol und den Bezirk Landeck (Westtirol) bestätigen nicht nur die Grundzüge der vorhin geschilderten Bevölkerungsentwicklung. Sie lassen auch die charakteristischen räumlichen Gegensätze hervortreten. Hopfgarten im Osten und Landeck im Westen Nordtirols sind ländlich geprägte Bezirke, deren Einwohnerzahlen weniger rasch zunahmen als das statistische Landesmittel, wobei der hinsichtlich der Agrarstruktur (Kleinbetriebe), dem Naturraumpotential und der großräumigen Lage benachteiligte Westen (Bezirk Landeck) wesentlich klarer zurückblieb als das Brixental. Innerhalb dieses Tales fällt der Gegensatz zwischen dem stärker gewerblich-industriell geprägten unteren Talabschnitt und dem vom Fremdenverkehr bestimmten oberen Brixental auf. Trotz einiger industrieller Ansätze nahmen die Einwohnerzahlen in der Umgebung von Hopfgarten seit dem Ersten Weltkrieg viel weniger rasch zu als in den drei höhergelegenen Gemeinden, die untereinander nur geringfügig abwichen. Nach dem Zweiten Weltkrieg traten diese Gegensätze noch deutlicher hervor.

Die Bevölkerungszunahme der letzten 100 Jahre war durch den Geburtenüberschuß getragen. Erst in der Zeit des raschen wirtschaftlichen Aufschwunges während der sechziger Jahre kam auch ein bescheidener Wanderungsgewinn hinzu. In den beiden Nachbargemeinden war die Situation ähnlich. Im unteren Brixental blieb die Wanderungsbilanz hingegen auch während der Hochkonjunktur geringfügig passiv. In den siebziger Jahren waren die Zuwachsraten der Einwohnerzahlen deutlich niedriger als im vorangegangenen Jahrzehnt. Dieser Abfall war ausschließlich durch die Verringerung der Geburtenzahlen nach 1971 verursacht. Die Wanderungsbilanz veränderte sich hingegen nur unwesentlich.

Bevölkerungsverschiebungen innerhalb der Gemeinde

Der Wandel von einer Bauern- zu einer Fremdenverkehrs- und Gewerbegemeinde bedingte charakteristische Bevölkerungsverschiebungen. Dabei kam es zu einer beträchtlichen Konzentration der Einwohner in den zentral gelegenen Fraktionen.

In der Bevölkerungsentwicklung tritt ein auffälliger Gegensatz zwischen den Berg- und Talsiedlungen hervor. Am Sonn- und Buchberg sind die Einwohnerzahlen seit dem Beginn des 19. Jahrhunderts nahezu gleich geblieben, in den vier am Talboden gelegenen Fraktionen haben sie hingegen stark zugenommen, wobei die Unterschiede mit der Lage und der Struktur der einzelnen Fraktionen zusammenhängen. Der Ort Brixen-Dorf ist durch die zentrale Position innerhalb der Gemeinde und Lauterbach durch den Bahnhof begünstigt. Die Einwohnerzahlen haben dementsprechend etwas stärker zugenommen als in den beiden periphereren Fraktionen Hof und Feuring. Vergleicht man die Entwicklung von Brixen und Lauterbach, so mögen auch die Besitzstrukturen eine Rolle gespielt haben. In Brixen waren die Kirche und die Vollerwerbsbauern weit weniger bereit, Grund an Siedler zu verkaufen, als die vielen Kleinbauern in Lauterbach.

Tabelle 4: Die Bevölkerungsentwicklung in den einzelnen Fraktionen der Gemeinde Brixen im Thale 1812—1981[4]

Fraktion	1812	1910	1951	1961	1971	1981
Brixen-Dorf	48	147	308	316	414	384
Feuring	128	169	190	203	325	468
Hof	217	278	338	332	340	381
Lauterbach	167	274	449	522	623	634
Sonn- und Buchberg	302	327	335	324	309	281
Gemeinde Brixen	862	1195	1620	1707	2011	2148

Das Zurücktreten der Bergsiedlung und die zunehmende Konzentration der Bevölkerung in den beiden zentralen Dorfsiedlungen entspricht den allgemeinen Entwicklungstendenzen in weiten Teilen der Alpen. Durch die Flächenwidmungsplanung der Gemeinde wird die zukünftige Bevölkerungsentwicklung der einzelnen Fraktionen nachhaltig beeinflußt werden. Die Veränderungen insgesamt werden eng mit der weiteren wirtschaftlichen und gesellschaftlichen Entwicklung zusammenhängen.

Anmerkungen

[1] Quellen: 1497: MAYER 1951, S. 556—559; 1792: HÜBNER 1796, S. 737—751; 1817: Einwohnerzählung von Tirol, Tiroler Landesregierungsarchiv Cod. 869; 1837: STAFFLER 1839, S. 404—405; 1869: Österr. Stat. Zentralamt, Volkszählung 1981, Wohnbevölkerung nach Gemeinden (revidierte Ergebnisse) mit der Bevölkerungsentwicklung seit 1869 = Beiträge zur Österr. Stat. 630/A, Wien 1983.
[2] Quelle: Österr. Stat. Zentralamt, Volkszählung 1981, Wohnbevölkerung nach Gemeinden ... seit 1869 = Beiträge zur Österr. Stat. 630/A, Wien 1983.
[3] Quellen: Grundziffern für die Einwohnerzahlen: Österr. Stat. Zentralamt, Volkszählung 1981, Wohnbevölkerung nach Gemeinden ... seit 1869 = Beiträge zur Österr. Stat. 630/A, Wien 1983; Entwicklung der Geburten- und Sterbefälle 1951—1960 sowie 1961—1970 nach den handschriftlichen Unterlagen für die Karten im „Tirol-Atlas" im Institut für Geographie der Universität Innsbruck, Abteilung Landeskunde; Geburten- und Sterbefälle 1971—1980 nach Österr. Stat. Zentralamt, Die natürliche Bevölkerungsbewegung im Jahre 1971, 1972, 1973, 1974 sowie Demographisches Jahrbuch Österreichs 1975, 1976, 1977, 1978, 1979, 1980 = Beiträge zur Österr. Statistik Heft 300, 330, 358, 397, 429, 470, 512, 546, 584, 622 Wien.
[4] Quellen: 1812: Kataster über die Tobacks Aufschlags Compositionsbeträge des Steuerdistricts Brixen, Tiroler Landesregierungsarchiv Akten des Landgerichtes Hopfgarten, Fasc. 6 (diese Quelle wurde mir in einer Ablichtung mit Auswertung freundlicherweise von Herrn Doz. Dr. S. Posch zur Verfügung gestellt); 1910: Stat. Zentralkomm. k. k., Spezial-Ortsrepertorium der österr. Länder. Bearb. auf Grund der Ergebnisse der Volkszählung vom 31. 12. 1910, Heft Tirol und Vorarlberg, Wien 1917; 1951: Österr. Stat. Zentralamt, Ortsverzeichnis von Österreich. Bearb. auf Grund der Ergebnisse der Volkszählung vom 1. 6. 1951, Wien 1953; 1961: Österr. Stat. Zentralamt, Ortsverzeichnis von Österreich. Bearb. auf Grund der Ergebn. d. Volkszählung vom 21. 3. 1961 nach dem Gebietsstand vom 1. 1. 1964, Wien 1965; 1971: Österr. Stat. Zentralamt, Ortsverzeichnis 1971 Tirol, Bearb. auf Grund der Ergebn. d. Volkszählung vom 12. 5. 1971, Wien 1974; 1981: Österr. Stat. Zentralamt, Ortsverzeichnis 1981 Tirol, Bearb. im Österr. Stat. Zentralamt, Wien 1984.

Literaturhinweise

Um das Literaturverzeichnis zu entlasten, werden die in den Fußnoten zitierten Quellenbelege hier nicht mehr angeführt.

HELCZMANOVSKI, H., Die Entwicklung der Bevölkerung Österreichs in den letzten 100 Jahren nach den wichtigsten demographischen Komponenten, in: Beiträge z. Bevölkerungs- und Sozialgeschichte Österreichs, Wien 1973, S. 113—165.

HÜBNER, L., Beschreibung des Erzstiftes und Reichsfürstenthums Salzburg in Hinblick auf Topographie und Statistik. Salzburg 1796, 3 Bände mit zusammen 1005 S.

KLEIN, K., Die Bevölkerung Österreichs vom Beginn des 16. bis zur Mitte des 19. Jahrhunderts, in: Beiträge zur Bevölkerungs- und Sozialgesch. Österr., Wien 1973, S. 47—112.

LEIDLMAIR, A., Grundzüge der Bevölkerungsentwicklung Tirols, in: Geographische Rundschau 27, 1975, S. 214—222.

MAYER, M., Die Reichssteuer des gemeinen Pfennigs aus dem Jahr 1497 im Brixental, in: Veröff. d. Museum Ferdinandeum Innsbruck 31, 1951, S. 537—559.

STAFFLER, J. J., Tirol und Vorarlberg, statistisch und topographisch, 1839, 2 Bände mit zusammen 1137 S.

ULMER, F., Die Höhenflucht (Schlern-Schriften 27), Innsbruck 1935, 134 S.

WOPFNER, H., Das Bergbauernbuch. 1. Lieferung (1951), S. 1—132; 2. Lieferung (1954), S. 133—444; 3. Lieferung (1960), S. 445—731, Innsbruck - Wien - München 1951—1960.

Die Mundart von Brixen im Thale im Wandel
der letzten Jahrzehnte

Von Otto Gschwantler

Vorbemerkung: Die folgenden Ausführungen richten sich in erster Linie an die Brixner Bevölkerung und nicht so sehr an die Zunft der Dialektforscher. Daher habe ich bei der Wiedergabe der Aussprache einige Unschärfen und Inkonsequenzen in Kauf genommen und versucht, mit möglichst wenigen lautlichen Sonderzeichen auszukommen:

ė bezeichnet ein geschlossenes *e* wie in *bė́ssɐ* ‚besser‘,

e einen mittleren *e*-Laut wie in *gēbn* ‚geben‘,

ä einen offenen *e*-Laut wie in *wärkn* ‚werken‘,

å ein verdumpftes *a* wie in *Wåssɐ* ‚Wasser‘,

ɐ einen abgeschwächten *a*-Laut, auch als Bestandteil eines Diphthongs (Zwielautes), z. B. *bė́ssɐ* ‚besser‘, *häɐn* ‚hören‘.

Die Länge eines Vokals wird meist durch ein Strichlein über dem Vokal ausgedrückt, bei *å* und *ä* aber durch Doppelschreibung (*åå, ää*).

Ein kleines hochgestelltes *n* (*ⁿ*) deutet an, daß der vorausgehende Vokal (Selbstlaut) nasaliert gesprochen wird.

Wird vor Nasal (*n, m, ng*) nicht nasaliert, steht nach dem Vokal ein Punkt (*bō·n* ‚Boden‘).

Oft sage ich der Einfachheit halber „brixnerisch“, obwohl die jeweilige sprachliche Erscheinung auch in der näheren oder weiteren Umgebung vorhanden ist.

Folgende Abkürzungen werden verwendet:

ahd. = althochdeutsch	m. = masculinum (männlich)
germ. = germanisch	n. = neutrum (sächlich)
idg. = indogermanisch	Pl. = Plural (Mehrzahl)
mhd. = mittelhochdeutsch	Sg. = Singular (Einzahl)
f. = femininum (weiblich)	

Tirol gehört zum großen bairischen Sprachgebiet, dem nicht nur Altbayern, sondern auch ganz Österreich mit Ausnahme Vorarlbergs, wo Alemannisch gesprochen wird, angehört. Nur im Tiroler Tannheimertal wird ein alemannischer Dialekt gesprochen, während das Westtiroler Oberinngebiet eine bairisch-alemannische Übergangszone bildet. Das Bairische war zunächst ein ziemlich einheitlicher Dialekt. Doch seit dem 13. Jahrhundert erfolgte eine Differenzierung, deren Ergebnis eine große Dreiteilung des weiten Gebietes zwischen dem Böhmerwald im Norden und der Salurner Klause im Süden ist. Da ist zunächst das Mittelbairische, das sich in den verkehrsoffenen Gebieten des Alpenvorlands und nördlich der Donau ausgebildet hat. Hier haben sich Neuerungen durchgesetzt wie die Vokalisierung des *l* im In- und Auslaut (*hoin* statt *holen* usw.) und die Erweichung von *p t k* zu *b d g*.

Nördlich des Mittelbairischen schließt sich das Nordbairische an, südlich das

Südbairische. Dieses zeichnet sich vor allem dadurch aus, daß es die meisten mittelbairischen Neuerungen nicht mitgemacht und daher einen älteren Sprachstand bewahrt hat. Die Grenze zwischen Mittelbairisch und Südbairisch verläuft in Tirol entlang des Achensees über Jenbach und östlich des Zillertals zur Gerlos. Jeder Inntaler weiß, daß man weiter westlich *Kålb, Ålm, voll* sagt, weiter östlich *Kåeb, Åem, voi*.

Zwischen den Kerngebieten des Mittelbairischen und des Südbairischen liegt eine breite Übergangszone, die sich vom alemannisch-bairischen Grenzgebiet bis an die Ostgrenze der Steiermark und des Burgenlands erstreckt. In diesem Bereich, den man als südmittelbairisch oder neuerdings als innerbairisch bezeichnet, durchdringen sich mittel- und südbairische Sprachmerkmale. Zu diesem Gebiet gehört auch das nordöstliche Tirol mit den Bezirken Rattenberg, Kufstein, Kitzbühel, jene Bezirke also, die erst 1504 unter Kaiser Maximilian zur Grafschaft Tirol kamen und bis dahin zu Bayern gehört hatten, was sicher eine der Voraussetzungen für das Eindringen mittelbairischer Neuerungen in diese Gegend war.

Gliederung des bairischen Dialektraums. Skizze von R. Freudenberg, in: Lexikon der Germanistischen Linguistik, hg. von H. P. Althaus - H. Henne - H. Wiegand, Tübingen 1973, S. 364.

In seiner grundlegenden Studie „Die Stellung der Mundarten von Nordosttirol. Ein Beitrag zur Abgrenzung des Südbairischen vom Mittelbairischen" hat Ingo Reiffenstein dargelegt, wie sich in dieser Gegend südbairische und mittelbairische Sprachmerkmale überschneiden und ineinandergreifen. Er weist darauf hin, daß Brixen und das Brixental westlich von Kirchberg in mehreren Fällen mit den konservativen westlichen Mundarten übereinstimmen, während das Gebiet nördlich und östlich (also die Kitzbüheler Gegend) jüngere Formen aufweist.

Im Folgenden soll nun nicht eine möglichst umfassende Darstellung unserer Mundart und ihrer Geschichte angestrebt werden. Die Aufgabe, die ich mir hier stelle, ist sehr viel bescheidener. Ich möchte an einigen Beispielen aufzeigen, wie sehr sich die Brixner Mundart seit meiner Kindheit verändert hat — ich bin 1930 geboren —, wie sehr sie in Bewegung ist. Es ist wohl jedem von uns schon passiert, daß ihm plötzlich ein Wort einfiel, das er seit Jahrzehnten nicht mehr gebraucht oder gehört hatte, oder daß in geselliger Runde plötzlich jemand ein altväterisches Wort daherbrachte, das allgemeine Heiterkeit erregte. Unsere Eltern und Groß- eltern gebrauchten Worte, die wir nicht mehr verwenden und die unsere Kinder zum Teil gar nicht mehr verstehen. Und je weiter wir in der Zeit zurückgehen, desto größer wird der Abstand zu unserer heutigen Sprache. Das liegt einmal daran, daß viele alte Wörter ausgestorben und unzählige neue hinzugekommen sind, aber auch daran, daß viele Wörter heute anders ausgesprochen werden als früher. Gerade in diesem Bereich hat sich in den letzten Jahrzehnten sehr viel ge- ändert. Wir wollen uns zunächst ein wenig mit diesen Neuerungen beschäftigen, ehe wir uns dem Wortschatz und anderen sprachlichen Erscheinungen zuwenden.

Lautliche Veränderungen

In meiner Schulzeit sagten noch viele meiner Altersgenossen (es waren wohl vor allem Bergbauernkinder) *wäⁿch* ‚wenig‘, *gäⁿ* ‚gehen‘, *stäⁿ*, ‚stehen‘. Mhd. *ē* begegnet in diesen Fällen (vor Nasal) als *äⱱ*. Diese Erscheinung verbindet die Mundart Brixens und des Brixentals westlich davon mit dem Südbairischen, wo mhd. *ē* generell zu *äⱱ* geworden ist, vgl. *Schnäⱱ* ‚Schnee“, *Säⱱ* ‚See‘. In meiner Kindheit sagte man schon in Kirchberg *wench*, *gēⁿ*, *stēⁿ*, jetzt ist das auch in Brixen weitgehend üblich. Diese Lautungen sind also wohl von Osten her eingedrungen.

Von einem weiteren Zwielaut soll hier die Rede sein, an dem man sehr leicht einen Brixner von einem Kirchberger und anderen östlichen Nachbarn unter- scheiden kann. Man sagt bei uns *häⱱn* ‚hören‘, *späⱱ*(r) ‚spör‘, ‚trocken‘, *räⱱ* Mehr- zahl von ‚Rohr‘, aber schon in Kirchberg und im übrigen nordöstlichen Tirol sowie in den salzburgischen Gebirgsgauen sagt man *hää·n*, *spää(r)*, *Rää* (Reiffenstein S. 234).

Reiffenstein führt nur Beispiele an, die auf mhd. *ör* (Kürze oder Länge) zurück- gehen, doch erscheint altes und noch in der Schriftsprache erhaltenes *ö* generell als *äⱱ*: *gräⱱßⱱ* ‚größer‘, *häⱱchⱱ* ‚höher‘, *Häⱱch* ‚Höhe‘, *Räⱱdn* ‚Röte‘ (der Retten- stein müßte Brixnerisch *Räⱱtnstäⱱⁿ*, schriftsprachlich Rötenstein heißen!); *Gnäⱱt* ‚Genöte‘, ‚Eile‘, *gnäⱱtig* ‚eilig‘ (beides ohne Erweichung des *t*; vgl. dagegen *gnēdig* weiter im Osten [Schatz S. 217]); *läⱱßn*, eigentlich ‚durch das Los bestimmen‘, ‚zur Musterung gehen‘ (S. 369); *schäⱱsln* von kleinen Mädchen, die den Schoß unbe- deckt haben oder halten[1], *Räⱱchei* ‚Röhling‘, ‚Rehling‘ ‚Pfifferling‘[2].

Doch dringen auch in diesen Bereich einfache Selbstlaute ein. In meiner Ju- gend hörte man noch häufig *schäⁿ* ‚schön‘, heute sagt man fast durchweg *schēⁿ*, auch *bääs* für ‚böse‘ und man hört wohl auch *häächⱱ*, *gräßⱱ*.

Der gebürtige Kelchsauer Josef Wurzrainer erzählt, daß er eines Tages, nachdem er schon seit Jahren in Brixen ansässig war, beim Einkaufen in einem Brixner Geschäft *schäⱱⁿ* sagte. Da gab man ihm scherzend zu verstehen, daß das auf Brixnerisch *schē^n* heiße und daß er nun lang genug in Brixen sei, sich danach zu richten. Man sieht an einem solchen Beispiel, daß derartige Änderungen vor sich gehen, ohne daß man sich dessen bewußt ist, und wie eine Lautung, die als Neuerung begann, eine Zeitlang neben der alten bestand und besteht, in verhältnismäßig kurzer Zeit bei einem Gutteil der Dorfbewohner zur Regel wird. Aber das Hochtal hinter dem Rettenstein heißt doch auch jetzt noch allgemein *Schäŏ^{n}tåe* (‚Schöntal').

Ähnlich verhält es sich bei den Lauten, die aus mhd. (und noch in der Schriftsprache erhaltenem) *ō* entstanden sind. Noch in meiner Kindheit sagten die Bauersleut und speziell die Sonnbergler *hoŏch* ‚hoch', *groŏß* ‚groß', *Broŏt* ‚Brot' usw. Dieser mittelzungige (palatovelare) Zwielaut findet sich so oder ähnlich auch in anderen, sehr altertümlichen Tiroler Mundarten, und man hat in ihm die Ausgangslautung für ganz Tirol erkannt: im größten Teil des Südbairischen entwickelte sich daraus ein *åŏ*, im Unterinntal von Jenbach bis Kufstein ein *uŏ* (Reiffenstein S. 235), das auch ins untere Brixental bis Hopfgarten vordrang. Schon in meiner Kindheit hatte dieses *oŏ* einen etwas altväterischen Klang, und im Dorf sagte man schon damals an seiner Stelle *åu*, also *håuch, gråuß, Bråut*.

Posch Wastl erzählt: Als seine Familie 1945 von Kirchbichl nach Brixen übersiedelte, da brachten ihm seine neuen Schulkameraden in kürzester Zeit bei, daß man in Brixen *håuch, gråuß, Bråut* zu sagen habe und nicht *huŏch, gruŏß* und *Bruŏt*. Während in meiner Klasse *oŏ* und *åu* noch selbstverständliche Varianten waren, galt nun für die Kinder des Jahrgangs 1936 *åu* als die alleinige Norm. Es ist allerdings zu bedenken, daß das Unterinntaler *uŏ* nicht mit dem Altbrixner *oŏ* identisch ist.

Aber man darf nicht glauben, daß es nun ewig bei dem *åu* bleiben wird, das sich so erfolgreich durchgesetzt hat. Schon macht sich da und dort das hochsprachliche *ō* auch im Dialekt bemerkbar. Häufig sind es neue Zusammensetzungen, die in der hochsprachlichen Lautung in den Dialekt übernommen werden und als Vorreiter fungieren. In Wörtern wie *Knäckebrot* oder *Großraum* wird *ō* gesprochen, und so kann es leicht einmal passieren, daß ein *groß* oder *Brot* auch in ansonsten dialektale Rede einfließt.

Wie mhd. *ē* so verhält sich auch mhd. *ō* anders, wenn ein Nasal folgt: *schoŏn* ‚schonen', *Boŏn* ‚Bohnen', *loŏn* ‚lohnen' (vgl. *loŏ^n* dir's Gott tausendmal). Auch das ist schon in Kirchberg anders, wo man *schon, Bonn, lō^n* sagt. Vor Nasal ist also der alte Diphthong erhalten geblieben (d. h. nicht durch *åu* ersetzt), und er scheint von den „Kirchberger" Monophthongen nicht beeinträchtigt zu sein.

Die gleiche Entwicklung wie mhd. *ō* hat bei uns die Lautverbindung *-or-* im Auslaut, vor n und vor Dentalen genommen[3]: sie wird als *oŏ* oder, jünger, als *åu* ausgesprochen, also *Hoŏn, Håun* ‚Horn', *verloŏn, verlåun,* ‚verloren', *Koŏn, Kåun* ‚Korn', *Zoŏn, Zåun* ‚Zorn', *Oŏscht, Åuscht* ‚Ort'.

Bei dem *åu*, das sonst das alte *oŏ* verdrängt, handelt es sich um eine bayerische (nicht mittelbairische!) Lautung, die durch das Großachental auch in den Bezirk Kitzbühel eingedrungen ist, wo sie weitgehend Geltung hat (Reiffenstein S. 237). Von Osten her ist also diese Neuerung nach Brixen gekommen. Die alten Zwielaute, die das Brixnerische mit den westlichen Tiroler Mundarten verbinden, sind im Rückzug.

Ähnlich wie bei der Lautverbindung -or- wird auch bei -er- (sofern *e* durch alten i-Umlaut entstanden ist) eine ältere Lautung durch eine jüngere ersetzt. Früher sagte man: *Bėv(n)* < urgerm. **bazia* ‚Beere‘, *Ėvl* < germ. **alisō-* ‚Erle‘, *Mėvschz* ‚März‘, *wėv·n* (got. *warjan*) ‚wehren‘, *kėv·n* (**karjan*) ‚kehren‘, ‚fegen‘, *Kėvschz* ‚Kerze‘[4]. Dieser Diphthong begegnet, so scheint es, sonst nur in konservativen Gegenden Oberösterreichs[5]. Er war früher häufig bei uns zu hören, hatte für mich aber immer schon einen altertümlichen Klang. Heute wird an seiner Stelle meist ein kurzes oder langes, sehr geschlossenes *ē* gesprochen: *Bē·n* ‚Beeren‘ *Mēschz* ‚März“, *wē·n* ‚wehren‘, usw[6]. Mein Vater gebrauchte stets die alte Lautung, meine Mutter, eine geborene Kirchbergerin, stets die jüngere.

Ziemlich zugesetzt wird auch dem Zwielaut *oi* in Wörtern wie *toia* ‚teuer‘, *Toifö* ‚Teufel‘, *noi*[n] ‚neu‘, *Doip* ‚Dieb‘, *toif* ‚tief‘. Durch verkehrssprachliche Überschichtung greifen Formen mit *ai (taiv, Taifö, nai)* oder *iv (tivf)* um sich[7]. In den zentralen und östlichen Landschaften Tirols wurde altes *a* (mhd. *ā* und nachträglich gedehntes mhd. *a*) vor folgendem *n, m* zum *u*-Laut verdumpft. Es heißt also *Fū*[n] ‚Fahne‘, *i hū*[n] (mhd. *hān*) ‚ich habe‘, *Hummv* ‚Hammer‘, *Kummv* ‚Kammer‘, *Krumv* ‚Kramer‘, *Sum* ‚Same‘, *Num* ‚Name‘. Vor *m* scheint also Kürze zu herrschen[8]. Hier wäre auch *Stumm* zu erwähnen. Die Generation vor der meinen, die noch stundenlang über Verwandte und Verwandtschaftsverhältnisse sprechen konnte, sagte etwa, mit diesem oder jenem sei man *g'froid* im zweiten oder dritten *Stumm*. *G'froid* ist das alte, heute kaum mehr verwendete Wort für ‚verwandt‘, und zweiter oder dritter *Stumm* ist Verwandtschaft zweiten oder dritten Grades. Als Kind meinte ich immer, das Wort bedeute ‚Stube‘ und man ordne die verschiedenen Verwandten sozusagen verschiedenen „Stuben“ zu. Doch ist *Stumm* natürlich der ‚Stamm‘, und wenn der Verwandtschaftsgrad gemeint ist, hat sich die alte Lautung erhalten. Meint man hingegen den Baumstamm, so sagt man meist *Ståmm*. Auch in anderen Fällen dieser Art setzt sich *å* mehr und mehr durch: der *Håmmv*, die *Kåmmv*, die *Fååne*: In diesem Fall kommt es auch zu einem Genuswechsel, denn altbrixnerisch heißt es *der Fū*[n], wie denn auch im Mittelhochdeutschen das Wort männlich war. *I hū*[n] wird mehr und mehr von *i håb* (‚ich habe‘) zurückgedrängt. Auch sagt für Tanne fast niemand mehr *Tū*[n], sondern *Tånn*, Pl. *Tånnen*.

Früher hörte man manchmal *blååb* für blau: er hat a *blååbs* Aug. Hier ist ein *w*, das im Mhd. in manchen Stellungen noch vorhanden war *(blâ — blâwer)* zu *b* geworden. Heute sagt man nur noch *blau* statt *blååb*, aber in einem anderen Wort ist dieses *b* regelmäßig erhalten, nämlich in *lååb* (Schatz S. 379), z. B. er ist *lååb* beinånd. Es entspricht schriftsprachlich *lau* (mhd. *lâ, lâwer*) und bedeutet zunächst ‚halbwarm‘, dann auch ‚matt‘, ‚kraftarm‘, ‚minderwertig‘.

Reiffenstein hat einige Beispiele dafür genannt, daß auch *t* nicht immer erweicht wurde: so im allgemeinen nach altem Zwielaut *(raetn, krīdn* ‚reiten‘, ‚geritten‘) und nach *l (ötv* ‚älter‘), und daß in manchen Fällen die Erweichung rückgängig gemacht wurde *(Fåtv, Muvtv* statt *Fåådv, Muvdv*, die als respektlos gelten!; S. 232 f.). Auch sonst stehen manchmal beide Lautungen in eng verwandten oder identischen Wörtern nebeneinander. Man sagt *bēdln* ‚betteln‘, aber *båttn* ‚beten‘, *Haud, haudig* aber *Heiter* ‚Häuter‘, ‚armer Schlucker‘, man sagt *Blattl*, wenn ein ‚Blatt‘ gemeint ist, aber *Blāl*, wenn es sich um herausgebackene Teigblätter handelt[9]. In diesem Fall ist das *d* sogar ganz verschwunden. Manche Wörter werden immer häufiger mit *t* ausgesprochen. Da das Wetter Thema Nummer eins im Umgang mit Urlaubern ist, wird die Aussprache *Wetter* immer häufiger, und neue Zusammensetzungen wie Wetterbericht, Wettervorhersage, die in der hochsprachlichen Lautung übernommen werden, tragen das Ihre dazu bei.

In seinem Aufsatz von 1955 (S. 239) bemerkt Reiffenstein, auslautendes *r* sei in großen Teilen Tirols erhalten (etwa in *ūr* ‚Uhr‘, *Tīr* ‚Tür‘, *Håår* ‚Flachs‘, usw.), doch in Alpbach, der Wildschönau und zum Teil im Brixental und nördlich des Inns in Brandenberg gelte mittelbair. Schwund des *r* (*Ū, Tī, Håå*). Ich kann mich noch gut an diese Aussprache erinnern. Unter dem Einfluß des Südbairischen (und wohl auch der Hochsprache) ist auch bei uns in der Zwischenzeit das *r* weitgehend wieder eingeführt worden. Man hört fast nur noch: *Ūr, Tīr, Håår, Schaar, Jåår* usw.

Die Lautverbindungen *rt* und *rst* werden bei uns als *scht* gesprochen, also *Wiṇscht* ‚Wirt‘, *fēschtig* ‚fertig‘, *Fååscht* ‚Fahrt‘, der *Tūschtn* ‚die Torte‘, *Dūscht* ‚Durst‘, *Wūscht* ‚Wurst‘, *Bīschtl* ‚Bürstel‘. Auch in diesen Fällen nistet sich das *r* zunehmend ein. Man hört immer häufiger *Durscht* und *Wurscht* (in der Redewendung: „Das ist mir Wurst“ nur so), *Zahnbirschtl*, aber auch *fártig, aufwärts*; das immer seltener gebrauchte Wort *huschtig* ‚hurtig‘ wird aber immer in der alten Weise ausgesprochen. Das alte Dialektwort *fäṇscht* wird nur so ausgesprochen oder man weicht gleich auf ‚voriges Jahr‘ aus. Das junge Wort Abfahrt (Schiabfahrt) wird *Åbfårt* ausgesprochen, niemals *Ååfååscht*; dieses Wort gibt es auch und bedeutet ‚Almabtrieb‘. Auch sonst wird die alte Aussprache auf neue Wörter nicht übertragen: *hochwertig, Tankwart,* usw.

Früher sagte man generell *Schuschz* ‚Schurz‘, *kuschz* ‚kurz‘, *Wuschzl* ‚Wurzel‘, jetzt werden diese Wörter zunehmend mit *r* ausgesprochen: *kurz, Wurzl, Schurz* (sehr häufig).

In der jüngeren Generation ist das (hinten gesprochene) Zäpfchen-r heute ziemlich häufig. In meiner Jugend war das rollende Zungenspitzen-r so herrschend, daß die wenigen, die Zäpfchen-r sprachen, gehänselt wurden.

Auch das *l* ist im Vormarsch. Eigenschaftswörter wie *schnell, steil, voll, toll* werden immer häufiger mit *l* ausgesprochen, besonders die Steigerungsformen *schnellṇ, vollṇ, steilṇ, am steilstn* usw. Früher sagte man *Taöṇ*, jetzt fast nur noch *Tellṇ*. Auch in diesem Fall sind neue Zusammensetzungen die Vorreiter der neuen Aussprache. Meist sagt man noch *ååspiöṇ* ‚abspülen‘, aber der Geschirrspüler wird nach der Schrift ausgesprochen, und damit wird auch die Aussprache des *l* in *åbspülṇ* begünstigt.

Es ist ein Kennzeichen gerade auch alpiner Mundarten, daß die Kehllaute *k* und *ch* besonders weit hinten ausgesprochen werden. Man unterscheidet beim *ch* den *ich-* und den *ach*-Laut, d. h. nach einem vorderen Vokal wird der Reibelaut verhältnismäßig weit vorne ausgesprochen, nach einem hinteren Vokal weiter hinten. So ist es in vielen Mundarten und auch in der Hochsprache. Bei uns ist (fast) kein Unterschied zwischen *ich-* und *ach*-Laut, auch in *Sīcht* ‚Sicht‘ wird das *ch* ziemlich weit hinten ausgesprochen. Ich kenne einige Brixner, die in solchen Fällen das *ch* vorne artikulieren, also die hochsprachliche Aussprache auf den Dialekt übertragen. Aber es handelt sich da wohl nur um individuelle Sprechgewohnheiten und nicht um eine allgemeine Entwicklungstendenz.

Wortschatz

Nun zum Wortschatz — was ist da alles in Bewegung! Viele alte Wörter sterben aus, weil es die Sache nicht mehr gibt, die sie bezeichneten. Dutzende von Wörtern für Geräte und Tätigkeiten aus dem bäuerlichen Leben werden nicht mehr gebraucht und verschwinden so aus unserer Sprache. Aber auch sonst werden vielfach alte Dialektwörter durch neue ersetzt.

Da ist zum Beispiel das Wort *zwågn* ,zwagen' für ,waschen', ein altes Wort, das noch im vorigen Jahrhundert auch in der Schriftsprache gebraucht wurde und in meiner Kindheit in unserer Mundart noch allgemein üblich war. Man stand in der Früh auf, schöpfte etwas warmes Wasser aus dem Grandl[10] in die *Zwagschüssel* und zwagte sich, und mit „sich" war da vor allem das Gesicht gemeint. Viel weiter kam man in der Regel nicht. Wenn man es sehr flüchtig machte, dann sagte man: ich zwåg mir die mittleren drei *Lādn*, also die mittleren drei „Bretter". Damit hat es folgende Bewandtnis: An den Samstagen brach früher eine ungeheure Putzwut aus, und die Holzböden der Stuben wurden geschruppt bis in die letzten Winkel hinein. Wenn man aber den Tisch nicht wegrückte und nicht unter die Bänke kroch, dann hieß es, man wasche nur die „mittleren drei Laden", d. h. Boden-bretter. Und diese Redewendung wurde dann auf das Gesicht übertragen. Bis zu den Ohren und zum Hals drang man ohnehin nur an den Samstagen vor, und noch weiter vor den höchsten Feiertagen. Heute wäscht man sich oder man duscht oder badet in einem perfekt eingerichteten Badezimmer — zum Zwagen ist da kein Platz, und woher soll man auch eine Zwagschüssel nehmen? Mit den Lebensge-wohnheiten ändert sich auch unser Wortschatz.

In der Kindersprache sagte man statt zwagen auch gerne *zwāgln*, und auch *bādln* für ,baden'. Überhaupt sind solche Verkleinerungsbildungen bei Zeitwör-tern in unserer Mundart recht beliebt: so sagt man *kaschtln* neben *kåschtn* (,Karten spielen'), *machön* (etwa: ,basteln') neben *måchn* und man sagt auch *gaschtln* für ,im Garten arbeiten'.

Hier möchte ich einen kleinen Nachruf auf das Wort *Fetzen* einfügen. Das be-deutet heutzutage bei uns wie anderswo auch ,abgerissenes Stück Tuch', ,Lappen', ,Putzlappen'. Noch in meiner Kindheit bezeichnete es den meist blauen Arbeits-schurz für Männer, während man für Fetzen im Sinne von Lumpen, Lappen *Huttn* (verwandt mit ,Hader') sagte. Die Männer hatten früher bei der Arbeit in den Werk-stätten, aber auch auf dem Feld meist einen Fetzen um. Das war ein ganz respekta-bles und praktisches Kleidungsstück. Besonders die Arbeit in der Schusterwerkstatt war nicht gut denkbar ohne den Fetzen. Am Samstag nachmittag, nachdem die Werkstatt aufgeräumt war, zwagte man sich, zog eine frische *Pfåvd* (Hemd) an und eine bessere Hose, und dann band man einen *Såmståg-Feiråm-Fetzn* (,Samstag-Feier-abend-Schurz') um. Den hatte man noch nie zur Arbeit angehabt, deshalb war er noch schön blau. Praktisch war er auch, denn irgendwelche kleinere Arbeiten gab es ja meist doch. Aber dann kamen die Fetzen außer Gebrauch und damit auch die *Såmståg-Feiråm-Fetzen*, und so weiß man auch nie genau, wann Feierabend ist.

Noch ein Beispiel dafür, wie ein altes Wort durch ein neues ersetzt wird, wenn sich die Sache ändert. Der beliebteste Wintersport in meiner Kindheit war noch nicht — zumindest nicht für kleinere Kinder — das Skifahren, sondern das

„Böcklreiten", das Rodeln also. Weil die Enden der beiden Kufen vorn ein wenig in die Höhe ragten wie die Hörner eines Bockes, hieß das Fahrzeug *Béckö* (‚Böcklein'), und so war es auch ganz folgerichtig, daß man damit ritt und nicht fuhr. Dann kam die Neuerung, daß die Kufen halbkreisförmig zurückgebogen wurden und an die Stelle der Holzlatten der Sitzfläche die viel bequemeren Gurten traten. Für solche Prachtstücke war die Bezeichnung Böckl viel zu ordinär, das waren eben Rodeln, man ging nun rodeln, und das „Böcklreiten" ist ausgestorben.

Wahrscheinlich wird man im Umgang mit Menschen, die nicht unseren Dialekt sprechen, Wörter meiden, die anderswo oder in der Hochsprache eine andere Bedeutung haben oder doch mißverstanden werden können. So bedeutet etwa *hei^nt z'nåchts* ‚heute abend' und nicht etwa ‚heute nacht'. Dies nicht gewußt zu haben, kostete einen Erlangener Germanisten — ich habe ihn persönlich gekannt — das Leben. Er war im Hochgebirge unterwegs, fragte Einheimische nach dem Weg, und die sagten ihm, daß da an einer bestimmten Stelle *z'nåchts* gesprengt würde. In der Nacht, dachte er, bin ich längst übern Berg, es wurde aber am Abend gesprengt, und das war sein Tod.

Zum Glück führen solche Bedeutungsunterschiede in der Regel nicht zu so tragischen Folgen, meist klären sie sich rasch auf und sind Anlaß zu Heiterkeit und Gelächter.

Nehmen wir einmal an, eine Bäurin bekäme Feriengäste, und die stammten irgendwo aus dem süddeutsch-österreichischen Raum, aus einem Gebiet also, dessen Mundarten und Umgangssprachen nicht gänzlich verschieden vom Brixnerischen sind, oder es wären Norddeutsche oder Niederländer, die seit langem nach Brixen kommen und daher den Dialekt einigermaßen verstehen. Und so meint die Bäurin, es sich leisten zu können zu reden, wie ihr der Schnabel gewachsen ist. Ich wende mich nun an einen solchen (fingierten) Feriengast und versuche mir vorzustellen, was es da für Mißverständnisse geben könnte.

Sie kommen also an, werden freudig begrüßt, und die Bäurin lädt Sie ein, doch Platz zu nehmen. Sie zögern ein wenig, und da sagt sie: „Geh, sind S' doch nit gar a so *låvdig!*" Sie brauchen nicht beleidigt zu sein, denn *låvdig* bedeutet nicht etwa wie in der Hochsprache ‚leidig', d. h. ‚widerwärtig', sondern ‚schüchtern'.

Es ist Nachmittag und die Bäurin fragt, ob Sie vielleicht Kaffee und *Schmalzbrot* mögen. Sie sagen artig „ja, gerne", aber innerlich denken Sie sich: „Das ist aber eine widerwärtige Kombination und hoffentlich muß ich mich nicht übergeben." Als die Bäurin dann Kaffee, Brot und herrliche, frische Butter auftischt, sind Sie erleichtert und zugleich um die Erkenntnis reicher, daß im Brixnerischen *Schmalz* eben ‚Butter' ist.

Nehmen wir an, Sie hätten in ihrer Familie auch zwei halbwüchsige Buben. Dann wird die Bäurin sagen: „Na und die *Nåå·n* (‚Narren') sind wieder g'wåchsen!" Das ist ganz und gar nicht abfällig gemeint, denn Narr ist oder war — neben der üblichen Bedeutung — eine ganz unverfängliche Bezeichnung für einen heranwachsenden, jedenfalls noch unverheirateten jungen Mann.

Wenn Sie einmal etwas betrübt dreinschauen, wird die Bäurin fragen: „Is Ihnen *z'ävd* in Brixen?" „Aber Brixen ist doch nicht öde", sagen Sie. Mir ist *z'ävd* bedeutet aber ‚ich fühle mich einsam', ‚habe Heimweh'. Für ‚Heimweh haben' gibt

es noch ein anderes altes Wort in unserer Mundart: *waöånkn* (weilånkn), eigentlich ‚lange Weile‘ d. h. ‚Zeitlang, Sehnsucht, Heimweh haben‘ (Schatz S. 696).

Eines Tages kommen Sie von einer anstrengenden Bergtour zurück, erzählen
mit einigem Stolz über Ihre Leistung und erwarten ein bißchen Anerkennung. Die
Bäurin reagiert prompt mit den Worten: „Då muoß i Sie åber richtig *foppm*!“ Sie
fühlen sich um das verdiente Lob gebracht, auf den Arm genommen, eben ‚ge-
foppt‘. Ganz zu unrecht, denn im Brixnerischen bedeutet *foppm* einfach ‚loben‘,
ohne den geringsten spöttischen Unterton. Auf jener Bergtour wären Sie einmal
beinahe zu Fall gekommen oder gar abgestürzt, Sie haben sich aber im letzten Augenblick noch erfangen und schildern das nun in lebhaften Worten. „Då håm‘S
åber an *Reim* g‘håbt“, sagt darauf die Bäurin. Sie können sich natürlich nicht
daran erinnern, daß Sie sich in jenem dramatischen Augenblick mit der Dicht-
kunst beschäftigt hätten, und so ist‘s auch nicht gemeint. In Brixen wird immer
noch viel und gern gereimt, besonders wenn‘s ums „Absingen“ geht. Ein ge-
glückter Reim steht offenbar in so hohem Ansehen, daß dieses Wort die Bedeutung ‚Glück‘ annehmen konnte, und wenn jemand immer wieder *Reim*, d. h. Glück
hat, dann ist er *reimig*[11]. Eine ähnliche Bedeutung hat ein Wort aus dem Bereich
der Musik angenommen. „Dås håt *kåøⁿ Åri*“ sagen wir, wenn etwas ganz und gar
nicht zusammenstimmt. Mit *Åri* muß wohl die ‚Arie‘ gemeint sein.

Wenn die Bäurin einmal ausruft: „Na måchn die *Völker* heint an Lärm!“, so
klingt das, als ob die ganze Welt in Aufruhr wäre, als ob der Dritte Weltkrieg be-
vorstünde. Aber es ist nur so, daß die Kinder laut herumtollen. Völker kann eben
auch ‚Hausvolk‘, speziell ‚Kinder‘ bedeuten.

Es könnte sein, daß Ihre Gastgeberin einmal besorgt die Frage an Sie richtet:
„Sind Sie a bißl *dūslig*?“ oder: „Håben Sie vielleicht an *Dūsl*?“ Sie erforschen Ihr Gewissen, ob Sie ein wenig zu tief ins Gläschen geguckt und davon einen Dusel, d. h.
einen leichten Schwips oder Kater haben. „Nein“, sagen Sie, „ich bin nur erkältet,
habe wohl etwas Grippe“. Genau das ist auch mit brixnerisch *Dūsl, dūslig* gemeint.

Eines Tages kommen Sie vom Heidelbeerpflücken nach Hause, und da ruft die
Bäurin aus: „Ah, heut sind‘S in die Moosbeeren (Heidelbeeren) g‘wesn, Sie sind ja
ganz blau *ums Måö umma* (‚ums Maul herum‘)“. „Bin ich denn ein Vieh?“ denken Sie
sich und sagen es vielleicht auch. Aber es ist so, daß in der Altbrixner Mundart der
Mensch genauso ein Maul hat wie das liebe Vieh und daß an diesem Wort nichts De-
spektierliches haftet. Das Wort Mund war früher bei uns ganz ungebräuchlich.

Eines Morgens ruft die Bäurin zum Fenster hinaus irgend jemandem zu:
„Tåøt‘s heiⁿt *plīnøn*?“ (Tut Ihr heute ‚plündern‘?). Sie wollen eben überlegen, wie
Sie Ihre Wertsachen in Sicherheit bringen, da sehen Sie, daß Nachbarsleut unterwegs sind mit Sack und Pack, daß sie verreisen oder übersiedeln oder jemanden
mit seinem Gepäck von der Bahn abgeholt haben, und das heißt eben *plīnøn*.

Auch das Wort *råøsn* ‚reisen‘ wird manchmal in etwas anderer Bedeutung verwendet als in der Hochsprache. Sie machen mit Ihrer Wirtin einen kleinen Spa-
ziergang, kehren gar nicht weit von Ihrer Behausung ein, trinken Kaffee und plau-
dern miteinander. Auf einmal sagt sie: „Jetzt muoß i *råøsn*.“ Sie denken: „Wo
wird die nun plötzlich hinreisen müssen? Nach Innsbruck oder gleich nach Ame-
rika?“ Aber es stellt sich heraus, daß sie einfach heim muß zu ihrer Arbeit. *Råøsn*
heißt hier soviel wie ‚aufbrechen‘.

Nehmen wir an, Sie überreichen beim Abschied Ihrer Hauswirtin ein kleines Geschenk und verbinden das mit der Frage: „Gefällt es Ihnen?" Und sie darauf: „Jå, gånz guvt". Sie sind natürlich über diese Antwort enttäuscht, denn ‚ganz gut‘ das ist in der Hochsprache so viel wie ‚ziemlich gut‘ oder: ‚na ja, es geht‘. Aber im Brixnerischen ist das eben anders. Zwar kann auch da „gånz guvt" soviel wie ‚ziemlich gut‘ bedeuten, und zwar dann, wenn das Eigenschaftswort guvt die Hauptbetonung trägt. Unsere Bäurin hat aber sicher das gånz betont, also: gånz guvt gesagt, und in diesem Fall bedeutet ganz soviel wie ‚sehr‘. Auch in der Hochsprache wird ja, in Verbindung mit einem Adjektiv, das ‚sehr‘ betont. Wenn ich nicht irre, so hat sich sehr überhaupt erst in den vergangenen Jahrzehnten in unserer Mundart eingenistet, früher hieß es eben gånz. Und für mein Gefühl hat es ein größeres Gewicht, wenn jemand sagt gånz guvt als wenn er sagt sehr guvt. Sie können also zufrieden von hinnen reisen.

Die Bäurin, von der da die Rede war und die auch mit Fremden spricht, wie sie's von Kind an gewohnt ist, gibt es wohl nur noch vereinzelt. Fast alle Brixner sind so „aufgeklärt", daß sie um solche Bedeutungsunterschiede wissen und deshalb Wörter meiden, die im Dialekt eine andere Bedeutung haben als in der Hochsprache und auch in der Umgangssprache.

In derselben Weise werden natürlich auch Wörter im Umgang mit Fremden gemieden, die nicht einmal mißverstanden werden können, weil sie in der Umgangs- und Hochsprache kein Gegenstück haben und so überhaupt nicht verstanden werden. Dialektsprecher, die häufigen Umgang mit Fremden haben, werden schließlich die entsprechenden Wörter der Umgangs- oder Hochsprache auch dann verwenden, wenn sie „unter sich" sind, so daß die alten Dialektwörter allmählich außer Gebrauch kommen, besonders in der jüngeren Generation.

Betrachten wir nur einmal einige Ausdrücke, die die Tages- und Mahlzeiten betreffen. In meiner Jugend sagte man noch meist hei^{n}t z'morganz ‚heute morgen‘, heute hört man fast nur noch ‚heut in der Früh‘, während hei^{n}t z'nåchts für ‚heute abend‘ noch weitgehend gebräuchlich ist. Wenn man sagen will, daß man nicht am Abend, sondern gegen Abend kommt, dann sagt man: i kimm gegen vo^n lēst. Für ‚im vorigen Jahr‘ sagt man meist noch fåvscht (was mit fern zusammenhängt), für ‚vorvoriges Jahr‘ våufåvscht (älter vonfåvscht).

Die alten Wochentagsnamen Érchtåg und Pfinztåg[12] für ‚Dienstag‘ und ‚Donnerstag‘ werden von der jüngeren Generation nicht mehr gebraucht. Es handelt sich da um sehr alte Namen, die für alle altbairischen Mundarten kennzeichnend sind und letztlich auf das Griechische zurückgehen, wo sie ‚Tag des Ares‘ und ‚der fünfte Tag‘ bedeuten. Ich glaube mich zu erinnern, daß ältere Leute in meiner Kindheit gelegentlich für Mittwoch Mittåg (mit Betonung auf der ersten Silbe) sagten. Heute ist das wohl ganz außer Gebrauch gekommen.

Die Zwischenmahlzeit am Vormittag nannte man früher Neuner (tåvma neinvn) und am Nachmittag gab es den Untvn. Das ist ein sehr altes Wort, das so ähnlich schon im Gotischen (4. Jahrhundert n. Chr.) bezeugt ist und ‚Zwischenmahlzeit‘ bedeutet (unter = zwischen). Das Wort Jause, das sich nun eingebürgert hat, war in meiner Kindheit, wenn ich mich recht erinnere, in Brixen noch ganz ungebräuchlich.

Ich möchte hier eine kleine Liste von mehr oder weniger zufälligen Wörtern folgen lassen, von denen ich den Eindruck habe, daß sie immer seltener gebraucht werden.

Årwes — f., Pl. *-sn* ‚Erbse‘.

ååschīr — ‚in falscher Meinung‘, vielleicht ‚ach schier‘, ‚ach beinahe‘ (Schatz S. 3).

ååschtlṿ — ‚widerwärtig‘, ‚ekelhaft‘. Man sagt z. B.: A so an *ååschtlṿs Glaß* (‚So ein widerwärtiges Getue‘). Die Bedeutung ‚eigenartig‘, ‚sonderbar‘, die Schatz (S. 32) angibt, ist mir nicht geläufig, weist aber auf die ursprüngliche Bedeutung. Das Wort hat nämlich nichts mit einem gewissen Körperteil zu tun, sondern ist von *Art* abgeleitet, also ‚von besonderer Art‘.

atiṿm — (mit Betonung auf der zweiten Silbe) häufig auch *atiṿm amåe* ‚manchmal‘. Geht zurück auf mhd. *(et)ie-wann; et-* entspricht dem *et-* in ‚etwas‘, *ie* unserem ‚je‘.

Båṿssl — f., Pl. *Båṿssln* ‚kleines Hagelkorn‘; dazu *båṿssln,* es *båṿsslt;* zu mhd. *bōzen* ‚schlagen‘, ‚stoßen‘, ‚rütteln‘ (WBÖ III, Sp. 662)

Bois — f. ‚kleine Weile‘, ‚kurze Zeit‘; man sagt: Geh bleib no *a boisl* oder a *Boisei* då! *boisenweis* ‚zeitweise‘. Das Wort gehört zu mhd. *biuz* ‚Schlag‘, ‚Stoß‘ vgl. WBÖ II, Sp. 562.

gårétzn — ‚knarren‘, ‚quietschen‘ (von einer Tür), dann auch ‚jammern‘, ‚raunzen‘ (Schatz S. 206); er ist ein ewiger *Gårétzer* (‚Raunzer‘).

gāwich — ‚verkehrt‘, ‚verfehlt‘; zu ahd. *abuh,* mhd. *äbech,* vor das das Präfix *ge-* gestellt wurde (WBÖ I, S. 45).

gigétzn — ‚stottern‘; das Wort ahmt durch die Wiederholung der ersten Silbe (Reduplikation) das Stottern nach!

gleim — ‚fest gefügt‘, ‚eng anliegend‘; mhd. *gelīme* zu *līm* m. ‚Leim‘ (Schatz S. 241).

Gū^n — f., Pl. *Gūn* ‚Funke‘ (Schatz S. 203). Man sagt, auch in übertragenem Sinn: . . ., daß nur so die *Gun aufgehnt* (die Funken aufstieben).

Hånsbē̃(r) — f., Pl. *Hånsbē̃n* (älter *-bēṿn*) sagte man in meiner Kindheit noch allgemein für ‚Johannisbeere‘. Nach dem Zweiten Weltkrieg hat sich in kurzer Zeit *Riwisl* ‚Ribisel‘ eingebürgert. Das Wort, das nun in Österreich als schriftsprachlich gilt, ist aus dem Osten eingedrungen. Mir kommt vor, daß ‚*Hånsbeeren*‘ einen viel besseren Geschmack haben als ‚Ribisel‘.

Hūnéf — m. ‚Hanf‘; *hūnéfn* ‚streiten‘, z. B. sie hamb dauernd *eppas z᾽ hūnéfn* (. . . dauernd etwas zu streiten) (Schatz S. 277).

Rīsl — f., Pl. *rīsln* ‚Hagelkorn‘; *rīsln* ‚hageln‘; anderswo kann das Wort auch ‚leicht und lang regnen‘, ‚körnig schneien‘ bedeuten (Schatz S. 487).

rōgl — ‚locker‘; z. B.: Paß auf, die Stoa^n sind *gånz rōgl!* Dazu *rōgln* ‚locker machen‘ (Schatz S. 489).

Såess — f., südbair. *Såls.* Schatz S. 502 gibt für das Unterinntal *såiss, hoiasåiss* ‚Holundersulze‘ an. In meiner Kindheit nannten wir jede Art von Marmelade *Såess.* Das Wort geht auf mhd. *salze* f. ‚gesalzene Brühe‘, ‚Brühe‘ überhaupt zurück, das aus mittellateinisch *salsa* entlehnt ist.

schleinig — ‚schnell‘.

stād — ‚still‘, ‚leise‘, ‚vorsichtig‘.

stickö — ‚stickel‘, ‚steil‘ (Schatz S. 604). Die Jugend sagt nun vorwiegend steil (mit l!).

schēdŋgwenggŋd — ‚verbogen‘, ‚verkrümmt‘ (Schatz S. 515); zusammengesetzt aus *scheder-* (wahrscheinlich entstellt aus *schelch* ‚schief‘ ib. S. 517) und *wenggat* ‚wackelig‘, ‚verbogen‘ (ib. S. 689); vgl. mhd. *wenkic* ‚wankend‘.

Siŋch — m. eigentlich ein kranker, dahinsiechender Mensch; bei uns ist einer ein *Siŋch*, der eine krankhafte Sucht nach Geld oder sonstigem Besitz hat (Schatz S. 574). In diesem Sinne sagt man: Du bist *a rechter Siŋch!* Aber auch: Der hat an *Siŋch!*, d. h. ‚Habgier‘, ‚Geiz‘. Einer, der diese Untugend hat, ist *siŋchĕsch*.

Strauk — f. ‚Schnupfen‘, ‚Katarrh‘, *straukig* ‚verschnupft‘, ‚erkältet‘; mhd. *strūche*, zur idg. Wurzel *streu ‚fließe‘ (Schatz S. 610).

zeidig — bedeutet in der Hochsprache ‚zeitig‘, ‚früh‘, bei uns aber ‚reif‘ (vom Obst).

zåŋⁿstla — meist *zåŋⁿstla amåe* ‚manchmal‘, ‚nicht selten‘, geht zurück auf *ze einst-* (Schatz S. 718).

zūgpassig — nannte man gern einen Besuch, der vorzeitig zum Bahnhof oder sonst vor der Zeit aufbrechen wollte, und so sagte man etwa: Geh sei do *nit går a so zūgpassig!* Ursprünglich ging das Wort auf die Pferde, die ungeduldig mit dem Huf scharren.

Formenlehre, Wort- und Satzbildung, Stilistisches

Auch in der Formenlehre hat sich manches verändert. Für die Erwachsenen meiner Jugendjahre hatte das Zahlwort *zwei* noch verschiedene Formen für männliches, weibliches und sächliches Geschlecht, wie das früher in allen germanischen Sprachen der Fall war: *zweŋⁿ* (mhd. *zwēne*), *zwåŋ* oder *zwåu* (älter *zwoŋ*) (mhd. *zwô*), *zwoŋ* (mhd. *zwei*). Meine Generation hat das nicht mehr mitgemacht, die sächliche Form *zwoŋ* hat sich durchgesetzt. Auch das Zahlwort *drei* hatte früher drei Geschlechter. Neben der Form *drei* gibt es in der Mundart, wenn auch nur noch selten (bei Zeitangaben) gebraucht, die Form *droi*, die für das sächliche Geschlecht verwendet wurde.

Auf dem Gebiet der Wortbildung fällt die Beliebtheit des Suffixes *-inger* auf, das besonders in Berufsbezeichnungen begegnet. Man sagt *Schantinger* für ‚Gendarm‘ (wir spielten als Kinder „Räuber und Schantinger“), *Kamininger* neben Kaminkehrer, *Uhringer* neben Uhrmacher (im alten, jetzt abgerissenen Seislhaus lebte und werkte lange Jahre Uhringer Lois), *Rossinger* neben Roßknecht. Auch die Zugehörigkeit zu einem Unternehmen kann auf diese Weise ausgedrückt werden, so in *Bånninger* ‚Eisenbahner‘ oder in den sehr jungen Wörtern *Tiwaginger* und *Liftinger* (Angestellter bei der TIWAG bzw. bei der Liftgesellschaft).

Früher hieß das Mittelwort der Vergangenheit von *sein* in ganz Tirol und so auch in Brixen *gwēsn*. Plötzlich — war's in den sechziger Jahren? — fing die jüngere Generation an, *gwēn* zu sagen. Das ist eine jüngere, mittelbairische Form. Ob sie sich durchsetzen wird?

Die Vergangenheitsform *wår*, die früher in unserer Mundart überhaupt nicht vorkam, wird nun ziemlich häufig verwendet.

Alte Verbalformen wie *i zoich* ‚ich ziehe‘ oder *floich!* (so sagte mein Großvater, wenn ich ihm Platz machen sollte) hört man heute herunten im Tal nicht mehr[13]. Ich glaube mich zu erinnern, daß manche in meiner frühen Jugend *låssn* sagten, aber *er laßt* (mit hellem *a*). Das entspricht schriftsprachlichem ‚lassen‘, ‚er läßt‘ (mit *i*-Umlaut).

Uns wurde im Deutschunterricht noch eingebleut: Wenn ist würdelos, das heißt, in einem mit „wenn“ eingeleiteten Satz darf der Konjunktiv nicht mit „würde“ umschrieben werden: also nicht etwa „wenn ich sehen würde, wenn er gehen würde, wenn sie singen würde“, sondern „wenn ich sähe, wenn er ginge, wenn sie sänge“ usw. Derartige Konjunktivformen sind in der Umgangssprache weitgehend außer Gebrauch gekommen, werden als altertümlich oder geschraubt empfunden und werden daher mit „würde“ umschrieben, und auch in der Schriftsprache wird das nun in gewissem Ausmaß geduldet. In meiner Kindheit waren jene alten Konjunktivformen in unserer Mundart noch durchaus üblich: *wånn i sāch* (sähe), *wånn er gang* (ginge), *wånn s zūchnt* (zögen), *wånn s'n traff* (wenn sie ihn träfe), *wånn er nit lūg* (wenn er nicht löge), *wånn sie gāb* usw. Solche Formen müssen einmal so beliebt gewesen sein, daß selbst das schwache Verbum *sagen* diesem Schema angeglichen wurde: *wånn er eppas siŋg* (wenn er etwas sagte, sagen würde). Das ist wohl Analogie zu mhd. *ließ, hiet* (hatte) usw.

Jetzt sind diese Formen auch bei uns im Rückzug. Allerdings werden sie nicht wie in der Umgangssprache durch „würde“ umschrieben. Es werden neue Konjunktivformen gebildet mit Endungen, die sich bei den schwachen Verben herausgebildet haben: *sēchvt, sēchvzt, sēchvt, sēchvtn, sēchvz, sēchvtnt*. Die jungen Leute sagen also jetzt i *sechvt*, er *gebvt*, *ɘs treffvz*, *sie ziachvtnt*. Aber einige alte Formen wie *i gang, i sāch* sind doch noch weitgehend üblich. Es wäre schade, wenn sie ganz ausstürben (altbrixnerisch *aussturmb*, neubrixnerisch: *aussterbvtnt*).

Eine besonders ausgefallene Regelung haben sich die Brixner ausgedacht, was den Gebrauch des Artikels bei Eigennamen betrifft.

Man sagt z. B.: „Ist *der* Otto da?“ Aber: „Ist Toni da?“ Also einmal mit, einmal ohne Artikel. Wenn jemand sagt: „Ist Otto da?“ oder „Ist der Toni da?“ dann weiß man, daß das kein „richtiger“ Brixner ist. Es gibt also Taufnamen, die mit, und solche, die ohne Artikel gebraucht werden. Man sagt Håns, Sepp, Heiß, Ruepp, Thrēs, Moid, Līs, Stīna immer ohne Artikel, aber Hubert, Harald, Rolf, Helmut, Silvia, Susanne, Claudia, Elfriede immer mit Artikel. Wie im ersten, so verhält es sich auch im dritten und vierten Fall. *I hu^n Seppn, Hånsn, Līsn und Stīnan g'sēch'n, i hu^n Seppn* usw. *die Hånd gēm*. Die Namen, die im ersten Fall Artikel haben, haben ihn auch im dritten und vierten Fall.

Man sieht: bei den Namen ohne Artikel handelt es sich um althergebrachte Namen, bei denen mit Artikel um solche, die erst in jüngerer Zeit üblich wurden. Bei den alten Namen hat sich der altdeutsche und noch in der Schriftsprache übliche Brauch, wonach Eigennamen ohne Artikel verwendet werden, bewahrt, mit den jüngeren Namen ist der Artikel verbunden, wie dies in der süddeutsch-österreichischen Umgangssprache und in vielen Mundarten der Fall ist (schon im Inntal verwendet man den Artikel vor allen Namen).

Mit der Regel: „alte Namen werden ohne, jüngere mit Artikel verwendet“ ist es aber nicht abgetan, der Sprachgebrauch ist noch um einiges verwickelter. Seit je war es beliebt, eine Tochter nach der Mutter, einen Sohn nach dem Vater zu benennen. Schon seit einigen Jahrzehnten ist es häufig so, daß die Kinder in der schriftsprachlichen Form des Namens gerufen werden: der Vater heißt Leal, Wåst, Jörg, die Mutter

Lisl, Nani, Moidl, die Kinder aber Leonhard, Sebastian, Georg, Elisabeth, Anna, Maria. Nur in den alten Lautungen sind die Namen artikellos, die schriftsprachlichen Namenformen werden nur mit Artikel verwendet. Die geringste Abweichung von der althergebrachten mundartlichen Lautung bedingt den Artikel. *Frånz, Pēda und Grēdl* werden ohne, aber *Franz* (mit hellem, hochsprachlichem *a*), *Peter* und *Gretl* (mit *t* statt mundartlich *d*) werden nur mit Artikel gebraucht.

Eine ähnliche Beobachtung läßt sich bei den Kosenamen machen: die älteren Formen auf *-ei* (Hansei, Lisei, Seppei) werden ohne Artikel, die jüngeren auf *-i* (Hansi, Lisi, Seppi) stets mit Artikel verwendet. Wer Brixnerisch als Fremdsprache lernen muß, der kann einem schon leid tun.

Sehr vielgestaltig sind im Vergleich zur Schriftsprache in unserer Mundart auch die Ortsangaben. In der Schriftsprache und auch in der Umgangssprache heißt es: ich gehe oder fahre nach Kirchberg, nach Kitzbühel, nach München usw., in der Mundart sind bestimmte Ortsnamen mit ganz bestimmten Adverbien (Umstandswörtern) verbunden. Man geht oder fährt Westendorf, Hof, Feiring *ummi*; Kitzbühel, St. Johann, Wien *åéchi*; Aschau, Kelchsau *ei^{n}chi^n*; Wörgl, Kufstein, München *außi*. Alles was von Wörgl innaufwärts liegt, ist „oben": Kundl, Hall, Innsbruck *auffi*. Auf die Frage „wo?" antwortet man in der Regel mit „zu": z'Kitzbühel, z'Brixen, z'Westendorf. Aber man sagt wohl auch (z) Kitzbühel *untn*, (z) Innsbruck *ōm* (‚oben'), (z) Salzburg *außt*, (z) Westendorf *ent* (‚drüben').

Eine gewisse Sonderstellung nimmt in diesem Zusammenhang Kirchberg ein. Man sagt nicht: „i geh Kirchberg ummi" oder „er ist z'Kirchberg ent", sondern: „i geh *an Kirchberg ummi*" und „er ist *an Kirchberg ent*". Hier wird deutlich, daß zunächst ganz konkret der Berg mit der Kirche drauf gemeint war, der dann zum Ortsnamen wurde.

Nicht weniger kompliziert als bei den Ortsnamen verhält es sich bei den Namen der umliegenden Länder. Man geht oder fährt ins Pinzgau *ummi*, ins Båꞏn *außi* (das ist ganz natürlich: vom Gebirge hinaus in die Ebene), entsprechend auch ins Deutschland *außi* (also Bayern und Deutschland mit Artikel gebraucht), aber nach Italien fährt man *ei^{n}hi^n* (‚hinein').

Namen weit entfernt liegender Orte und Länder, von denen erst in neuerer Zeit bei uns die Rede ist, werden meist ohne Adverb gebraucht: man fährt nach Skandinavien, nach Ägypten, nach Tokio.

Vieles hat sich auch bei der Anrede geändert. Früher kannte jeder jeden im Dorf, und natürlich sprach man sich, ganz gleich ob Mann oder Frau, Arm oder Reich, Jung oder Alt, nur mit Du an. Ebenso hielt man es mit den Bewohnern der umliegenden Dörfer und Täler, die so ziemlich die gleiche Sprache sprechen, auch wenn man sie nicht persönlich kannte. Zu Respektspersonen wie geistlichen Herren, Ärzten, Lehrern sagte man in der Regel *ēs, enk*, also die zweite Person Mehrzahl des persönlichen Fürworts (deren Formen auf den alten Dual zurückgehen): „Seids *ēs* nit dahåꞏm gwēsn" (‚Sind Sie nicht zu Hause gewesen') oder: „ I hun *enk* nit gsēchn" (‚Ich habe Sie nicht gesehen'). So sagte man wohl auch zu den paar fremden Sommerfrischlern, die es im Dorf gab. Im übrigen aber herrschte das Du. Ein niederösterreichischer Gastwirt sagte mir einmal, bei ihnen gebe es den Spruch: Ein Tiroler sagt auch zum Kaiser du. Mit dem Massentourismus und mit der Mobilität auch der hier Ansässigen hat sich das gründlich geändert.

Der Geschäftsmann, die Wirtin, der Kellner, die Verkäuferin, der Handwerker, der ins Haus kommt — sie alle sagen, schon gar, wenn sie der jüngeren Generation angehören, zu einem Unbekannten, auch wenn er die heimische Mundart spricht, zumindest fürs erste einmal Sie. Ein voreiliges Du könnte doch auch als plumpe Anbiederung verstanden werden. Aber schade ist es doch um das allgemeine und selbstverständliche Dusagen (das sich übrigens in den skandinavischen Ländern, auch in den großen Städten, weitgehend eingebürgert hat).

Eine große Vorliebe haben die Brixner für die doppelte Verneinung, die dann wieder einen positiven Sinn ergibt. Da wird einer gefragt, ob er lieber Tee oder Kaffee habe, und antwortet: „mir wäre Tee gar nicht unlieber". Wenn der Fragende das Pech hat, Brixnerisch nicht als Muttersprache zu haben, dann muß er lange nachdenken oder gleich rückfragen, um herauszukriegen, daß der Gefragte im Grunde lieber Tee haben will. Manchmal tritt aber die zweite Verneinung nur verstärkend hinzu: „gar nicht unlängst" heißt ‚vor kurzem‘, obwohl „unlängst" schon für sich diese Bedeutung haben müßte, und „er ist gar nicht *undengg*" heißt, er ist recht geschickt. *Dengg* ist eigentlich ‚links‘, dann auch ‚ungeschickt‘, *undengg* bedeutet also eigentlich ‚unungeschickt‘, d. h. ‚geschickt‘, und trotzdem wird nochmals eine Negation davorgesetzt.

Auch die Untertreibung ist sehr beliebt. Der Satz: „Die Leiter ist (viel) zu kurz" kann Brixnerisch in die Worte gekleidet werden: die lɐͻtɐ is *schiͻgɐ a wenk kuschz gnuͻg* (‚die Leiter ist beinahe ein wenig kurz genug‘).

Auch das Wort *gleich* wird gerne in solch untertreibendem Zusammenhang gebraucht. Nehmen wir an, es habe zwei Wochen lang ununterbrochen geregnet und plötzlich wird es schön. Da sagt einer: „So, heiⁿt tuɐt's wieder, s' Wetter." Der andere drauf: „*Dås'n is ē gleich ā.*" Das klingt, als wäre ihm das ganz gleichgültig, aber sinngemäß will er etwa sagen: Gott sei Dank, es war auch höchste Zeit, daß es wieder schön wird. Übrigens kann man auch auf die Frage: „Willst du lieber Kaffee oder Tee?" antworten: „Mir ist Tee *ā gleich*", was so viel heißt wie: Mir wäre Tee fast lieber.

Wenn jemand sehr begehrt ist, sagt man: Es is *a mäɐrɐs Krīß* (‚Gerisse‘) um ihn. Schon im Althochdeutschen gab es ein Adjektiv *mēriro, -oro*, das mit nochmaliger Anfügung des Komparativsuffixes vom Komparativ des alten Wortes für ‚groß‘ abgeleitet ist: mhd. *michel* ‚groß‘, *mēre* ‚größerer‘, *meiste* ‚größter‘. *A mäɐrɐs Krīß* ist also ein ‚größeres‘, d. h. ein sehr großes Geraufe. In diesem Sinne sagt man auch *a mäɐrɐs Glaß* oder *Gstiɐdt* (‚Getue‘), *a mäɐrɐs Gfrett*, *a mäɐrɐnɐ Leithaufn*. Wenn man aber sagt: Es is *kåɐⁿ mäɐrɐs Krīß* um ihn gwesn, so heißt das nicht etwa, daß sich nur wenige, sondern daß sich überhaupt niemand um ihn scherte, und wenn man sagt: Es war *kåɐⁿ mäɐrɐnɐ* Leithaufn dort, so kann das unter Umständen heißen, daß kein Mensch dort war.

In diesem Zusammenhang ist auch das Wort *wenig* von Interesse. Es sind *grååd a wenk a Leit* dort gwēsn bedeutet, daß überraschend viele Leute dort waren. In der Hochsprache ist jetzt *wenig* meist indefinite Umfangs- oder Mengenbezeichnung. In unserer Mundart hat es noch häufig die ursprünglichere Bedeutung ‚klein‘: Er hat sich *a wēnigs Häusl* baut bedeutet zunächst: Er hat sich ein kleines Haus gebaut. Unter Umständen kann das aber ein ganz respektables Haus sein, wenn sich diese Aussage auf einen Menschen bezieht, dem man das gar nicht zugetraut hätte. Manchmal hat *wenig* auch die Bedeutung ‚provisorisch‘, ‚notdürftig‘. Wenn man über einen Bach nicht drüber kommt, muß man halt *a wēnigs Brüggl* baun. Da klingt noch etwas von der ältesten Bedeutung des Wortes — etwa beklagenswert — durch; es leitet sich ja letztlich vom Zeitwort weinen her.

Eine beliebte Art zu reden ist in Brixen und im übrigen nordöstlichen Tirol *gfråun* (älter *gfrovn*) also ‚gefroren‘ zu reden. Schatz (S. 211) gibt dazu an „mit kaltem Hohn" reden. Das ist weit gefehlt! Aber was ist *gfråun* reden wirklich? Es ist nicht eine verächtliche oder gehässige Art zu reden, hat etwas mit „trockenem" Humor zu tun, auch mit versteckter Ironie. Der Sprecher bringt etwas, was ironisch oder scherzend gemeint ist, so vor, daß man weder am Tonfall noch an der Miene, die deswegen nicht „eisig" sein muß, erkennt, daß sich hinter einer Äußerung etwas anderes verbirgt, als es vordergründig erscheinen mag. Da kann es dann vorkommen, daß jemandem die „gefrorenen" Worte erst später „auftauen". Der Idealfall ist, wenn der so Angesprochene auf derselben Stilebene kontert. Das ist dann Konversation auf hoher Ebene, nicht mit dem zu verwechseln, was man anderswo blödeln nennt, denn da ist alles viel vordergründiger. Wenn jemand nicht in gleicher Münze zurückzahlen kann, dann gibt er durch „*du Gfrī!*" zu erkennen, daß er den Sinn durchschaut hat. Eine *Gfrī* wird einer genannt, der „gefroren" redet. Jemanden *åågfräv·n* heißt etwa so viel wie ‚jemanden auf den Arm nehmen‘. Wesentlich zum ‚gefroren‘ reden gehört, daß es im Dialekt geschieht. In der Umgangs- oder Hochsprache kann jemand noch so geistreich, witzig, ironisch, humorvoll oder was auch immer sprechen, man wird das nie ‚gefroren‘ nennen. Auch scheint mir, daß ‚gefroren‘ zu reden eher Männern zugesprochen wird als Frauen.

Sprachschichten

Daß in unserer Mundart so vieles in Bewegung ist, das hängt nicht zuletzt damit zusammen, daß wir alle mehr oder weniger „mehrsprachig" sind, auch wenn man von Fremdsprachenkenntnissen absieht. Wir sprechen die Mundart und beherrschen mehr oder weniger gut auch die deutsche Hochsprache. Zwischen diesen beiden Polen gibt es mancherlei Abstufungen und Übergänge. Man kann, vereinfachend, vier Schichten gesprochener Sprache ansetzen[11]. Da ist erstens der Basisdialekt. „Dieser Sprachschicht bedient sich heute im allgemeinen nur mehr die ältere, alteingesessene, traditionelle Dorfbevölkerung der Groß- und Kleinbauern und der Handwerker im alltäglichen Gespräch untereinander und mit jüngeren Familienangehörigen" (S. 185). Eine zweite Schicht bildet der Verkehrsdialekt. Er wird von den Angehörigen der mittleren und jüngeren Generation gesprochen, gleichgültig, ob sie im Ort tätig sind oder zur Arbeit nach auswärts pendeln, und vermischt basisdialektale Elemente mit jüngeren Erscheinungen, die von den Dialekten benachbarter Groß- und Kleinstädte ausgehen und allmählich die bisher bestehenden sprachlichen Unterschiede im größeren Raum beseitigen (S. 186 f.).

Die nächsthöhere Schicht, die dritte also, wäre dann die Umgangssprache. In ihr ist „ein Großteil dialektaler Eigenheiten zugunsten schriftsprachlicher aufgegeben". Es werden „die primären, dialektmarkierenden Eigenschaften fallengelassen und nur nicht auffällige, sekundäre Elemente beibehalten". Die Umgangssprache wird in dem von P. Wiesinger untersuchten Gebiet verwendet von der höheren dörflichen Sozialschicht der Geschäftsleute, der Gewerbetreibenden, der Gemeinde-, Post- und Sparkassenbediensteten im Umgang mit ihren Kunden sowie von höher gestellten Einzelpersönlichkeiten wie Arzt, Lehrer, Pfarrer (S. 187). Die vierte Stufe ist schließlich die Standardsprache als „regionale Realisierung der Schriftsprache", d. h. auch wenn jemand, z. B. ein Fernsehsprecher, „Hochsprache" spricht, merkt man in der Regel, ob er aus Wien, Kärnten oder Tirol ist, ohne daß ein einziger Dialektismus fällt (S. 190).

Wenn wir dieses Modell versuchsweise auf die Brixner Verhältnisse übertragen, so zeigt sich, daß die lautlichen Veränderungen, von denen hier die Rede war, sich vor allem auf die Schicht des Verkehrsdialekts beziehen: alte dialektale Lautungen werden durch jüngere, aber ebenfalls dialektale Lautungen ersetzt. Die Einflüsse kommen hier meist aus dem Osten. Manche Neuerungen laufen auf eine Annäherung an die Schriftsprache hinaus, wobei wohl auch vom mittleren Inntal ausgehende Einflüsse eine Rolle spielen: so bei der Wiederherstellung des *r* in verschiedenen Wörtern, bei der Aussprache des *l* in Wörtern, in denen es im Dialekt vokalisiert wird oder wurde (voller, schneller), die Verdrängung von erweichtem *d* durch *t* in Wörtern wie *Wetter* für *Wēda*. Solche Lautungen kommen schon im Verkehrsdialekt vor, für die Umgangssprache sind sie die Regel.

Was aber heißt Umgangssprache in Brixen? Ich glaube mit Gewißheit sagen zu können, daß es so etwas in meiner Kindheit noch nicht gab. Uns wurde die Mundart sozusagen in die Wiege gelegt, mit ihr wuchsen wir auf, und in der Schule lernten wir dann die Schriftsprache und „nach der Schrift" zu reden: so nannten wir das, und so klang es auch. Es gab wenig Anlaß, diese Sprache zu hören oder zu sprechen, im wesentlichen blieb sie auf Schule und Kirche beschränkt, und im Umgang mit Fremden kam wohl eine ziemlich regellose Mischsprache heraus, wie das (besonders bei Angehörigen der älteren Generation) auch heute noch vorkommt[15]. Das änderte sich mit dem Einsetzen des Fremdenverkehrs auf breiter Basis. Infolge der unterschiedlichen Herkunft der Feriengäste, wegen des hohen Anteils an (vor allem niederländischen) Gästen, die Deutsch als Fremdsprache sprechen, und auch wegen der starken Präsenz des norddeutschen Elements fördert meines Erachtens der Tourismus bei uns eine Polarisierung Hochsprache/Dialekt und steht der Herausbildung einer Umgangssprache eher im Wege. Es gibt in Brixen Geschäftsleute, die im Umgang mit fremden Kunden (beinahe) Standardsprache mit deutlich norddeutschem Einschlag sprechen. Dennoch bildet sich, so meine ich, so etwas wie eine Umgangssprache auch in Brixen heraus. Ich habe darauf bis jetzt wenig geachtet und kann daher nur flüchtige Eindrücke wiedergeben[16]. Einmal hörte ich im Pinzgau einer Verkäuferin bei einem längeren Telephonat mit einem Auslieferungslager (in Salzburg?) zu, wenig später hörte ich eine meiner Brixner Nichten in einer ähnlichen Angelegenheit (mit Innsbruck?) telephonieren. Beide sprachen nicht eigentlich Dialekt, aber auch nicht Standardsprache, man wird die Sprachvariante, deren sie sich bedienten, wohl am ehesten als regionale Umgangssprache bezeichnen können. Was mir nun besonders auffiel, war, daß sich die beiden „Umgangssprachen" doch ziemlich stark unterschieden, obwohl die dialektalen Unterschiede zwischen der Brixner und einer Pinzgauer Mundart sehr gering sind. Das Brixner Telephonat hatte doch ein sehr „tirolisches", d. h. von Innsbruck bestimmtes Gepräge. Dazu trägt unter anderem die Artikulation des *r* in jenen Stellungen bei, in denen es im Süddeutsch-Österreichischen auch in der gehobenen Umgangssprache vokalisiert wird (z. B. in der Vorsilbe *vor-*, in Wörtern wie *dort, fertig* usw.). Der tirolische Charakter wird noch unterstrichen, wenn das *r* als Zäpfchen-*r* gesprochen wird, wie das in der jüngeren Generation nun häufig der Fall ist[17]. Im übrigen hat es den Anschein, daß die Tendenzen zu einer Umgangssprache bei Sprechern mit höherer Schulbildung und bei Sprechern, die sich auch sonst durch hohe Sprachflexibilität auszeichnen, am stärksten ausgeprägt sind.

Die Beherrschung verschiedener Sprachebenen bedeutet eine Bereicherung der Ausdrucksmöglichkeiten. Je nachdem, mit wem wir sprechen, auch je nachdem, worüber wir sprechen, bedienen wir uns einer bestimmten Sprachschicht und ziehen bei Bedarf auch Register der übrigen Sprachschichten. Für die Mundart bedeutet dies aber auch eine gewisse Gefahr.

Viel ist in der Sprachwissenschaft jetzt vom Prestige der einzelnen Sprachschichten die Rede: die Mundart habe ein niedriges Sozialprestige, die Umgangssprache und schon gar die Standardsprache ein hohes, daher gehe die Mundart immer mehr zurück. In unserem Dorf und auch in unserem Land hat die Mundart immer noch eine feste Position. In ihr verkehren die Dorfbewohner — auch die sogenannten Honoratioren, wenn sie aus dieser Gegend stammen — auch in geschäftlichen und amtlichen Angelegenheiten. Den Brixnern fehlt es auch nicht an Selbstbewußtsein, und ich kann mir nicht vorstellen, daß sich einer seiner Mundart schämt, sich höheres Ansehen oder mehr Erfolg durch den Gebrauch einer „höheren" Sprachschicht erhofft. Aber die Bereitschaft, sich einem anderen sprachlichen Milieu anzugleichen, ist doch sehr groß, wie sich etwa an jungen Leuten beobachten läßt, die vom Bundesheer nach Hause zurückkehren (Mitteilung von S. Posch). Gefährdet ist die Mundart auch bei uns, und zwar durch Gedankenlosigkeit. Wir haben gesehen, wie sehr alte Lautungen in den letzten Jahrzehnten von jüngern, verkehrsdialektalen zurückgedrängt werden, was zu einer Einebnung der Unterschiede führt, und wie viele mundartliche Wörter zugunsten der entsprechenden hochsprachlichen aufgegeben werden. Unser ganzes Schulsystem zielt auf die Beherrschung der deutschen Hochsprache in Wort und Schrift ab, und das ist auch gut so. Aber für die Mundart tun wir so gut wie nichts, weil sich jeder einbildet, die könne er ohnehin. Man kann die Mundart nicht unter Denkmalschutz stellen, sie hat sich immer geändert und sie soll und muß sich ändern in dem Maße, als sich die kulturellen und gesellschaftlichen Gegebenheiten ändern. Aber wenn wir etwas von unserer sprachlichen Eigenart bewahren wollen, werden wir uns künftig doch etwas mehr um unsere Mundart kümmern müssen.

Anmerkungen

Herrn Dr. Werner Bauer von der Kommission für Mundartkunde und Namenforschung der österreichischen Akademie der Wissenschaften sei an dieser Stelle herzlich gedankt für seine wertvolle Hilfe bei der Fertigstellung des Manuskripts.

[1] Schatz, S. 500, bezeugt das Wort nur für das Zillertal und Tux.

[2] Mhd. *ọ̄* ist also nicht, wie sonst meist, mit mhd. *ē* zusammengefallen, auch nicht durch das Eindringen des neuen Monophthongs, der sich vom altererbten *ē* unterscheidet. Gebiete mit ähnlicher Differenzierung der beiden Laute bei Kranzmayer, S. 48, § 12 4.

[3] Vgl. Reiffenstein, S. 233; *Furm* ‚Form‘, *Tüschtn* ‚Torte‘, *füscht* ‚fort‘ — dieses wird bei uns nur selten gebraucht — gehen letztlich auf „Verschriftlichung nach Altwiener Lautgesetzen" zurück, vgl. Kranzmayer, S. 38, § 5 g 4.

[4] Vgl. auch *dèv·n* ‚dörren‘. Wenn das *e* vor *r* auf altererbtes und daher offenes *e* zurückgeht, ist auch der Diphthong offen: *wäv·n* ‚werden‘, *Stäv·n* ‚Stern‘, *käv·n* ‚(um-)kehren‘, *schäv·n* ‚scheren‘.

[5] Kranzmayer, S. 35, § 4 g 3.

[6] Kranzmayer erwähnt die Verdrängung von *iv* durch einen normalen *ē*-Laut im Osten S. 35, § 4 g 6.

[7] Vgl. dazu Kranzmayer, S. 52, § 16 b 2.

[8] Kranzmayer, S. 23, § 1 n 5 gibt auch in diesen Fällen Länge an.

[9] Zur Bedeutung vgl. Schatz, S. 86.

[10] *Grant* ‚metallenes Wasserbecken‘ (Schatz, S. 249) besonders im Küchenherd; mhd. ‚Trog‘, ‚Behälter‘, ‚Grund‘, ‚Unterlage‘.

[11] Vgl. auch Schatz, S. 479.

[12] Zur Verbreitung dieser und einiger anderer in diesem Aufsatz erwähnter Wörter wie *Mittag* ‚Mittwoch‘, *Hansbeere* und die Fügung *hei^n t z’ Morganz* vgl. die im Druck befindliche Abhandlung von P. Wiesinger (1988), die er mir freundlicherweise im Manuskript zur Verfügung gestellt hat.

[13] Zur Unterscheidung zwischen Singular und Plural in Verben der 2. Ablautreihe vgl. Kranzmayer, S. 55, § 16 j 3. Im allgemeinen wurde der Diphthong des Plurals (*ie*) auf den Singular übertragen. Bei brixnerisch *loign* ‚lügen‘ ist es umgekehrt — vielleicht wegen des häufigen Gebrauchs im Imperativ und in der 2. Person Singular?

[14] Zum Folgenden vgl. Wiesinger (1983).

[15] Das Fehlen einer vermittelnden Zwischenstufe zwischen Neumundart (Verkehrsmundart) und Gemeinsprache (Standardsprache) wird zur Ausdrucksbarriere, Moser, S. 82.

[16] Eine sehr interessante Fallstudie hat H. Moser in Zell am Ziller gemacht, in der Gespräche von Mundartsprechern untereinander, mit Gesprächspartnern aus Innsbruck und mit norddeutschen Feriengästen verglichen werden (S. 78 ff.).

[17] Doch hat Moser mit seiner Bemerkung sicher recht, daß die Struktur der zwischen Mundart und Gemeinsprache vermittelnden Systeme in Nordosttirol etwas anders aussieht als im übrigen Tirol (S. 76).

Literatur

E. Kranzmayer, Historische Lautgeographie des gesamtbairischen Dialektraumes, Wien 1956.

H. Moser, Methodische Überlegungen zur Untersuchung des gesprochenen Deutsch in Südtirol, in: Zur Situation des Deutschen in Südtirol. Sprachwissenschaftliche Beiträge zu den Fragen von Sprachnorm und Sprachkontakt. Unter Mitwirkung von O. Putzer hg. von H. Moser (Innsbrucker Beitr. zur Kulturwiss. Germanistische Reihe 13), Innsbruck 1982, 75—90.

I. Reiffenstein, Die Stellung der Mundarten von Nordosttirol. Ein Beitrag zur Abgrenzung des Südbairischen vom Mittelbairischen, in: Natalicium Carolo Jax Septuagenario ed. R. Muth red. Ioannes Knobloch (Innsbrucker Beiträge zur Kulturwissenschaft 3), Innsbruck 1955, 231—242.

J. Schatz, Wörterbuch der Tiroler Mundarten. Für den Druck vorbereitet von K. Finsterwalder. 2 Bände (Schlern-Schriften 119 und 120), Innsbruck 1955 und 1956.

P. Wiesinger, Grundzüge der großräumigen bairischen Wortgeographie, in: Deutscher Wortschatz. Lexikologische Studien, Ludwig Erich Schmitt zum 80. Geburtstag von seinen Marburger Schülern. Hg. von Horst Haider Munske et al. Berlin - New York 1988, 555—627.

P. Wiesinger, Sprachschichten und Sprachgebrauch in Österreich, in: Zeitschrift für Germanistik 4, 1983, 185—195.

Wörterbuch der bairischen Mundarten in Österreich (WBÖ). Hg. von der Kommission für Mundartkunde und Namenforschung der österreichischen Akademie der Wissenschaften Bd. 1—3, Wien 1970—1983.

Gemeindeverwaltung

Von Alois Bosetti und Sebastian Posch

Werden der politischen Gemeinde

Über Werden und Wirken der politischen Gemeinde Brixen im Thale vor der Erlassung des provisorischen Gemeindegesetzes im Jahre 1849 können wir kaum etwas aussagen; wir sind auf Rückschlüsse allgemeiner Art angewiesen. Wie andere Tiroler und Salzburger Gemeinden (Brixen war ja lange salzburgisch), wird auch unsere Gemeinde schon früh weitgehende Rechte der Selbstverwaltung besessen haben und das Zusammenleben nach Gewohnheitsrecht gestaltet haben. Zu diesem „natürlichen Wirkungskreis" kam 1849 der „übertragene", d. h. die Besor-

Brixen (Kirche, Dechantshof, Dechantstall, Weidachkapelle). Lithographie von 1815

gung aller jener Aufgaben, die der Staat den freien Gemeinden als den Grundfesten des freien Staates abtrat. Gewählte Gemeindeausschüsse mit einem Vorsteher (später Bürgermeister) an der Spitze übten ihre Tätigkeit für die Gemeindebürger und Gemeindeangehörigen auf der Grundlage von Gesetzen und als Teil der staatlichen Verwaltung aus. Das bedingte eine straffere Organisationsform und die Ausbildung eines Kanzleiwesens. So nimmt es nicht wunder, daß die ersten Schriftstücke (Protokolle) der Gemeindeverwaltung aus der Zeit um 1850 stammen. Es handelt sich dabei allerdings um isolierte Zufallsfunde aus dem Pfarrarchiv; im Gemeindearchiv reichen die ältesten Protokollbücher bis ins Jahr 1896 zurück.

Der früheste Beleg (Pfarrarchiv, Kart. 35) ist ein Protokoll über die „I^{te} Sitzung des Gemeinde Ausschusses zu Brixen im Brixenthale am 29. Juni 1850". Diesem Ausschuß gehörten folgende Mitglieder an: Leonhard Stöckl, Kloobauer, Vorstand; Dekan Alois Schmid und Lacknerbauer Johann Fahringer als Gemeinderäte; Johann Hiennersbichler, Brenner; Johann Obermoser, Krämer; Johann Schermer, Jagerbauer; Johann Hölzlsauer, Pranzbauer; Johann Straif, Straif am Sonnberg; Johann Aschaber, Samer in Moosen; Peter Hueter, Wirt zu Brixen; Jakob Hirzinger, Straif in Moosen und Sebastian Prennsteiner, Schullehrer, als Ausschußmitglieder. Interessant ist vor allem Punkt 3 des Protokolls: „Erklärung des Gemeindeausschusses an jene Individuen, welche in der Wahlliste übersehen wurden, daß ihnen dieser unbeliebige Verstoß nie zum Nachteil gereichen solle, und daß sie für diesen Fall dem gewählten Ausschuß beystimmen möchten. Ihre Namen: a. Franz Wieser, Schuhmachermeister; b. Peter Jäger, Lederermeister; c. Christian Mitterer, Mühlermeister; d. Rupert Schwabegger, Webermeister; e. Georg Salvenmoser, Mühlermeister; f. Christian Seywald, Hofermühler; g. Josef Brantl, Hoferweber." Man hat also bei der ersten Wahl nach dem Gesetz von 1849 ganz offenkundig auf die Handwerker „vergessen" und mußte nachträglich versuchen, ihre Zustimmung für den nicht ganz rechtmäßig zustandegekommenen Gemeindeausschuß zu erreichen.

Weitere Belege für die Tätigkeit der Gemeindevertretung in dieser Anfangsphase haben wir aus den Jahren 1851 (Feuerbeschau beim Mayrwirt durch drei Mitglieder des Ausschusses) und 1855 (Verleihung des Ehrenbürgerrechtes an den großherzogl. Badischen Amtmann i. R. Joseph Wedekind; darüber später). Genaue Unterlagen sind, wie schon gesagt wurde, ab 1896 vorhanden. In dem Abschnitt „Aus alten Gemeinderatsprotokollen" wird anhand einer kleinen Auswahl aus der Zeit zwischen 1896 und 1938 versucht werden, ein Bild der politischen Gemeinde jener Jahrzehnte in Umrissen zu zeichnen.

Sebastian Posch

Dorfzentrum vor 1900

Blick von Südosten auf Brixen, aufgenommen im September 1901.
Im Vordergrund die noch eingleisige Bahntrasse

Ansicht von Westen (vor 1925)

Die Dorfstraße in den dreißiger Jahren

Fraktionen

Das langgestreckte Straßendorf Brixen im Thale, das am östlichen Ende des Tales an seinem höchsten Punkt auf etwa 800 m Seehöhe liegt, gliedert sich in fünf postalische Fraktionen, die mit römischen Ziffern (I—V) bezeichnet sind. Erst seit den sechziger Jahren hat sich die alleinige Bezeichnung „Brixen im Thale" (früher schwankte die Schreibung zwischen Tal und Thal) durchgesetzt; vorher waren Post und Bahnstation nach dem Weiler „Lauterbach" benannt.

In den Unterabschnitten folgen auf Angaben zur Lage der einzelnen Fraktionen statistische Daten zur Größe und Wirtschaftsstruktur und knappe historische Anmerkungen zu einzelnen Baulichkeiten; vor allem wird auf Häuser verwiesen werden, die seit dem Ende des Zweiten Weltkrieges entweder ganz verschwunden sind, durch Neubauten ersetzt worden sind oder zumindest ihren Namen geändert haben. In Einzelfällen wird auch weiter zurückgegriffen werden. Keinesfalls soll eine Häusergeschichte des Ortes geboten werden — das wäre ein Buch für sich —, und es sollen auch nicht die Ergebnisse wiederholt werden, die der verdiente Heimatforscher und Historiker Matthias Mayer in den Kapiteln über Siedlungsgeschichte und Besitzverhältnisse in seiner Brixner Monographie vorgelegt hat.

Brixen (Dorf)

Im Osten durch die Gadenweidachkapelle von Lauterbach abgegrenzt, im Westen bildet heute der Lamplangerweg bei der Talstation der Gondelbahn die Grenze gegen Hof. Die ursprüngliche Besiedlung beschränkte sich auf den Bereich zwischen Gadenweidachkapelle und Brixnerwirtshöhe, welche die natürliche Grenze gegen Hof war. Zur alten Siedlung gehören auch im Süden das Maria Luisenbad (Badhaus) und das Anwesen Stölln der röm.-kath. Pfarrpfründe.

Die Fraktion Brixen ist in den letzten 30 Jahren stark gewachsen, vor allem durch eine rege Bautätigkeit am Kerschleitl und am Sonnbergweg, welcher Anfang der sechziger Jahre errichtet wurde.

Im Jahre 1812 (wir haben aus diesem Jahr eine Steuerliste in Fasz. 6 der Akten des Landgerichtes Hopfgarten im Tiroler Landesarchiv erhalten) bestand dieser Ortsteil aus nur 13 Häusern, nach 1945 waren es knapp 40, heute sind es 130.

Neben der Gemeindeverwaltung, Schule, Kirche und Pfarrhof befindet sich hier das Postamt (seit 1964), der Gendarmerieposten, die Raiffeisenkasse, das Fremdenverkehrsamt, eine Zahnarztpraxis, eine privates E-Werk, 17 Betriebe des Gast- und Beherbergungsgewerbes (3 Gasthöfe, Café, Pizzeria, Nachtlokal, Alpengasthof, 10 Fremdenpensionen), 40 Privatzimmervermieter, 9 Handwerks- und Gewerbebetriebe (Zimmerei, Metzgerei, Gärtnerei, Schneiderei, Installationsunternehmen, Elektrounternehmen, 2 Friseursalons, Schuhfabrik), 10 Einzelhandelsbetriebe (2 Kaufhäuser, 2 Sportgeschäfte, Schuhhaus, Drogerie, Haushaltsgeräte- und Spielwarengeschäft, Raumausstattungsgeschäft, Elektrogerätehandel, Souvenirladen). Auf Fraktionsgrund stehen auch Sport- und Freizeitanlagen (Freischwimmbad mit Restaurant, Tennisplätze, Fußballplatz, Fischteich mit Restaurant).

Spital, Kirche, altes Schulhaus (um 1930)

Blick von Osten mit Moarstall und Weidachkapelle

Dominiert ist das Ortszentrum von dem Ensemble Dekanalpfarrkirche „Maria Himmelfahrt" (1789—1796 erbaut), Dechantshof und Dechantstall. Gegengewichte dazu bilden: der Dorfplatz, der seine Ausdehnung und Gestalt erst in allerjüngster Zeit erhielt. 1983 wurde das alte Schulhaus abgerissen und an seiner Stelle — etwas zurückversetzt — das Gebäude der örtlichen Raiffeisenkasse errichtet; daneben das in den Jahren 1962—1964 errichtete Gemeindehaus; die westliche Begrenzung bildet ein Geschäfts- und Appartementhaus, das auf dem Platz des früheren Altersheimes (Spital) steht, welches 1969 abgerissen wurde; im Norden schließen das Brixnerwirtshaus und die Friedhofsmauer den Platz ab. Das andere Gegengewicht stellt die Baueinheit Schule—Bauhof—Feuerwehrhaus—Vereinslokale im Osten des Dechantfeldes dar.

1971 wurde das alte Wurzenrainerhaus durch ein großes Geschäfts- und Wohnhaus ersetzt; abgerissen und nicht wieder aufgebaut wurden die Häuser Oblasser und Friedheim sowie drei Ställe, die früher das Ortsbild stark geprägt haben: der Moarstall (gegenüber dem Walterhaus), der Brixnerwirtsstall (zwischen Gasthof und Metzgerei Knauer) und der Heachpoidstall (außerhalb der Brixnerwirtshöhe).

Das Wurzenrainerhaus hieß früher „beim alten Schulmeister", das Schrögschneiderhaus (Geschäft Kogler) hieß „beim alten Mesner", das Walterhaus (Haus Caramelle) hieß früher „Embacher", das heutige Embacherhaus hatte den Namen „Kirchpoi(n)t".

Hof

Das ziemlich geschlossene Siedlungsgebiet im Westen von Brixen ist aus einem großen herrschaftlichen Ur-Meierhof entstanden, reicht also in die älteste Siedlungsschicht zurück; seit alters war hier auch eine Gerichtsstätte. Zur Fraktion, die ebenfalls durch rege Bautätigkeit seit den fünfziger Jahren stark gewachsen ist, werden heute auch die Ortsteile Moosen und Achenberg (Arenberg) gerechnet.

M o o s e n hatte 1812 6 Häuser, heute stehen dort über 20 Objekte. Auch A c h e n b e r g mit den alten Höfen Sieberer, Aschaber, Jaggei, Kranz, Feilgrub und Obing zählt heute über 20 Häuser. Die Höfe Liner und Irling am Achenberg gehören zur Gemeinde Westendorf, sie sind aber nur über Brixner Gebiet zu erreichen.

Die eigentliche Fraktion Hof, in der die stattlichen Häuser Hoferwirt, Schusterbauer, Stöcklbauer, Kloo und Seewald ein Zentrum bilden, hatte 1812 37 Häuser, heute sind es 64.

Früher gab es in Hof auffällig viele Handwerksbetriebe (Müller, Schmied, Rotgerber, Weber, Schneider, Tischler), viele Kleinhäusler und Tagwerker und außerdem eine recht große Zahl wohlhabender Bauern. Bei allen sozialen Unterschieden entstand in dieser reichgegliederten Gemeinschaft ein starkes Zusammengehörigkeitsgefühl. Noch heute besteht eine Interessentschaft mit dem Namen „Nachbarschaft Hof", welche die gemeinsam genutzten Hofräume und Weiden verwaltet. Sogar eine eigene Brückenwaage wurde von dieser Interessentschaft bis in die sechziger Jahre hinein betrieben.

Heute gibt es in Hof 7 Betriebe des Gast- und Beherbergungsgewerbes (Gast-

hof, Restaurant, 5 Fremdenpensionen), 36 Privatzimmervermieter, 6 Handwerks-
und Gewerbebetriebe (Sägewerk, Zimmerei, Tischlerei, Autoreparaturwerkstätte,
Kunstschmiede, Gerberei), 2 Einzelhandelsbetriebe (Kaufhaus, Leder- und Pelzge-
schäft), Tankstelle, Talstation der Gondelbahn mit Café.

Vor einigen Jahren wurde die Villa Veith abgerissen, die auf dem Platz eines
1835 abgebrannten großen Meierhofes (Moarhof auf der Mauer) errichtet worden
war.

Hoferwirt (mit Kegelbahn) und
Stöcklbauer (1937)

Blick vom Zentrum nach Hof.
Gemalte Ansichtskarte (vor 1905)

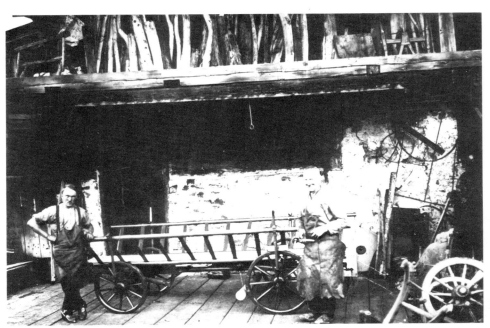

Alte Hoferschmiede mit Schmiedemeister Wenzl Klingler und seinem Vater
(in den zwanziger Jahren)

Lauterbach

Die mit dem Ortskern Brixen zusammengewachsene Siedlung östlich der Gadenweidachkapelle, die ihren Namen von jenem Wildbach herleitet, der seit Jahrhunderten die Entwicklung der Siedlung maßgeblich bestimmt hat, bestand 1812 aus 32 Häusern mit 167 Einwohnern; nach dem Zweiten Weltkrieg zählte man etwa 70 Häuser, heute sind es etwa 200. 23 davon sind Bauernhäuser (14 Viehhalter, nach 1945 noch 32). Früher spielte die Landwirtschaft (vor allem die Kleinlandwirtschaft) in Lauterbach die größte Rolle; daneben gab und gibt es einige Handwerksbetriebe (Wagner, Schmied, Tischlerei, Handweberei). Heute ist die Erwerbsstruktur viel breiter gefächert und ausgeglichener.

Lauterbach hat 14 Betriebe des Gast- und Beherbergungsgewerbes (3 Gasthöfe, Sporthotel, Hotel garni, 2 Cafés, 7 Fremdenpensionen), 55 Privatzimmervermieter, 13 Handwerks- und Gewerbebetriebe (Bauunternehmung, Wagnerei, Schmiede, Kunstschmiede, Goldschmiede, Kunsttischlerei, Transportunternehmen, Elektrounternehmen, Malereibetrieb, Bus- und Taxiunternehmen, Friseursalon, Bäckerei, Brennerei), 13 Einzelhandelsbetriebe (2 Kaufhäuser, 2 Geschenkstuben, 2 Boutiquen, 2 Bauwarenhandlungen, Landmaschinenhandel, Tabaktrafik, Antiquitätengeschäft, Elektrowarenhandel, Handarbeitsbasar), 2 Arztpraxen. Außerdem befinden sich auf Fraktionsgrund noch Sport- und Freizeitanlagen (Tennisplätze und Tennishalle, Sportcenter mit Restaurant, Fußballplatz, Campingplatz mit Restaurant).

Alt-Lauterbach

Pfisterer und Egger (vor 1908)

Lauterbach um 1930

Beim Reitlwirt (1929)

Lauterbach ist nach wie vor Bahnhaltestelle des Ortes; bis 1964 befand sich auch das Postamt in Lauterbach (beim Pfistererbauern).

Das private E-Werk des Josef Auer (1909 errichtet) ist immer noch in Betrieb und versorgt einige Häuser in Oberlauterbach mit Strom.

Neue Häuser sind ab etwa 1950 vor allem entlang der Landstraße (besonders im Osten), entlang des Lauterbaches (Oberlauterbach), südlich der Bahn und im Bereich Troger-/Grabnerbauer entstanden.

Viele alte Häuser sind in den letzten Jahrzehnten verschwunden bzw. durch Neubauten ersetzt worden: vor dem jetzigen Hölzlsauerhaus (Haus Bremen) stand parallel zur Straße (wie das Feilerhaus, dem es auch sonst ähnlich war) das Unterzellerhaus, angeblich eines der ältesten in Brixen. Gegenüber war beim Kendlbacher (später Salvenhäusl, heute Haus Holaus). Zwischen dem Unterzellerhaus und dem Lauterbach stand das Oberzellerhaus, später Glanterl genannt, in den siebziger Jahren abgerissen. Die an der Landstraße einander gegenüberliegenden Häuser Pirchmoser und Kandler mußten großdimensionierten Neubauten weichen; das alte Kandlerhaus war mit seinem abgewalmten Dach ein interessanter Fremdkörper im Ortsbild gewesen. Freilich war die Wirkung (wie bei anderen Häusern an der Straße) durch die großen Aufschüttungen für den Straßendamm beim Ausbau der „Brixentaler Konkurrenzstraße" arg beeinträchtigt gewesen. Ganz verschwunden ist das Veithenhäusl zwischen dem Café Koller und dem alten Feuerwehrhaus. Zwischen den alten Häusern Reitlwirt und Baißl stand früher Scheidling, welches nach einem Brand weiter östlich wiederaufgebaut wurde; der heutige Reitl-Parkplatz war das Scheidlinger Angerl. Die Häuser Seitinger, Hackl, Erlau und Hauser sind nach alter Überlieferung Bergknappenhäuser gewesen. Nur den Namen gewechselt hat das Steinhäusl (jetzt altes Schusterhaus), das mit seinem zweigeschossigen Keller dokumentiert, wie stark das Bodenniveau durch die häufigen Überschwemmungen des Lauterbaches im Laufe der Zeit angehoben worden ist. Die gemeinsame Bannung dieser ständigen Bedrohung war und ist die Hauptaufgabe der Interessentschaft Lauterbach.

An der östlichen Grenze der Fraktion sollen einst (wohl auf dem Gebiet der heutigen Grabner-Ötz und etwas östlich davon) die Weiler Steinhäring und Ragging gestanden haben, die in den Jahren 1638 und 1647 völlig verschüttet worden sind.

Feuring — Winkl

Feuring, ein geschlossener und bis vor einigen Jahren ausschließlich aus Bauernhöfen bestehender Weiler, liegt im Südosten des Gemeindegebietes am Fuße des Gaisberges; abgesondert davon liegen im Osten an der Grenze zu Kirchberg die Einzelhöfe Jager und Jagerneubau (Ralser), etwas taleinwärts am Abhang des Gaisberges der Sonnleitnerhof.

Der eigentliche Weiler Feuring mit den Höfen Weber, Steining, Lacken, Egger, Auer, Steidl, Roaner, Rieser und den kleinen Anwesen am Feuringer Mühlbachl (Feuringer Mühle, Messerschmied, Scherzermühle) hat seinen alten Charakter am besten von allen Fraktionen beibehalten; Neubauten wurden außerhalb des alten

Beim Jagerbauer (um 1930)

Siedlungsgebietes vor allem entlang des Weges nach Lauterbach errichtet. Der alte Pranzhof (östlich vom Weber), der um die Jahrhundertwende abgebrannt ist, wurde nicht wieder aufgebaut.

Im W i n k l standen bis in die sechziger Jahre nur einige kleinere Bauernanwesen und Knappenhäuser (Schwentner, Leitnerhäusl, Zwercher), die vom einst blühenden Bergbau am Götschen zeugten. Da durch die Regulierung des Brixenbaches viel neuer Siedlungsgrund gewonnen werden konnte, ist die Zahl der Häuser sehr stark angestiegen. Der Bevölkerungszuwachs ist in diesem Orts-Wohnviertel (6 Wohnhausanlagen) mit nur geringer Infrastruktur am stärksten im ganzen Gemeindegebiet. 1812 hatte die Fraktion Feuring (mit Winkl) insgesamt 24 Häuser, heute sind es 120. Hier befinden sich 11 Betriebe des Gast- und Beherbergungsgewerbes (Gasthaus, Café, 3 Alpengasthäuser, 6 Fremdenpensionen), 24 Privatzimmervermieter, 4 Gewerbebetriebe (Schotterwerk, Fertigbetonwerk, Elektrounternehmen, Klebebuchstabenerzeugung), 1 Einzelhandelsbetrieb (Lebensmittelgeschäft).

Das reichlich fließende Wasser der Gaisbergquellen wurde durch Jahrhunderte hindurch beim Brunner für einen Badebetrieb genutzt; in den zwanziger Jahren errichtete die Interessentschaft Feuring ein E-Werk unterhalb des Brunnerbauern, welches in den sechziger Jahren aufgelassen wurde; heute versorgen diese Quellen den ganzen Ort mit Trinkwasser.

Salvenberg, Sonnberg, Buchberg, Griesberg

Dieses Gebiet (das alte Buchberger und Sonnberger Viertel) umfaßt den ganzen Nordabhang von der Westendorfer Grenze (Rantschgraben) bis zur Kirchberger Grenze. Die weiträumige, ursprünglich rein bäuerliche Besiedlung (Einzel- und Paarhöfe) wurden seit den siebziger Jahren durch neu erbaute Ferienhäuser und durch Zweitwohnsitze in ausgebauten Hütten und Stadeln gründlich verändert.

1812 standen in diesem großen Gebiet 53 Häuser, heute zählt man 135 Objekte, davon 57 Bauernanwesen; die Zahl der Bauernhäuser blieb also fast konstant. Dazu kommen noch 10 bewirtschaftete Almen.

Heute gibt es hier 13 Betriebe des Gast- und Beherbergungsgewerbes (9 Berggasthöfe und Jausenstationen, 4 Fremdenpensionen), 3 Privatzimmervermieter, 1 Gewerbebetrieb (Seilbahntransportunternehmen).

Verschwunden ist das Krötzanwesen (westlich vom Straif) und das Kiendlanwesen (westlich vom Bichlbauern), welches abgebrannt ist. Das gleiche Schicksal hatte auch die der Gemeinde gehörende Brennhütte im Gseng.

Die verkehrsmäßige Erschließung durch die Sonnbergstraße und weitere Güterwege begann 1960, sie ist aber noch nicht abgeschlossen. Abgeschlossen dürfte hingegen die Erschließung des Wintersportgebietes Hochbrixen-Sonnberg sein: 1970 wurde der Doppelsessellift nach Hochbrixen zusammen mit mehreren Schleppliften in der Almregion erbaut. In den folgenden Jahren wurden weitere Schlepplifte dazugebaut. 1986 wurde der Doppelsessellift durch eine moderne Einseilumlaufbahn ersetzt, 1987 der Zinsbergschlepplift durch einen Vierersessellift. Dieses inzwischen voll erschlossene Schigebiet ist ein integrierender Bestandteil des Schigroßraumes Brixental—Wilder Kaiser. Die bäuerliche Erwerbsstruktur ist durch diese Erschließung stark verändert worden (Jausenstationen, Beschäftigung bei der Liftgesellschaft).

Alois Bosetti

Blick auf den noch nicht erschlossenen Salven- und Sonnberg

Grußpostkarte aus der Zeit um die Jahrhundertwende

Statistischer Teil

Gemeindewappen

„Die Tiroler Landesregierung hat in der Sitzung vom 3. Oktober 1972 der Gemeinde Brixen im Thale folgendes, in der Urkunde dargestelltes Wappen verliehen: ein schwarzes nach unten gerichtetes Randleistenbeil auf Silber. Diese bronzezeitliche Axt wurde im Gemeindegebiet von Brixen im Thale gefunden. Als Wappenmotiv versinnbildlicht sie das hohe Alter dieser Gemeinde, deren Name ebenfalls in die vorrömische Zeit zurückweist . . ."

Fläche: 3137 ha

Einwohner laut Volkszählung

1981 : 2148	1939 : 1401	1900 : 1074
1971 : 2011	1934 : 1446	1890 : 1083
1961 : 1707	1923 : 1314	1880 : 1044
1951 : 1620	1910 : 1195	1869 : 992

Bürgermeister (Gemeindevorsteher) der Gemeinde Brixen im Thale   Amtszeit

Leonhard Stöckl, Kloobauer	um 1850
Christian Astl, Unterkaslacherbauer 3. 10. 1844—10. 11. 1921	17. 9. 1896—28. 5. 1899
Johann Obermoser, Wurzenrainer 17. 11. 1846—12. 7. 1903	18. 6. 1899— 7. 12. 1902
Simon Straif, Straif am Sonnberg 2. 5. 1846—16. 9. 1909	20. 1. 1903— 4. 6. 1905
Wenzl Klingler, Schmied 1. 2. 1859—16. 11. 1928	24. 9. 1905—15. 10. 1905
Martin Aschaber, Schusterbauer 26. 9. 1857—27. 10. 1918	10. 12. 1905—10. 5. 1908
Johann Schermer, Jagerbauer 10. 10. 1874—26. 9. 1950	24. 5. 1908—31. 5. 1914
Leonhard Koidl, Hoferwirt 15. 12. 1881—21. 5. 1953	13. 6. 1914—30. 4. 1916

Johann Schermer, Jagerbauer
  10. 10. 1874—26. 9. 1950

11. 5. 1916— 8. 7. 1917

Peter Stöckl, Kloobauer
  5. 12. 1889—20. 11. 1978

12. 8. 1917—25. 4. 1920

Christian Beihammer, Rieserbauer
  16. 12. 1884—19. 7. 1972

16. 5. 1920—29. 10. 1922

Anton Hirzinger, Stöcklbauer
  7. 2. 1888—18. 7. 1977

26. 11. 1922— 8. 11. 1925

Matthias Beihammer, Steidlbauer
  28. 3. 1880—11. 3. 1936

28. 11. 1925—18. 11. 1928

Johann Sieberer, Vordergauxer
  8. 7. 1886—22. 11. 1931

23. 12. 1928— 9. 5. 1929

Josef Kogler, Zintingerbauer
  17. 3. 1887—8. 3. 1968

2. 6. 1929— 5. 12. 1931

Martin Aschaber, Schusterbauer
  18. 1. 1889—27. 12. 1960

19. 12. 1931—28. 9. 1935

Christian Beihammer, Rieserbauer
  16. 12. 1884—19. 7. 1972

9. 11. 1935—23. 8. 1938

Alois Wahrstätter, Reitlwirt
  23. 2. 1903—22. 1. 1966

23. 8. 1938—12. 8. 1945

(Martin Aschaber, Schusterbauer
  18. 1. 1889—27. 12. 1960

Stellvertreter während der Militärdienstzeit von Alois Wahrstätter im Jahr 1940 und 1941—1945)*

Christian Beihammer, Rieserbauer
  16. 12. 1884—19. 7. 1972

12. 8. 1945— 2. 4. 1956

Andrä Schermer, Sägewerksbesitzer
  geb. am 31. 8. 1908

2. 4. 1956—18. 4. 1968

Franz Podesser, Geschäftsführer
  geb. am 19. 10. 1920

18. 4. 1968—20. 4. 1974

Johann Werlberger, Stöcklbauer
  5. 2. 1918—16. 2. 1983

20. 4. 1974—16. 2. 1983

Johann Nagele, Pfistererbauer
  geb. am 13. 10. 1946

ab 4. 3. 1983

* Nach Angaben von Alois Wahrstätter jun.

Ehrenbürger der Gemeinde Brixen im Thale

Joseph Wedekind, großherzogl. Badischer Amtmann i. R.
    (Beschluß der Gemeindevorstehung vom 14. Jänner 1855)
Alois Gstrein, Dekan und Pfarrer
    (Gemeinderatsbeschluß vom 13. Oktober 1929)
Otto von Habsburg
    (Gemeinderatsbeschluß vom 20. November 1932, am 23. August 1938 wider-
    rufen)
Christian Beihammer, Rieserbauer, langjähriger Bürgermeister
    (Gemeinderatsbeschluß vom 28. September 1964)
DDr. Alois Gasser, Gemeindearzt von 1948—1964
    (Gemeinderatsbeschluß vom 28. September 1964)

Ehrenringträger der Gemeinde Brixen im Thale

Aloisia Bartl, langjährige Gemeindesekretärin
    (Beschluß vom 25. April 1966)
GR Christian Gasser, Pfarrer von 1959—1972
Andrä Schermer, Grittlmühle, Bürgermeister von 1956—1968
Franz Podesser, Bürgermeister von 1968—1974, langj. Gemeinderat und Vize-
    bürgermeister
Dr. Wolfgang Burghart, Gemeindearzt seit 1964
    (alle mit Beschluß vom 14. November 1978)

Ehrenzeichenträger der Gemeinde Brixen im Thale

Ew. Sr. Liliosa Schipflinger, langj. Lehrerin an der Volksschule Brixen und
    Leiterin des Altenwohnheimes
Stefan Kaufmann, langj. Gemeinderat
Bartl Kofler, langj. Fremdenverkehrsobmann
    (alle mit Beschluß vom 14. November 1978)

Erbhöfe im Gemeindegebiet Brixen im Thale		Erbhofwürde verliehen am
„SAMER", Fam. Aschaber	Moosen II/35	5. Juni 1966
„KRANZ", Fam. Beihammer	Achenberg II/88	5. Juni 1966
„STRAIF-MOOSEN", Fam. Hirzinger	Moosen II/36	5. Juni 1966
„ZINTING", Fam. Kogler	Sonnberg V/48	5. Juni 1966
„AHORNAU", Fam. Krimbacher	Sonnberg V/44	5. Juni 1966
„JAGER", Fam. Schermer	Feiring IV/28	5. Juni 1966
„KLOO", Fam. Stöckl	Hof II/26	15. August 1987

Nähere Angaben zu den ersten sechs Erbhöfen in: Sebastian HÖLZL - Hans SCHERMER, Tiroler
Erbhofbuch. Redigiert und gestaltet von Michael FORCHER. 1. Band: Nord- und Osttirol, Innsbruck 1986, S. 403—408.

Alois Bosetti

Aus alten Gemeinderatsprotokollen

Im Gemeindeamt Brixen im Thale sind die Protokollbücher über die Sitzungen des Gemeinderates (bwz. der Gemeindevorstehung) ab September 1896 erhalten, allerdings mit einer bedauerlichen Lücke zwischen Februar 1941 und August 1945. Vereinzelt haben sich ältere Protokolle in den Beständen des Pfarrarchivs gefunden. Wir kommen damit zwar bis in das Jahr 1850 zurück, doch ist die Zahl dieser Zufallsfunde viel zu gering und ihre Thematik außerdem zu eng, als daß wir daraus ein Bild jener Zeit gewinnen könnten. Dies ist allerdings in umfassender und anschaulicher Weise für die gut dokumentierte Periode ab 1896 möglich.

Wenn nun im folgenden Auszüge aus den Protokollen zwischen 1896 und 1938 geboten werden, so mag das durchaus auf der modernen Linie der Zeitgeschichte liegen, die Geschichte stärker von unten her erschließen und betreiben will, die eigentliche Absicht aber ist die, den heutigen Einwohnern von Brixen zu zeigen, wie es einst gewesen ist und wo die Wurzeln für heutige Entwicklungen liegen. Daraus läßt sich dann ein Maßstab gewinnen für die Wertung jetziger Zustände und Leistungen und daraus kann auch die eine oder andere Prognose für die weitere Entwicklung abgeleitet werden.

Man kann die vorgeführten Beispiele isoliert betrachten; dann wird man sich manches Mal eines leichten Lächelns nicht enthalten können, nicht nur wegen gewagter oder mißglückter sprachlicher Formulierungen, sondern auch wegen des Inhalts mancher Beschlüsse. Wir Spätergeborenen können eben manches besser wissen, weil wir inzwischen durch (oft leidvolle) Erfahrungen klüger geworden sind, z. B. bei der Einschätzung des Verkehrsmittels Auto. Aber in diesem speziellen Fall hat man anno dazumal nicht nur in Brixen völlig falsche Vorstellungen gehabt, man hat sogar in der Haupt- und Residenzstadt Wien, wie berichtet wird, damit gerechnet, daß diese Neuerung auch wieder abkommen werde.

Nimmt man aber diese Streiflichter aus vier Jahrzehnten Ortsgeschichte als ein Ganzes, so wird einem fürs erste unmittelbar und mit beklemmender Deutlichkeit klar, wie sehr Entscheidungen und Ereignisse der großen Politik ins Leben kleiner Gemeinschaften und ins Leben eines jeden einzelnen Bürgers eingreifen können. Was uns heute als Nachricht in der Zeitung oder im Fernsehen momentan betroffen macht, aber doch schnell wieder vergessen ist, das kann in anderen Zeiten rasch bittere Realität sein, die sich nicht verdrängen und vergessen läßt. Die schwere Zeit des Ersten Weltkrieges, die schlimme Versorgungslage nachher, die galoppierende Inflation und die harte Sanierung der Staatsfinanzen in den zwanziger Jahren, all dies hat deutliche Spuren in unseren Protokollen hinterlassen; Spuren, hinter denen Schicksale von Dorfbewohnern, von Verwandten und Freunden sichtbar werden. Auch der rasante technische Fortschritt unseres Jahrhunderts gewinnt einen anderen Stellenwert, wenn er auf ähnliche Weise konkretisiert und personalisiert wird. Mahnt dieses Wissen um Abhängigkeit und Ausgeliefertsein zur Vorsicht, so mahnt die Umkehrung der Blickrichtung zu Bescheidenheit: Eine Wirkung der Dorfgemeinschaft nach außen ist nur vereinzelt und in sehr beschränktem Rahmen festzustellen, etwa in politisch motivierten Ehrenbürgerernennungen und ihrem fallweisen Widerruf. Größer als heute waren

einst die Möglichkeiten des Einwirkens und Zusammenwirkens unter den Gemeinden: Ausweisungen von Einwohnern und Heimatrechtsgewährungen betrafen
immer zwei Gemeinden; hier einen einigermaßen gerechten Ausgleich untereinander herzustellen, gehörte zu den wichtigen Aufgaben der Gemeindeorgane. Man
kann der früheren größeren Autonomie der einzelnen Gemeinde nachtrauern,
aber man sollte dabei nicht übersehen, daß damit auch harte Verpflichtungen verbunden waren.

Richtet man aber den Blick ganz nach innen — und die allermeisten Beschlüsse betreffen ja das Innenleben der Gemeinde —, dann zeigt sich auf Schritt
und Tritt, daß manche Probleme und Fragestellungen zeitlos sind. Das gilt für
wirtschaftliche Wandlungen ebenso wie für das dörfliche Leben insgesamt, wie es
sich im Spiegel seiner sichtbarsten Träger, der einzelnen Vereine, darstellt. Darin
mag ein kleiner Trost liegen in aktuellen Schwierigkeiten und eine kleine War-
nung vor allzugroßen Zukunftshoffnungen.

Daß der Mensch letztlich immer der gleiche bleibt, darauf weisen uns (neben
vielen anderen) vor allem jene Protokolle hin, die sich mit I n t e r n a d e s G e -
m e i n d e r a t e s befassen.

Die bäuerliche Härte und sparsame Genauigkeit, die immer wieder in einzelnen Beschlüssen zutage tritt, hat auch vor den Mitgliedern des Gremiums selbst
nicht haltgemacht. Mehr als einmal wurden säumige Gemeinderäte wegen ihres
Fernbleibens gerügt bzw. unter Strafandrohung zum Erscheinen genötigt:

Nachdem schon am 3. Mai 1903 vom Gemeindevorsteher Simon Straif eine Gemein-
deausschußsitzung einberufen war, aber die beschlußfähige Zahl der Mitglieder des
Ausschusses nicht erschienen war und zwar ohne Entschuldigung, so berief derselbe
auf heute, den 10. Mai, wieder eine solche Sitzung ein und zwar auf Grund des § 41
der G. O. mit Strafandrohung von 10 Kronen demjenigen Ausschußmitgliede, wel-
ches bei dieser Sitzung ohne Entschuldigung fernbleibe. — Es erschienen am
10. Mai die unterfertigten 7 Ausschußmitglieder, Herr Dekan Josef Kiederer brachte
einen   stichhältigen   Entschuldigungsgrund   vor.   Die   Mitglieder   Josef   Wi-
dauer I. GR., Georg Hochfilzer II. GR., Math. Bachler Gem. Ausschuß und Konrad
Bachler Gem. Ausschuß blieben ferne ohne irgend welche Entschuldigung. Infolge
dessen haben die heute erschienenen Mitglieder des Ausschusses den Gemeindevor-
steher beauftragt, die Einhaltung der Strafe von 10 Kronen, die in der Currende
festgesetzt waren, einzuheben (!).

(Sitzung vom 10. Mai 1903 unter Gemeindevorsteher Simon Straif)

Man zögerte aber auch nicht, zu schärferen Mitteln zu greifen, wenn keine
Besserung eintrat:

Infolge friedenstörender Opposition von seiten des Josef Straif, Gem.-Rats-Mitglied,
besonders gegen Kassier Andreas Auer wurde beschlossen, daß Josef Straif, vulgo
Niedinger, vom Gemeindeausschusse ausgeschlossen ist. Nachträglicher Beschluß!

(8. September 1916, G. Vst. Johann Schermer)

Wird beschlossen, Schwabegger Andrä wegen dauernder Abwesenheit seines Man-
dats für verlustig zu erklären und den ersten Ersatzmann der Bauernpartei Bei-
hammer Math., Steidlbauer, einzuberufen.   (21. Mai 1923, Bgm. Anton Hirzinger)

Daß das Amt des Bürgermeisters schon immer mit mancherlei Beschwer verbunden war und nicht immer eine gute Presse hatte, zeigen die beiden folgenden Ausschnitte. In der Sitzung vom 5. April 1929 unter dem Bgm. Johann Sieberer wurde diesem aufgrund eines ärztlichen Zeugnisses von Oberbezirksarzt Dr. Seelig ein dreimonatiger Krankenurlaub gewährt und zugleich sein erster Stellvertreter Matthias Beihammer mit der Führung der Amtsgeschäfte betraut. Noch in der gleichen Sitzung wurde unter dem Punkt „Allfälliges" in einer langen Diskussion der ernste Hintergrund dieses Krankenurlaubes erhellt und als Konsequenz daraus einstimmig die Auflösung des Gemeinderates beschlossen:

Durch einige Gemeinderatsmitglieder wurden die dem Gemeinderate und besonders dem Bürgermeister seit der Gemeinderatswahl von verschiedenen Seiten gemachten Schwierigkeiten zur Sprache gebracht. In Würdigung des Umstandes, daß nach dem derzeitigen, aus dem ärztlichem Befunde ersichtlichen Gesundheitszustand des Bürgermeisters Sieberer auch nach Ablauf des Krankenurlaubes kaum mit der Wiederaufnahme der Gemeindegeschäfte durch Bürgermeister Sieberer zu rechnen ist, stellten mehrere Gemeinderäte den Antrag auf Auflösung des Gemeinderates. Der Gemeinderat beschließt vorerst einstimmig, diesen Punkt in die Tagesordnung aufzunehmen und nach Besprechung desselben hierüber die Abstimmung vorzunehmen.

Bei der nach erfolgter Besprechung vorgenommenen Abstimmung wurde einstimmig die Auflösung des Gemeinderates aus folgenden Gründen beschlossen:

Dem Gemeinderat und besonders dem Bürgermeister werden schon bereits seit Beginn der Funktionsperiode nicht nur von verschiedenen, verantwortungslosen Nörglern, sondern auch von Personen fortlaufend Schwierigkeiten gemacht, von denen man zufolge ihrer Stellung im Gegenteil die Unterstützung des Gemeinderates erwartet hätte.

Bereits über eine der ersten Maßnahmen des Gemeinderates, die Besetzung der Sekretärsstelle wurde nicht nur innerhalb der Gemeinde, sondern auch durch die Presse vollständig unberechtigte und unzutreffende Kritik geübt. Der Gemeinderat hat diese Frage besonders eingehend und sachlich besprochen und glaubte in dieser Frage die für Bevölkerung und Gemeindegeschäftsführung günstigste und billigste Lösung gefunden zu haben. In weiterer Folge wurde fast ausnahmslos jeder Beschluß des Gemeinderates und jede Massnahme des Bürgermeisters als mehr oder weniger ungeeignet bekrittelt und die Bevölkerung zu gegenteiliger Stellungnahme aufgehetzt.

Anläßlich der in letzter Zeit erfolgten Verteilung der Hagelschlag-Notstandunterstützungen wurde seitens einer Gruppe Unzufriedener in der Gemeindekanzlei erklärt, der Gemeinderat werde, wenn er nicht vorziehe freiwillig zurückzutreten, aus der Gemeindekanzlei hinausgeworfen werden.

Dem Bürgermeister wurde verschiedene Male bedeutet, er besitze im Allgemeinen nicht die zur Führung der Gemeindegeschäfte notwendigen Fähigkeiten und Objektivität und er habe, falls er nicht den, jedenfalls von der Oppositionsgruppe gekennzeichneten Weg gehe, auf weitere Angriffe durch die Volkszeitung zu rechnen.

Da mit dem Andauern dieser Verhältnisse auch weiterhin zu rechnen ist, besteht keinerlei Gewähr für eine auch nur halbwegs erprießliche und zufriedenstellende Tätigkeit des derzeitigen Gemeinderates.

Diese Vorgänge haben zu einem teilweisen Nervenzusammenbruch des Bürgermeisters Sieberer geführt, welcher auf Grund amtsärztlicher Untersuchung einen dreimonatlichen Krankenurlaub erhalten mußte. Doch ist der Gesundheitszustand des Bürgermeisters lt. amtsärztlichen Zeugnisses ein derartiger, daß auch nach Ablauf des Krankenurlaubes nicht mit der Wiederaufnahme der Geschäfte durch Bürgermeister Sieberer zu rechnen ist.

Es ist deshalb jedenfalls vernünftiger, wenn der derzeitige Gemeinderat sich auflöst und die Vertretung der Gemeinde einem neu zu wählenden Gemeinderate übergeben wird, welcher jedenfalls aus denen bestehen wird, welche sich die notwendige Eignung hiezu in besonders großem Masse zuschreiben.

Dieser Auflösungsbeschluß wurde am 29. April 1929 widerrufen, die gereizte Stimmung hielt aber offensichtlich weiter an.

Schon bald darauf mußte der mit der Führung der Amtsgeschäfte betraute Stellvertreter in einer von ihm geleiteten Sitzung folgende bittere Pille schlucken:

Betreff Regelung des Sekretärgehaltes für die Jahre 1925 bis 1928: Zu den in den Jahren 1925 einschließlich 1928 über Anweisung des Bürgermeisters Beihammer Matthias ausbezahlten Sekretärgehalten wird die nachträgliche Bewilligung erteilt. Für die nicht ordnungsmäßige Durchführung dieser Angelegenheit wird dem Beihammer Matthias eine Ordnungsstrafe von S 100,— zugunsten des Armenfonds auferlegt. Weiters erhält Beihammer Matthias für die Zeit seiner derzeitigen Geschäftsführung keinerlei Entlohnung. (9. Mai 1929, Bgm.-Stellv. Matthias Beihammer)

Wie schwierig und unsicher die Zeit unmittelbar nach dem Ersten Weltkrieg war, beleuchtet die Bestellung eines Kassiers „mit beschränkter Haftung":

Wird L. Koidl als Kassier (für 1921) bestimmt mit der Erklärung, den Kassier für Fälle höherer Gewalt (Diebstahl von Gemeindegeldern) nicht verantwortlich zu machen. (14. November 1920, Bgm. Christian Beihammer)

Die starke Polarisierung der politischen Kräfte in den dreißiger Jahren, die auch im Dorf zu starken Spannungen führte, spiegelt wohl die Ermahnung zur Verschwiegenheitspflicht wider, zu der sich der Gemeinderat im Jahre 1934 veranlaßt sah:

Die Gemeinderatsbeschlüsse [gemeint ist wohl: die Beratungen zur Beschlußfassung] sollen nicht der Öffentlichkeit preisgegeben werden. Allen an den Sitzungen teilhabenden Personen wird daher strengste Verschwiegenheit zur Pflicht gemacht. Übertretungen dieser Anordnung werden bis zu S 100,— bestraft ev. vom Ausschuß ausgeschlossen [wohl die Übertreter und nicht die Übertretung]. Insbesondere sind persönliche Namhaftmachungen auf das strengste verboten.

(15. Juli 1934, Bgm. Martin Aschaber)

Daß schließlich nach dem Anschluß im Jahre 1938 nicht nur vermerkt wurde, die Gemeindesekretärin sei auf die neue Führung vereidigt worden, sondern daß auch die Eidesformel im Protokollbuch aufgenommen und von der Sekretärin unterschrieben wurde, mag als kleines Indiz für die Gründlichkeit und den Totalitätsanspruch der neuen Herrn fungieren:

Diensteid: Ich schwöre, ich werde dem Führer des deutschen Reiches und Volkes Adolf Hitler treu und gehorsam sein, die Gesetze beachten und meine Amtspflichten gewissenhaft erfüllen, so wahr mir Gott helfe.

(9. Mai 1938, kommissar. Bgm. Christian Beihammer)

Verlauf und Folgen der Kriegsereignisse 1914—1918 sind aus zahlreichen kurzen Entscheidungen aus den Jahren 1915—1920 abzulesen. Zunächst schien die Gemeinde durch ein Angebot billiger Arbeitskräfte Nutzen ziehen zu können:

Beschlußfassung über die von der Gemeinde zu übernehmende Haftung für die von den Lokalinteressenten aufzubringenden Beiträge an der durch Kriegsgefangene durchzuführenden Verbauung des Brixenbaches ... und andere diesen Verbau sowie die Verwendung Kriegsgefangener betreffende Angelegenheiten. — Wird beschlossen, die verlangte Haftung ... zu übernehmen und zu diesem Beitrag 3 % als Interessent mit der Bedingung beizusteuern, daß die Interessentschaft, falls die beim Brixenbachbau verwendeten Kriegsgefangenen zu anderen Arbeiten in der Gemeinde herangezogen werden, für diese Arbeiter die Kosten der Unterkunft und Arbeitsgeräte bestreitet. Die nach Wissen der Gemeinde vom Militärkommando verlangte 5tägige ärztliche Untersuchung der Kriegsgefangenen, unentgeltliche Krankenbehandlung derselben sowie die Kosten des Transportes derselben von und zum Konzentrationslager kann von der Gemeinde unmöglich geleistet werden und wird beschlossen anzusuchen, daß diese Bedingungen in Wegfall kommen resp. vom Staat übernommen werden. (23. Jänner 1915, G. Vst. Leonhard Koidl)

Ein halbes Jahr später haben die eigenen schweren Menschenverluste in den ersten Offensiven in einer Begründung des Gemeinderates nüchtern und unpathetisch Ausdruck gefunden:

Betreff: Abgabe einer Kirchenglocke für Kriegszwecke. — In Rücksicht der großen Opfer, die die Gemeinde bereits für Witwen und Waisen etc. gebracht hat und noch bringen wird, erscheint es untunlich, ein solches Opfer noch zu bringen.

(6. Juni 1915, G. Vst. Leonhard Koidl)

Die ständig schlechter werdende Versorgungslage in der Heimat fand ihren Niederschlag in den Protokollen der Folgezeit:

Betreff: Butterkarten für Taglöhner. — Wird beschlossen, vorläufig jeder mittellosen Partei 15 Deka zuzuweisen. (23. Juli 1916, G. Vst. Johann Schermer)

Betreff Butterabgabe und Buttersammlung: bleibt für diese Woche bei 10 dkg, wie der G. W. R. beschlossen. (2. September 1917, G. Vst. Peter Stöckl)

Auch die Kriegsgefangenen bekamen die schwierige wirtschaftliche Lage zu spüren:

Russenlöhnung: die heute hier eingelangten 8 Mann Kriegsgefangenen aus Hopfgarten wurden verteilt an einzelne Besitzer und (verfügt), als Löhnung ab heute anstatt 1 Krone nur mehr 50 Heller zu geben. Für alle Russen ohne Unterschied.

(30. September 1917, G. Vst. Peter Stöckl)

War man anfänglich noch zum Teilen bereit gewesen (z. B. zu Milchliefe-
rungen an die Stadtgemeinde Innsbruck), so war bald auch der Gemeinde Brixen
das Hemd näher als der Rock, d. h. man wollte die vorhandenen knappen Mittel
nur mehr eigenen Gemeindemitgliedern zukommen lassen:

*Lederkarten für die beiden Schuhmacher betreffend. — Beschlossen wird:
Gschwantler und Tiefenbacher werden schriftlich verpflichtet und verhalten, das Be-
zugs-Leder nur für Einheimische der Gemeinde zu verwenden. Also: nach auswärts
darf keine Lederkarte abgegeben werden.* (28. Oktober 1917, G. Vst. Peter Stöckl)

Ausländische Sommergäste werden nicht aufgenommen: einstimmig angenommen.
(13. Juli 1919, G. Vst. Peter Stöckl)

*Zuzug von Fremden. Die Gemeinde hat gegen den Zuzug von Fremden nichts ent-
gegen, wenn die Wohnungsgeber für die Aufbringung von Milch, Fleisch und Butter
sorgen.* (16. Mai 1920, Bgm. Christian Beihammer)

In ein und demselben Tagesordnungspunkt wurde bald nach dem Kriegsende
der Soldaten gedacht, der gefallenen ebenso wie der heimkehrenden:

*Die Errichtung eines Kriegerdenkmals wird beantragt und beschlossen. Wie und
was, soll ein Komitee veranstalten [wohl: ausarbeiten]. Den Heimgekommenen soll
eine Feier veranstaltet werden und die Notbedürftigen sollen eine Unterstützung,
nach Tunlichkeit durch freiwillige Spenden, erhalten. Zur Durchführung dieses Beschlusses wird nun folgendes Komitee aufgestellt:*
Obmann: Herr Wolfgang Oblasser, Schneidermeister und Hausbesitzer,
Beisitzer: a) Josef Bucher, Schneidermeister und Hausbesitzer,
b) Jakob Hirzinger, Pächter zu Stölln.
(20. April 1919, G. Vst. Peter Stöckl)

Für das Heimkehrerfest genehmigte der Gemeinderat am 14. März 1920
1000 Kronen und änderte 14 Tage später diesen Beschluß auf 5000 Kronen ab.
Zur rasanten t e c h n i s c h e n E n t w i c k l u n g unseres Jahrhunderts nahm
man in Brixen, wie die Protokolle zeigen, eine recht uneinheitliche Haltung ein.
Völlig falsch lag man in puncto A u t o m o b i l , dem man offensichtlich nichts abgewinnen konnte; man war freilich auch weniger darauf angewiesen, da man
durch die Bahn verkehrsmäßig erschlossen war. Fast muß man ein wenig lächeln,
wenn man den heutigen Durchzugs- und Ortsverkehr vor dem Hintergrund ein-
stiger Durchfahrtsverbote sieht, aber manchem verkehrsgeschädigten Anrainer
mag die Haltung der damaligen Gemeindeväter gar nicht so abwegig vorkommen,
und mancher Gemeindevertreter unserer Tage wird die Kompetenzfülle seiner
Vorgänger nicht ohne Neid zur Kenntnis nehmen.

*Betr. Ansuchen der Fa. Palhammer Franz in Salzburg um Durchfahrtsbewilligung
mittels Auto. Wird beschlossen, die Bewilligung nicht zu erteilen mit der Begründung, daß die hiesigen Straßen- und Verkehrsverhältnisse für den Automobilverkehr
nicht geeignet sind.* (17. Juni 1923, Bgm. Anton Hirzinger)

*Betr. Erlassung eines Verbotes für die Durchfahrt der Autos und Motorräder auf der
hiesigen Gemeindestraße. Wird beschlossen, die Durchfahrt von Automobilen zu ver-*

bieten. Die Durchfahrt von Motorräder wird gestattet unter der Bedingung, daß durch die Ortschaften langsam gefahren wird und bei Begegnungen der Fahrer absteigt.

(13. Mai 1925, Bgm. Anton Hirzinger)

Betr. Ansuchen G. Junger, Salzburg, um Durchfahrt mit seinem Reiseauto durch das Gemeindegebiet. Wird die Durchfahrt unter folgenden Bedingungen bewilligt: Daß für jede Durchfahrt S 10,— bezahlt werden; daß die fahrpolizeilichen Vorschriften genau eingehalten werden und daß für eventuelle Unfälle gehaftet wird.

(14. Juni 1925, Bgm. Anton Hirzinger)

Vier Jahre später lagen zwei Ansuchen um Konzessionserteilung für den Betrieb einer Autobuslinie durch das Brixental vor. Sie wurden beide auf der gleichen Sitzung behandelt und darüber nach wirtschaftlichen Erwägungen entschieden:

Betreff: Autobusunternehmen Müller Otto in Kitzbühel, Ansuchen um eine Konzession zum Betriebe einer periodischen Autobuslinie von Kitzbühel nach Wörgl und zurück auf der Brixentaler-Konkurrenzstraße. — Wird beschlossen, die angesuchte Konzessionserteilung nicht zu befürworten. Gründe: Der Ausschuß der Brixentaler-Straßenkonkurrenz hat in seiner Sitzung am 27. VII. d. J. beschlossen, um die Konzession zum Betriebe einer Autobuslinie auf der Konkurrenzstraße einzukommen. Diesem Ansuchen ist jedenfalls aus wirtschaftlichen Belangen der Vorzug zu geben. Der Ausbau der Straße, hauptsächlich in den Gebieten der Gemeinden Brixen im Tale und Kirchberg ist noch lange nicht so weit fortgeschritten, daß der Betrieb einer periodischen Autobuslinie möglich wäre. Ob nach vollendetem Ausbau der Straße der Bedarf für eine zweite periodische Autobuslinie vorhanden sein wird, ist auch mehr als zweifelhaft und derzeit vollkommen unbestimmbar. Aus diesen Gründen ist im gegenwärtigen Zeitpunkte eine Konzessionserteilung an den Gesuchsteller nicht wünschenswert und notwendig.

Betreff: Ausschuß der Brixentalerstraßenkonkurrenz, Ansuchen um eine Konzession zum Betriebe einer Autobuslinie auf der Brixentaler Konkurrenzstraße. — Wird beschlossen, die angesuchte Konzessionserteilung nachdrücklichst zu befürworten. Gründe: Der Bau der Brixentalerstraße hat von den beteiligten Gemeinden sehr große Beträge gefordert, welche die meisten Gemeinden im Darlehenswege aufbringen konnten. Auch die Erhaltung der Straße wird zufolge des schwierigen Geländes die Finanzen der Konkurrenzgemeinden weiterhin alljährlich mit stark fühlbaren Beträgen belasten. Es ist deshalb eine mehr als berechtigte Notwendigkeit, daß der Straßenverwaltung durch den Betrieb oder die Verpachtung einer Autobuslinie ein Teil der Mittel zur Straßenerhaltung in die Hand gegeben wird. Aus diesen Gründen ist dem Ansuchen unbedingt Folge zu geben.

(13. Oktober 1929, Bgm. Josef Kogler)

Fortschrittsfreundlicher war man bei der E l e k t r i z i t ä t. Sicher hat der Umstand, daß sich zwei private E-Werke konkurrierten, die Entwicklung beschleunigt, vielleicht aber hat man auch schon früh den Nutzen dieser Neuerung (Verringerung der Brandgefahr u. ä.) eingesehen:

Beschlossen wird, den Wirtsleuten Anna und Fritz Knauer insoweit, was die Erbauung einer Wasserleitung fürs Elektrizitätswerk betrifft, keine Hindernisse entgegenzustellen; sollte jedoch der Fall eintreten, daß ein Wassermangel eintritt, so müssen obige Wirtsleute zum Gemeindebedarf genügend Wasser zur Verfügung stellen. Es wird noch besonders betont, daß der Wasserbezug bei eintretendem Wassermangel nach den alten Wasserrechten zu gelten hat.

(14. März 1909, G. Vst. Johann Schermer)

Betreff Erweiterung der elektrischen Leitung nach Hof des Sebastian Auer: bewilligt wird die Leitung bis Westendorfs Grenze. Bedingt wird, am Schulhaus eine Flamme zu errichten mit 16 Kerzenstärken.

Betreff Erweiterung der elektrischen Leitung nach Hof des Fritz und Anna Knauer: wird mit der Bedingung bewilligt, am Spital eine Flamme zu errichten. Für die aufgeschöpften Gräben für die Stangen, wodurch leicht ein Unglücksfall herbeigeführt werden kann, übernimmt die Gemeinde keine Haftung. — Zu diesen Punkten wird noch hinzugefügt, daß die Flammen bis 1. November 1909 errichtet und funktionieren müssen. Die Flamme am Spital muß auch eine Stärke von 16 Stärken [wohl: Kerzen] haben.

(26. September 1909, G. Vst. Johann Schermer)

Die Pächterinnen des alten Gemeindespitals, die Schwestern Klettner, führen an, die Gemeinde wolle auf eigene Kosten die Installation einiger elektrischer Lampen im vorbenannten Hause vornehmen lassen. Die Stromkosten wollen die Pächterinnen bestreiten. — Wird beschlossen, die Angelegenheit wenn möglich bis nach Beendigung des Krieges zu verschieben, da jetzt die Materialkosten unerschwinglich und keine brauchbaren Monteure zu haben sind.

(28. November 1915, G. Vst. Leonhard Koidl)

Einen Sonderfall stellte der Strom für die Kirche dar. Die Gemeindevorstehung war zwar beim Abschluß einer günstigen Vereinbarung behilflich, weigerte sich aber, selbst Stromkosten zu übernehmen:

Betreff Regelung der Lichtangelegenheit zwischen der Dekanal-Pfarrkirche Brixen und Josef Auer, Elektrowerksbesitzer. — Zwischen der Dekanal-Pfarrkirche in Brixen i. Tale einerseits und Herrn Josef Auer, Elektrowerksbesitzer in Brixen anderseits ist nachstehendes Übereinkommen zustandegekommen: 1. Josef Auer verpflichtet sich für sich und Rechtsnachfolger im Besitze des Elektrowerkes, den für die Dekanalpfarrkirche in Brixen i. T. erforderlichen Lichtstrom sowie den Kraftstrom für den Tastenwärmer am Chor und die Heizkisten in den Beichtstühlen durch 15 Jahre um 25 % unter dem jeweils ortsüblichen Strompreis zu liefern. 2. Die Pfarrkirche verpflichtet sich, auf ihre Kosten einen Stromzähler einbauen zu lassen. Für die Kosten der Montage kommt die Gemeinde auf. Dieses Übereinkommen gilt nur unter der Voraussetzung, daß Josef Kogler, Fahrenreit, für das Wasserdurchleitungsrecht des Josef Auer keinerlei weiteren Ansprüche stellt.

(19. Dezember 1937, Bgm. Christian Beihammer)

Trotz des günstigen Preises für den Kirchenstrom weigert sich die Gemeinde in der Sitzung vom 9. Jänner 1938, die Kosten für den Kraftstrom für den Tastenwärmer am Chor zu übernehmen, wie es schon bei der ebenfalls beantragten Beichtstuhlheizung gehalten worden war (offensichtlich wurde den Beichtenden auch so warm genug):

Ansuchen des hochw. Herrn Dekan Feyersinger um Bewilligung des notwendigen Stromes für elektrische Wärmeplatten für die Beichtstühle. Die Gemeinde soll die

Einstallierung sowie die Bezahlung des Stromes übernehmen. Dem Ansuchen kann der Gemeinderat wegen der schlechten finanziellen Lage der Gemeinde keine Folge geben.
                                     (24. Jänner 1937, Bgm. Christian Beihammer)

Schließlich wurde auch die grundsätzliche Vereinbarung, die vom Wohlverhalten eines Dritten abhängig gemacht worden war, schon nach zwei Monaten in einem wesentlichen Punkt geändert:

Betreff Erledigung der Lichtangelegenheit mit Josef Auer. — Das mit Josef Auer getroffene Übereinkommen wird auf 5 Jahre reduziert. Infolgedessen verlangt der Gemeinderat die sofortige Installierung eines Zählers. Im übrigen bleibt das Übereinkommen aufrecht.
                                     (20. Februar 1938, Bgm. Christian Beihammer)

Sehr viele Eintragungen betreffen das G a s t g e w e r b e und den F r e m d e n -
v e r k e h r . Ging es zunächst noch vor allem um die Sperrstunde, um deren Einhaltung sich die Mitglieder des Gemeindeausschusses im monatlichen Wechsel selbst bemühen mußten, wobei sie nicht selten in einen Interessenkonflikt gerieten, so sind es später vor allem Konzessionsansuchen und Probleme des Fremdenverkehrs im engeren Sinn.

Gleich im zweiten erhaltenen Protokoll ist der erste Verhandlungsgegenstand die „Handhabung der Ortspolizei":

Es wird beschlossen, daß um 11 Uhr nachts die Wirte durch Hineinlegen der Polizeitafel die Gäste zu ermahnen haben; falls sie zu spät die Tafel hineinlegen, sind sie 5 Gulden in der Strafe. Befindet sich noch nach ½ 12 ein Gast im Gastlokal, so hat der Polizeiwachmann denselben aufzuschreiben und der Gast hat 1 Gulden an die Armenkasse abzuführen.
                                     (22. November 1896, G. Vst. Christian Astl)

14 Tage später gab es schon die ersten Schwierigkeiten (auch mit der deutschen Sprache — der Fehlerteufel nützte offenbar den Nikolaustag):

Besprechung über in die Polizeistrafe gekommenen Gäste. Peter Klingler, Michael Astl und Johann Hölzlsauer, Besitzer zu Schrögschneider, sollen am 25. November 1896 in die Polizeistrafe gekommen sein. Sie wurden auch vom Polizeiwachmanne aufgeschrieben und der Gemeindevorstehung zur Anzeige gebracht. Laut Aussage des Mieters zugleich Gemeindeausschusses Josef Widauer bestätigt aber heute vor dem ganzen Gemeindeausschuß, daß obgenannte Gäste um genau ½ 12 Uhr aufgestanden seien und das Lokal verlassen haben. Auf diese Aussage hin wurden obgenannte Gäste der Polizeistrafe enthoben.
                                     (6. Dezember 1896, G. Vst. Christian Astl)

1899 wurde dann die Sperrstunde auf Mitternacht verlegt, „um welche Stunde alle Gaststätten geschlossen sein müßten". Zugleich wurde aber den Wirten die Möglichkeit eröffnet, gegen eine Gebühr von 1 Gulden pro Stunde um Verlängerung anzusuchen:

Besprechung der hier handzuhabenden Polizei: Die Polizeiaufsicht üben die Gemeinderäte und Gemeindeausschüsse aus. Der Schluß der Polizeistunde ist um 12 Uhr nachts, um welche Zeit alle Gaststätten geschlossen sein müßten. Will ein Wirt aus dringenden Rücksichten sein Gasthaus nach 12 Uhr zum Ausschank offenhalten, so hat er um Bewilligung dazu bei dem jeweiligen Polizeimanne anzusuchen, bei Bewilligung per Stunde 1 Gulden zu bezahlen. Schenkt der Wirt nach

½12 Uhr ohne Bewilligung ein, so hat er als Strafe 5 Gulden zu bezahlen. Gibt der Polizeimann die Bewilligung nicht, so kann der betreffende Wirt beim Gemeindevorsteher ansuchen. Verweigert der die Bewilligung, so hat das Gasthaus um 12 Uhr geschlossen zu sein. Wird ein Gast nach 12 Uhr noch im Gasthaus getroffen (ohne Bewilligung), so hat der Gast 1 Gulden Strafe zu bezahlen. Sämtliche Strafgelder fließen in die hiesige Armenkasse. Der Polizeimann bekommt für jeden Gang 50 Kreuzer als Entlohnung. Wird ihm nachgewiesen, daß er gar nie gegangen ist per Monat, so hat er 2 Gulden Strafe zu bezahlen.
Nachtrag: Reihenfolge der Polizeiaufsicht:

August	*1899*	*Johann Obermoser*	*Februar*	*1900*	*Ferdinand Lang*
September		*Matthias Bachler*	*März*		*Johann Beihammer*
Oktober		*Johann Hirzinger*	*April*		*Martin Aschaber*
November		*Josef Moser*	*Mai*		*Simon Straif*
Dezember		*Josef Widauer*	*Juni*		*Jakob Hirzinger*
Jänner	*1900*	*Sebastian Auer*	*Juli*		*Christian Astl*

(23. Juli 1899, GR Johann Obermoser)

Lange hat diese umfängliche Regelung offensichtlich nicht gehalten, denn im Jahre 1913 begegnet uns ein ständiger Polizeimann; auch er scheint aber die Ordnung nicht recht durchgesetzt zu haben:

Betreff: strengere Handhabung der Polizeivorschriften seitens des Jakob Hirzinger durch pünktliche Ausführung der Polizeigänge. — Beschlossen wird, die Polizeistunde (Gasthaussperre) vorläufig auf 12 Uhr nachts festzusetzen. Der Polizeimann soll um ½ 12 Uhr mit seinem Gang beim Hoferwirt anfangen bis zum Reitlwirt, das andere Mal vom Reitlwirt zum Hoferwirt. Trifft er bei seinem Rückwege einen Gast, so hat dieser sofort zu gehen oder es wird der Gast und der Wirt zugleich gestraft. Der Polizeimann wird verpflichtet, jeden Feiertag sowie Bauernfeiertag und unter der Woche je einmal zu gehen um den jährlichen Betrag von 120 Kronen. Falls die Wirte mit der Polizei nicht behilflich sind, (wird erwogen) die Polizeistunde auf eine frühere Stunde zu verlegen. Weiters wurde noch betreffend Überstunden beschlossen, falls solche dringend gewünscht werden, (daß sie) 12 Stunden vorher in der Gemeindekanzlei einzuholen sind. Falls der Polizeimann seiner Pflicht nicht nachkommt, wird er von der Gemeinde streng bestraft. (Vom Polizeimann mit Unterschrift zu Kenntnis genommen). (13. April 1913, G. Vst. Johann Schermer)

Ab dem nächsten Jahr hatte man dann wohl andere Sorgen, und die Polizeistunde scheint in Vergessenheit geraten zu sein, denn 1923 wurde wiederum die Einführung der Polizeistunde und die Aufstellung eines Polizeimannes beschlossen. Für uns sind die vorgesehenen Strafsätze interessant, weil sie den rapiden Verfall der Kronenwährung dokumentieren:

Wird beschlossen, die Polizeistunde einzuführen (offensichtlich 23 Uhr) und einen Polizeimann anzustellen. Die Strafsätze werden wie folgt festgesetzt:
Für die Übertretung der Polizeistunde: Kr. 10.000,
für Ausschenken nach ¾ 11 Uhr nachts: das 1. Mal: 50.000
2. Mal: 100.000
3. Mal: 200.000.

Die Sätze für die Überstunden werden wie folgt festgesetzt: für jede Stunde bis 2 Uhr nachts Kr. 30.000, für jede Freinacht Kr. 150.000.

(29. März 1923, Bgm. Anton Hirzinger)

In der Folgezeit mußte die Gemeinde offenkundig die Strafgelder abliefern, und so behalf man sich kurzerhand auf folgende Weise, die sicher den Beifall der Brixner Bevölkerung gefunden hat:

Wird beschlossen, die Überwachung der Polizeistunde nicht mehr durchzuführen und den Polizeimann mit 1. Mai l. J. zu entlassen, da es nicht angehe, den Gemeinden nur die Auslagen für die Überwachung der Polizeistunde nicht aber die Strafbeträge aus den Übertretungen der Polizeistunde zu überlassen.

(19. März 1926, Bgm. Mathias Beihammer)

Ganz so einfach scheint die Sache dann doch nicht gegangen zu sein, denn 1932 sucht der Verkehrsverein „zum Zwecke der Förderung des Fremdenverkehrs" um eine Verschiebung der Polizeistunde von 23 auf 24 Uhr in der Zeit vom 1. Juni bis 30. September an, was auch bewilligt wird.

Mit dem Fremdenverkehr befassen sich viele Beschlüsse ab dem Jahre 1909. Vor allem sind es Ansuchen um die Neuerteilung oder Erweiterung von Gastgewerbekonzessionen. Davon sollen hier nur ein paar Beispiele zitiert werden, aus welchen Rückschlüsse auf die Entwicklung des Fremdenverkehrs gemacht werden können:

Es wird beschlossen, der Katharina Krimbacher die Erweiterung der Konzession zum Gastgewerbe von anfangs Mai bis Ende Oktober aus Mangel an Bedürfnis nicht zuzusagen und zu bewilligen, weil die Fremdensaison erst Mitte Juli beginnt und spätestens Ende September zuendegeht.

(18. April 1909, G. Vst. Johann Schermer)

Betreff: Meier Peter, Guggbauer, Ansuchen um Verleihung der Gast- und Schankgewerbekonzession mit dem Standorte Brixen i. Tale, HNr. 45. — Nach eingehender Besprechung der Angelegenheit wird beschlossen, sich gegen die Erteilung der Konzession auszusprechen. Begründung: Auf der unweit des Gugganwesens gelegenen Filzalpe besteht seit langer Zeit eine Gast- und Schankwirtschaft. Die Filzalpe ist für den Betrieb eines Gasthauses viel günstiger gelegen und wird von den Alpeigentümern die Erbauung eines neuen, zweckentsprechenden Gebäudes in kürzester Zeit geplant. Nach Ansicht des Gemeinderates genügt diese Wirtschaft vollauf für den Bedarf nicht nur der Einheimischen, sondern auch der fremden Sommer- und Wintersportgäste.

(29. Mai 1930, Bgm. Josef Kogler)

Ein neuerliches Gesuch wird zwei Jahre später wiederum abgelehnt, nun mit einer etwas anderen Begründung, in der ganz unverhüllt die finanziellen Interessen der Filzalpinteressentschaft vertreten werden:

Nach eingehender Besprechung der Angelegenheit wird beschlossen, sich gegen die Erteilung der Konzession auszusprechen. Begründung: Auf der unweit des Gugganwesens gelegenen Filzalpe besteht seit langer Zeit eine Gast- und Schankwirtschaft. Die Filzalpe ist für den Betrieb eines Gasthauses viel günstiger gelegen und ersparen sich die Interessenten infolge der Bewirtschaftung die Entlohnung des Galt-

viehhüters. Durch die Eröffnung eines Ausschankes auf dem Gugganwesen sieht sich die Filzalpinteressentschaft in jeder Weise geschädigt und lehnt daher der Gemeinderat den Antrag ab. (22. Oktober 1932, Bgm. Martin Aschaber)

Ob diese etwas eigenartige Begründung, in der auf den Bedarf mit keinem Wort eingegangen wurde, aus rein rechtlichen Gründen nicht zu halten war oder ob sich im Frühwinter des Jahres eine gute Wintersaison ankündigte, jedenfalls wurde am 11. Dezember 1932 das Gesuch schließlich zum Teil genehmigt:

Wird die Ausübung des Gast- und Schankgewerbes für die Zeit vom 1. Dezember bis 1. Mai bewilligt.

In der direkten Förderung des Fremdenverkehrs war die bäuerlich dominierte Gemeinde Brixen im Thale reichlich zurückhaltend. Zwar war man fallweise zu einer kleinen Naturalleistung bereit, bat aber seinerseits im Gegenzug die Fremdenverkehrsbetriebe zur Kasse:

Ansuchen des Verkehrsvereins Brixen i. Tale: Bezug von Stangen zur Instandsetzung der Gehwege. — Wird der Bezug der notwendigen Stangen aus dem Gemeindewald unentgeltlich bewilligt. Im laufenden Jahr können noch 40 bis 50 Stangen nach Auszeige durch den Waldaufseher geschlägert werden, der notwendige Mehrbezug ist im Herbst 1927 zu schlägern und im Winter 1927/28 abzuliefern.

(6. März 1927, Bgm. Matthias Beihammer)

Ansuchen des Verkehrsvereines um Bewilligung einer Beitragsleistung zur Verbesserung des Harlaßangerweges. Für diesen Zweck werden 2 Festmeter Holz bewilligt.

(21. Oktober 1934, Bgm. Martin Aschaber)

Der von Bürgermeister Beihammer Matthias gestellte Voranschlag (für 1928) wird überprüft und genehmigt. Zur Deckung des Abgangs wird beschlossen, folgende Umlagenprozente einzuheben: . . . . c) zur Fremdenzimmersteuer 100 %.

(8. November 1928, Bgm. Matthias Beihammer)

Betreff Herstellung eines Gehweges von Hof bis Lauterbach längs der im Bau befindlichen Brixenthalerstraße. — Wird beschlossen, zu den Baukosten eines Gehweges von Hof bis Lauterbach einen Betrag von Schilling 2. 000 vorschußweise zur Verfügung zu stellen. Bedingungen: Die Fremdenverkehrsinteressenten sind durch das Gemeindeamt zu veranlassen, einen freiwilligen Betrag von etwa 1500 Schilling zu den Baukosten des Gehweges zu leisten. Andernfalls behält sich der Gemeinderat die Eintreibung von Abgaben auf Grund des Fremdenverkehrsgesetzes vor.

(3. Februar 1929, Bgm. Johann Sieberer)

Mehr als die Hebung des Fremdenverkehrs scheint dem Gemeinderat bei der Behandlung folgender Konzessionsansuchen die Bewahrung von Zucht und Sitte im Ort am Herzen gelegen zu sein:

Gegenstand ist . . . das Ansuchen der Katharina Krimbacher um Verleihung der Konzession zum Betriebe des Gast- und Schankgewerbes in den Sommermonaten. Nachdem die Gefertigten in der Ausübung dieses neuen Gewerbes nur einen nachteiligen Einfluß auf das Wohl der Gemeinde im vornhinein erblicken müssen und mit Rücksicht, daß Brixen i. Th. sonst mit Schank- und Gastgewerben gut versorgt ist, können sie ihr Gutachten und Zustimmung nicht abgeben und ersuchen die k. k. Bezirkshauptmannschaft diese Konzession nicht erteilen zu wollen.

(7. April 1907, G. Vst. Martin Aschaber)

Betreff: Ausübung des Schankgewerbes im Brixenbach (Gesuch der Interessentschaft — Zeit vom 1. V. bis 31. X. liegt vor). Beschlossen wird: das Gesuch (wird) aus prinzipiellen Gründen, da dieser Ausschank für die Allgemeinheit schädlich ist, abzuweisen und diesen Ausschank für die Zukunft nicht mehr zu bewilligen.

(13. April 1913, G. Vst. Johann Schermer)

Betreff Ausdehnung der Konzession für das Gastgewerbe des P. P. Pfeifhofer auf das ganze Jahr. Wird beschlossen, die Konzessionsausdehnung nicht zu befürworten, da kein Lokalbedarf für das Gastgewerbe vorhanden ist und hiedurch nur die Nachtschwärmerei der jungen Burschen gefördert werde.

(3. April 1921, Bgm. Christian Beihammer)

Auf die Wirte hatte man auch sonst ein wachsames Auge, wie folgende Preisfestsetzung aus einer Zeit stabiler Geldwertverhältnisse zeigt. Die damit gekoppelte raffinierte Sanktionsdrohung war sicher nicht unwirksam:

Betreff: Tarif für Wirte: 1 Liter Bier 44 Heller; 1 Liter Wein 96 Heller; 1 Würstl 14 Heller; das Stückl Fleisch 48 Heller; Voressen und Suppen 14 Heller. Beschlossen wird, gesetzt den Fall (daß) die Wirte mit den Getränke- und Speisetarifen nicht zurückfahren, hebt die Gemeinde eine neuerliche Umlage von 400 Kronen zugunsten des Armenfonds ein. Frist wird 1 Monat gegeben (1. VI.) und der Betrag wird am 1. Mai 1911 eingehoben. Ferner hat jeder Bauer, wenn er eine Totenzehrung abhält, 50 Kronen in die Armenkasse zu entrichten, falls die Wirte mit den Preisen nicht zurückfahren. — Anmerkung zu diesem Punkt: Mit den 50 Kronen ist Josef Straif nicht einverstanden.

(1. Mai 1910, G. Vst. Johann Schermer)

Wurde 1910 noch um Heller gefeilscht, so lernten die Gemeindeväter gut zehn Jahre später mit großen und immer größeren Zahlen jonglieren:

Wird beschlossen, für eine Freinacht bis Mitternacht 500 Kronen, für jede weitere Stunde 200 Kronen einzuheben. Diese Gebühr wird bei allen Angelegenheiten, wo eine Tanzmusik fungiert, eingehoben. (16. Jänner 1921, Bgm. Christian Beihammer)

Schon im Februar des darauffolgenden Jahres wird mit dem Waldaufseher ein gleitendes Entlohnungsschema vereinbart:

Werden für Jänner 2.000 Kronen, für Feber 2.000 Kronen, für März 4.000 Kronen im Einverständnis mit dem Waldaufseher festgesetzt. Für die folgenden Monate wird der (!) Gehalt von Monat zu Monat festgesetzt.

(28. Februar 1922, Bgm. Christian Beihammer)

Nur zum Vergleich: im Mai 1906 wollte man für den halben Anteil der Kirche am „Schulhaus mit Garten, Waschküche, Anger und Schweinestall" höchstens 6.000 Kronen zahlen.

Schon im September 1922 wurde von der Gemeinde um ein Darlehen von 10 Millionen Kronen angesucht „zur Deckung der laufenden Gemeindeausgaben".

Wie man sich aber auch in diesen schwierigen Zeiten zu helfen wußte, zeigt ein Beschluß vom 25. Februar 1923, in dem das Nutzungsrecht der Gsengbrennhütte „nach der Goldparität für 3 Jahre mit einem Ausrufungspreis von 50 Goldkronen versteigert" werden sollte, wobei dem Pächter zugleich die Verpflichtung auferlegt wurde, die Hütte „auf seine Kosten mit 5 Millionen Kronen bei der Tiroler Landes-Assekuranz versichert zu halten". Die 50 Goldkronen und die 5 Millionen Papierkronen in einem Beschluß sprechen eine deutliche Sprache. Am 17. Juni 1923 erhielt die Musikkapelle zur Uniformierung einen Zuschuß von der Gemeinde von 2 Millionen Kronen, und am 24. Februar 1924 wurde der Ankauf einer Trompete mit 600.000 Kronen subventioniert. Die Zuerkennung des Heimatrechtes kostete am 13. Jänner 1924 den Frankbauer Johann Heidegger eine Gebühr von 500.000 Kronen. Wie schwer diese Inflation die Bevölkerung damals getroffen hat, zeigen die vielen Ansuchen um Unterstützung; solche Gesuche gab es zwar auch zu anderen Zeiten — solange es keine allgemeine Sozialversicherung gab, waren der Armenfonds und der Armenvater in einer Gemeinde nicht wegzudenken —, aber in den Jahren 1922—1925 nahm ihre Zahl in erschreckender Weise zu.

Mit der Schillingwährung hörten zwar die inflationären Zahlenspielereien auf, doch die Politik des knappen Geldes ließ die allgemeine Not kaum kleiner werden:

Einführung von Wohlfahrtsmarken zur Bekämpfung des Bettelunwesens. — Der Gemeinderat beschließt, für die Wanderburschen eigene Wohlfahrtsmarken anzufertigen, die von denselben bei den Brixner Kaufleuten für Lebensmittel und Rauchutensilien (!) eingetauscht werden können.

(18. November 1933, Bgm. Martin Aschaber)

Besitzende konnten nun für ihr gutes Geld wieder günstig einkaufen:

Ansuchen der Frau Anna Trabosenig um käufliche Überlassung eines Grundteilstückes vor ihrem Hause. — Frau Trabosenig kann den angesprochenen Grund um S 2,— pro m² erhalten. Einen niedrigeren Preis kann die Gemeinde nicht bewilligen.

(12. Mai 1934, Bgm. Martin Aschaber)

Die 10 Schilling, die am 13. Jänner 1935 auf Antrag des Oberlehrers Franz Frey „für eine Jause für die Chorsänger" bewilligt wurden, stellten also den Gegenwert von 5 m² Grund in Ortslage dar; von einem ähnlichen Äquivalent können die Chorsänger heute nur träumen.

Fast bei jeder Gemeinderatssitzung waren Ansuchen um H o l z b e z u g aus den Gemeindewaldungen (Reichholz) zu behandeln, meist Routineangelegenheiten geringer Bedeutung. Als jedoch die Gemeinde daranging, ihre finanzielle Notlage in den zwanziger und beginnenden dreißiger Jahren durch übermäßigen Holzeinschlag zu bessern, wurden solche Ansuchen plötzlich brisant. Daß manche den Verdacht hegten, es würde fallweise mit ungleichem (Holz-)Maß gemessen, läßt der Gemeinderatsbeschluß vom 27. April 1939 unter Bgm. Alois Wahrstätter vermuten. In einem Aufwaschen wurden insgesamt 61 Holzbezugsbeschränkungen verfügt mit einer Laufzeit bis zu 30 Jahren (!).

Ein Kapitel ganz eigener Art, das uns Heutigen besonders schwer verständlich ist, waren die gar nicht so seltenen A u s w e i s u n g e n von Gemeindebewohnern. Da dabei in den Begründungen meist sittliche Kriterien angeführt sind, sieht uns das ganze sehr nach Selbstgerechtigkeit, Engstirnigkeit und Hartherzigkeit aus. Solche Haltungen mögen dabei nicht ganz gefehlt haben — nicht alle Brixentaler sind so lustig, umgänglich und lebensfroh, wie sie sich selbst gern sehen —, auch mag die eine oder andere Ausweisung als Bestrafung gedacht gewesen sein, aber im großen und ganzen waren das wohl vorbeugende Maßnahmen, die man vor dem Hintergrund des damaligen Heimatrechtes sehen muß. Es verpflichtete die Gemeinden zum Unterhalt mitteloser Gemeindebürger, vor allem auch der ledigen Kinder. Aus Angst vor finanziellen Belastungen war man daher nur allzu rasch bereit, alle jene, die sich nicht in das allgemeine Verhaltensmuster fügten und somit irgendwie Außenseiter waren, rechtzeitig abzuschieben, bevor sie unter Umständen der Gemeinde zur Last fallen konnten. In Gang gehalten wurde diese gewiß nicht schöne Vorgangsweise vor allem dadurch, daß alle Gemeinden so handelten; großzügige Toleranz einer einzelnen Gemeinde hätte unabsehbare Folgen für diese gehabt. Daß diese Praxis bis ins Jahr 1937 beibehalten wurde, also bis in eine Zeit, in der die alten strengen Moralauffassungen schon stark verwässert waren, ist ein deutlicher Hinweis darauf, daß mehr rechtliche und finanzielle Erwägungen dahinterstanden als moralische:

Gegenstand: die beabsichtigte Ausweisung der Katharina Krimbacher, geb. Gröderer, Inwohnerin zu Obing. — Nachdem bereits erhoben ist, daß dieselbe einen bescholtenen, unsittlichen Lebenswandel führt, wird die Ausweisung dieser Person nach § 11 der Gemeindeordnung aus der Gemeinde Brixen i. Th. für immer beschlossen und ihr ein 14tägiger Rekurs an die k. k. Bezirkshauptmannschaft freigestellt. (4. Juni 1905, G. Vst. Simon Straif)

Betreff Ausweisung des Holzknechtes Eder Josef und der Brandauer Maria. — Wird beschlossen, Nebengenannte wegen Erregung öffentlichen Ärgernisses aus dem Gemeindegebiet auszuweisen. (13. März 1921, Bgm. Christian Beihammer)

Betreff Ausweisung des Matthias Schießl. — Wird beschlossen, die Ausweisung wegen feuergefährlicher Handlungen zu beantragen.

(29. Mai 1921, Bgm. Christian Beihammer)

Betreff Dablander Franz Josef, Maurer und Hilfsarbeiter, wohnhaft beim Pölt. Ausweisung aus dem Gemeindegebiete — wird beschlossen, den Genannten wegen ärgerniserregendem Lebenswandel für immer aus dem Gebiete der Gemeinde Brixen im Tale auszuweisen. Gründe! (29. Oktober 1927, Bgm. Matthias Beihammer)

Betreff: Ausweisung des Obermüller Michael. — Der hier wohnhafte Michael Obermüller hat durch sein Verhalten in der Gemeinde des öfteren Ärgernis erregt und so störend in die Öffentlichkeit eingegriffen. Aus diesem Grund beschließt der Gemeinderat einstimmig lt. § 22 der G. O., für Obermüller Michael und Familie das Verbot des Aufenthaltes im ganzen Gemeindegebiet Brixen im Tale zu verfügen.

(24. Juni 1934, Bgm. Martin Aschaber)

Betreff Eigl Karl, Ausweisung aus dem Gem. Gebiet Brixen i. T. — Der hier wohnhafte Karl Eigl, Schmiedmeister, lebt schon viele Jahre im Konkubinat. Aus diesem Grund sieht sich die Gemeinde veranlaßt, dem Genannten den Aufenthalt im Gemeindegebiet Brixen im Thale zu verweigern.

(12. August 1934, Bgm. Martin Aschaber)

Antragstellung betr. Ausweisung der Elisabeth Opperer, welche mit Krimbacher Vitus im Konkubinat lebt. — Der Gemeinderat beschließt, dem Ausweisungsantrag Folge zu geben und die Ausweisung der Genannten zu veranlassen.

(6. Mai 1937, Bgm. Christian Beihammer)

Behutsam ging man bei der Zuerkennung des Heimatrechtes vor und noch zurückhaltender war man bei der Verleihung der Ehrenbürgerwürde. Wir wollen nur jene zwei Fälle herausgreifen, in welchen die Brixner Gemeinderäte in der hohen Politik — wohl von oben her aufgefordert — mitzumischen suchten:

Betreff: Otto von Habsburg, Ernennung zum Ehrenbürger der Gemeinde Brixen im Thale. — Im freudigen Einverständnis ernennt der Gemeinderat Brixen im Thale Otto von Österreich zum Ehrenbürger. Diese Ernennung soll einen feierlichen Protest gegen die ungerechten Ausnahmsgesetze gegen das Haus Habsburg vorstellen. Auch soll es ein Akt der Dankbarkeit gegen den Träger der Krone Österreichs sein. So möge denn dies eine kleine Genugtuung für die durchlauchte Witwe unseres verstorbenen Kaisers Karl und seine Kinder sein und möge Gott der Gerechte das dem Haus Habsburg zugefügte Unheil zum Besten wenden. Gott erhalte, Gott schütze die kaiserliche Familie. (20. November 1932, Bgm. Martin Aschaber)

Schon in der zweiten Sitzung nach der Machtübernahme wurde diese Verleihung rückgängig gemacht:

Antrag betr. Zurückziehung des Ehrenbürgerrechtes Otto von Habsburg. — Die Landeshauptmannschaft genehmigt den bezüglichen Antrag und ist somit Otto von Habsburg aus der Liste der Ehrenbürger von Brixen im Tale gestrichen.

(23. August 1938, kommissar. Bgm. Christian Beihammer)

Die Einflüsse von außen sind sowohl bei der Verleihung wie auch bei der Rücknahme deutlich zu spüren. Anders war es bei einer ebenfalls politisch motivierten Ehrenbürgerernennung etwa 80 Jahre früher (Pfarrarchiv Brixen i. Th., Kart. 35).

Auf Betreiben des damaligen Dekans und Gemeinderates Alois Schmid wurde 1855 einem Beamten des Großherzogtums Baden, der im sogenannten badischen Kirchenkampf (1852—1855) wegen seiner katholischen Einstellung seine Stelle verloren hatte, in Brixen das Bürger- und Domizils-Recht erteilt:

Den Wohlgeborenen Herrn (Joseph) Wedekind großherzogl. Badischen Amtmann zu Stühlingen — der wegen seiner kathol. Überzeugung von der großherzogl. Badischen Regierung seines Amtes entlassen wurde — hat die freie Gemeinde Brixen im Brixenthale k. k. Bezirksamt Hopfgarten im Lande Tirol durch einhelligen Beschluß zu ihrem Gemeinde-Mitglied aufgenommen und erteilt demselben als ihrem Ehrenbürger das Domicilsrecht. (14. Jänner 1855, G. Vst. Leonhard Stöckl)

Neben den schon erwähnten routinemäßigen Holzbezugsansuchen, die in fast keinem Protokoll fehlen, und neben den Anträgen auf Übernahme von Verpflegskosten für ledige Kinder und solchen auf Gewährung von Unterstützungen für mittellose Einwohner sind es vor allem Anträge der örtlichen Vereine, die mit einer gewissen Regelmäßigkeit auftauchen. Vereine brauchten immer schon Geld um bestehen zu können, anderseits braucht aber auch jede dörfliche Gemeinschaft solche Gruppierungen, die die soziale und wirtschaftliche Gliederung (nach Vermögen, Berufsgruppen, Parteizugehörigkeit usw.) überlagern und ausgleichen. Im Berichtszeitraum waren Schützengilde, Schiklub, Hofer-Eisschützen, Theatergesellschaft und Obstbauverein mit je einem Gesuch vertreten, der Kirchenchor mit drei, die Feuerwehr mit sieben, die Musikkapelle mit elf. Im folgenden sollen nur ein paar Beispiele angeführt werden, die über den aktuellen und heute längst überholten Anlaß hinaus Interesse beanspruchen dürfen.

Mit der Freiwilligkeit der Feuerwehr war es 1908 nicht allzuweit her, wie ein Beschluß der Hauptversammlung der freiwilligen Feuerwehr Brixen i. Th. vom 8. März 1908 beweist, den der Gemeinderat am 23. August d. J. zum eigenen Beschluß erhob:

Jeder Hausbesitzer, welcher 10 Kronen Steuern (oder Zuschlag) zahlt und sein Gebäude im Bereiche der Zukömmlichkeit (!) mit Spritzen und Wagen stehen (hat), hat zu jeder Feuerwehrprobe, welche ortsüblich bekanntgegeben wird, einen Mann zu stellen, oder falls dieser Bestimmung ein Hausbesitzer nicht nachkommt, ist über ihn eine Geldstrafe und zwar nach dreimaligem Ausbleiben (bzw. nicht Entsendung eines Mannes) von 5 Kronen zu verfügen, welcher Betrag in die Feuerwehrkasse zu fließen hat. — Obiger Beschluß der Feuerwehr wird als Gemeindeausschußbeschluß heute in dieses Protokoll aufgenommen. (23. August 1908, G. Vst. Johann Schermer)

Viel detaillierter und rigoroser wurde die Zwangsverpflichtung im Jahre 1927 dekretiert:

Betr. freiwillige Feuerwehr; Regelung der Mitgliedschaft und Festsetzung der Pflichten der Mitglieder. — Beschluß: Um die h. o. Feuerwehr in die Lage zu setzen, den jeweils an sie herantretenden Aufgaben entsprechen und deren Schlagfertigkeit erhöhen zu können, wird folgendes beschlossen:

1.) Jeder Besitzer oder Pächter eines Hauses im Gemeindegebiete (siehe Pkt. 2), zu welchem die Möglichkeit der Zufuhr mit den Feuerlöschgeräten besteht, hat eine männliche Person, die wenigstens das 16. Lebensjahr vollendet hat, als Mitglied der Feuerwehr aufnehmen zu lassen. Hat ein Besitzer in diesem Gebiete 2 oder 3 Hausnummern, so hat er 2 Personen, hat ein Besitzer mehr als 3 Hausnummern in diesem Gebiete, so hat er 3 Personen zu stellen.

2.) Das im Absatz 1.) angeführte Gem. Gebiet umfaßt folgende Ortsteile und Häuser: die Ortschaft Lauterbach (oberste Häuser Hammerschmied u. Wagner), Brixen Dorf, Weiler Hof (mit allen zwischen diesen, an der Straße gelegenen Einzelhäusern), Weiler Vordermoosen, Vorderochsenweide HNr. 36 und Hinterochsenweide HNr. 35, Villa Friedheim HNr. 209, Troihäusl HNr. 75, Grabnerbauer HNr. 93, Jagerbauer HNr. 155 u. 155a, Weiler Feuring, alle Häuser in der Brandschön (mit Ausnahme der Häuser Sonnleit, Brand, Brunn, Vorderu. Hinterzöpfl), Messerling HNr. 122 u. 173, Götschenhäusl HNr. 172, Lederer HNr. 142, Exenberger Peter HNr. 212, Strasserbauer HNr. 92, Badhaus HNr. 107 u. 199, Stölln HNr. 192, Weiler Achenberg (mit Ausnahme des Kranzbauer) und Grittlmühle HNr. 29, 197 u. 216.

3.) Jeder Hausbesitzer hat die von ihm als Feuerwehrmitglied bestellte Person dem Feuerwehr-Kommando, zwecks Eintragung in die Mitgliederliste u. Einreihung, sowie Aufnahme in die Versicherungsliste u. Beteilung mit Feuerwehrpässen, alljährlich spätestens im Monate Februar bekanntzugeben. Weiters hat jeder Hausbesitzer dafür Sorge zu tragen, daß das von ihm bestellte Feuerwehrmitglied zu den jeweils stattfindenden Proben u. Übungen bestimmt u. rechtzeitig erscheint..

4.) Hausbesitzer, welche den bestehenden Bestimmungen nicht entsprechen, oder deren von ihnen bestellte Personen durch den Zeitraum eines Kalenderjahres an keiner der ortsüblich u. rechtzeitig bekannt gegebenen Proben (Übungen) teilnehmen, werden mit 50 Schillingen bestraft! Bleibt ein Mitglied im vorgenannten Zeitraum zwei oder mehr Proben fern, so hat eine Geldstrafe von 10. Sch. Platz zu greifen.
Die Strafbeträge haben in die Feuerwehrkasse zu fließen.

5.) Von vorstehenden Verpflichtungen sind jene Hausbesitzer befreit, in deren Familie Dienst- oder Arbeitspersonal eine männliche Person, im Alter von 16 Jahren, nicht vorhanden ist.

6.) Wer sich durch diesen Beschluß beschwert fühlt, kann binnen 14 Tagen gegen denselben bei dem gefertigten Amte schriftlich Einspruch erheben oder seine Einwendungen mündlich zu Protokoll geben.

(13. Februar 1927, Bgm. Matthias Beihammer)

Einige Ansuchen der Musikkapelle wurden schon im Zusammenhang mit der Inflation erwähnt, z. B. der Beitrag der Gemeinde zur Uniformierung in der Höhe von 2 Millionen Kronen (17. 6.1923) oder die 600.000 Kronen für den Ankauf einer Trompete (24. 2. 1924). So „freigebig" waren die Gemeindeväter zwar in der Folgezeit nie mehr, aber eine offene Hand hatten sie immer für ihre Musik; sie fühlten sich allerdings auch manchmal dazu gedrängt, ein wenig auf Ordnung zu achten und Zweckentfremdungen hintanzuhalten:

Betr. Subvention für Musikkapelle (Ankauf von Instrumenten). — Wird der notwendige Betrag zum Ankauf folgender Instrumente genehmigt: 1 Baß, 1 Flügelhorn 1 Klarinette. Für die von der Gemeinde angekauften Instrumente ist ein Inventar zu führen. (29. Mai 1926, Bgm. Matthias Beihammer)

Betreff: Musikkapelle Brixen im Tale, Ansuchen um Bewilligung eines Beitrages zum Ankauf einer alten Brixentalertracht für die Mitglieder der Musikkapelle. — Wird beschlossen, für diesen Zweck einen Betrag von S 1.500 zu bewilligen. Dieser Betrag ist in 3 Raten bis längstens 31. Dezember 1930 aus der Gemeindekasse zu bezahlen. Weiters wird beschlossen, die Bürgschaft für denjenigen Betrag der Anschaffungskosten für die Tracht, welcher aus den Spenden und dem Beitrage der Gemeinde nicht gedeckt werden kann, zu übernehmen. Die Musikkapelle hat über die gesamten der Musik gehörigen Instrumente und Bekleidungsstücke ein Inventar anzulegen und laufend evident zu halten. Weiters ist Herr Kapellmeister Oberlehrer Frey zu ersuchen, besonders darauf zu achten, daß die Kleidungsstücke, besonders die Schuhe, nicht für andere Zwecke verwendet werden und für eine möglichst sorgfältige Erhaltung Sorge getragen wird. (11. Mai 1930, Bgm. Josef Kogler)

Eine alte Brixentaler Tracht ist es zwar nicht geworden, sondern eine Egerländer Tracht, wofür wohl der aus dem Egerland stammende Kapellmeister, Oberlehrer Franz Frey verantwortlich war. Die Tracht war aber so kleidsam und gefiel mit ihren kurzen Joppen und niederen Hüten so gut, daß das Bedauern allgemein war, als nach dem Zweiten Weltkrieg die Brixner Musik eine originale Brixentaler Talschaftstracht erhielt.

Eher zugeknöpft gab sich die Gemeinde bei der Entlohnung des Kapellmeisters. Der oben genannte Oberlehrer Franz Frey erhielt für das Jahr 1926 eine Entschädigung von 60 Schilling zugesprochen. Das war für zwölf Monate Arbeit der Gegenwert von zwölf Hundesteuerbeträgen bzw. von zweieinhalb Monaten Verpflegskosten im Armenhaus (die Hundesteuer betrug damals 5 Schilling, die täglichen Verpflegskosten im Armenhaus betrugen 80 Groschen). In der Folgezeit wurde die Entschädigung zwar dann auf 100 Schilling pro Jahr aufgebessert, doch als Lehrer Frey 1931 stattdessen eine Naturalleistung anstrebte, war der Bescheid negativ:

Ansuchen des Herrn Oberlehrer Franz Frey um freie Überlassung der Wohnung als Entschädigung für die Leitung der h. o. Musikkapelle. — Wird beschlossen, das Ansuchen nicht zu bewilligen und die jährliche Entschädigung für die Kapellmeisterstelle mit S 100,— zu belassen.   (8. Oktober 1931, Bgm. Josef Kogler)

Sich auf längere Zeit zu binden, scheute man auch in anderem Zusammenhang:

Ansuchen der Musikkapelle Brixen i. Tale. . . . wegen Musikantenmangel einem in Hopfgarten wohnhaften Musikanten in Brixen i. T. Arbeit zu verschaffen, bzw. wäre Auer Andrä Tischlermeister bereit, demselben Arbeit zu geben, falls die Gemeinde die Bezahlung der Krankenkassekosten übernimmt. — Dieses Ansuchen muß prinzipiell abgelehnt werden.   (29. März 1937, Bgm. Christian Beihammer)

Da der aktenkundige Musikantenmangel die vorhandenen Musikanten offensichtlich über Gebühr beanspruchte, brachte die Musikkapelle ein paar Monate später das Gesuch ein, ihr sollte für jedes Ausrücken ein Faß Bier bewilligt werden. Dem Gesuch wurde stattgegeben, allerdings mit zwei wesentlichen Einschränkungen:

Der Gemeinderat beschließt, im Falle die Gemeinde ein Ausrücken für notwendig befindet, ein kleines Faß Bier zu bewilligen.

(6. Juni 1937, Bgm. Christian Beihammer)

Das ist „beste" Brixner Gemeinderatstradition: Notwendiges wird nicht abgelehnt, aber die Kosten werden gedrückt und die eigene Entscheidungsbefugnis gewahrt.

Sebastian Posch

Kirche und Kunst

Über die Entstehung der Seelsorge, über Entwicklung und Bedeutung der Ur- und Mutterpfarre Brixen im Thale hat Matthias M a y e r in seinem großange- legten Werk „Der Tiroler Anteil des Erzbistums Salzburg" ausführlich gehandelt; am ausführlichsten natürlich im 1. Band „Brixen i. T." (S. 18—59). Aber auch in den Folgebänden, die den Pfarreien des Dekanates Brixen gewidmet sind, kommt diese Thematik immer wieder zu Sprache, fällt manches Streiflicht auf Brixen zu- rück. Zur Abrundung des Bildes trug schließlich jenes Ergänzungsheft „Entste- hung und Alter der Pfarren und Kirchen im Tiroler Anteil des Erzbistums Salz- burg" bei, das Mayer 1959 veröffentlichte.

Wenn sich auch in allerletzter Zeit im Gefolge verschiedener Kirchengra- bungen das Bild ein wenig stärker differenziert hat und manche Lücken in der schriftlichen Überlieferung geschlossen werden konnten, so daß die Rolle der Ur- und Mutterpfarren von manchen etwas anders eingeschätzt wird als früher, sind doch die Ergebnisse weithin gültig geblieben, die Mayer mit seiner sorgfältigen, auf gründlichster Archivkenntnis basierenden Arbeitsweise erzielt hatte. Eine neue Gesamtbehandlung schien daher weder nötig noch möglich. Sinnvoll scheint uns allerdings eine Ergänzung im Bereich des Bildmaterials zu sein, wo sich Mayer auf das Notwendigste hatte beschränken müssen. Das soll im Folgenden für sein Kapitel „Die Geistlichkeit" (S. 37—54) geschehen, damit das dort zusammen- getragene wertvolle biographische Material über die in Brixen wirkenden Geistli- chen (Pfarrherrn, Vikare, Provisoren, Kooperatoren) fallweise durch ein Porträt vertieft und erweitert werde. Die großteils qualitätvollen Bilder hängen als eine Art „Ahnengalerie" im Dechantshof (Pfarrsaal, Bibliothek, Gang im 1. Stock).

Als knappen historischen Rahmen geben wir eine Liste der Brixner Pfarr- herrn bei, die allerdings für die ganz frühen Zeiten eine große Anzahl von Lücken aufweist und bisweilen nur ungefähre Zeitangaben bieten kann. Es ist aber trotz allem eine stattliche Liste; hinter den 52 Namen stehen Männer, die die Entwick- lung unserer Gemeinde weit über den religiösen Bereich hinaus beeinflußt und maßgeblich mitgestaltet haben. Wer sich eingehender informieren möchte oder Angaben über Vikare, Provisoren und Kooperatoren sucht, wird nach wie vor „den Mayer" aufschlagen müssen.

Liste der Brixner Pfarrherrn

1. Swithard (um 1165)
2. Heinrich (zwischen 1212 und 1242)
3. Otto (um 1281—nach 1308)
4. Chunrad Panholzer (um 1327)
5. Magister Hermann von Babenberg (Hermann Rab) (1331—nach 1336)
6. Philipp (um 1355)
7. Hartwich (um 1368)
8. Dietrich der Zuern (1370—nach 1389)
9. Martin (?—1399)
10. Hans Horngacher (1419—etwa 1430)
11. Liebhard Tyrlinger (nach 1430)
12. Wilhelm Taz (etwa 1442—1484)
    Stifter der nach ihm benannten Bibliothek (s. dazu S. 202 ff.)
13. Hans Lescher (1484—1488)
14. Dr. iur. can. Bernhard, Herr von Pollheim zu Wartenberg (1492—1504)
15. Christof Mandl (?—1518)
16. Leonhard, Graf von Schermperg (um 1525)
17. Matthäus Lang (1541—1551)
18. Matthäus Schmeckenpfrill (1551—1552)
15. Georg Stöckl (1552—1555)
20. Dr. Matthäus Anfang (1555—1566)
21. Johann Jakob Rottmayr (1566—1574)
22. Mag. theol. Adam Schreindl (1574—1591)
23. Baccal. theol. Matthäus Fleischmann (1591—1592)
24. Dr. iur. utr. Ulrich Rasler (1592—1602)
25. Dr. iur. utr. Johann Kurz (1602—1613)
26. Sebastian Perstell (1613—1615)
27. Anton Ramponi (1626—1646)
28. Baccal. theol. Johann Straub (1646—1652) (Inv. Nr. 39)
29. Georg Eberle (1653—1657)
30. Maximilian Schraz (oder Schroz, richtig wohl von Strozzi) (1657—1673)
31. Lic. theol. Simon Felix Berti (1673—1703) (Inv. Nr. 36, Farbtafel VIII)
32. Franz Xaver de Berti (1703—1712)
33. Dr. theol. Johann Josef Schmid (1712—1733) (Inv. Nr. 40)
34. Cand. theol. et iur. utr. Johann Michael Pauer (1733—1754) (Inv. Nr. 34, Farb-
    tafel VII)
    Errichter der Franz-Xaveri-Bruderschaft
35. Martin Mayrl (1755—1765) (Inv. Nr. 13)
36. Cand. theol. et. iur. utr. Johann Georg Voglsanger (1766—1770) (Inv. Nr. 32)
37. Bartlmä Gauxer (1770—1795) (Inv. Nr. 12)
    Gründer des Benefiziums und der Kirche in Aschau
38. Sebastian Schlechter (1795—1803, seit 1792 Provisor) (Inv. Nr. 7)
    Leiter des Kirchenneubaues

Baccal. theol. Johann Straub

Dr. theol. Johann Josef
Schmid

Martin Mayrl

Cand. theol. et iur. utr.
Johann Georg Voglsanger

Bartlmä Gauxer

Sebastian Schlechter

Wolfgang Hechenberger

Georg Hausmann

Josef Rupprechter

Josef Schober Simon Schmid Wolfgang Klaushofer

Augustin Schlager Balthasar Pfisterer Johann Feyersinger

Wappen Johann Feyersinger

Michl Sauer.
1734 - 1754.
... ir ... Xav.
...uderschaft.

1754. Die 2 Decemb:

ÆTATIS SVÆ 57.

...dnis des Pfarrers
Johann Michael
...er (1734—1754)
Inv. Nr. 34
...oto R. Frischauf)

Bildnis des Pfarr
Simon Felix von
Berti (1675—170
Inv. Nr. 36
(Foto R. Frischa

39. Wolfgang Hechenberger (1804—1821) (Inv. Nr. 20)
    Erster Dechant von Brixen (1812)
40. Georg Hausmann (1821—1839) (Inv. Nr. 6)
41. Alois Schmid (1840—1860)
    Deputierter bei der Nationalversammlung in Frankfurt (1848)
42. Josef Rupprechter (1862—1868) (Inv. Nr. 10)
43. Josef Schober (1869—1876) (Inv. Nr. 11)
44. Simon Schmid (1877—1892) (Inv. Nr. 9)
45. Wolfgang Klaushofer (1892—1894) (Inv. Nr. 3)
46. Augustin Schlager (1894—1896) (Inv. Nr. 8)
47. Josef Kiederer (1896—1910)
48. Alois Gstrein (1911—1929)
49. Balthasar Pfisterer (1929—1936) (Inv. Nr. 14)
50. Johann Feyersinger (1936—1959) (Inv. Nr. 15)
    In seiner Zeit erfolgte die Anschaffung der farbigen Glasfenster und der
    neuen Glocken
51. Christian Gasser (1959—1973)
    Innenrenovierung der Kirche
52. Herbert Haunold (ab 1973)
    Ausgrabungen im Kirchenbereich, Verlegung eines neuen Kirchenbodens,
    neue Kirchenbänke, Außenrenovierung der Kirche, Generalsanierung des
    Pfarrhofes

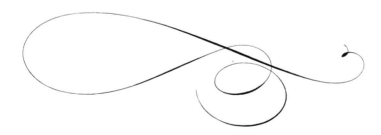

Die Bruderschaften in Brixen

Von Johannes Neuhardt

Es gehört zu den großen Ausnahmefällen im Tiroler Unterland, daß im nicht städtischen Milieu, worum es sich in Brixen ja handelt, schon im Spätmittelalter uns Nachrichten über Bruderschaftswesen erhalten sind. Die nicht dem geistlichen Stande angehörigen Christen, das Volk Gottes der Laien, hatte damals keine andere Möglichkeit sich zu organisieren, als einer Bruderschaft beizutreten[1]. Zunächst haben diese für die einzelnen Berufsgruppen alle lebenswichtigen Aufgaben zu regeln. Besonders bei dem Berufsstand der Knappen spielte dies in unserer Gegend eine große Rolle. Die Aufnahme in den Berufsstand und die Einhaltung der Zunft- oder Bruderschaftsfeste bis hin zur sozial-caritativen Versorgung der durch Alter, Krankheit oder andere Schicksalsschläge arbeitsunfähig gewordenen Gewerken und deren Witwen war durch die Bruderschaft geregelt. Daneben gab es aber auch Bruderschaften mit rein religiöser Zielsetzung: der Verehrung des Altarsakramentes (die Gotts-Leichnams-Bruderschaften), die Marianischen Bruderschaften und solche, die eine besondere sozial-caritative Zielsetzung haben: die Bestattung der Toten, die Pflege der Pestkranken oder die Betreuung der Pilger auf den Fernstraßen in das Heilige Land, nach Santiago di Compostela oder nach Rom.

Dieses Bruderschaftswesen erfuhr nun in der Gegenreformation eine grundlegende Wandlung. Nunmehr wurden nicht die ständisch organisierten Vereinigungen gepflegt — deren Aufgaben haben inzwischen längst staatliche Institutionen übernommen —, von jetzt an ist die religiöse Basis allein tragend und die Mitgliedschaft den katholischen Christen allgemein zugänglich. Allen voran dominieren nun die Marianischen Bruderschaften, vor allem unter dem Titel der Rosenkranz- bzw. der Scapulierbruderschaften. Modellhaften Charakter hierbei hatte die 1621 in Kitzbühel von den Dominikanern gegründete Rosenkranzbruderschaft[2]; nach deren Muster wurden mehr als zwei Dutzend solcher Vereinigungen im Raume der Erzdiözese Salzburg ins Leben gerufen. Bei der Wiederbelebung des religiösen Lebens, aber auch Gründung oder Aufrechterhaltung einer Wallfahrt am Ort waren die Bruderschaften das eigentliche Rückgrat dieser Bewegungen. Allen diesen Bruderschaften war gemeinsam, daß sich das betreffende Mitglied beim Einschreiben in das Bruderschaftsbuch verpflichtete, über die gewöhnlichen Christenpflichten hinausgehende Frömmigkeitsübungen (tägliches Rosenkranzgebet oder Anbetung des Allerheiligsten), Beteiligung bei besonderen Bruderschaftsfesten (Prozessionen) und Werke der Nächstenliebe zu üben. Auch zu Wallfahrten traten die Bruderschaften geschlossen auf. Zudem inszenierten sie zumeist eigene religiöse Spiele, die von weit und breit besucht wurden und den gesellschaftlichen Höhepunkt im Leben des betreffenden Ortes darstellten. Durch die Mitgliedsbeiträge, Spenden und letztwilligen Vermächtnisse wurden die Bruderschaften überaus finanzkräftig, so daß sie nicht nur eigene Altäre errichten konnten, sondern aus ihrem stets in Eigenverwaltung stehendem Vermögen beträchtliche Summen für Kirchenbauten und andere Notfälle (meistens auf Nimmerwiedersehen) ausleihen konnten.

In Brixen hören wir nun in vorreformatorischer Zeit von drei Bruderschaften[3]:

Die Sebastiansbruderschaft. Sie hat ihren Sitz in der gleichnamigen Kapelle am Friedhof in Brixen, die am 30. April 1469 geweiht wurde. Schon am 3. November 1470 stiftete dann Wilhelm Tacz, der damalige Pfarrherr von Brixen, „im Verein mit seinen Pfarrleuten eine ewige tägliche Messe in der Kapelle und Bruderschaft St. Sebastian". Vermutlich war diese Stiftung aber nicht so gut dotiert, daß ein eigener Priester davon hätte leben können; denn 1620 heißt es in der Visitation: „In der Sebastianskapelle wird alle Montage eine hl. Messe gelesen und sonst noch oft im Verlaufe des Jahres."[4] Vermutlich war die Sebastiansbruderschaft für den Dienst an den Kranken gegründet worden. Sonst fehlen alle Nachrichten über diese Bruderschaft; daß aber der rechte große Seitenaltar in der Pfarrkirche auch heute noch diesem Heiligen gewidmet ist und daß von ihm ein eigenes Reliquiar mit Authentik vom 12. April 1768 vorhanden ist, zeugt für die nie ganz erloschene Verehrung dieses Bergbau- und Pestpatrones. Das Reliquiar selbst, eine einfache Gürtlerarbeit mit glattem Fuß und Nodus, doppelt gezacktem Strahlenkranz mit dazwischen gelegten, in Silber getriebenen Rocaillevoluten, entstand etwa in derselben Zeit.

Nur einmal hören wir im 15. Jahrhundert von einer Bruderschaft Unserer Lieben Frau zu Brixen. Am 2. Februar 1464 verkauft Hans Guck, des Lienhardt von Oberguggenhausen seliger Sohn, 1 lb pnr Gilt auf diesem Gute der Lieb-Frauen-Bruderschaft[5].

Ein wenig besser sind wir über die dritte, die St. Barbarabruderschaft, unterrichtet[6]. Zwar ist auch deren Gründungszeit unbekannt, aber sicher ist diese in die zweite Hälfte des 15. Jahrhunderts zu verlegen, da auch im Brixental der Bergbau wieder begann. In dem Mießzaglstollen und im sogenannten Traholz zwischen Brixen und Kirchberg wurde auf Fahlerze gebaut. Die erste Erwähnung der Barbarabruderschaft in Brixen geschieht 1494, da Primus Meglinger von Klausen hierher fünf pfd Pnr aus seiner Mühle unter Turmosen beim Brixenbach vermacht. Ein zweites Mal wird dieser Bruderschaft gedacht, da am 12. Jänner 1498 Andrä Lantaler, der Vikar des Ortes, in seinem Testament die zwei Bruderschaften in Brixen bedenkt, wobei er ausdrücklich die „Bruderschaft der hl. Barbara" erwähnt. Ein letztes Mal hören wir von ihr, da am 30. April 1500 der Bischof Ludwig von Chiemsee den Altar und die Bruderschaft der hl. Barbara mit Ablässen ausstattet. Vermutlich haben, wie an so vielen anderen Orten auch, in den Wirren der Reformationszeit auch in Brixen diese drei religiösen Vereinigungen zu existieren aufgehört.

Die Rosenkranzbruderschaft

Zum ersten Mal hören wir erst wieder am 21. Juli 1648 von einer Bruderschaft unserer Lieben Frau in Brixen[7]. An diesem Tag vermacht ihr der schon alt und krank gewordene Kooperator Virgil Mayr 10 Gulden. Vermutlich wurde diese Bruderschaft von dem überaus eifrigen, aus dem Welschtirolischen stammenden Dechant Antonio Ramponi (1626—1646) ins Leben gerufen. Da ab 1637 das Mitgliederverzeichnis existiert[8], muß die Gründung kurz zuvor erfolgt sein. Auch sind die Rechnungen der Rosenkranzbruderschaft ab 1640 erhalten[9]. Mit päpstlicher Bewilligung wurde sie am 3. September 1667 der fraternitas B. M. V. de Monte Carmelo angegliedert[10]. 1661 wurde bestimmt, daß für jedes verstorbene Mitglied eine hl. Messe zu lesen sei. Die besonderen Hauptfeste der Bruderschaft waren der 1. Jänner (Beschneidung des Herrn), der 2. Februar (Maria Lichtmeß), der 25. März (Maria Verkündigung), der 2. August (Portiunkulafest), der 15. August (Maria Himmelfahrt), der 8. September (Maria Geburt), der 8. Oktober (das Rosenkranzfest) und der 8. Dezember (das Fest der Unbefleckten Empfängnis). An diesen Tagen war es auch möglich, sich in die Bruderschaft aufnehmen zu lassen. Sieht man die Bruderschaftsbücher durch, so wird das Einzugsgebiet der Mitglieder, das weit über den lokalen Raum hinausgreift, sichtbar. Häufig sind Eintragungen aus dem Raum von Kitzbühel und St. Johann festzustellen, fallweise aus dem Oberpinzgau (Piesendorf, Mittersill und Bramberg), aus Ebbs, ja sogar auch Heiligenblut in Kärnten. Der an diesen Bruderschaftsfesten zu gewinnende Ablaß wird wohl das Hauptmotiv der beschwerlichen Reise gewesen sein.

Von allen Bruderschaften in Brixen hat sich die vom hl. Rosenkranz am längsten erhalten. Wird ihr Vermögen 1701 mit 1935 Gulden beziffert, so beträgt dieses 1807 5500 Gulden und 1895 6918 Gulden[11]. Wie auch die übrigen religiösen Vereinigungen, wurden diese Mittel stets für sozial-caritative Zwecke (den Armenfonds in Brixen), aber auch für kultische Bedürfnisse verwendet. So etwa erhält 1850 bzw. 1852 die Paramentenmacherin Clara Sybold in Innsbruck für neue Meßkleider der Rosenkranzbruderschaft in Brixen 93 Gulden[12]. Das zentrale Kultbild der Bruderschaft ist jene Madonna gewesen, die in dem Glaskasten des Presbyteriums heute noch verwahrt wird. 1749 wurde dieser „Frauen-Casten" [13] neu angeschafft und offenbar auch beim Kirchenneubau wieder an diesem prominenten Platz vorgesehen. die Figur selbst ist vermutlich ein Werk von Josef Martin Lengauer in Kitzbühel. Sie wird bei Prozessionen herumgetragen. Überdies erhielt die Rosenkranzstiftung ab 1747 zahlreiche Jahrtagstiftungen, deren Kapitalien in diesem Vermögen enthalten sind[14].

Auch Bruderschaftszettel haben sich erhalten: „kurzer Bericht über die gnadenreiche Erzbruderschaft des heiligen Rosenkranzes, welche mit gnädigster Ordinariats-Erlaubnis in dem lobwürdigen U. L. Fr. und St. Martin-Pfarrgotteshause zu Brixen im Brixenthale eingeführt ist"[15]. Der ältere dieser Einblattdrucke wurde 1839 bei Josef Oberer in Salzburg in Druck gegeben. Als Bild dient ein nach dem Hochaltarblatt von Josef Schöpf gestochener Kupferstich. Der andere Bruderschaftszettel wurde um 1890 bei Felizian Rauch in Innsbruck hergestellt[16]. Das Titelbild ist hier ein Stahlstich, die Himmelfahrt Mariens, umgeben von Engeln und Putti, die ein Schriftband halten.

Auch Bruderschaftsstangen haben sich erhalten. Auf 170 cm hohen gedrechselten Holzstangen ist ein 15 cm im Durchmesser geschmiedetes Eisenblatt, das in einem Flammenkranz endigt, montiert. Es ist beidseitig in Mischtechnik bemalt und zeigt am Avers die Madonna von Harlaßanger auf der Mondsichel sitzend, darunter ein Mitglied der Rosenkranzbruderschaft in blauer Kutte und diesem Bruderschaftszeichen in Händen; am Revers wird der Name Mariä dargestellt. Diese etwa in einem Dutzend vorhandenen Stangen sind um 1750 entstanden.

Kurzer Bericht

über die gnadenreiche Erzbruderschaft des heiligen Rosenkranzes,

welche mit gnädigster Ordinariats = Erlaubniß in dem lobwürdigen U. L. Fr. und St. Martins = Pfarr=
Gotteshause zu Brixen im Brixenthale eingeführt ist.

Regeln und Satzungen für die Brüder und Schwestern, jedoch ohne Verbindlichkeit unter einer
schweren Sünde.

1. Sollen alle Brüder und Schwestern aus den Predig-
ten, Christenlehren und guten Erbauungsbücher recht
und Gott wohlgefällig bethen lernen, damit sie dadurch
immer frömmer und besser werden mögen; denn, wer
recht bethet, der wird auch recht leben.

2. Sollen sie jede Woche wenigstens drey Rosenkränze,
oder einen Psalter bethen. (Die nöthige Anleitung
hierzu ist in einem eigenen Büchlein zu finden.)

3. Wenn sie nicht verhindert sind, sollen sie bey der
Bruderschafts = Andacht, die aus einem Rosenkranze
einer Vesper, und einer Prozession besteht, und am
ersten Sonntage jeden Monats, wie auch an den vor-
nehmsten Festen der allerseligsten Jungfrau abgehalten
wird, mit wahrem Andachtseifer allhier in der Bruderschaftskirche sich einfinden.

4. Sollen sie, wenn es ihnen möglich ist, bey den vier
Jahrtagen, welche jedesmal den ersten Tag nach den
vorzüglichsten Frauenfesten, als nach Mariä Empfängniß, Verkündigung, Himmelfart und Geburt gehalten
werden, fleißig erscheinen, und für die Seelen der abgestorbenen Mitglieder Gott um Barmherzigkeit anrufen.

5. Endlich, wenn ein Mitglied stirbt, so soll dieser Bruderschaftszettel hieher eingeleget werden, damit desselben auf öffentlicher Kanzel gedacht, das allgemeine
Gebeth verrichtet, und auch unentgeldlich eine heilige
Messe gelesen werden könne.

In diese lobwürdige Erzbruderschaft hat sich
den   Tag des Monats
im Jahre 18   einverleiben lassen

Ablässe und Gnaden

welche die Brüder und Schwestern erlangen können.

A. Vollkommene Ablässe erlangen:

1. Alle Brüder und Schwestern am Tage, da sie sich
einverleiben lassen, wenn sie mit wahrem Besserungs-
eifer beichten, würdig kommuniciren, und einen Rosenkranz von 5 Gesätzlein bethen.   Gregor XIII.
Pius V.

2. Wer unter der Woche einen Psalter, oder 3 Rosenkränze bethet mit Gedächtniß der Geheimnisse des Lebens, Leidens und der Verherrlichung Jesu Christi.
Paul III. Innocent. XI.

3. Wer an den hohen Frauenfesten oder Monatsonntagen
recht beichtet, würdig kommuniciret, den Rosenkranz-
Altar besuchet, — oder der ordentlichen Bruderschafts-
Andacht gut beywohnet, und das allgemeine Ablaßge-
beth verrichtet, das heißt: um Erhöhung der katholischen Kirche, um Ausrottung der Ketzereyen, und um
Frieden und Einigkeit der christlichen Fürsten zu Gott
flehet. Gregor XIII. Paul VIII.

4. Wer am Sonntage und Mittwoch das ganze Jahr
hindurch fünf Vater unser, und fünf Ave Maria
für die Abgestorbenen bethet. Leo X. Clemens VIII.

5. Wer in seiner Sterbestunde mit Mund und Herzen die
höchsten Namen Jesus und Maria anrufet. Leo X.

Der Ablaß überhaupt, und nothwendige Bedingnisse um
selben zu erlangen.

Ablaß bedeutet Nachlaß, nämlich Nachlassung der zeitlichen Strafen für die schon
nachgelassenen Sünden, indem die heilige katholische Kirche, so oft sie einen Ablaß
ertheilt, hiermit nach der ihr von Christo dem Herrn verliehenen Gewalt aus dem
Schatze der unendlichen Verdienste Christi und seiner Heiligen, reumüthigen und buß-
fertigen Christen, nachdem sie von Gott Vergebung ihrer Sünden erhalten haben,
die hiefür verschuldeten auf die Dauer einer gewissen Zeit noch ausständigen Strafen
nachlassen will. Werden alle zeitlichen Strafen nachgelassen; so heißt der Ablaß ein
vollkommener, wird aber nur ein Theil dieser Strafen nachgelassen, so wird er ein
unvollkommener Ablaß genannt.

Wer einen Ablaß gewinnen will, muß

a) sich in der Gemeinschaft der katholischen Kirche befinden;

b) im Stande der Gnade seyn; denn diejenigen können unmöglich mit einem
Ablasse begnadiget werden, welche noch schwere Sünden auf sich haben;

c) den Willen und Vorsatz haben, durch Ersatz des durch die Sünde verur-
sachten Schadens, und durch gute Werke für die begangenen Sünden
selbst nach seinen Kräften genug zu thun; weil die Ablässe nur für wahr-
haft Büßende verliehen werden, und bey den Gläubigen nicht die Lauigkeit
unterhalten, sondern den Eifer zum Guten beleben sollen.

d) den Willen und die Meinung haben, den Ablaß zu gewinnen.

B. Unvollkommene Ablässe von mehreren Jahren oder Tagen erlangen:

1. Wer den dritten Theil eines Psalters, das heißt, einen Rosenkranz andächtig
bethet. Innocent VIII.

2. Wer dem Gottesdienste, Amte oder heiligen Messe in der Bruderschafts = Kirche
beywohnet. Clemens VIII.

3. Wer einen Rosenkranz trägt, auch die hh. Namen Jesus und Maria mit Andacht spricht. Alex. VI. Innoc. VIII. Leo X.

Anmerkung. Alle diese Ablässe können als Fürbitte den Armen Seelen im Fegfeuer zugewendet, von oder jenen Brüder und Schwestern, die nicht zur
Pfarre Brixen gehören. Kraft Verleihung Sr. päbstlichen Heiligkeit Pius
VI. vom 4. Februar 1786 auch in der eigenen Seelsorgskirche jedes Gliedes
dieser Bruderschaft gewonnen werden.

Aufopferung oder Gebeth nach dem Psalter nützlich zu sprechen.

O würdigste Mutter Gottes Maria! diesen Psalter opfere ich deinem
liebsten Sohne Jesu Christo zum Lobe, Dir zur Ehre für mich und für alle
lebendigen und todten Brüder und Schwestern der ganzen Bruderschaft, auch
für alle Anliegen der ganzen Christenheit, für Erhöhung des wahren Glaubens, Ausrottung der Ketzereyen, und Einigkeit der christlichen Fürsten auf.
Bitte Du für uns, daß wir einst mit Dir und allen Auserwählten im
Himmel leben, und uns ewig erfreuen mögen durch Jesum Christum, unsern
Herrn Amen.

Mit Genehmigung des Fürsterzbischöflichen Ordinariat's.

Salzburg 1839. Gedruckt bei Jos. Oberer, Buchdrucker, Buchhändler und Inhaber der lithographischen Anstalt.

Bruderschaftszettel der Rosenkranzbruderschaft (1839)

Die Franz-Xaver-Bruderschaft

Aber nicht die Rosenkranzbruderschaft sollte fernerhin der religiöse Mittelpunkt und der Hauptakzent gesellschaftlichen Lebens in Brixen werden; dieses war
der Franz-Xaveri-Bruderschaft vorbehalten. Da es die einzige derartige religiöse
Vereinigung im heutigen Erzbistum Salzburg war (im heutigen Tirol wurden solche
gegründet: in Kappl 1730, in Straßen/Osttirol 1737, St. Leonhard/Pitztal 1744)[17],
ist es wohl nötig, ein wenig weiter auszuholen. Der 1552 auf der Insel Sanzian verstorbene und 1622 heiliggesprochene größte Missionar der Neuzeit, Franz Xaver,
wird im 18. Jahrhundert zu einer der populärsten Gestalten am christlichen Heili-
genhimmel. Diesem wahren Volksheiligen empfiehlt man nicht nur persönliche
Angelegenheiten, wie etwa Schutz vor Unwetter oder Viehseuchen und die Sorge
um die eigene gute Sterbestunde, sondern auch als wahrem Weltheiligen die
großen Anliegen um die Ausbreitung des Glaubens, die Einheit der christlichen
Fürsten und die Ausrottung der Irrlehren[18].

Bedeutendes Schrifttum in Text und Bild trug wesentlich zur Verherrlichung
dieses Wundertäters bei. Die größte Verbreitung fand wohl das 1736 bei St. Anna
in Wien gedruckte Büchlein: „Hülff in der Noth / Das ist: S. Franciscus Xaverius
Soc. Jesu, Der Indianer Apostel / In Schwären Anligen bey dem Gecreutzigten
Jesu, Wunderthätig-allgemeiner Noth-Helffer / durch zehn — Freytäge / und auch
neuntägige Andacht / zum Geist- und leiblichen Trost aller Nothleydenden".

Die entscheidende Schlüsselfigur für die Gründung und die auch im Volk so
verankerte Verehrung durch die Franz-Xaveri-Bruderschaft war der am 9. August
1733 in Brixen als Pfarrer installierte Johann Michael Pauer[19]. Der damals 36jäh-
rige Priester war Chiemseeischer Hofkaplan und gehörte dank seiner soliden Ausbildung sicher zu den führenden Priestern des kleinen Bistums. Auf welche Weise
er freilich zu dieser persönlichen Devotion zu dem großen Apostel Indiens fand,
läßt sich kaum noch rekonstruieren. Schon 1735 schenkt er der Pfarrkirche das
heute noch vorhandene Reliquiar mit dem römischen Bestätigungsschreiben (Authentik), in welchem bescheinigt wird, daß jedermann einen Ablaß von 40 Tagen
gewinnen kann, wenn diese Reliquie wöchentlich einmal jeden Freitag auf dem
Altar zur Verehrung ausgesetzt wird. Dieses sicher eigens angefertigte Schaugefäß
besteht aus zwei Teilen, einem schwarz gebeizten Sockel mit Silberrosetten verziert, darauf in doppeltem Strahlenkranz mit silberner Akanthuslaubwerkverzie-
rung und Rosettengitterwerk die Kapsel mit der Inschrift: „Aus dem Arm des
hl. Franz Xaver". Vermutlich hat Dominikus Lang, Goldschmied in Rattenberg,
dieses Gefäß verfertigt. Einen weiteren Markstein zur Verehrung dieses Heiligen in
Brixen bildete die am 22. September 1752 ausgestellte Urkunde Papst Benedikt XIV., der darin jedem Gläubigen einen vollkommenen Ablaß am Sonntag nach
dem Fest des hl. Franz Xaver (3. 12.) verleiht, wenn er beim Kirchbesuch und nach
würdiger Beichte und hl. Kommunion für folgende Gebetsanliegen betet:
1. die Einheit der christlichen Fürsten,
2. die Ausrottung der Irrlehren,
3. die Erhöhung der heiligen Mutter Kirche[20].

Die eigentliche Errichtung der Bruderschaft gelang Pfarrer Pauer aber erst
kurz vor seinem Hinscheiden am 13. 11. 1754.

Unter diesem Datum errichtete Papst Benedikt XIV. die Bruderschaft in Brixen und gewährte die Ablässe für den Eintritts- und Todestag jedem Christgläubigen. Die Bestätigung durch den Bischof von Chiemsee, Franz Carl Graf Friedburg, erfolgte erst am 2. September 1755. Pfarrer Pauer hat sie nicht mehr erlebt[21].

Aber das Werk gedieh prächtig. Die Hauptfeste der Bruderschaft, an denen sich faktisch der ganze Ort beteiligte, waren folgende: Hauptfest war immer der 3. Dezember bzw. der Sonntag nach diesem Tag (= 2. Adventsonntag). Diesem ging schon eine Oktav voraus, an der täglich um halb fünf Uhr nachmittags Rosenkranz und Litanei (Xaveri-Litanei) gebetet wurden. Am Hauptfest selbst, an dem man einen vollkommenen Ablaß als Bruderschaftmitglied gewinnen konnte, war um acht Uhr das hl. Hochamt mit Predigt und Prozession. Nachmittags wurde der Xaveri-Rosenkranz gebetet. Als weitere Bruderschaftsfeste galten stets das Namen-Jesu-Fest (2. 1.), der zweite Sonntag nach Ostern (Guter Hirten-Sonntag), das Fest Peter und Paul (29. 6.) und das Fest Maria Namen (12. 9.). Auch an diesen Festen wurden Prozessionen gehalten[22].

Wenn am Hauptfest jeweils zwei Beichtväter bestellt werden und der Kooperator für das Einschreiben der neuen Bruderschaftsmitglieder in das Bruderschaftsbuch freigestellt werden mußte, so kann man ermessen, wie stark der Zustrom der Bevölkerung gewesen ist. Daß beim Neubau der Kirche auch der linke große Seitenaltar diesem Heiligen gewidmet wurde, ist sicher dem Einfluß der Bruderschaft zuzuschreiben. Das Bruderschaftsvermögen (die Rechnungen sind von 1804—1895 lückenlos vorhanden) war bedeutend; so verzeichnet der Brudermeister 1803 1784 Gulden, 1895 7455 Gulden Vermögen der Bruderschaft. Wie überall üblich, wurde dieses auch für sozial-caritative und kultische Ausgaben herangezogen[23]. So mußte die Xaveri-Bruderschaftskassa ihre Beiträge leisten, wenn in der Kirche eine größere Reparatur entstand, aber auch die Schulkasse von Brixen, der Bau des Krankenhauses (Altersheim) in Kirchberg wurde von der Xaveri-Bruderschaft mitfinanziert[24].

Die Bruderschaftszettel

Jedes Mitglied erhielt am Tage des Eintrittes ein mit seinem Namen handschriftlich versehenes und von ihm zu unterschreibendes Exemplar eines Mitgliedsausweises, den sogenannten „Bruderschaftszettel". Wie Matthias Mayer berichtet, wurde bereits 1755 zur Gründung der Franz-Xaver-Bruderschaft bei der Buchdruckerei Prambsteidl in Salzburg ein solcher Zettel in Auftrag gegeben[25]. Leider ist hievon kein Exemplar mehr erhalten. Dies dürfte seinen Grund darin haben, daß beim Ableben der Mitglieder die Angehörigen diesen im Pfarramt abgeben mußten, damit des Verewigten im Gebet und der heiligen Messe gedacht werden konnte. Wie allgemein üblich, hatte auch der Franz-Xaver-Bruderschaftszettel, als Einblattdruck hergestellt, in der Mitte einen Kupferstich. Die originale Platte dazu hat sich im Pfarramt Brixen erhalten. Sie mißt 15 × 10 cm und zeigt im Kupferstich den Heiligen, der sterbend auf der Insel Sanzian liegt, er hält das Kreuz in Händen, aus seiner Brust lodert eine Flamme. Über ihm steht Maria mit dem Kind, darüber die Geistestaube und Gott Vater. Engel halten den Siegeskranz und die Lilie. Die Unterschrift darunter lautet: S. Franciscus Xaverius S. J. Ind: Apostolus. (Heiliger Franz Xaver aus der Gesellschaft Jesu, Apostel Indiens).

Kurzer Begriff

der löblichen Bruderschaft, welche unter dem Titel und Schutze des heiligen Indianer = Apostels

FRANCISCI XAVERII

mit dem gnädigsten Ordinariats - Consens in dem lobwürdigen U. Lieben Frauen, und St. Martin = Pfarrs = Gotteshause zu Brixen im Brixenthale Erzbisthums Salzburg eingeführt, von seiner päbstlichen Heiligkeit Benedict dem XIV. den 7. Dezember Anno 1755 aufgerichtet, auf ewig bestätigt, und mit hernach beschriebenen Ablässen begnadiget wurde.

Regeln der Bruderschaft.

1. Alle Einverleibten sollen sich eines gottseligen, nüchternen und (ihres Standes angemessenen) keuschen Lebens befleißen.

2. Täglich in der Frühe eine gute Meinung machen, wenigstens mit diesen Worten; Alles zu größeren Ehre Gottes und der unbefleckten Jungfrau Maria.

3. Alle Brüder und Schwestern dieser löblichen Bruderschaft sollen sich befleißen, monatlich jenen vollkommenen Ablaß mittelst der hl. Beicht und Kommunion zuzuwinnen, welchen alle Christgläubigen für sich selbst erlangen, oder den armen Seelen im Fegfeuer fürbittweise zuwenden können, wenn sie Morgens, Mittags und Abends zum Glocken = Zeichen das gewöhnliche Gebeth: Der Engel des Herrn rc. kniend verrichten.

4. Sollen sie alle Tage, um sowohl für sich, als für die gesammten Brüder und Schwestern eine glückselige Sterbstunde zu erbitten, zu Ehren des heiligen Franziskus Xaverius ein Vater unser und englischen Gruß andächtig bethen. Doch ist man hiezu nicht so verbunden, daß der, welcher dieß unterläßt, eine Sünde begeht.

5. Alle Brüder und Schwestern dieser löblichen Bruderschaft sollen nach dem Beyspiele des heil. Franziskus Xaverius sich befleißen, die Jugend und andere Unwissende in den Glaubens-Sachen zu unterweisen, auch die Verehrung der unbefleckten Empfängniß Mariä, so viel jedem in seinem Stande möglich ist, auszubreiten, auch dadurch geschehen soll, daß man sich einander grüßt mit dem Spruche: Gelobt sey Jesus Christus und die unbefleckte Empfängniß Mariä, und antwortet: Gelobt seyen sie in Ewigkeit.

6. An den fünf Bruderschafts = Festen: am zwenten Sonntage im Advent, am Feste des heiligsten Namens Jesu, am zwenten Sonntage nach Ostern, am Feste der H. H. Apostel Petrus und Paulus, und am Namens Mariä Feste sollen die Mitglieder mit besonderer Andacht dem Gottesdienste in der Bruderschaft = oder ihrer eigenen Seelsorgskirche beywohnen und die hl. Sakramente der Buße und des Altars würdig empfangen.

Ablässe dieser Bruderschaft.
Vollkommenen Ablaß

erlangen alle Brüder und Schwestern dieser Bruderschaft.

1. Am Tage, da sie sich einverleiben lassen, wenn sie beichten und kommuniziren;

2. Wenn sie vor ihrem Ende reumüthig beichten und das hochwürdigte Sakrament des Altars empfangen, oder wenn sie dieses nicht können, mit reumüthigem Herzen den allerheiligsten und süßesten Namen Jesu mündlich anrufen, oder in Ermanglung der Sprache auch nur mit einem zerknirschten Seufzer innerlich aussprechen;

3. Am zwenten Sonntage im Advent als am Titularfeste dieser Bruderschaft, wenn sie beichten und kommuniziren, die Bruderschaft-

S. Franciscus Xaverius S. J. Ind: Apostol.

In diese löbliche Bruderschaft hat sich den 4. Tag Monats _____ im Jahre 1842 einschreiben lassen _____

Gebeth.

O heiliger Franz Xaver, du wunderthätiger Apostel der Indianer und unermüdeter Bekehrer der Heiden, der du die Jugend zur Frömmigkeit geführet hast und ein sonderbarer Tröster der Sterbenden gewesen bist, rein wie ein Engel lebtest und ein eifriger Beförderer der Verehrung der unbefleckten Empfängniß Mariä warst, ich, dein unwürdiges Pflegekind, bitte dich in Ansehung der unzähligen Gnaden, welche dir durch die göttliche Mutter Maria zu Theil geworden sind, erwerbe mir von ihrem göttlichen Sohne die Gnade, daß auch ich jede Sünde und die Gelegenheit dazu fliehe, die Ehre Gottes und seiner unbefleckten jungfräulichen Mutter durch Wort und Beyspiel befördere, vor meinem letzten Ende bußfertig die heiligsten Sakramente empfange, und mit dem immerwährenden Siegeskranze der ewigen Seligkeit gekrönt, mit dir der göttlichen Anschauung gewürdiget werde. Durch Jesum Christum, der mit Gott dem Vater und dem heil. Geiste gleicher Gott lebet und regieret von Ewigkeit zu Ewigkeit, Amen.

oder ihre Seelsorgs = Kirche besuchen, und um Ausreutung der Ketzereyen rc. andächtig bethen.

Ablaß von 7 Jahren und so viel Quadragenen

erhalten die Glieder dieser Bruderschaft an den vier übrigen Festtagen dieser Bruderschaft, als: am Feste des süßesten Namen Jesu, am zwenten Sonntage nach Ostern, am Feste der H. H. Apostel = Fürsten Petrus und Paulus und am Feste des heiligen Namens Mariä, wenn sie obgemeldte Werke mit bußfertigem Herzen verrichten.

Ablaß von 60 Tagen

erhalten sie;

1. So oft sie in der Bruderschaft = oder ihrer eigenen Seelsorgs = Kirche eine heilige Messe mit Andacht hören, oder zum Bruderschaftdienste sich freywillig gebrauchen lassen.

2. So oft sie einen Armen beherbergen oder ein anderes gottseliges Werk der christlichen Barmherzigkeit ausüben.

3. Wenn sie sich befleißen, Uneinigkeiten abzuhelfen und entgegen den Frieden einzupflanzen.

4. So oft sie einen Verstorbenen zum geweihten Erdreiche begleiten.

5. So oft sie das hochwürdigste Gut zu einem Kranken oder in Umgängen begleiten, oder wenn sie dieses zu thun verhindert sind, zum Glockenzeichen mit gebogenen Knien ein Vater unser und englischen Gruß bethen.

6. So oft sie für einen verstorbenen Mitbruder oder eine Schwester 5 Vater unser und 5 Ave Maria bethen.

7. So oft sie einen irrenden Sünder durch Rath, That oder gutes Beyspiel zum Wege des Heiles führen oder vom Sündigen abhalten.

8. So oft sie Unwissende in Glaubens-Sachen unterweisen und ihre Nächsten zum tugendhaften Leben aufmuntern.

9. So oft sie im Werke der Frömmigkeit, Tugend und Andacht üben.

Ueber obige Ablässe ist auch der zu dieser Bruderschaft gewidmete Altar St. Franzisci Xaverii von seiner päbstlichen Heiligkeit Benedict dem XIV. nicht allein an aller Seelentage und in den folgenden Oktav hindurch, sondern auch alle Dienstage des ganzen Jahres mit dem Privilegium versehen worden.

Dieser Zettel soll nach dem Ableiben eines Mitgliedes eingesendet werden, weil jedem Einverleibten bey der Bruderschaftskirche das Zügenglöcklein geläutet und dem Verstorbenen nach eingebrachtem Bruderschaftzettel am Freytag darauf 3 Vater unser und 3 Ave Maria und am nächsten Bruderschaftsfeste für die in selber Zeit verstorbenen Brüder und Schwestern 5 Vater unser und 5 Ave Maria gebethet werden.

Mit Genehmigung des Fürsterzbischöflichen Ordinariat's.

Salzburg 1832. Gedruckt bey Joseph Oberer, Buchdrucker und Buchhändler.

Bruderschaftszettel der Franz-Xaver-Bruderschaft (1832)

Reliquiare (Kreuzpartikel, S. Martini, S. Sebastiani, S. Francisci Xaverii) (Foto R. Frischauf)

◁ *Bild auf einer Bruderschaftsstange der Rosenkranzbruderschaft (um 1750) (Foto R. Frischauf)*

Als 1832 eine Neuauflage dieses Bruderschaftszettels benötigt wurde, besorgte diese die Druckerei Joseph Oberer in Salzburg. Die genaue Bezeichnung der Bruderschaft ist aus der Abbildung auf Seite 184 ersichtlich.

Als Gründe, warum die Gläubigen dieser Bruderschaft beitreten sollen, werden nun andere genannt als die 1755 aufgeführten. Jetzt sind die drei ausschlaggebenden Motive, daß Franz Xaver

1. der Apostel der Heiden war,
2. der Tröster der Sterbenden ist und
3. Verehrer der Unbefleckten Empfängnis Mariä war.

Deshalb sollen sich die Bruderschaftsmitglieder auch gegenseitig grüßen: gelobt sei Jesus Christus und die Unbefleckte Empfängnis Mariä: — Gelobt seyen sie in Ewigkeit[26].

Vermutlich zum Zwecke eines Neudruckes wurde nach dem Zweiten Weltkrieg bei der Wiener Firma Angerer & Göschl eine $7,5 \times 5$ cm große Stahlplatte in Auftrag gegeben, die dasselbe Motiv widergibt[27]. Dies ist um so erstaunlicher, als schon 1936 M. Mayer feststellen mußte, daß die Bruderschaft nur mehr am Papier existierte[28]. Als letztes noch vorhandenes Relikt der Franz-Xaver-Bruderschaft seien die Bruderschaftsstangen genannt, von denen sich noch etwa ein Dutzend erhalten hat. Auf 170 cm hohen gedrechselten Holzstangen sitzt ein 15 cm im Durchmesser handgeschmiedetes Eisenblatt, das in gebuckelten Knöpfen endet. Am Avers ist Franz Xaver sterbend auf der Insel Sanzian dargestellt, am Revers der Namen Jesu. Die in Mischtechnik gemalten Szenen sind um 1780 zu datieren.

Anmerkungen

Quellen: PAB = Pfarrarchiv Brixen   KAS = Konsistorialarchiv Salzburg

[1] Vgl. zum ganzen: J. KRETTNER, Bruderschaften in Bayern, München und Würzburg 1980.
[2] J. NEUHARDT, Kitzbüheler Seelsorgsgeschichte, in: Stadtbuch Kitzbühel, 1972, S. 79 ff.
[3] M. MAYER, Der Tiroler Anteil des Erzbistums Salzburg, 1. Heft (1936), S. 113.
[4] Ebd., S. 63.   [5] Ebd., S. 113.   [6] Ebd., S. 113 f.
[7] Ebd., S. 114. Das frühe Datum der Neugründung der U. L. F. Bruderschaft (bald nach 1625) erscheint mir unhaltbar.
[8] Lederband im Pfarrarchiv Brixen.   [9] Ebd.
[10] F. DÖRRER, Tiroler Geschichtsquellen, Heft 18: Die Urkunden des Dekanalarchives Brixen im Thale 1332—1800, Innsbruck 1987, Archivkarton Nr. 56.
[11] Ebd.   [12] Ebd.   [13] Ebd.
[14] F. DÖRRER, a. a. O., Nr. 308, 310, 319, 323, 335, 340 a, 348.
[15] PAB, Archivkarton Nr. 57.   [16] Ebd.
[17] H. HOCHENEGG, Bruderschaften (Schlern-Schriften 272), Innsbruck 1984.
[18] Vgl. zum ganzen: G. SCHREIBER, Deutschland und Spanien, volkskundliche und kulturkundliche Beziehungen, Düsseldorf 1936, S. 166—222.
[19] M. MAYER, a. a. O., S. 49.   [20] PAB, Archiv Karton Nr. 55.
[21] M. MAYER, a. a. O., S. 114.   [22] PAB, Archiv Karton Nr. 55.
[23] Ebd., Archiv Karton Nr. 58.   [24] Ebd.   [25] M. MAYER, a. a. O., S. 114.
[26] PAB, Archiv Karton Nr. 55.   [27] Ebd.   [28] M. MAYER, a. a. O., S. 115.

Die Wallfahrten in Brixen

Von Johannes Neuhardt

Die hohe Salve

Auf dem Gipfel des 1827 m hohen Berges, der zurecht den Ruf des „Österreichischen Rigi" genießt, liegt die Wallfahrtskirche zum hl. Johannes dem Täufer. Obwohl diese im Grundbuch der Gemeinde Westendorf zugeschrieben ist, wird sie stets von Brixen im Thale aus betreut und war pfarrlich immer dorthin inkorporiert.

Die erste schriftliche Erwähnung dieses Gotteshauses finden wir in der Chiemseer Matrikel aus dem Jahre 1589:
„Salvenberg — eine Kirche des hl. Johannes"[1]. Vermutlich dürfte sie wenig früher (um 1585) erbaut worden sein. Sie geht auf private Initiative zurück: Der in Brixen ansässige Bauer Andreas Schwender hat sie zum Dank für seine Genesung aus schwerer Krankheit erbaut. Zugleich kamen von weit und breit Pilger diesen beschwerlichen Weg auf die Kuppe der Hohen Salve; die Visitatoren bemerken 1625, daß die Kapelle schon wegen des großen Besucherzustroms zweimal erweitert werden mußte. Auch gäbe es bereits die Erlaubnis zur Feier der heiligen Messe; überdies mehren sich schon die Stiftungen. Ein Salzburger Bürger namens Widmer und seine Ehegattin Elisabeth Elslerin, die von ihrer schweren Krankheit nach einem Besuch des Salvenberges geheilt wurden, spendeten dorthin einen schönen Altar[2]. Der damals in Kuftstein ansässige Maler Hilarius Duvivier erhält 1616 für die auf „werchenes Tuch" gemalten miracula des hl. Johannes Baptista 31 ½ Gulden. 1618 schenkt der Bischof von Chiemsee Erenfried Graf Khuenburg der Kirche 150 Gulden; auch wird um 70 Gulden ein neues Haus für die Übernachtung des diensttuenden Priesters errichtet. Trotz dieser Ausgaben wuchs das Vermögen der Kirche enorm, vor allem durch das Opferstockgeld, aber auch durch die reichlich gespendeten Wachsvotive, die am Jahresende vom Lebzelter in Kitzbühel zurückgekauft wurden. Betrug das Kirchenvermögen noch 280 Gulden und 53 Kreuzer, so war es 1641 bereits auf 1851 Gulden gewachsen[3].

Salvenkirche und altes Unterkunftshaus (um 1925)

◁
Zeichnung des Landschaftsmalers Gustav Reinhold aus dem Jahre 1842
im 1825 angelegten Gipfelbuch „Salve" (im Pfarrarchiv Brixen i. Th.)
(Foto A. Mueller)

Inneres der Salvenkirche (Foto H. Laiminger)

Wiederholt wurde die Kirche durch Blitzschlag zerstört. So 1619, 1641 ff. Insgesamt bis 1819 wurden mehr als 20 Brandfälle durch Blitzschlag registriert. Zunächst suchte man sich durch das Läuten einer Schauerglocke des tobenden Elementes zu erwehren. 1751 (18. Dezember) ordnet der Bischof Franz Carl von Chiemsee an, daß die durch Blitzschlag beschädigte Glocke in ein Loretoglöcklein um 70 Gulden umgegossen werden sollte. P. Miller S. J., der Obere der Volksmissionen der Jesuiten, hat diese besonders bei Unwettern hilfreiche, geweihte Glocke empfohlen. Diese wurde um 36 fl 36 kr von Dominikus Maria Forncusini in Loreto gegossen. Erst als 1784 Dechant Wishofer von St. Johann einen Blitzableiter auf der Salvenkirche installierte, war diese Gefahr gebannt. Da dieser jedoch 1807 mutwillig wieder zerstört wurde, waren bis zu dessen endgültiger Wiederaufrichtung (1819) wieder mehrere Blitzschläge zu verzeichnen. Im Zuge der Aufklärung mußte das Loretoglöcklein — um abergläubischen Praktiken vorzubeugen — entfernt werden, der Sensenschmid Angerer in Haslau (bei Hopfgarten) erwarb diese und schenkte sie der Kirche Elsbethen dortselbst[4].

Zahlreiche Stiftungen wurden in der Kirche errichtet. So ließ der Salzburger Bürger Enoch Gerzner für sich und seine Frau und die ganze Verwandtschaft einen Jahrtag stiften (1663); dasselbe tat der 1704 verstorbene Pfarrer von Hall i. Tirol Amadeus Högwein[5].

Mangels aller Aufzeichnungen ist das Wallfahrtsgeschehen auf der Hohen Salve nur schwer zu rekonstruieren. „Verlobte" Bittgänge gab es seit 1617: alle Gemeinden des Brixentales pilgerten auf die Salve; jene von Going, Ellmau und Söll am Kaiser-Heinrichstag (15. 7.). Daß das Vermögen 1757 trotz zahlreicher widmungsfremder Beiträge zu anderen kirchlichen Erfordernissen der Umgebung immer noch 32. 032 fl 20 kr betrug, ist ja schließlich auch ein indirekter Hinweis auf die enorme Frequenz der Wallfahrt[6].

Gotisches Johanneshaupt (Pfarrhof Brixen i. Th., Inv. Nr. 21)

Die Hauptfesttage waren stets der 24. Juni (Patrozinium), weiters der Annatag (26. 7.) und der 24. August (Fest des hl. Bartholomäus). Auch der 29. August (Fest der Enthauptung Johannes des Täufers) sah stets auf der Salve einen große Konkurs. An diesen Tagen wurden immer Amt und Predigt auf der Salve gehalten (meist durch den Kooperator von Brixen). Seit 1945 haben sich die Hauptfeierlichkeiten am Samstag nach Johannes dem Täufer und auf den sehr gut besuchten Gottesdienst am Annatag konzentriert[7].

Der eigentliche Kultgegenstand aber war auf der Salve stets ein „andächtiges" Johanneshaupt in der Schüssel. Damit steht die Salve als der im heutigen Tirol wohl bedeutendste Punkt der Johanneshauptverehrung. Diese Orte ziehen sich von Krain, der Steiermark und Kärnten über den ganzen ostalpinen Raum. Im Bereich des Tiroler Unterlandes waren noch der Thierberg und die Filialkirche von Mehrn bei Brixlegg Orte solcher Johanneshauptverehrungen[8]. Dieser Brauch kam durch die Kreuzzüge nach Europa und wurde durch die beiden großen Johanneshauptreliquien, die in den Domen von Naumburg und Amiens verehrt wurden, hier besonders verbreitet. Bei unheilbaren Kopfschmerzen, Bandscheibenleiden und Depressionen ging man zu den Johanneshauptorten und trug gegen ein geringes Entgelt eine solche Schüssel um den Altar. 1737 wurde auf der Hohen Salve eines der Hunderte von Johanneshäuptern ausgewählt und als „andächtiges Haupt" in dessen Hirnschale eine Reliquie Johannes des Täufers eingeschlossen und in öffentlicher Prozession herumgetragen. Auch berichtet 1816 Franz Michael Vierthaler von seinem Besuch auf der Hohen Salve (ganz im Geist der Aufklärung), daß „hunderte von Köpfen auf dem Teller der Herodia, die aus Ton und Holz geformt, teils an der Mauer umherhängen, teils in der Wanne hinter dem Altar liegend" vorhanden seien[9]. Vierthaler bedauert es sehr, daß der alte Ritus von dem Herumtragen der Johannesköpfe auf der Hohen Salve nicht zu verdrängen sei.

Dem Aufklärer war dies natürlich ein Dorn im Auge. Heute sind es nur mehr
ganz wenige Johanneshauptschüsseln, die auf der Salve vorhanden sind; das
schönste (Mitte 17. Jahrhundert) Johanneshaupt findet sich in einer Nische hinter
Glas ausgestellt. Ein beschädigtes Exemplar in gebranntem Ton besitzt ein privater
Sammler in Oberau. Von dem gewiß einst reichen Votivbilderbestand findet sich
nur noch ein einziges (1841).

Ein ganz neues Kapitel in der Geschichte der Hohen Salve, das mit der Wallfahrt nichts mehr zu tun hat, stellt die Entdeckung dieses ob seiner prachtvollen
Aussicht gerühmten Punktes in den dreißiger Jahren des 19. Jahrhunderts dar.
Pfarrer Georg Hausmann von Brixen ließ Willkommbücher anlegen, die von 1838
bis 1875 erhalten sind und zu den kostbaren Raritäten der Frühgeschichte heimischen Fremdenverkehrs zählen[10]. Sie wurden auszugsweise schon in den Touristen-
handbüchern des Brixentales veröffentlicht[11]. Hohe Persönlichkeiten aus Aristo-
kratie, Kunst und Wissenschaft von ganz Europa haben sich darin verewigt. 1857
wurde ein neuer Reitweg auf die Salve angelegt, den Erzherzog Johann als erster
benützte. Erst recht als Dr. Ludwig Steub in der „Allgemeinen Zeitung" die Werbe-
trommel rührte[12] und es die Eröffnung der Bahnlinie München—Innsbruck (1859)
ermöglichte, von der bayerischen Metropole aus in einer Tagesfahrt die Salve zu erreichen, stieg der Besuch sprunghaft an. So berichtet Dechant Alois Schmid, daß
1856 642 Personen im Sommer die Salve besucht haben[13]. Seit von Hopfgarten aus
ein Sessellift die bequeme Erreichung des Gipfels ermöglicht, ist die Salve auch für
den Wintersport erschlossen.

Die Wallfahrt am Harlaßanger

Schon auf dem Gemeindegebiet von Kirchberg gelegen, gehörte das Wallfahrtskirchlein vom Harlaßanger pfarrlich stets nach Brixen. Es ist in 1732 Meter Seehöhe am südöstlichen Abhang des Gaisberges erbaut. Wie meistens bei Wallfahrtsorten geht die Ursprungslegende auf eine Sage zurück[14]. Eine unbemerkt an einem
Tannenbaum mit drei Wipfeln befestigte, etwa 25 cm hohe Madonnenskulptur soll
1691 entdeckt und in die Nachbargotteshäuser von Kirchberg bzw. Brixen getragen, aber stets wieder an den Fundort von allein zurückgekehrt sein. Der wahre
Ursprung dürfte aber doch ein wenig früher liegen. 1659 stiftete ein Bauer auf der
Kobingeralm eine Kapelle zu Ehren der Heimsuchung Mariens. Dieser Michael
Lackner, Bauer zu Eberhartling im Gericht Kitzbühel, habe diese Alm gekauft und
das Bild der Gottesmutter und jenes des hl. Antonius von Padua dort angebracht.
Tatsächlich sind in der Kirchenrechung von Brixen 1661 als Opfergeld von der
„Alben Harlesanger oder Gaisberg" bereits 7 Gulden 43 Kreuzer verrechnet. Schon
1688 wurde diese Kapelle von einer Lawine zerstört. Nachdem schon 1707 um die
Erlaubnis der Erweiterung der hölzernen Kapelle angesucht wurde, langte erst am
17. November 1714 diese vom Chiemseer Ordinariat genehmigte Bewilligung ein,
jedoch wurde ausdrücklich bemerkt „daß ja nicht unter dem Vorwande der Andacht unanständige Zusammenkünfte eingeführt, sondern die Ehre Gottes und
seiner Heiligen gefördert werden". Malermeister Alexander Kurz führte den Bau
aus, der Zimmermeister Matthias Pichler lieferte den Dachstuhl. Der ganze Bau
kam auf 360 Gulden 23 Kreuzer. Durch diesen Neubau erhielt die Kirche einen

Harlaßangerkapelle und Kobingeralm
(1934)

Gnadenbild Unsrer Lieben Frau
am Harlaßanger

Andachtsbild

starken Wallfahrtszuzug. 1748 wurde auch die Erlaubnis zur Meßfeier dort gegeben. Aus derselben Zeit dürfte der von Josef Martin Lengauer geschaffene rei-
zende Schrein stammen. In diesem befindet sich das Gnadenbild. Es ist bekleidet
(weißes Kleid und blauer Kegelmantel), das Kind sitzt auf dem linken Arm der
Mutter. Beide tragen ein Szepter und beide sind gekrönt. In der Rechten hält das
Jesuskind eine Weltkugel. Darüber thront Gott-Vater, dessen Halbfigur auf
Wolken von Putti getragen zwischen einem Säulenaufbau. Der hölzerne Vorbau des
sogenannten „Obsten" war noch bis vor kurzem mit einer großen Zahl historisch
sehr interessanter Votivbilder geziert. Diese befinden sich jetzt im Dechantshof von
Brixen in Verwahrung (s. unten). Die Ausmalung des Raumes besorgte 1878 Mi-
chael Lackner sen. in neo-barockem Geschmack.

„Gegen fünf Uhr geht man mit dem Kreuz auf den Harlaßanger, wo für die Gemeinde ein heiliges Amt gehalten wird." So heißt es unter dem 2. Juli 1816 in dem
Verkündbuch der Pfarre Brixen[15]. Heute noch ist der Maria Heimsuchungstag
durch einen Bittgang von Brixen ausgezeichnet. Ein interessantes Bild gibt Kunde
von dem hohen Besuch, den Friedrich, Fürst zu Schwarzenberg, Kardinal-Erz-
bischof von Salzburg, am 2. Juli 1840 dem Harlaßanger abgestattet hat[16].

Die Jagerkapelle

An der Straße nach Kirchberg steht zwischen den Weilern Lauterbach und
Bockern ein Juwel der Neugotik: die 1880 erbaute Jagerkapelle. Sie löste den 1698
errichteten hölzernen Vorläuferbau ab. Michael Lackner sen. (Kirchberg) schuf die
einheitliche Dekorationsmalerei der Kielbogendecke. Nur mehr wenige, volkskundlich aber interessante Votivgaben, die dem 1698 gemalten Mariahilfbild dargebracht wurden, zeugen von dem — freilich stets nur lokal bedeutsamen — Wallfahrtszuzug[17]. 1984 erfuhr die Kapelle eine durchgreifende Restaurierung und erhielt dabei auch einen neuen Boden in Untersberger Marmor.

Harlaßanger-Votivbilder

Nächst den Wallfahrtsorten von Mariastein, Kirchanger bei Kirchberg und der
Frauenkirche in Kitzbühel besitzt Harlaßanger den bedeutendsten Fundus an historischen Votivtafeln. Diese sind zur Zeit aus Sicherheitsgründen verwahrt. Sie
werden hier erstmals erschöpfend aufgelistet[18]. Die Darstellung des Gnadenbildes
ist, so nicht ausdrücklich vermerkt, stets die typische: Die thronende, bekleidete
Madonna (Kleid rot, Kegelmantel blau) trägt das Kind auf dem linken Arm; beide
halten ein Szepter; da Kind überdies in der Rechten die Weltkugel.

Die kulturgeschichtlich überaus interessanten Darstellungen sind meist in
Mischtechnik auf Fichtenholz gemalt; wenn der Maler festzustellen ist oder auch
der Preis vermerkt erscheint, wird dies jeweils eigens angegeben. Die Höhe ist vor
der Breite vermerkt.

Auch für die Frequenz der Wallfahrt sagt der Bestand von 60 Votivtafeln einiges aus. Wenn von 1770—1805 kein Votivbild erhalten ist und auch die nächsten
20 Jahre nur drei Tafeln auf uns kamen, so ist wohl klar, wie sehr hier die Aufklärung und die Bewegung der Manharter spürbar wurden.

Inv. Nr. 44

Inv. Nr. 36

Inv. Nr. 4

Inv. Nr. 48

Votivbilder aus der Harlaßangerkapelle (Fotos A. Mueller)

Inv. Nr. 3

Inv. Nr. 20

Gott und Maria zum Dank hieher geopfert
Franz Entleitner, und Josef Kapper.
Gelobt sei Jesus Christus, in Ewigkeit!

Inv. Nr. 52

Inv. Nr. 34 (Aussch

Votivbilder aus der Harlaßangerkapelle (Fotos A. Mueller)

Erinnerungsbild in der Harlaßangerkapelle:
Besuch des Salzburger Erzbischofs Friedrich, Fürst zu Schwarzenberg, am 2. Juli 1840
(Foto R. Frischauf)

Zu dem Bild, welches aus dem Jahr 1841 stammt und die Begebenheit in der Art der erzählenden naiven Malerei darstellt, gehört eine Schrifttafel mit folgendem Wortlaut: „Am 2. Juli ist S. Durchlaucht der hochwürdigste Herr Hr. Fürsterzbischof Friedrich von Salzburg — Fürst zu Schwarzenberg, apost. Legat etc. auf seiner canonischen Visitation v. Aschau her auf Harlaß-Anger gekommen. Hochderselbe wurde unter Abfeuerung der Pöller von den Priestern und von den Schützen mit Musik und einer großen Menge freudig und feierlich empfangen. Nachdem Hochderselbe den rothen Habit angezogen hatte und in die Kapelle eingezogen war, hielt er im Freien eine Anrede und las dann in der Kapelle die hlg. Messe, wobei der deutsche Normalgesang mit Musikbegleitung vorgetragen wurde. Hochderselbe haben sich nachher bei den Alphütten mit dem Volke freundlich besprochen und begaben sich unter zahlreicher Begleitung auf den Fleudingkogel, dann über den Hochkogel und Sandenbach Alpe nach Brixen, wo das Volk, nachdem dasselbe in der Kirche den hlg. Segen und in den Gasthäusern auf fürstliche Rechnung Speise und Trank erhalten hatte — im Frieden und voll Freude entlassen wurde . . .“

*Dekan Herbert Haunold bei der
Herz-Jesu-Prozession im Jubiläumsjahr
(Foto H. Laiminger)*

*Herz-Jesu-Prozession 1988 in Hof
(Foto H. Laiminger)*

1. 50 × 36 cm, ohne Schrift, um 1700. In der naturalistisch gegebenen Landschaft kniet vor der Harlaßangerkapelle ein hilfesuchender Pilger, daneben ein Mann, der in einem Rükkenkorb ein krankes Kind trägt.
2. EX VOTO, 39 × 32 cm, undatiert, um 1700. Votant kniet vor dem Gnadenbild.
3. 38 × 31 cm, ohne Schrift, um 1700. In illusionistisch gemalter Landschaft steht ein Schimmel. Oben das Gnadenbild und hl. Antonius.
4. 34,5 × 28,5 cm EX VOTO zwischen M. L. und M. E. Ehepaar mit Wickelkind, dahinter Gebirge. Votanten in Salzburger Tracht!
5. 28 × 19 cm, sehr zerstörte Malschicht. EX VOTO. Votant kniend. Oben Maria Hilf und Madonna von Harlaßanger. 1709 datiert.
6. 26 × 17 cm, EX VOTO 1717. Votantin weist auf offene Mamma. Bäuerliche Tracht (Berghaube und Nebelstecher). Oben Madonna lactans in Halbfigur.
7. 47 × 33 cm, EX VOTO, undatiert. Patientin im Bett liegend, Mann davor kniend; Ausblick in Landschaft. Darüber Gnadenbild. Um 1720.
8. 46 × 36,5 cm, datiert 1718, flott gemalt, Tafel zerbrochen. Madonna über Wolken, Kind nur mit Apfel. Votant in Bergmannstracht in einen Schacht fallend, neben langer Leiter. Schrift: „Gott zu Vortrifft, Dan der Über gebenedeiten Muetter Gottes Maria zu sonderbarer Ehren Verlobt sich Michael Stöckhinger umb Willen er von den Dunaiä[19] an 22 Klafter Dieff bis ins Wasser auch 1½ Klafter Dieff ins Wasser gefahlen doch ohne ainzige Verlötzung darvon gekhomen und dankh dies aufgericht."
9. 39,5 × 33 cm, Öl auf Leinwand, 1728. Maria Wümerin (im Kugelbett).
10. 34 × 26 cm, EX VOTO, undatiert (um 1730). Mutter kniend mit Wickelkind, das auf einem Tisch liegt. Jesuskind trägt Weltkugel.
11. 67 × 53 cm, Johann Krimpacher 1733. Unfall beim Holzfällen: Ein Baum stürzt auf einen Holzknecht, sein Kollege steht hilfesuchend davor.
12. 38 × 25,5 cm, EX VOTO, undatiert (um 1740). In einem Zimmer (Ausblick durch das Fenster in das Gebirge) kniet Bub mit Mutter. Oben Madonna in Kegelmantel. Jesuskind trägt Apfel.
13. 26 × 34,5 cm, Tafel gebrochen. EX VOTO 1761 H A. Votantin im Bett, Madonna auf Mondsichel.
14. 54 × 47 cm, EX VOTO 1770. Kranker Vater im Himmelbett, davor kniend Mutter mit acht Kindern, wovon fünf verstorben sind. Gnadenbild oben flankiert von Josef und Ursula.
15. 32 × 25 cm, EX VOTO 1770. Patientin im Bett, Mann davor kniend.
16. 33 × 26 cm, EX VOTO B. W. 1805. Kniende Votantin, oben Barbara neben Madonna mit segnendem Kind. Art des Joh. Kurz in Saalfelden.
17. 44 × 37 cm, EX VOTO 1815, Öl auf Leinwand, sehr zerstörte Malschicht. Ein Reiter, darunter Familie kniend (?). Madonna in weißem Kleid.
18. 31 × 25,5 cm, EX VOTO 1818. Unfall beim Holzbringen: „Durch Maria für bitt, bin ich samt allen, glücklich ohne schaden der von gekomen."
19. 33 × 35 cm, undatiert, ohne Schrift. Familie (Eltern mit zehn Kindern, davon zwei verstorben). Im Vordergrund Kühe. Um 1820.
20. 33 × 25,5, cm, EX VOTO 1826 D R, Votantin im Bett mit Kreuz und Rosenkranz.
21. 35 × 26 cm, EX VOTO 1826. In Betstuhl kniende Votanten, dahinter eine Patientin im Bett, alle mit Rosenkranz.
22. 40 × 35 cm, EX VOTO 1828. Familie (Eltern und sechs Kinder), dahinter das Rind. Gnadenbild flankiert von Johannes Bapt. und Anna. Art des Joh. Kurz (Saalfelden).
23. 33,5 × 26 cm, EX VOTO 1831. Arme Seelen, oben Gnadenbild.
24. 29 × 25 cm, EX VOTO 1834. Familie mit drei Kindern, eines davon verstorben. In Wolken darüber Gnadenbild zwischen Mutter Anna und hl. Nikolaus.
25. 35 × 22 cm, Öl auf Leinwand, 1834. Votant im Zimmer, auf Tisch stehen Medizinen, oben neben Kultbild der hl. Antonius v. Padua. „Zur schuldigsten Danksagung hat Anton Mayr Maller von Kirchberg diese Tafel anhero geopfert; wegen der Rothen ruhr sich in Todesgefahr befinde. Durch Hilf der Mutter Gottes wieder gesund worden."

26. 31 × 26,5 cm, stark abgeblätterte Malschicht. „Gott (und Maria zur) schuldigsten Danksagung für (die volle) Gesundheit ist 1837 dieses Denkmal (gestiftet) worden Maria Perssing (?).

27. 30 × 24 cm, EC (!) VOTO 1837. Zwei Frauen als Votantinnen, darüber Madonna in Halbfigur mit stehendem nacktem Kind.

28. 32,5 × 26 cm, EX VOTO 1838. Votantenpaar, darüber Gnadenbild (Jesuskind segnend mit Weltkugel).

29. 33 × 25,5 cm, EX VOTO 1839. Votantin mit Kleinkind. Jesuskind hat kein Szepter.

30. 40 × 33 cm, EX VOTO 1839. Votantin im Bett liegend. Gnadenbild von Putti umgeben. Jesuskind ohne Szepter.

31 31 × 24 cm, EX VOTO 1843, Tafel gebrochen. Votantenpaar kniend mit ihren acht Kindern, davon fünf verstorben.

32. 35 × 27 cm, EX VOTO 1843. Votantin zeigt auf verletztes Knie.

33. 29,5 × 26 cm, EX VOTO 1843. Votant kniet mit Rosenkranz. „O Maria durch deine fürbitt ist mir geholfen worden.“

34. 61 × 47,5 cm. „Zu Bartholomä 1843 gingen Joseph Gepp, Peter Hechenberger, Magdalena Moser und ihre Schwester Katharina. Sie werden in der Kapelle am Kitzbichler Horn von einem Blitz getroffen. Magdalena Moser tötet der Blitz, die anderen beiden kommen wieder zu Bewußtsein.“ Interessante früheste Innenansicht der alten Hornkapelle. Oben Harlaßanger und hl. Josef.

35. 30 × 25 cm. Die Kapelle von Harlaßanger, davor weidendes Vieh, darüber Gnadenbild (Kind nur mit Apfel), flankiert von hl. Apostel Simon und hl. Ottilia. „Gott und Maria und der h: Ottilia, hat ein gewißer Hauß-Vater, für seine Augenschmerzen; zum schuldigsten Dank diese Tafel anhero geopfert 1845.“ Votant kniet auf Betschemel.

36. 39 × 32 cm, EX VOTO 1845. Votantenpaar mit zehn Kindern, davon eines verstorben. Darüber Gnadenbild.

37. 47 × 39 cm, EX VOTO 1845. Votantenpaar mit zwei Mädchen. Oben unter Baldachin flankieren Johannes Ev. und die hl. Klara das Gnadenbild.

38. 34 × 24 cm, EX VOTO 1847. Votantin kniet mit Rosenkranz. Kind rechts.

39. 31 × 25 cm, EX VOTO 1847. Josef Perweg von Zell am See im Bintzgau (!) (pinxit). „Mir ist in Meiner Grossen Noth geholffen Worten Gott und Maria sey Danck gesagt C. R.“

40. 29 × 23 cm, EX VOTO 184 .. (zerstört): Votantin kniet unter Gnadenbild; Kind nur mit Kugel.

41. 37 × 28 cm, EX VOTO 1852. Votantin mit Tochter (Blumenstrauß). Oben Gnadenbild mit hl. Elisabeth.

42. 39 × 30 cm, EX VOTO 1853. Votantenpaar mit fünf Kindern, davon zwei verstorben. Neben Gnadenbild Johannes Bapt. und König Sigismund (?).

43. 35 × 28 cm, EX VOTO 1854. Vater und Sohn (in Uniform), neben Gnadenbild oben Johannes Ev. und Antonius v. Padua.

44. 34 × 25 cm, EX VOTO. Votant (Priester) kniet auf Betbank, dahinter Harlaßanger und die Madonna. Sign.: J. G. Lackner 1853.

45. 44 × 35 cm, EX VOTO 1855. „Andenken an den Martin Aschaber, welcher 60 schuech von einem Dachsbaum gefahlen denn 17. Sedember 1855 und wieder durch Mariae virbitt zum Leheben (!) und gesundheit erhalten habe. O Maria du Seeligste Jungfrau ich dank dir vill Dausendmahl.“
Eltern und vier Kinder, dahinter das Unfallgeschehen; oben Gnadenbild zwischen Martin und Katharina.

46. 35 × 27 cm, EX VOTO. Votant kniet vor Maria Hilf. 1856 datiert.

47. 38 × 28,5 cm. Votant kniet auf Schemel, neben Gnadenbild hl. Josef. „Zur Ehre Gott und der seligsten Jungfrau Maria! wird für die Wieder-Genesung dieses Denkmal hieher geopfert. J. A. (Aurach 5. April) 1857.“ Joh. Gg. Lackner pinx. 1857.

48. 41 × 35 cm, Öl auf Leinwand. „Gott und Maria zum Danck, o Maria Bitte für uns bey deinem Lieben Sohn, dir empfellen wir an Unseren Sohn behite im vor allem Unglick. 1858.“ Votantenpaar kniend, Sohn in Uniform mit Gewehr. Dahinter Harlaßanger, oben Gnadenbild.

49. 37,5 × 31 cm, EX VOTO 1862. Votantenpaar mit sechs Kindern, darunter Vieh; oben Josef, Katharina und das Gnadenbild.

50. 44 × 36 cm. Votantenpaar mit 13 Kindern, von denen vier verstorben sind. Über Wolken thront unter Baldachin das Gnadenbild. „Gott und Maria zur innigsten Danckbarkeit für die ertheilte Hilfe, ist dieses Denkmal hieher geopert worden. J. U. H. 1864." Joh. Gg. Lackner pinxit 1864.

51. 32 × 25 cm, Tafel gebrochen. Votantenpaar in Stube kniend, darüber Mariahilf. „Der seligsten Jungfrau Maria aus Dank für die wieder erhaltene Gesundheit." Ohne Datum (um 1870).

52. 42 × 30 cm. „Gott und Maria zum Dank hieher geopfert Franz Entleitner und Josef Lapper. Gelobt sei Jesus Christus in Ewigkeit." Zwei Votanten in Uniform vor Denkmal (24. Juni 1866 Kustozza). Darüber Gnadenbild zwischen hll. Josef und Franz Xaver. Sign.: Michael Lackner. Preis (auf Rückseite): 7 fl.

53. 37 × 31 cm. Arme Seelen im Fegefeuer, darüber Mariahilf. Um 1870. „Alle, die hier ankomen, werden gebethen um ein Vaterunser."

54. 64 × 56 cm, Öl auf Leinwand. Familie mit 16 erwachsenen Kindern, drei Söhne in Uniform. Oben Madonna zwischen Leonhard und Barbara. „Aus Dankbarkeit gewidmet 1877" Sign.: Michael Lackner (Kirchberg).

55. 34 × 26 cm, EX VOTO 1878 J. G. Votant kniet auf Betbank vor Landschaft. Madonna und hl. Josef in Wolken darüber. Öl auf Karton gemalt.

56. 32 × 24 cm, EX VOTO 1878. Votantin mit Kind vor Landschaft. Rückwärts Preis: Mit Rahmen 1 fl 80 kr.

57. 47 × 39 cm, Öl auf Karton. Michael Lackner pinx. 1878. „Aus Dankbarkeit geopfert J. M. A. 1878." Votantenpaar mit sieben Kindern, davon zwei verstorben. Oben thronende Madonna ungekrönt zwischen Johannes Nep., Magdalena und Engeln.

58. 33 × 27 cm, EX VOTO 1879. Votantenpaar kniend, dahinter Landschaft mit Kühen. J. M. ST.

59. 45 × 35,5 cm, Öl auf Kupferblech. 1899. „Gott und Maria sei Dank für die glückliche Rettung." Pferdegespann fährt über ein Kind. Oben Gnadenbild mit vier Putti.

Anmerkungen

Quellen: PAB = Pfarrarchiv Brixen   KAS = Konsistorialarchiv Salzburg

[1] M. MAYER, Der Tiroler Anteil des Erzbistums Salzburg, 1. Heft (1936), S. 99.

[2] Ebd., S. 101.

[3] PAB, Archiv-Karton Nr. 41.   [4] Ebd.

[5] Ebd.   [6] M. MAYER, a. a. O., S. 102.

[7] PAB, Verkündbücher.

[8] Vgl. L. KRETZENBACHER, „Johannishäupter" in Innerösterreich, in: Beigabe zum 152. Jahrgang der Carinthia I/1962, Klagenfurt 1962, S. 232—249.

[9] F. M. VIERTHALER, Wanderungen durch Salzburg, Berchtesgaden und Österreich, Salzburg 1816, Bd. II, S. 168.

[10] PAB, Archiv-Karton Nr. 41.

[11] So z. B. J. STEINER, Der Markt Hopfgarten im Brixenthal und seine Umgebung mit besonderer Berücksichtigung der Hohen Salve, Kitzbühel 1897.

[12] Allgemeine Zeitung vom 30. 10.1858, Nr. 303.

[13] PAB, Archiv-Karton Nr. 41; vgl. auch J. NEUHARDT, a. a. O., S. 125.

[14] M. MAYER, a. a. O., S. 108 ff.   [15] PAB, Verkündbücher.

[16] Jetzt aus Sicherheitsgründen im Pfarrhof Brixen; vgl. auch M. MAYER, a. a. O., S. 111.

[17] J. NEUHARDT, a. a. O., S. 125.

[18] N. KOGLER, Votivbilder aus dem östlichen Nordtirol, Innsbruck 1960.

[19] Erschöpfung.

Der Brixentaler Antlaßritt

Von Franz Caramelle

Der alljährlich zu Fronleichnam stattfindende, über die Grenzen des Landes bekannte Antlaßritt[1] ist eine Prozession der Priester und Bauern von Brixen im Thale, Kirchberg und Westendorf auf Pferden, die reich mit Blumen, Lärchenzweigen, Bändern und Blumen geschmückt sind, zur sogenannten Schwedenkapelle beim Klausenbach[2] am östlichen Ende der Gemeinde Kirchberg. Diese Prozession hoch zu Roß, die ausschließlich von den Einwohnern der drei genannten Orte mit größtem Fleiß vorbereitet und durchgeführt wird, muß nach altem Brauch bei jedem, auch bei schlechtestem Wetter abgehalten werden, nur bei Überschwemmung darf sie entfallen. Erst einmal soll der Umzug einer derartigen Unwetterkatastrophe zum Opfer gefallen sein[3].

Bereits am Vortage des Fronleichnamstages — es ist dies der Donnerstag zehn Tage nach Pfingsten — machen sich die Dorfbewohner emsig daran, ihren Ort auf Hochglanz zu bringen. Um die Häuser herum wird ordentlich aufgeräumt; Straßen, Gehsteige und Plätze werden gesäubert. Die Häuser werden beflaggt, und überall dort, wo sich am nächsten Tag der Zug mit dem mitgeführten Allerheiligsten bewegen wird, sind an den Gassen und Straßen grüne „Maien" aufgestellt, wie es in Tirol allerorts Sitte ist. Die Hausfassaden und Kapellen, an denen ein Prozessionsaltar steht, werden besonders festlich geschmückt. In vielen Fenstern sieht man auf fein gestickten oder gewirkten Tüchern Madonnenstatuen, Heiligenbilder, Kerzen und Blumen. Am Fronleichnamstag, der im Brixental als einer der höchsten Festtage gefeiert und schon am frühen Morgen mit lautem Böllerschießen begrüßt wird, findet am Vormittag die im ganzen Land in ähnlicher Form gestaltete Fronleichnamsprozession mit den vier Evangelien statt. Anschließend werden dann die letzten Vorbereitungen für die Prozession zu Pferd getroffen, deren Ablauf nach einer historisch überlieferten Ordnung erfolgt. Zwischen 12 und 13 Uhr treffen sich die Reiterzüge aus Westendorf und Kirchberg in Brixen im Thale, wo sie sich mit den dortigen Reitern nach einer althergebrachten Einteilung aufstellen. Um 13 Uhr beginnt dann der eigentliche Antlaßritt. Der Dekan von Brixen holt das Sanctissimum aus der Kirche und besteigt damit das Pferd. Dann reitet alles um den alten Kastanienbaum im Anger vor dem mächtigen Widum, und unter dem Geläute aller Glocken setzt sich der Zug, der von der Musikkapelle begleitet wird und jetzt aus etwa 80 Reitern besteht (vor Jahren waren es bis zu 200), in Richtung Kirchberg in Bewegung. Durch das fahnengeschmückte Lauterbach geht es über die Grabnerhöhe, wo die Glocken von Brixen verstummen, die Weiler Bockern, wo bald darauf bei der nächsten Anhöhe die Kirchberger Glocken einsetzen, und Spertendorf nach Kirchberg. Auch hier wird die Prozession wieder von der Musikkapelle durch den Ort geleitet. Beim Vorbeiziehen am Kirchhügel schweigen Glocken und Musik, nur das kleine „Sterbglöggl" bimmelt. Über die Klausnerhöhe, wo die Musik wieder umkehrt, bewegt sich der Zug weiter, und um etwa 14.30 Uhr ist endlich das Ziel, die Klausen- oder Schwedenkapelle, erreicht. Zunächst wird hier der riesige Maibaum umritten, dann werden die vier Evangelien gesungen und der Wetter- und Flursegen nach allen vier Himmelsrichtungen erteilt. Nach einer kurzen Stärkung von Roß und Reiter und abermaligem Umritt des Maibaumes kehrt der Zug wieder in der gleichen Ordnung und unter lautem Beten und zeitweiligem Klingeln der Ministrantenglöcklein in die Heimatdörfer zurück. Auf dem langen Weg (hin und zurück sind es 15,2 Kilometer) erteilt der Dekan mit der kleinen Monstranz immer wieder den Segen und betet dabei laut für Mensch und Vieh, für Feld und Flur. Wenn das Allerhöchste Gut wieder im Tabernakel der Brixner Dekanatskirche eingesetzt ist, ist der Antlaßritt zu Ende. Den Pferden gönnt man nun die längst verdiente Ruhepause, die müden Reiter stärken sich im Gasthaus von den Strapazen des über drei Stunden dauernden, ungewohnten Rittes.

Von diesen Nachfeiern erzählt uns der Innsbrucker Dichter Ludwig von Hörmann, wobei er auch in einer köstlichen Art das Wesen der Brixentaler charakterisiert, im Jahre 1908 (Vossische Zeitung, Berlin, vom 27. Juni 1908):

„Nach anstrengendem Ritt erfrischt man sich bei kühlem Trunk. Es geht in allen drei Orten hoch her. Da wird dem Bier und Wein und vor allem dem Meth, einem süßlichen Getränk aus schlechtem Honig, das nur bei dieser Gelegenheit ausgeschenkt wird, fleißig zugesprochen. Ich habe vor Jahren einmal einer solchen Nachfeier beigewohnt und dabei den Charakter der Brixentaler etwas angesehen. Es sind äußerst gutmütige und frohsinnige Leute, aber ihrer kraftstrotzenden Natur entsprechend auch etwas grobkörnig im Auftreten und rauflustig. Da nun zu ihrer Charaktereigenschaft eine gewisse Spottlust gehört, die sie mit anderen Bewohnern des Unterinntales, besonders des Zillertales, gemeinsam haben, so darf man sich nicht wundern, daß es bei solchen Gelegenheiten öfters zu Raufhändeln kommt."

Wahrlich eine treffende Beschreibung, die auch heute noch ihre Gültigkeit hat. Bezüglich des geschichtlichen Hintergrundes des Antlaßrittes gibt es verschiedene Meinungen. Am Klausenbach, der, wie schon der Name sagt, eine natürliche Talsperre bildet, sollen im Dreißigjährigen Krieg die sogenannten „Enterlender Bauern", das sind die Brixner, Kirchberger und Westendorfer, den eingebrochenen Schweden entgegengeritten sein und sie in mörderischem Kampf besiegt haben. Nach einer anderen Version habe der Brixner Dekan die anstürmenden Feinde durch das Entgegenhalten der Monstranz zu wilder Flucht veranlaßt. Wie man sich noch im vorigen Jahrhundert diesen einmaligen Kriegsstreich erklärte, mag ein Blick in die Volks- und Schützenzeitung des Jahres 1869 (Nr. 66, S. 316) verdeutlichen. Da heißt es wörtlich:

„Die sonst herzhaften Schweden mögen wohl gewittert haben, daß es kein leichtes Stück Arbeit sein werde, sich den Weg zu den Schmalztöpfen des triften- und almenreichen Brixenthales zu bahnen und es für ihr Heil weit sicherer sei, derlei sündhafte Gelüste zu unterdrücken. Sicher waren sie am Eingang des gesegneten Thales von den urkräftigen Brixenthalern auf eine derbe Weise begrüßt worden. Denn während infolge Auftrags des damals in Salzburg regierenden Fürsterzbischofes Graf Paris von Lodron die an der Ausmündung des Brixenthales in's Innthal liegende Burg Itter stark befestigt, verproviantiert und mit Mannschaft besetzt wurde, zogen die übrigen streitbaren Mannen, mit damals landesüblichen Mordinstrumenten versehen, bis zum an der östlichen Ausmündung des Thales gelegenen Weiler Klausen, um den wilden Schwedenhorden nach Tiroler Brauch ein empfindliches Merks zu geben. Brixenthal blieb verschont, ob mit oder ohne Kampf, sagen die diesbezüglichen Dokumente nicht! An jener Stelle nun, wo die kampfbereite Mannschaft herzhaft den Feind erwartete, um ihm ein „Rechts um!" zu oktroieren, steht die sogenannte Schwedenkapelle mit der Inschrift „Bis hier her und nicht weiter kamen die schwedischen Reiter 1643."

Der Antlaßritt um 1925

*H. H. Pfarrer Augustin Mayer und Dechant
Johann Feyersinger beim Antlaßritt 1956*

Diese lebendige und phantastische Schilderung, die noch ganz in Erinnerung an die großartigen Leistungen der Tiroler Schützen in den Freiheitskriegen geschrieben wurde, stimmt allerdings mit der Wirklichkeit nicht überein, denn es ist historisch nachgewiesen, daß die Schweden niemals das rechte Innufer überschritten haben. Die Annahme des bedeutenden Heimatforschers Anton Dörrer[1], es handle sich bei dem Ritt um ein Gelöbnis zur Bannung der Schwedengefahr, gewinnt dadurch an Glaubwürdigkeit. Dörrer vermutet im Antlaßritt außerdem eine uralte germanische Darstellung vom Sieg des Sommers über den Winter und gibt als Begründung dafür das Umreiten des Maibaumes als Vertreter des Wachstums und als Fruchtbarkeitssymbol an. Nach dem Verblassen der Erinnerung an die ursprüngliche Bedeutung habe sich dann der Ritt in den Kriegsnöten des 17. Jahrhunderts mit einer gelobten Prozession zur Schwedenkapelle verschmolzen.

Diese Ableitung scheint durchaus glaubhaft, wenn man sich die damalige Situation vergegenwärtigt. Ganz Europa zitterte im Dreißigjährigen Krieg (1618—1648) vor den wilden Schwedenhorden; in Tirol ließen die Landesfürsten Leopold V. und später Claudia von Medici die Grenzen nach Norden mit starken Festungsbauten absichern. Im Jahre 1648 — die Jahreszahl an der Kapelle ist erst später auf 1643 verfälscht worden — war die Gefahr für das Tiroler Unterland sicher am größten, als die feindlichen Truppen schon in Wasserburg und Rosenheim standen. Als dann diese schlimme Zeit glücklich überstanden war — die gerade im Frühjahr dieses Jahres überaus heftigen Überschwemmungen im Inntal dürften dabei den Brixentalern rettend zu Hilfe gekommen sein — und bald darauf durch den Westfälischen Frieden (24. Oktober 1648) wieder Frieden ins Land zog, mußten die Bauern diese glückliche Wendung wohl als besonderen Segen Gottes verstanden haben. Wahrscheinlich wird es sich also beim Antlaßritt, der in einer Brixner Kirchenrechnung von 1655 schon als „alter Brauch" bezeichnet wird, um eine alte Viehprozession — die Klausenkapelle soll ja einst dem hl. Leonhard, dem Viehpatron, geweiht gewesen sein — handeln, die nach dem Dreißigjährigen Krieg aus Dankbarkeit für die Abwendung der drohenden Gefahr des Schwedeneinfalls zum jetzigen „Schwedenritt" wurde. Das völlige Fehlen von Waffen jeder Art — nicht einmal die ortsüblichen Schützen reiten mit — spricht ebenfalls für diese Annahme. Der Volksmund weiß zu berichten, daß in alter Zeit nur gewisse Bauern das Recht, aber auch die Pflicht hatten, am Antlaßritt mitzureiten oder einen Reiter zu stellen. Die etwas eigenartige Tracht der in früherer Zeiten im „Damensitz" reitenden Bauern, die auf Altertümlichkeit in Gewandung und Pferdegeschirr auch heute noch viel Wert legen, war einst streng vorgeschrieben: hoher, schwarzer Filzhut mit Goldquaste, brauner rotgesäumter, langschößiger Rock oder brauner Heftelrock, rote, mit grünem Hosenträger überspannte Weste, lederne gestickte Bauchbinde, schwarze Kurzhose, weißwollene Wadenstrümpfe und dunkle Bundschuhe.

L. v. Hörmann beschreibt die Tracht eines alten Brixner Bauern recht gut — „Der Mann trug kurze, schwarze, irchene (bocklederne) Hosen, wollene ‚Boanhosen', das sind Stutzstrümpfe, die nur vom Knöchel bis zum Knie reichen, und einen weit ausgeschlagenen, gestärkten Hemdkragen" —, ist aber dann wohl einer scherzhaften Übertreibung zum Opfer gefallen, wenn er meint „Die Knie tragen die Brixentaler bloß, was besonders beim Reiten hervortritt, weshalb sie die Franzosen im Jahre Neun spottweise chevaliers de trois visages nannten". Für die Pferde verwendete man eigene Antlaßgeschirre mit dem festlich aufgeputzten Kummet und altgeformte Sättel. Außerdem wurden sie mit grünen Lärchenreisern, Weiden, Jasmin und buschigen Blumen geschmückt. Diese Bestimmungen haben sich freilich im Laufe der Zeit etwas gelockert, nur die alte Ordnung besteht weiter fort.

Der Sage nach haben angeblich bis 1643 auch die Bewohner von Hopfgarten mitgehalten, sind aber dann weggeblieben, als man ihnen den gewünschten Vorrang nicht zugestehen wollte. Eine andere Version behauptet, die Hopfgartner seien damals, als man den Schweden entgegenstürmte, zu spät gekommen und besäßen daher kein Recht, am Antlaßritt teilzunehmen.

Was die ursprüngliche Bedeutung des Wortes „Antlaß" betrifft, so versteht man darunter den Ablaß bzw. das Entlassen (mittelhochdeutsch: antlaz) von der Buße, und zwar am Tage der Einsetzung des Altarsakramentes. Der Antlaßtag ist der Überlieferung nach eigentlich der Gründonnerstag, heute aber bei uns im süddeutschen Raum der gebräuchliche Volksbegriff für Fronleichnam. Es ist bemerkenswert, daß die Übertragung des Namens auf den Ritt mit dessen Entstehungsgeschichte nie eine innere Beziehung gehabt hat.

Den geschichtlichen, auf den Dreißigjährigen Krieg bezogenen Gehalt und das darauf basierende religiöse Gelöbnis hat Dekan Johann Feyersinger 1946 in einem flammenden Gedicht festgehalten[5] (siehe nebenstehende Seite).

Anmerkungen

[1] Die umfassendste Arbeit über den Antlaßritt hat Matthias MAYER (Der Brixentaler Antlaßritt, Innsbruck 1946) veröffentlicht. Durch zahllose Zeitungsartikel und Hinweise der Lokalpresse sind wir über die Entwicklung des Antlaßrittes in den letzten Jahrzehnten ausreichend informiert.

[2] Der Klausenbach war bis 1803 die Herrschaftsgrenze (Landmarch) zwischen dem salzburgischen Brixental und Tirol und ist heute noch die Grenze der beiden Gerichtsbezirke von Kitzbühel und Hopfgarten.

[3] Keine Unterbrechung, aber eine Umwidmung fand dieser alte Brauch von 1938 bis 1945, als an seine Stelle ein zu einer nationalsozialistischen Parteiangelegenheit degradierter, mit einer Pferdeprämiierung verbundener Flurritt mit Hakenkreuzfahnen und politischen Emblemen trat.

[4] Anton DÖRRER, Der Brixentaler Antlaßritt 1946 — geschichtliche Studie, in: Tiroler Bauernzeitung vom 27. Juni 1946, 3.

[5] Johann FEYERSINGER, 300 Jahre Brixentaler Antlaßritt, in: Tiroler Bauernzeitung vom 20. Juni 1946, 1.

Erhebt die Herzen zu lautem Gebet:
Die Welt in Blut und Flammen steht.
Gebrochen, zermürbt war das deutsche Volk.
Die Heimat schwer vom Feinde bedroht.

Wie drückte die Not, wie trauert das Land
und überall nur Mord und Brand.
Schon dreißig Jahre blutiger Krieg,
doch nirgends war die Rettung und nirgends Sieg.

Der Dechant von Brixen rief auf zum Streit,
von Kirchberg und Brixen war'n alle bereit!
Vom Dorfe im Westen sie ritten heran
Die Bauern alle mit fliegender Fahn!

„Wir nehmen nicht Schwerter von Eisen hart,
denn unsere Waffen sind anderer Art.
Wir tragen den Herrn im Sakrament,
dem Lob und Dank sei ohne End!"

Es klingen die Glocken, die Fahnen wehn,
die Männer geschlossen im Zuge stehn.
Sie beten alle zu Gott dem Herrn —
er halte Krieg und Feinde fern!

Bis Klausen reitet der Beter Schar.
Zu End ist dort die Kriegsgefahr.
„Nur bis hierher und nicht weiter
kamen die schwedischen Reiter."

Gerettet, behütet das Brixental:
So meldet die Kunde überall.
Drum wurde verlobt der Antlaßritt:
„Wer reiten kann, der reite mit!"

Nach dreihundert Jahren schwerer Zeit!
Die Männer sind wieder zum Ritte bereit.
Doch wieder bedrückte der Krieg das Land
und stärker lastete Not und Schand!

Doch waltet im Himmel ein großer Gott,
der gnädiglich schaut auf unsere Not.
Der Krieg hörte auf, das Land war befreit:
„Erhebt die Herzen, zum Dank bereit!"

Was unsere Väter einst gelobt,
das hat sich in Jahren des Sturmes erprobt
und der Brixentaler Antlaßritt
nun wieder frei durch die Heimat zieht!

Die Taz-Bibliothek

Von Walter Neuhauser

Neben den großen, zumeist bekannten Bibliotheken der Klöster, Universitäten und adeligen Geschlechter kommt seit dem Ende des Mittelalters und in der frühen Neuzeit auch kleineren Büchersammlungen immer mehr Bedeutung zu: sie zeigen, daß im 15. Jahrhundert nicht nur in den herkömmlichen kulturellen Zentren Wissen gesammelt und vermittelt wurde, sondern Bücher mehr als bisher verbreitet waren und diese Verbreitung nicht auf die genannten Institutionen beschränkt blieb. Die Ursachen hiefür sind vielfältig: die kirchlichen Reformbestrebungen im 15. Jahrhundert, wie etwa die Melker Reform oder die Bemühungen des Nicolaus Cusanus um eine Reform der Klöster und Pfarreien in seiner Diözese Brixen, die Auswirkungen der Reformkonzilien von Konstanz und Basel, die Gründung von Universitäten und Schulen in den Städten, aber auch Einflüsse des Humanismus, all dies führte zu einer Hebung der Bildung im allgemeinen, besonders aber auch im kirchlichen Bereich. Die Folge war ein vermehrter Bedarf an Büchern und damit eine vermehrte Buchproduktion, die schließlich, um diesem Bedürfnis gerecht werden zu können, in der Jahrhundertmitte zur Erfindung des Buchdrucks führte. Zur besseren Würdigung dieser Breitenwirkung müssen gerade die kleineren Sammlungen mehr als bisher ins Blickfeld gerückt werden. Dies gilt nicht zuletzt für die noch mangelhaft durchforschte Tiroler Buch- und Bibliotheksgeschichte. Auch in Tirol entstanden, zumeist als private Stiftungen, derartige kleinere Büchersammlungen, welche z. T. heute noch erhalten sind. Für Nordtirol sind bisher bekannt: die Ris-Bibliothek in Flaurling, gestiftet 1516 vom Pfarrherrn Sigismund Ris[1], die Bibliothek der Waldauf-Stiftung in Hall[2], die noch nicht erforschte, von der Familie Fieger gestiftete Bibliothek der Haller Pfarrkirche und endlich die Taz-Bücherei in Brixen im Thale, welcher dieser Beitrag gewidmet ist[3]. Allen diesen Stiftungen ist gemeinsam, daß sie an bereits bestehenden geistlichen Zentren, nämlich in Urpfarren bzw. späteren Dekanatssitzen, errichtet wurden, und daß die Stifter durchwegs bedeutende Persönlichkeiten waren: Ris war Magister der Philosophie, Baccalaureus der Theologie und Hofkaplan Erzherzog Sigmunds des Münzreichen von Tirol; Waldauf, selbst kein Geistlicher, war einer der Berater Kaiser Maximilians I., die Familie Fieger spielte im wirtschaftlichen und kulturellen Leben in Tirol eine wichtige Rolle.

I. Die Stiftung und ihr Stifter

Wie die eben genannten Sammlungen verdankt auch die Brixener Bibliothek ihre Entstehung einem privaten Stifter. Dieser wollte sich damit nicht bloß ein Denkmal setzen, vielmehr war die Stiftung ausdrücklich dazu bestimmt, den Seelsorgern bei der Verkündigung des Gotteswortes behilflich zu sein. Wie die eingangs genannten Stifter war auch Wilhelm Taz eine interessante Persönlichkeit[4]. Er stammte wahrscheinlich aus Mähren; das Geburtsdatum ist nicht bekannt, dürfte aber um 1410 anzusetzen sein. Früh schon war er Sekretär Kaiser Sigismunds und Kanoniker in Brünn. 1437 erhielt er im Tausch ein Kanonikat in Freising. Die Pfarre Brixen, der er fast ein halbes Jahrhundert, bis zu seinem Tod 1485, vorstand, wurde ihm nach Mayer[5] um 1440, vermutlich jedoch 1442 oder kurz danach verliehen. Wie der Humanist Aeneas Silvius Piccolomini, der spätere Papst Pius II., in seinen Commentarii berichtet[6], war Taz 1442, also als Freisinger Kanoniker, Sekretär in der kaiserlichen Kanzlei unter Friedrich III. Er muß also eine den damaligen Erfordernissen entsprechende Bildung, wohl auf Grund von Universitätsstudien, besessen haben (auch wenn er in den Matrikeln der Wiener Universität nicht nachweisbar ist). 1442 war ihm in Abwesenheit des kaiserlichen Kanzlers Caspar Schlick vertretungsweise sogar die Leitung der Kanzlei anvertraut. Dabei kam es zu einer für Taz später folgenschweren Auseinandersetzung mit Aeneas Silvius, der damals, ebenfalls als Sekretär, neu in den Dienst des Kaisers getreten war. Aeneas berichtet, daß er, als poeta laureatus immerhin bereits eine anerkannte Persönlichkeit, vom Kanzler-Vertreter Taz übel behandelt worden sei, etwa bei Tisch, aber auch im sonstigen Umgang, und daß Taz, offenbar ein Feind der Italiener („hostis Italici nominis"), ihn wie einen mißliebigen Gegner verachtet und verspottet habe. Aeneas mußte dies hinnehmen, scheint aber diese Kränkung nicht vergessen zu haben, da er sich noch 20 Jahre später, 1463 bei der Abfassung der Commentarii, an Taz erinnert. Diese Zurücksetzung fand ihr Ende, als Schlick zurückkehrte und, da er mit Aeneas schon von früher her, anläßlich einer Begegnung in Siena, befreundet war, diesem die gebührende Ehre zuteil werden ließ. Taz wurde nunmehr in die peinliche Lage versetzt, „Aeneas zu fürchten", wie dieser selbst schreibt, und verließ bald darauf, wohl nicht freiwillig, den kaiserlichen Dienst. Vielleicht war diese Auseinandersetzung für Taz bestimmend geworden und hatte eine weitere Karriere im kaiserlichen Dienst verhindert. An seiner Stelle wurde nunmehr Aeneas mit der Leitung der Kanzlei in Vertretung des abwesenden Kanzlers betraut. Es ist zu vermuten, daß Taz damals, also 1442, die Pfarre Brixen zugewiesen erhielt. Diese gehörte zum Bistum Chiemsee, einem Eigenbistum von Salzburg, während der Salzburger Erzbischof der politische Landesherr war. Wieweit es sich dabei um eine Strafversetzung gehandelt hat, läßt sich nicht mit Sicherheit sagen. Jedenfalls war Aeneas nach dessen eigenen Angaben mit dem Chiemseer Bischof Silvester von früher her befreundet und noch im gleichen Jahr 1442 zusammen mit diesem, mit Thomas Ebendorfer und Ulrich von Sonnenberg vom Kaiser mit einer heiklen Mission betraut worden, nämlich eine Versöhnung zwischen Papst Eugen IV. und dem Gegenpapst Felix V. herbeizuführen. Taz war somit politisch kaltgestellt, widmete sich aber offenbar in der Folgezeit der Seelsorge und krönte diese Bemühungen 1473 durch die genannte Stiftung. Im Gegensatz zu anderen Pfarrherren dürfte er sich weitgehend in seiner Pfarre aufgehalten haben (während z. B. Aeneas sich kaum je in der ihm 1443 verliehenen Pfarre Sarnthein aufgehalten hat), vielleicht, weil er hier weiteren Unannehmlichkeiten durch Aeneas leichter entgehen konnte. Dies wird auch durch die Tatsachen bestätigt, daß er Brixen zu einem kleinen Zentrum der Buchpflege machte und daß er seine Bücher noch zu Lebzeiten gerade dieser Pfarre vermachte. Taz starb am 17. 4. 1485 in Freising. Weitere Nachrichten über sein Leben sind nicht bekannt. Sicher war Taz ein Geistlicher mit einem für seine Zeit hohem Bildungsstand und als kaiserlicher Sekretär nicht nur mit der Theologie vertraut. Von dieser Tätigkeit her könnte er auch Vertreter des österreichischen Humanismus gekannt haben, wenngleich er selbst nicht als Humanist anzusprechen ist. Dies zeigt der ihm von Aeneas bescheinigte Haß gegen die Italiener im allgemeinen und gegen einen so bedeutenden Vertreter des italienischen Humanismus, wie es Aeneas ja war, im besonderen. Andererseits dürfte ihm eines der bedeutendsten Werke des deutschen Frühhumanismus, der „Ackermann aus Böhmen", nicht unbekannt gewesen sein, von welchem 1471 hier in Brixen im Thale eine Abschrift angefertigt wurde (heute Cod. 60 der Innsbrucker Universitätsbibliothek, siehe unten). Daß Taz gebildet war, wird allein schon dadurch unterstrichen, daß er eine Büchersammlung besaß und diese dann in eine Stiftung zum Nutzen der Brixener Seelsorger umwandelte. Einige Werke dieser Stiftung zeigen aber, daß man sich hier im Brixental nicht nur mit reiner Fachtheologie befaßte, sondern auch — abgesehen vom gerade genannten „Ackermann" — mit der erbaulichen Literatur des Spätmittelalters vertraut war. So enthält Ms. IX der Taz-Stiftung die dem Johannes Damascenus zugeschriebene Geschichte von Barlaam und Josaphat und die Historia septem sapientium in der Fassung des Johannes de Alta Silva.

In den theologischen Werken sind Beziehungen zu den Ideen der Melker Reform spürbar. So sind die damals weit verbreiteten Schriften eines der wichtigsten Vertreter dieser Reformideen, Nikolaus von Dinkelsbühl (Lehrer an der Wiener Universität, gestorben 1433), auch in der Taz-Bibliothek in zwei Handschriften (Ms. V und VI) vertreten. Interessant wäre zu wissen, wie weit bzw. ob Taz auch mit den Reformplänen des berühmten Kardinals Nicolaus Cusanus vertraut bzw. von diesen beeinflußt war, welcher seit 1450 als Bischof von Brixen, also in der Nachbardiözese, um die kirchliche Erneuerung in seiner Diözese bemüht war. Da die Reformen des Cusanus nicht zuletzt auch darauf ausgingen, die Bildung der Weltgeistlichkeit zu heben, und da Taz mit seiner Stiftung ausdrücklich denselben Zweck verfolgte, ist ein Einfluß durchaus nicht auszuschließen.

Diese Ziele werden in dem heute noch erhaltenen Stiftungsbrief[7] deutlich ausgesprochen. Die Bibliothek solle dazu dienen, den Geistlichen bei der Erfüllung ihrer Hauptaufgabe, der Verkündigung des Gotteswortes, zu helfen. Die erhaltenen Bücher zeigen, daß dies auf doppelte Weise erfolgen sollte: einmal unmittelbar durch Bereitstellung von Werken der Praxis, also moraltheologischen und homiletischen Werken, welche tatsächlich reichlich vertreten sind (siehe Ms. I, III, VI, VII, X; Ink. 3, 4). Für Predigtzwecke diente sicher auch die als „Tractatus theologicus" betitelte Sammlung kleinerer Traktate zu bestimmten Begriffen in alphabetischer Reihenfolge („Abstinentia", „amor dei" usw.). Hier handelt es sich offenbar um eine Materialsammlung für Predigtzwecke (Ms. VIII). Daneben aber sollte die Geistlichkeit auch das theologische Fundamentalwissen zugänglich erhalten. Dies zeigen einige Werke der Bibelexegese (Ms. VII, Ink. 1 und 6), sowie einige damals beliebte grundlegende Werke der scholastischen Theologie: Ms. II: Das Compendium theologicae veritatis des Hugo Ripelin de Argentina[8]; Ms. IV: Teile der Summa theologica des Thomas de Aquino; Ink. 2: Der Kommentar des Johannes Duns Scotus zu den Sentenzen des Petrus Lombardus, dem grundlegenden Werk der Scholastik; Ink. 7 und 8: Die Summa de eucharistiae sacramento des Albertus Magnus.

Nach dem Wunsch des Stifters sollte die Bibliothek laufend vermehrt werden („täglich zumeren und pessern"). Zum Zeitpunkt der Stiftung (1473) bedeutete dies in erster Linie eine Vermehrung der Bestände durch weitere Handschriften, also die mittelalterliche Verbindung von bibliotheca und scriptorium, in welchem einerseits Bücher für die Bibliothek abgeschrieben, andererseits Bücher der Bibliothek kopiert werden konnten, um sie dann an andere weiterzugeben. Auch für Brixen dürfen wir beides annehmen, wenn auch mit gewissen Einschränkungen. So wird im Stiftungsbrief nachdrücklich betont, daß Bücher für Kopierzwecke nicht entlehnt werden sollten, außer wenn die Gewißheit bestünde, daß die entlehnten Bücher wieder unbeschädigt zurückgebracht würden. Dies zeigt, daß hier Bücher nicht nur gesammelt, sondern auch geschrieben wurden. Daß dies schon vor der eigentlichen Stiftung, also vor 1473, betrieben wurde, beweisen einige Handschriften, welche sich im Besitz eines Brixentaler Gutsbesitzers namens Christoph Rüether[9] befanden. Dieser vermachte 1471 vier Handschriften, wie aus Schenkungsvermerken in diesen Handschriften hervorgeht, dem Kloster Mariathal bei Kramsach. Eine dieser Handschriften (Cod. 60 der UB Innsbruck) wurde sicher in Brixen geschrieben. Es ist dies die schon erwähnte Sammelhandschrift, welche u. a. drei Texte enthält, welche auch in Ms. IX der Taz-Bibliothek enthalten sind (Barlaam und Josaphat, Historia septem sapientium, sowie die Admonitio ad Nonsuindam reclusam des Adalgerus, episcopus Augustanus); bei dem letztgenannten Werk ist die Übereinstimmung zwischen Cod. 60 und Ms. IX besonders augenfällig, da sich in beiden Handschriften die gleiche falsche Überschrift „Admonitio s. Augustini ad matrem" findet, die sonst nur noch in einer Erlanger Handschrift (Erlangen, UB, Cod. 484/2) überliefert ist[10]. Cod. 60 enthält ferner noch die bereits erwähnte Abschrift des „Ackermann aus Böhmen", entweder nach einer Bamberger Druckvorlage oder nach einer dem Druck und Cod. 60 gemeinsamen handschriftlichen Vorlage[11]. Die anderen drei Handschriften aus Rüethers Schenkung stammen aus der gleichen Zeit; zwei von ihnen sind sicher nicht in Brixen entstanden (Innsbruck, Tiroler Landesmuseum Ferdinandeum, FB 481, geschrieben 1470 von Conrad Mertz, Gerichtschreiber von Auerberg und Falkenstein; Berlin, Staatsbibl., Cgf 1064, geschrieben 1471 in Hall). Die vierte Handschrift (Berlin, Staatsbibl., Cgf 839) enthält keinen Schreibervermerk, sie könnte evt. in Brixen geschrieben worden sein.

Wie weit die Handschriften der Taz-Stiftung in Brixen entstanden sind bzw. wann und von wem sie geschrieben wurden, ist noch nicht untersucht. Trotzdem dürfen wir annehmen, daß in Brixen Handschriften nicht nur gesammelt, sondern auch geschrieben wurden. Aus dem Umfeld von Brixen ist ferner mindestens ein Schreiber faßbar, Caspar Löhel in Hopfgarten, der Kompilator von Ms. VIII (s. u.). Wie weit auch der gleich noch zu erwähnende Nikolaus Mansl, ebenfalls Gesellpriester in Hopfgarten, nicht nur als Sammler und Geschenkgeber, sondern auch als Schreiber in Betracht kommt, konnte wegen der fehlenden Vergleichsmöglichkeiten der Schriften noch nicht festgestellt werden[12].

Neben den zehn erhaltenen Handschriften der Taz-Stiftung sind auch acht Inkunabeln dem Grundbestand zuzurechnen (Ink. 1—8). Dies zeigt, daß man sich im Brixental nicht nur mit dem Abschreiben oder Sammeln von Handschriften befaßte, sondern auch die noch neue Form der Buchherstellung mit Hilfe des Buchdrucks bereits kannte, und daß auch diese Buchform schon früh in die Taz-Bibliothek Eingang fand. Auch die Tatsache, daß der in der genannten Innsbrucker Handschrift Cod. 60 enthaltene Text des „Ackermann aus Böhmen" hier wohl von

einem Bamberger Druck abgeschrieben wurde, gehört hieher. Die buchgeschichtli-
chen Beziehungen zu Bamberg werden auch durch die Inkunabel 3 der Taz-Bibliothek unterstrichen, deren Einband aus einer Bamberger Werkstätte stammt[13], die
also ebenfalls aus Bamberg ins Brixental gelangte[14].

Für die Sicherung der Bibliothek wurde von Anfang an vorgesorgt. Die Bücher
lagen einzeln auf Pulten auf und waren an diesen angekettet. Diese damals weithin
übliche Form der Aufbewahrung wird sowohl im Stiftungsbrief als auch in der Bestätigungsurkunde[15] zu diesem ausdrücklich erwähnt. In Anbetracht des hohen
Wertes der Bücher im ausgehenden Mittelalter war dies eine notwendige Sicher-
heitsmaßnahme. Eine Entfernung der Bücher war nicht möglich, da die Ketten mit
Schlössern versehen waren, zu denen nur vier Personen die Schlüssel besaßen: der
Kirchpropst der Hauptkirche zu Brixen („bey der rechten mueter"), ferner die
Kirchpröpste von Hopfgarten, Westendorf und Kirchberg, also der von Brixen ab-
hängigen Seelsorgsstationen. Die Nennung dieser Orte zeigt zugleich den Einzugs-
und Wirkungsbereich dieser Büchersammlung an. Den Schlüssel zum Bibliotheks-
raum selbst hatte nur der Brixener Pfarrer bzw. dessen Vikar. Eine Benützung der
Bücher war nur mit deren Einwilligung gestattet, eine Entlehnung kaum möglich
(siehe oben). So war also für die Erhaltung und für die Sicherung der Bücher umsichtige Vorsorge getroffen. Als „Gegenleistung" für diese Stiftung wurde ein feier-
licher Jahrtag für Taz bestimmt, der zwischen Allerheiligen und Martini zu halten
war und mit einer Vigil, einem gesungenen Seelenamt und zwei gesprochenen
Messen begangen werden sollte.

Wie groß der Urbestand der Sammlung war, läßt sich heute nicht mehr sagen.
Im Stiftungsbrief heißt es, daß im Pfarrhof eine neue librarey gebaut und aufgerichtet worden sei, doch bedeutet dies sicher nicht die Errichtung eines eigenen
Gebäudes, sondern nur die Einrichtung eines eigenen Raumes für die Unterbrin-
gung der Bücher. In der genannten Bestätigungsurkunde des Stiftungsbriefes
durch den Salzburger Erzbischof Bernhard Rohr ist die Rede von einer „michle
anczal püecher", also einer großen Zahl von Büchern. Es kann angenommen
werden, daß vom ursprünglichen Bestand einiges verloren gegangen ist, wie dies
bei den meisten mittelalterlichen Büchersammlungen der Fall war. Andererseits
darf die Größe der Sammlung nicht überschätzt werden: private Sammlungen
waren im 15. Jahrhundert zumeist nicht allzu umfangreich. Auch die Einrichtung
eines eigenen Raumes darf nicht darüber hinwegtäuschen, da dieser die platzauf-
wendige Form der Kettenbuchbibliothek aufwies. Im Jahre 1739 scheint die
Sammlung nicht mehr als etwas über 50 Bücher umfaßt zu haben, wie aus einer
Zählung aus diesem Jahr zu erschließen ist. Davon war ein Teil sicher erst später
erworben worden, da die Sammlung, dem Wunsch des Stifters entsprechend, in
der Folgezeit erweitert wurde. Die Bücher, welche wir heute dem Urbestand zu-
rechnen können, bilden daher nur einen Teil des heute erhaltenen Bestandes.
Glücklicherweise wurden die von Taz selbst gestifteten Bücher entweder von ihm
oder zumindest noch zu seinen Lebzeiten mit Besitzvermerken versehen[16], auf
Grund derer wir folgende Bücher dem Grundbestand zuweisen können[17]:

Ms. I: Aegidius Romanus. — Ms. II: Hugo Ripelin de Argentina. — Ms. III: Gregorius Magnus. — Ms. X: Sammelhandschrift. — Ink. 1: Sammelband, bestehend
aus vier Drucken und einem seltenen handschriftlichen Text. — Ink. 4: Sammel-

band (Johannes Chrysostomus und Bonaventura). — Ink. 5: Sammelband (Augustinus und Paulus Orosius). — Ink. 6: Paulus de S. Maria. Folgende Bücher tragen zwar keinen alten Besitzvermerk, gehören aber wohl auch zum Stiftungsbestand oder sind noch zu Lebzeiten von Taz selbst der Sammlung beigegeben worden; sie tragen am Rückenschild den Vermerk „Taz" (19. Jh.): Ms. IV: Sammelband. — Ms. VIII: Tractatus theologicus (Kompilation mehrerer kleinerer Traktate), zusammengestellt und geschrieben 1462 von Caspar Löhel in Hopfgarten[18], also im Bereich von Brixen entstanden[19]. Löhel dürfte mit dem in den Matrikeln der Wiener Universität[20] genannten Caspar Löhel de Spannberg (bei Matzen in Niederösterreich) identisch sein, stammte also wie Taz aus dem ostösterreichischen Raum. Die Handschrift wurde nach 1466 in Brixen gebunden, wie aus der Verwendung eines Briefes des Abtes Johannes von Freyberg, Abt des Stiftes Georgenberg bei Schwaz[21], aus dem Jahre 1466 als Spiegel des Einbandes zu erschließen ist. — Ms. IX: Sammelhandschrift. — Ink. 2: Johannes Duns Scotus. — Ink. 3: Johannes Ferrerius. — Ink. 7 und 8: jeweils Albertus Magnus, Summa de eucharistiae sacramento in zwei verschiedenen Druckausgaben, deren Beginn und Schluß jeweils vertauscht zusammengebunden wurde. Daß die genannten Bücher zum Grundbestand gehörten, wird auch durch die Tatsache unterstrichen, daß es sich ausnahmslos um Kettenbücher handelt. Drei Handschriften (Ms. V—VII) befanden sich zuerst im Besitz eines Nicolaus Mansl aus Hallein[22]. Dieser war 1466 bis 1488 Vikar des Pfarrherrn Taz in Brixen und 1468 bis 1489 zugleich Gesellpriester in Hopfgarten. Er vermachte 1484, also noch zu Lebzeiten von Taz, seine Bücher der damals bereits bestehenden Taz'schen Bibliothek[23]. Die Übernahme wird in Ms. V in einem Vermerk des 15. Jahrhunderts bestätigt: „Nicolaus Mansl de Salina. Requiescat anima eius in pace". Eine dieser Handschriften (Ms. VII, ein glossiertes Psalterium) war von Mansl, wie aus einem von ihm geschriebenen Kaufvermerk hervorgeht, 1460 erworben (und nicht, wie in der Literatur[24] angegeben wird, von ihm geschrieben) worden. Zwei weitere Bücher aus dem Besitz Mansls werden in den Archivberichten aus Tirol[25] erwähnt, nämlich zwei Gesangbücher, welche Mansl am 28. 8. 1489 der Kirche von Brixen als Begleichung eines Schuldenrestes übergab. Sie sind heute nicht mehr nachweisbar.

So war bis 1485 ein Grundstock für die Librarey gelegt worden. Die beiden Wünsche des Stifters, wonach die Bücher für ewige Zeiten bei der Kirche bleiben sollten und der Bestand vermehrt werden sollte, gingen in Erfüllung. So besteht diese Sammlung seit nunmehr über 500 Jahren und wurde in der Folgezeit immer wieder durch Neuerwerbungen, nunmehr natürlich gedruckte Bücher, erweitert.

II. Die weitere Geschichte der Bibliothek

Die erste Vermehrung des Buchbestandes fand schon bald nach dem Tod des Stifters statt, unter seinem Nachfolger Bernhard von Pollheim zu Wartenberg (Pfarrer 1492—1504). Sein Vikar war seit 1491 Andrä Lantaler[26]. Dieser schenkte 1498 seinen Besitz der Kirche von Brixen, bedachte aber auch andere Orte mit Legaten, so u. a. die Kirche von Lofer mit einem auf Pergament gedruckten Meßbuch[27]. Seine Bücher vermachte er in seinem Testament 1498 seinem Sohn Wolfgang. Ausgenommen davon waren zwei Bücher, nämlich eine „Chronica nova",

welche für die Kirche von Brixen bestimmt war, und die Summa angelica des Angelus de Clavasio, welche sein Vetter Veit Sangler in Hopfgarten erhielt. Das erst-
genannte Werk ist heute nicht mehr erhalten, wohl aber die Summa angelica,
welche später den Weg in die Taz-Bibliothek fand (Ink. 12, gedruckt 1495 von
Martin Flach in Straßburg, HC 5397, GW 1938). In diesem Werk wird unter Beru-
fung auf einen Stiftungsbrief im Brixener Pfarrarchiv in einer Notiz wohl des
18. Jahrhunderts auf den Besitzer Sängler hingewiesen, ebenso auf die der Brixener Kirche zugedachte, heute verlorene Chronica nova. Ink. 12 trägt einen Einband aus einer Augsburger Buchbinderwerkstatt[29] und war — erklärlich durch die
Tatsache, daß das Buch sich ursprünglich in privatem Besitz befunden hatte und
erst später in die Taz-Bibliothek gelangte — kein Kettenbuch.

Nicht der Brixener Bibliothek zugeeignet wurden die Bücher des Pfarrers Jo-
hann Rottmayr (1566—1574), laut Mayer[30] 61 Folio-, 52 Quart-, 123 Oktav- und 45
Duodezbände. Sie wurden dem Salzburger Domrichter Hans Rottmayr, also einem
Verwandten, vererbt.

Als nächster Geschenkgeber ist um 1600 Ulrich Rassler[31] aus Meersburg zu erwähnen, Pfarrer von 1592 bis 1602. Sein Besitzvermerk findet sich in mindestens
zehn Büchern des 16. Jahrhunderts, darunter in den mit den Nummern 16 und 17
versehenen Büchern der Inkunabelsammlung, und in den im Bestand von 1739
unter Nummer 45 bis 47 geführten Werken.

Im 17. Jahrhundert war Anton Ramponi, ein Nonsberger, 1626 bis 1646
Pfarrer in Brixen. Er hinterließ bei seinem Tod eine Bibliothek von 76 lateinischen
und 25 deutschen Werken[32], deren Katalog noch erhalten ist[33]. Leider sind die Angaben in diesem, wie dies damals weithin üblich war, so knapp gehalten, daß eine
genaue bibliographische Bestimmung schwer durchführbar ist. Wie weit einzelne
dieser Werke sich heute in der Brixener Bibliothek befinden, ist noch nicht untersucht, möglicherweise kamen die Bücher der bei Mayer[34] erwähnten Studienstif-
tung für seine Verwandten zugute.

Ebenfalls im 17. Jahrhundert, von 1657 bis 1673, war wiederum ein Trentiner
Pfarrer in Brixen, ein Roveretaner namens Maximilian Schroz (Sroz, Schraz)[35],
dessen richtiger Name wohl Strozzi gelautet haben dürfte. Laut Mayer[36] vermachte
er seine Bücher den Kapuzinern in Innsbruck, doch scheint zumindest ein Teil in
Brixen verblieben zu sein: es ist kaum anzunehmen, daß die heute hier noch nach-
weisbaren Bücher erst später wieder hieher gekommen wären. Andererseits ist zumindest unter den infolge der Aufhebung des genannten Klosters durch Joseph II.
(1787) an die UB Innsbruck gelangten Büchern, soweit dies Stichproben ergaben
(eine systematische Durchsicht war nicht möglich), kein Werk aus seinem Besitz
festzustellen. Jedenfalls befinden sich heute acht oder neun Bände aus seinem Besitz in Brixen (Ink. 10[?], 11, 13—15, ferner vier Drucke mit den Inkunabelnummern 16—19), dazu noch einige neuere Werke. Mit Ausnahme von Ink. 14 weisen
die Bücher keine Spuren einer Kette mehr auf. Es war damals also die Form der
Kettenbuchbibliothek bereits aufgegeben worden. In einigen dieser Bücher sind andere private Vorbesitzer eingetragen: Ink. 13 trägt einen Vermerk von 1561 mit
den Buchstaben MAP(?), vielleicht zu beziehen auf Michael Anfang (Parochus), welcher 1555 bis 1565 Pfarrer von Brixen gewesen war. Ink. 14 war 1589 von einem
Sebastian Häringer, Kooperator in Reith (bei Kitzbühel oder bei Brixlegg), gekauft

Der Antlaßritt 1988 in Brixen i. Th. (Foto H. Laiminger)

Die Musikkapelle Brixen i. Th. im Jubiläumsjahr (Foto H. Laiminger)

worden. In Ink. 17 (welche zu Ink. 16 gehört) steht „Ex libris Udalrici Rassler (zu
Rassler siehe oben), in Ink. 18 (welche zu Nr. 19 gehört) „Sum Nicolai Norineri In-
golstadiani". In den meisten Büchern findet sich die Besitzeintragung „Maximilian
Sroz" (17. Jh.) im Buchinneren, bei allen Büchern am Rückenschild der Vermerk
„Sroz" oder „Schroz". Eine Sonderstellung nimmt Ink. 10 ein, bei welcher nur am
Buchrücken ebenfalls Sroz genannt wird, während sich im Inneren mehrere Besitzvermerke finden (nicht aber der Name Sroz): Urbanus Inchofer; Sum ex libris
Ioannis Fergesii 1594; M. Ioann. Stempfel, Vicarius zu Eyberg, 1675[37]; Ex libris
Laurentii Miesl Can.; Ex libris Viti Miesl 1695; Ex libris Wolfgangi Albl clerici
saecularis dyocesis Chiemensis[38]. Auf Grund dieser Besitzvermerke, deren Namen
sich in Brixen nicht nachweisen lassen, ist anzunehmen, daß sich dieses Buch nicht
im Besitz von Sroz befunden hat, sondern erst später aus einem Ort, der ebenfalls
zum Chiemseer Bistum gehörte, nach Brixen gelangte. Auch die Tatsache, daß sich
in diesem Buch keine Nummer der Zählung von 1739 findet, beweist, daß es damals
noch nicht zur Bibliothek gehörte. Die Herkunft aus dem Salzburgisch-Chiemseer
Raum wird dadurch bestätigt, daß das Buch 1588 in Salzburg gebunden wurde,
nämlich in der Werkstätte „Salzburg IX"[39]. Alle sieben Schmuckrollen dieses Ein-
bands sind für die genannte Werkstatt nachweisbar (Rollen Wind Nr. 2, 4, 5, 6, 41,
44, 47). Demgegenüber tragen die Bücher aus dem Besitz von Sroz die damals weit
verbreiteten Blindstempel- und Rolleneinbände verschiedener Augsburger Werk-
stätten: Ink. Nr. 11 und 14 stammen aus der Werkstätte „Jagdrolle IV"[40], Ink. 13
und 15 aus der Werkstatt „Jagdrolle II"[41]. Auf die Bindung der Inkunabel 12 (aus
dem Besitz Länthalers) in der Augsburger Werkstatt „Bogenfriesrolle II"[42] wurde
bereits hingewiesen. Die Einbände der Frühdrucke mit den Inkunabelnummern 16
bis 19 konnten zwar noch nicht belegt werden, zeigen aber Augsburger Einfluß.
Neben den genannten Werken finden sich noch weitere Bücher aus dem Besitz von
Sroz in Brixen, z. B. das Werk von Dominicus Scotus Segoliensis: Commentarii in
Quartum Sententiarum, T. 2. Venedig 1569 (= Nr. 50 der Zählung von 1739) mit
einem Rolleneinband des 16. Jahrhunderts und dem Besitzvermerk von Sroz am
Titelblatt.

Bedauerlicherweise ist für die Taz-Bibliothek kein älterer oder neuerer Katalog
erhalten (die oben erwähnten Verzeichnisse der Bücher Rottmayrs und Ramponis
können nicht als Katalog der Taz-Bibliothek gewertet werden). Dafür wurden im
Jahre 1739 die Bücher der Sammlung geordnet und mit Nummern und Besitzvermerken versehen. Letztere lauten zumeist einheitlich „Ad Ecclesiam Prixinensem"
oder ähnlich, z. B. „Ad Ecclesiam parochialem Prixinensem", „Ad parochialem Ecclesiam Prixinensem pertinet", „Ad Ecclesiam Prixinensem spectat", „Ecclesiae parochialis Prixinensis". Ob aus diesem Anlaß ein Katalog angelegt wurde, läßt sich
nicht feststellen, könnte aber angenommen werden. Die Zählung umfaßt mindestens 51 Nummern[43] (Nr. 51 ist die letzte feststellbare Nummer). Unter diesen befinden sich alle Handschriften und Inkunabeln (außer Ms. VII und Ink. 10, welch
letztere wohl erst nach 1739 in die Bibliothek gelangte), sowie Drucke des 16. und
17. Jahrhunderts. Zu elf Nummern konnten bisher keine Bücher zugeordnet
werden. Eine bestimmte Ordnung nach Erscheinungsjahren, Vorbesitzern oder Autoren läßt sich nicht nachweisen, ebenso ist keine Trennung nach Handschriften
und Drucken gegeben. Diese Neuordnung erfolgte unter Johann Michael Pauer[44],

Pfarrer in Brixen von 1733 bis 1754. Wie weit die Neuaufstellung durch ihn selbst oder durch einen Kooperator erfolgte, läßt sich nicht sagen. Ebenso konnte nicht ermittelt werden, wie weit die bei Mayer[45] erwähnte Bibliothek seines Kooperators Josef Laimbgrueber, die angeblich einen Wert von 300 Gulden hatte, in Beziehung zur Taz-Bibliothek steht bzw. ob sie in diese aufgegangen ist.

III. Der heutige Zustand

Im Laufe der Jahrhunderte ist somit die anfangs eher bescheidene Stiftung zu einer für eine Landpfarre ansehnlichen Sammlung herangewachsen, die auch in neuerer Zeit weiter vermehrt wurde. Heute macht der ursprüngliche Stiftungsbestand nur noch einen kleinen Teil der gesamten Pfarrbibliothek aus, freilich den mit Abstand wertvollsten. Leider gibt es auch aus neuerer Zeit keine Kataloge. Als Ersatz dafür wurden die wertvollen Altbestände, also die Handschriften und Inkunabeln sowie einige Drucke aus dem frühen 16. Jahrhundert, mit Rückenschildern versehen, durch welche sie sich von den neueren Büchern der Bibliothek deutlich abheben. Die Handschriften tragen blaue und grüne Schilder: die blauen enthalten den Titel in Kurzform, bisweilen auch den Namen des Stifters Taz, die grünen die Zählung von I bis X in römischen Ziffern und den oder die Namen der Vorbesitzer (Taz bzw. Mansl). Ähnlich weisen die Inkunabeln weiße und gelbe Rückenschilder auf: die weißen enthalten den bzw. die Titel, die gelben den Druckvermerk (sofern dieser aus dem Buch zu entnehmen war), die Zählung von I bis XIX in römischen Ziffern und den Namen des Donators (Taz oder Sroz, Nr. 12: Lantaler). Die übrigen Besitz- und Schenkungsvermerke befinden sich, wie dies üblich ist, entweder am Spiegel des Einbandes oder am Titelblatt bzw. ersten Blatt der Bücher. Hier sind neben den verschiedenen oben angeführten Namen der privaten Vorbesitzer vor allem die wohl eigenhändigen Eintragungen durch Taz selbst sowie der Besitzvermerk aus dem Jahre 1739 mit der damals gegebenen Zählung in arabischen Ziffern hervorzuheben.

Heute befindet sich die Bibliothek in äußerst befriedigendem Zustand. Dies gilt sowohl für den Stiftungsbestand als auch für den neuzeitlichen Zuwachs. Die Bücher sind in einfachen, jedoch zweckmäßigen Holzregalen aufgestellt und in einem gut abgesicherten, gut durchlüfteten, nach Osten gerichteten Raum im Obergeschoß des Brixener Dechanthofes untergebracht.

So zeigt diese Büchersammlung eine ungebrochene Tradition von ihrer Stiftung im 15. Jahrhundert bis in die neueste Zeit und ist in Anbetracht der Pflege und Wertschätzung, welche ihr auch heute noch zuteil wird, ein erfreuliches Beispiel für das geistige Leben in unserer Heimat auch abseits der großen traditionellen Zentren der Klöster und Städte.

Nachwort

An dieser Stelle sei zwei Personen gedankt, welche das Zustandekommen bzw. den Fortgang dieser Arbeit förderten: meinem Freund Univ.-Doz. Dr. Sebastian Posch, welcher mir den Zugang zur Taz-Bibliothek verschaffte und durch zahlreiche Hinweise behilflich war (ihm habe ich die Kenntnis der für Taz wichtigen Stelle aus den Commentarii des Aeneas Silvius zu verdanken), sowie dem Hochw. Herrn Dekan von Brixen im Thale, Herrn Herbert Haunold, welcher mir im Pfarrhof bestmögliche Arbeitsbedingungen gewährte.

Anmerkungen

[1] W. NEUHAUSER, Die Ris-Bibliothek in Flaurling (Tiroler Bibliographien. H. 6), Innsbruck, Wien 1974.

[2] K. BRUNNER, Katalog der Ritter-Waldauf-Bibliothek. Eine ehemalige Predigerbibliothek in Hall/Tirol, München - New York - London - Paris 1983.

[3] Bisherige Literatur über Taz und seine Stiftung: G. L., (ohne Titel), in: Tiroler Bote 1846, 56. — E. OTTENHTHAL, O. REDLICH, Archivberichte aus Tirol IV (Mitteilungen der dritten (Archiv-)Sektion der k. k. Zentralkommission zur Erforschung und Erhaltung der Kunst- und historischen Denkmale. 7), Wien 1912, 179 und 275 — 276. — A. DÖRRER, Mittelalterliche Bücherlisten aus Tirol, in: Zentralblatt für Bibliothekswesen 51, 1934, 254—255. — M. MAYER, Der Tiroler Anteil des Erzbistums Salzburg, H. 1: Brixen i. T., Kirchberg, Aschau, Ellmau 1936, 39. — W. NEUHAUSER, Zur Geschichte des Cod. 60 der Universitätsbibliothek Innsbruck („Ackermann aus Böhmen"), in: Codices manuscripti 6, 1980, 9—24.

[4] Zur Person von Taz siehe MAYER I 39; mehrfach nachweisbar auch in Nekrologien: Necrologia Germaniae, T. II: Diocesis Salisburgensis, ed. S. Herzberg-Fränkel (Monumenta Germaniae historica. Necrologia Germaniae 2), Berolini 1904, 121 (für 3. 4.). Necrologia Germaniae, T. III: Dioceses Brixinensis, Frisingensis, Ratisbonensis, ed. F. L. Baumann (Monumenta Germaniae historica. Necrologia Germaniae 3), Berolini 1905, 90 (für Freising, 11. 5.), 92 (für Freising, 21. 7., Jahrtag, gestiftet im Jahre 1464), 202 (für Indersdorf, 23. 10.), 208 (für Weihenstephan, 7. 4.).

[5] MAYER I 39.

[6] Die Episode ist bei Mayer nicht erwähnt. Siehe Pius II. (Aeneas Silvius Piccolomini), Commentarii rerum memorabilium quae temporibus suis contigerunt. Ed. A. van Heck. Vol. 1 (Studi e testi. 312), Città del Vaticano 1984. Den Hinweis auf diese Stelle verdanke ich Herrn Univ.-Doz. Dr. S. Posch, Innsbruck.

[7] Deutsche Pergamenturkunde vom 3. 4. 1473, Brixen im Thale, Pfarrarchiv, Nr. 93 (Nr. 95, Nr. 3); siehe Archivberichte IV 178, Nr. 807; teilweise wiedergegeben bei MAYER I 39, im Anhang I erstmals im vollen Wortlaut wiedergegeben.

[8] G. STEER, Hugo Ripelin von Straßburg. Zur Rezeptions- und Wirkungsgeschichte des „Compendium theologicae veritatis" im deutschen Spätmittelalter (Texte und Textgeschichte. 2), Tübingen 1981.

[9] Über Christoph Rüether und seine Handschriftenschenkungen an das Kloster Mariathal bei Kramsach siehe NEUHAUSER (siehe Anm. 3) 16—17 und 20—22. Zur Person Rüethers siehe MAYER I 11—12.

[10] Zur Übereinstimmung der beiden Handschriften siehe NEUHAUSER (siehe Anm. 3) 18. Zu Cod. 60 siehe NEUHAUSER (siehe Anm. 3) und W. NEUHAUSER, Katalog der Handschriften der Universitätsbibliothek Innsbruck. T. 1: Cod. 1—100 (Verzeichnisse der Handschriften österreichischer Bibliotheken. Bd 4, T. 1 = Veröffentlichungen der Kommission für Schrift- und Buchwesen des Mittelalters. Reihe II, Bd 4, T. 1 = Österreichische Akademie der Wissenschaften, Phil.-hist. Kl. Denkschriften. 192), Wien 1987, 184—187.

[11] NEUHAUSER (siehe Anm. 3) 17; hier auch über die wirtschaftlichen Beziehungen des Hochstifts Bamberg zum Brixental.

[12] Siehe NEUHAUSER (siehe Anm. 3) 20.

[13] Zur Buchbinderwerkstätte „Bamberg, Karmeliter" siehe E. KYRISS, Verzierte gotische Einbände im alten deutschen Sprachgebiet. Tafelbd. I. Stuttgart 1953, Nr. 5.

[14] Siehe NEUHAUSER (siehe Anm. 3) 17.

[15] Deutsche Pergamenturkunde vom 16. 4. 1473, Brixen im Thale, Pfarrarchiv, Nr. 94 (Nr. 96, Nr. 17); siehe Archivberichte IV 178, Nr. 808; im Anhang II erstmals im vollen Wortlaut wiedergegeben.

[16] Durchwegs gleichartig: „Dominus Wilhelmus Tacz dedit hunc librum".

[17] Auflistung siehe Anhang III.

[18] Erwähnt bei MAYER II 112 als „Gesell" (= Gesellpriester) in Hopfgarten für das Jahr 1462.

[19] Hopfgarten war damals Expositur von Brixen und wurde von hier aus mit Geistlichen (Gesellpriestern) betreut.

[20] Die Matrikel der Universität Wien. Bd II: 1451—1518: Text. Bearb. von W. Szaivert und F. Gall (Quellen zur Geschichte der Universität Wien. Abt. 1, Bd. 2 = Publikationen des Instituts für Österreichische Geschichtsforschung. Reihe 6, Abt. 1, Bd 2), Graz - Wien - Köln 1967, 25, Z. 99 für 1454, April 14.

[21] Siehe F. A. Sinnacher, Beyträge zur Geschichte der bischöflichen Kirche von Säben und Brixen in Tyrol. Bd III, Brixen 1823, 147.

[22] Über Mansl siehe Mayer I 39 und II 112. Die von Dörrer 255 aus den Archivberichten IV 169 übernommene Schreibung „Mäusl" ist falsch, siehe Mayer I 39 und II 112.

[23] Stiftungsurkunde vom 28. 5. 1484, Brixen im Thale, Pfarrarchiv. 1487 folgte eine weitere Stiftung von 500 Gulden für die Kirche in Brixen, siehe Mayer I 39 und II 112.

[24] So Mayer I 39; siehe Dörrer 254.

[25] Archivberichte IV 195, Nr. 901.

[26] Über Polheim und Lantaler siehe Mayer I 40.

[27] Mayer I 40.

[28] Mayer I 40.

[29] Werkstätte „Bogenfriesrolle II" in Augsburg, siehe Kyriss, Tafelbd. II, Nr. 83.

[30] Mayer I 42.

[31] Über ihn siehe Mayer I 43—44, der jedoch keine Bücherschenkung erwähnt.

[32] Mayer I 46.

[33] Brixen im Thale, Pfarrarchiv: „Inventarium und Beschreibung . . . Herrn Anthoni Ramponi Ihro Fürstbischöfl. Gnaden Bischoven in Chiemsee gewesten Pfarrverwalters . . . zu Brixen".

[34] Mayer I 46.

[35] Mayer I 47.

[36] Mayer I 47.

[37] Eine Seelsorge in Eiberg ist nicht nachweisbar, siehe Mayer, Ergänzungsbd., Innsbruck 1959.

[38] Erwähnt von Mayer V 97 für das Jahr 1737 als Hilfspriester in Waidring. Das Buch befand sich also zu diesem Zeitpunkt in Waidring.

[39] P. Wind, Die verzierten Einbände der Handschriften der Erzabtei St. Peter zu Salzburg bis 1600 (Verzeichnisse der deutschen Handschriften österreichischer Bibliotheken. Bd. 1, Beiheft = Veröffentlichungen der Kommission für Schrift und Buchwesen des Mittelalters. Reihe III, Bd 1, Beiheft = Österreichische Akademie der Wissenschaften, Phil.-hist. Kl. Denkschriften. 159), Wien 1982, 123.

[40] Kyriss, Tafelbd. II, Nr. 88.

[41] Kyriss, Tafelbd. II, Nr. 86.

[42] Kyriss, Tafelbd. II, Nr. 83.

[43] Siehe die Übersicht Anhang IV.

[44] Über ihn siehe Mayer I 49, der jedoch nichts über die Neuaufstellung berichtet.

[45] Mayer I 49.

Anhang I
Stiftungsurkunde der Taz-Bibliothek

Brixen im Thale, Pfarrarchiv, Nr. 93 (rote Zählung: 95; alte Zählung: 3). Urkunde vom 3. 4. 1473

In dem Namen der heyligen vnd vngetailten driualtichait Amen. Ich Wilhalm Tacz Thuemher zw freysing vnd Kirchher Sand Marteins Kirchen Im Brixental Kyemseer bistumb Bekenn offenlich mit dysem brieff allen den dy In sechen oder hören lesen Nach dem vnd vns Dye heylig geschrift lerent vnd ausweyset das dye menschen sälig werden dye das goczwart geren hören und dasselb behalten Ist auch not das In das vernünftichlich vnd fruchtperlich durch dye dy darczw geseczt sind zu gepürlichen zeyten verkündet vnd des vnderweyset werden Vnd darwartten das pey meiner bemelten pfarkirchen sölich goczwart mit predigen vnd dester pesserm vleys fürgenomen vnd getan werde. So han ich mit wolbedachtem muet daselb in dem pfarrhoff ain newe librarey gepawt vnd aufgericht vnd darzw gegeben vnd noch In willen pin täglich zemeren vnd pessern etwouil mercklicher püecher der heyligen geschrift So ich auf ainem brieff mit meinem sigill versigelt vnd in das zechschrein gelegt aufgemerckt hab Gib auch vnd orden die darzw wyssenlich In chraft dicz brieues In mainung das dy nw füran zu ewigen zeyten bey der egenanten pfarr beleiben zu prauch hilf vnd fürdrung der briesterschaft daselb. Vnd süllen also bewart werden das der selben Püecher yetweders an aine sundere eysnen keten gehenget vnd an ainer zal nach gelegenhait aines yeglichen pulpidpret gelegt werden In der bemelten librarey darzu dan ain yeglicher pfarrer oder sein vicari den schlüssel haben sol auf mainung seinen briestern den mit zetaylen so sy in der librarey lesen vnd studiern wellen vnd dyselben pulpid preter süllen alle voran verschlossen werden mi(t) (v)ier schlössern zu der yeglichem vier sunder schlüssel sein der ainen alzeit die kirchbröst ainer zw brixen bey der rechten mueter, den andern ain kirchbrost zu hopfgartten, den dritten ainer zu westendarff, den vierden ainer auf dem kirchperg haben süllen, also das ainer an den andern kayns der püecher verrucken müg Sunder sy süllen alzeit füran als oben gemeldet ist zw ewigen zeiten bey der kirchen beleiben vnd ob sach wär das durch Sunder Namhaftige gebete an ainen pfarrer oder sein vicari begert würde zu vergünnen der püecher ains oder mer abzu schreiben, das sol nit vergünnet werden dann mit ainer gar genuegsamen gewyshait vnd sol souil alzeit vnd pesser da entgegen gelegt werden damit das die widerumb vnschadhaft in dye librarey chömen auch so beger ich vnd ist mein wyll vnd maynung das zu ainer ewigen gedächtnüss mir vnd allen den dy ir hilf vnd stewr darzu getan haben vnd noch tuen wurden durch ainen Jeglichen kirchherren oder seinen vicari järlich ain Jartag zwischen aller heiligen vnd sand Marteins tag vngeuerlich gehalten werde des abents mit ainer vigili vnd des morgens mit ainem gesungen Selambt vnd zwayen gesprochen messen mit ainer offenpeicht vnd gedächtnüss darzu gesprochen vnd derselb Jartag sol vor am Suntag verkündet werden vnd das sol gehalten werden auf des kirchherren oder seines vicari kostung vnd dye kirchen sol das beleuchten. Vnd das das alles füran ewiglich Stät vnd vnzebrochen gehalten werde, So gib ich obgenant Wilhalm zu der egenanten kirchen dysen brieff versigelt mit meinem aigen anhangendem Insigel vnd bestät mit des hochwirdigisten fürsten vnd Herren Herren Berenharten Erczbischoue zu Salzburg vnd legat des stuels zu Rom auch des hochwirdigen Herren Herren Berenharten bischoue zu kyemsee ordinary des benanten Sand Martein goczhawss meiner genädigen Herren bestätt brieff Darunder ich mich vnd mein nachkömen verpint alles das war vnd Stät zehalten so oben an dem brieff geschriben stet, Der da geben ist nach Cristi gepurd vierzehenhundert vnd darnach In dem drey vnd Sibenzigisten Jaren an Sambstag vor Judica In der Heyligen vasten.

Anhang II
Bestätigungsurkunde für die Taz-Bibliothek durch Erzbischof Bernhard v. Rohr

Brixen im Thale, Pfarrarchiv, Nr. 94 (96; alte Zählung:17). Urkunde vom 16. April 1473

Wir Bernhart von gottes genaden Erczbischoue Zw Salczburg Legat des Stuls Zw Rom Bekennen für vns vnd vnnser Nachkomen, Als vns vnnser lieber in got Wilhalm Tacz Tumbherr Zw freising vnd pfarrer sannd Marteins Pfarrkirchen im Brichssental Kiembseer Bistumb vnd in vnserm lannd gelegen, Ze erkennen geben hat wie Er Ze lob vnd Eere dem almechtigen got allen gottes heiligen vnd Ze haile der seelen ain newe librei in dem Pfarrhof daselbs zu Brichssental erhebt vnd auf sein darlegen mit gepew ganncz volbracht, vnd darczue ain michle anczal püecher in der heiligen geschrift vnd so ze uerkunnden das gots wort fruchtperlich dem volk notdurft vnd nucz sein, gegeben vnd gestifft, die mit pulpreten, keten vnd slössern versehen lassen vnd wie die füran Inngehalten vnd vnuerruckt bei derselben kirchen ewiklichen beleiben vnd gebraucht süllen werden fürgenomen, vnd geordennt hab, als dann sölhs vnd meer in dem erheb stift vnd gab brief solher librei vnd püecher die Er vns vnuersert hat fürbringen lassen, Klerlicher begriffen ist vnd die durch den Erwurdigen in got vnnsern besunnderlieben frünnde, herrn Bernharten Bischouen zu Kiemsee, als ordinarien bestelt worden seinn, vnd vns mit andechtigem vleiss Bitten lassen, daz wir zu solher egemelten Stifterhebunng vnd gab auch vnsernn gunnst vnd willen zegeben vnd die als lanndsfürst genediklich zu bestetten geruehtten. Also haben wir solh des benannten Taczen loblich werch, auch sein andechtig vleissig gebete angesehen vnd zu der bemelten erhebung Stift vnd gab vnnsern gunnst vnd willen gegeben, vnd die nach lautt der obgemelten brief mit allen punnten vnd artickelen als lanndsfürst bestelt. Bestetten vnd krefftigen auch die mit dem gegenwurtigen brief Jeczunnd vestiklich vnd gebietunnd ernnstlich das solh stift vnd fürnemen furan an abgann vnd vernung süllen gehalten werden vnd bei kreften vnuerruckt ewiklich beleiben. Urkunndt Dis briefs Besigelten vnnder vnserm anhanngunnden Insigel. Der geben ist zu Salczburg an Freitag vor dem heiligen Ostertag, Nach Cristi geburd Tausent vierhunndert vnd im Dreivndsiebenczigisten Jaren.

Anhang III
Übersicht über die Handschriften und Inkunabeln

Übersicht über die Handschriften

Vorbemerkung: Im Rahmen dieses Beitrages ist es nicht möglich, eine genaue Beschreibung der Handschriften zu bieten. Die folgenden Notizen beschränken sich daher vor allem auf bibliotheksgeschichtlich relevante Aussagen (kurze Charakterisierung der Einbände, Schenkungs- und Besitzvermerke). Auf den Inhalt kann nicht eingegangen werden, hier müssen die knappen, bei Dörrer und Neuhauser (siehe Literatur) gebotenen Angaben vorerst genügen, eine Identifizierung der einzelnen Texte muß einer späteren Untersuchung vorbehalten bleiben. — Durchwegs Papierhandschriften.

Ms. 1: AEGIDIUS ROMANUS: De regimine principum. 15. Jh.
Einband: Weißes Leder über Holzdeckeln mit Blinddruck, 15. Jh. Stempel: 1) Kleines gefiedertes Blatt. 2) Lilienförmiges Dreiblatt. 3) Siebenpunktblüte. 4) Kleiner ornamentaler Stempel. Zwei Schließen. Spuren von je fünf Beschlägen. Ursprünglich Kettenbuch.
Rückenschilder: Blau: De regimine Principum von Aegidio rom. — Grün: I. W. Taz.

Vermerke: Dominus Wilhelmus Taz dedit hunc librum (15. Jh.). — Ad Ecclesiam Prixinensem 1739. Nr. 22.

Ms. 2: HUGO RIPELIN DE ARGENTINA: Compendium theologicae veritatis. 15. Jh. (Stegmüller RS Nr. 368. Kaeppeli Nr. 1982. Bei Steer diese Handschrift nicht bekannt).
Einband: Weißes Leder über Holzdeckeln, ohne Schmuck. Zwei Schließen (nur eine noch vorhanden). Je fünf Beschläge. Kettenbuch.
Rückenschilder: Blau: Compendium theologiae. — Grün: II. W. Taz.
Vermerke: Dominus Wilhelmus Taz dedit hunc librum (15. Jh.) — Ad Ecclesiam parochialem Prixinensem 1739. Nr. 25.

Ms. 3: GREGORIUS MAGNUS: Moralia. 15. Jh.
Einband: Wildleder über Holzdeckeln, ohne Schmuck, 15. Jh. Reste zweier Schließen. Je fünf Buckelbeschläge. Kein Kettenbuch (vielleicht erneuerter Einband?).
Rückenschilder: Blau: S. Gregorii IIda Pars Moralium. — Grün: III. Taz.
Vermerke: Iste liber est domini Wilhelmi Taz (15. Jh.). — Ad parochialem Ecclesiam Prixinensem pertinet 1739. Nr. 29.

Ms. 4: SAMMELHANDSCHRIFT, enthält u. a. THOMAS DE AQUINO: Summa. 15. Jh.
Einband: Weißes Leder über Holzdeckeln mit Streicheisenlinien, 15. Jh. Reste zweier Schließen. Ursprünglich Kettenbuch.
Rückenschilder: Blau: S. Thomae Summa, Iacobi Sermones etc. — Grün: IV. Taz. 1472.
Vermerke: Ad Ecclesiam Prixinensem 1739. Nr. 21.

Ms. 5: NICOLAUS DE DINKELSBÜHL: Verschiedene Traktate, zumeist aus den „Tractatus octo", und zwar: De dilectione Dei et proximi, De decem praeceptis, De octo beatitudinibus, De septem donis spiritus sancti, De vitiis et virtutibus. 15. Jh.
Einband: Rotes Leder über Holzdeckeln, ohne Schmuck. Reste zweier Schließen. Je fünf Buckelbeschläge. Ursprünglich Kettenbuch.
Rückenschilder: Blau: Nic. Düncelsp. Sermones. — Grün: V. Nic. Mansl. Taz.
Vermerke: Nicolaus Mansl de Salina Requiescat anima eius in pace (15. Jh.). — Ad Ecclesiam parochialem Prixinensem 1739. Nr. 24.

Ms. 6: NICOLAUS DE DINKELSBÜHL: Sermones de tempore, Pars hiemalis. 15. Jh.
Einband: Braunes Leder über Holzdeckeln mit Streicheisenlinien, 15. Jh. Zwei Schließen (nur eine noch vorhanden). Je fünf Buckelbeschläge. Ursprünglich Kettenbuch.
Rückenschilder: Blau: Nic. Dinkelsbühl Tract. theol. — Grün: VI. Nic. Mansl. Taz.
Vermerke: Ad Ecclesiam Prixinensem 1739. Nr. 23.

Ms. 7: PSALTERIUM GLOSSATUM. 15. Jh.
Einband: Braunes Leder über Holzdeckeln, ohne Schmuck, 15. Jh. Zwei Schließen. Spuren von je fünf Beschlägen. Ursprünglich Kettenbuch.
Rückenschilder: Blau: Psalterium cum glosis. Taz. — Grün: VII. Nic. Mansl Hop. 1460.
Vermerke: Am Schluß der Handschrift: Explicit liber psalmorum cum glosa interlineari et ordinaria, comparatus per dominum Nicolaum Mänsel provisorem tunc ecclesiae in Hopfgartten Anno domini etc. 1460. — Ad Ecclesiam Prixinensem 1739 (ohne Ziffer).

Ms. 8: SAMMELHANDSCHRIFT, betitelt „Tractatus theologicus". Sammlung kleinerer Traktate in alphabetischer Reihenfolge, gesammelt wohl durch den Schreiber Caspar Löhel. 15. Jh.
Schlußschrift: Explicit liber iste per me Casparem Löhel de Hopfgarten circa meridiem sabbati ante Septuagesimam anno Millesimo quadringentesimo sexagesimo secundo etc.
Einband: Braunes Leder über Holzdeckeln, ohne Schmuck, 15. Jh. Zwei Schließen. Je fünf Buckelbeschläge. Ursprünglich Kettenbuch. Spiegel: Brief des Abtes Johann von Georgenberg an den Pfarrer von Brixen im Thale, datiert 1466.
Rückenschilder: Blau: Tractatus theo. Taz. — Grün: VIII. Casp. Lohel Hopfgt. 1462.
Vermerke: Ad Ecclesiam Prixinensem 1739. Nr. 33.

Ms. 9: SAMMELHANDSCHRIFT. 15. Jh. (Vgl. Innsbruck, UB, Cod. 60):
1) Ps.-IOHANNES DAMASCENUS: Barlaam et Iosaphat, Versio II, Vulgata (Drucke: z. B. Straßburg, Eggestein, o. J., HC 5913. — BHL Nr. 979).
2) IOHANNES DE ALTA SILVA: Dolopathos sive de rege et septem sapientibus (Ed. H. Oesterley, Straßburg, London 1873 und A. Hilka (Sammlung mittellateinischer Texte. 5), Heidelberg 1913.
3) ADALGERUS EPISCOPUS AUGUSTANUS: Admonitio ad Nonsuindam reclusam, cap. 1—14 (PL 134, 915—938).
Einband: Braunes Leder über Holzdeckeln mit Streicheisenlinien, 15. Jh. Zwei Schließen. Ursprünglich Kettenbuch.
Rückenschilder: Blau: Ioannis Damasc. Barlaam et Iosaphat. — Grün: IX. Admonitio S. Augustini. Taz.
Vermerke: Ad Ecclesiam Prixinensem 1739. Nr. 35.

Ms. 10: SAMMELHANDSCHRIFT. 14. Jh.:
1) URBANUS: Sermones, gehalten 1353.
2) Liber de diversimodis vitiis et peccatis.
Einband: Rotes Leder über Holzdeckeln, ohne Schmuck. Reste zweier Schließen. Je fünf Bukkelbeschläge. Ursprünglich Kettenbuch.
Rückenschilder: Blau: De vitiis etc. W. Taz. — Grün: X. 1399.
Vermerke: Dominus Wilhelmus Taz dedit hunc librum (15. Jh.) — Ad Ecclesiam Prixinensem 1739. Nr. 36.

Übersicht über die Inkunabeln und die bei den Inkunabeln aufgestellten Frühdrucke

Ink. Nr. 1: SAMMELBAND:
1) GERSON, IOHANNES: De simplificatione, stabilitione sive mundificatione cordis. (Köln: Ulrich Zell, um 1472.) 4°
HC 7681. Goff G-270.
2) GERSON, IOHANNES: De passionibus animae. (Köln: Ulrich Zell, um 1472.) 4°
HC 7677. Goff G-248.
3) RUFINUS TYRANNIUS: Expositio symboli Hieronymi contra Iovinianum haereticum. (Köln: Ulrich Zell, um 1472.) 4°
HC 8578. Goff R-351.
4) HIERONYMUS DE VALLIBUS: Iesuida seu de passione Christi. (Augsburg: Günther Zainer, um 1473.) 2°
H 15838. Goff V-80.
5) Handschrift: OPUSCULUM INTITULATUM DE ABSENTIS PRAESENTIA (siehe Bloomfield Nr. 1197, dort unter dem Titel „De gradibus virtutum" nur für eine einzige Handschrift nachgewiesen: Neustift, Ms. 532 = ehemals Innsbruck, Universitätsbibliothek, Cod. 532).
215 × 150 mm. 38 Blätter. Lagen: 2. VI^{24} + VII^{38}. Geschrieben in kursiver Bastarda von einer Hand 15. Jh. Rote Überschriften, Auszeichnungsstriche, Unterstreichungen und Lombarden.
(1r) Titel: Incipit prologus in tractatum qui intitulatur absentis presencia. — Inc.: Cum quadam vice animum meum infelicem vanis ac transitoriis occupacionibus assidue deditum... — Expl.: ... subitus calor vincit teporem longum etc.
(1r—36v) Haupttext: Inc.: Hoc ita cogitans menti occurrit illa vocacio trina apostolorum qui primo ad noticiam, 2° ad familiaritatem, 3° ad discipulatum a domino sunt vocati... Expl.: ... aut pro laboribus remunerantem invenire incursus nostri termino mereamur amen etc. Explicit opusculum intitulatum de absentis presencia etc.
(37r—38v) leer.
Zum gesamten Band: Rubriziert, mit einfachen Lombarden.
Einband: Rot gefärbtes Leder über Holzdeckeln mit Blinddruck, 15. Jh. Stempel: 1) Rosette frei. 2) Schriftband „Ave Maria". 3) Schriftband „Maria". 4) Dreiblatt. 5) Kleine Rosette frei.

6) Ast. Eine Schließe. Beschläge verloren. Ursprünglich Kettenbuch. Nachsatzblatt mit hand-
schriftlichem Fragment eines Homiliars (12. Jh.).
Rückenschilder: Weiß: Ioh. Gerson opera. Ieronimi Symbolum. Iesuida carmina. Von Taz. —
Gelb: 1464? Ulrich Zell. 1466 Günther Zainer. I. Taz.
Vermerke: Dominus Wilhelm Tacz dedit hunc librum (15. Jh.). — Ad Ecclesiam Prixinensem
1739. Nr. 34.

Ink. Nr. 2: DUNS SCOTUS, IOHANNES: Quaestiones in quattuor libros Sententiarum.
P. I. Venedig: Johann Herbort für Johannes von Köln, Nicolas Jenson und Genossen, 1481. 4°
HC 6418/I = H 6421/I. GW 9075/I. Goff D-381.
Mit Randglossen in roter Tinte (15. Jh.). Am Spiegel Notizen zum Inhalt von der gleichen Hand
mit Vermerk: 1490 die sanctorum Gervasii et Prothasii. Rubriziert, mit rot-blauen Lombarden.
Initiale auf Bl. 2 herausgeschnitten.
Einband: Gedunkeltes Schweinsleder über Holzdeckeln mit Blinddruck, 15. Jh. Werkstätte:
Bamberg, Karmeliter (Kyriss Nr. 5, 1. und 2. Gruppe). Insgesamt zwölf Stempel, davon bei Ky-
riss nachgewiesen: K 5, 1. Gruppe: Nr. 2; 2. Gruppe: Nr. 1, 2, 3, 5, 6; dazu bei Schwenke: Löwe,
Nr. 46. Spuren einer Schließe. Kein Kettenbuch.
Rückenschilder: Weiß: Ioannis Duns opus anglican. — Gelb: II. 1470. Taz.
Vermerke: Ad Ecclesiam Prixinensem 1739. Nr. 32.

Ink. Nr. 3: FERRERIUS, VINCENTIUS: Sermones. P. III: De sanctis. Köln: (Heinrich
Quentell), 1485. 2°
HC 7001/III. GW 9835/III. Goff F-129.
Vereinzelte Randnotizen (16. Jh.). Rubriziert, mit roten, vereinzelt auch blauen Lombarden.
Einband: Braunes Leder über Holzdeckeln mit Blinddruck, 15. Jh. Aufgrund der Stempel und
der Einbandgestaltung am ehesten Nürnberg. Zwei Schließen, davon eine beschädigt. Kein
Kettenbuch. Spiegel: am Vorderdeckel Urkunde (Papier), am Hinterdeckel Abklatsch einer ab-
gelösten Urkunde.
Rückenschilder: Weiß: Sermones S. Vincentii de sanctis. — Gelb: Coloniae. III. 1470. Taz.
Vermerke: Ecclesiae Prixinensis. Nr. 11 (18. Jh.). — Ecclesiae parochiali Brixinae (18. Jh.).

Ink. Nr. 4: SAMMELBAND:
1) IOHANNES CHRYSOSTOMUS: Sermones de patientia in Iob. Nürnberg: (Johann Sensen-
schmidt), 14. 11. 1471. 2°
HC 5026. Goff J-305.
2) BONAVENTURA S.: Breviloquium septem constans partibus de sacra scriptura. Nürnberg:
(Johann Sensenschmidt), 10. 2. 1472. 2°
H 3472. GW 4651. Goff B-855.
Rubriziert, mit einfachen Lombarden.
Einband: Weißer Halblederband über Holzdeckeln, 15. Jh. Zwei Schließen, davon eine beschä-
digt. Ursprünglich Kettenbuch.
Rückenschilder: Weiß: Crisostomi Sermones, Bonaventurae Breviloquium. — Gelb: IV. Taz.
1471—1472.
Vermerke: Dominus Wilhelmus Tacz dedit hunc librum (15. Jh.). — Ad Ecclesiam parochialem
Prixinensem 1739. Nr. 20.

Ink. Nr. 5: SAMMELBAND:
1) AUGUSTINUS: Confessiones. (Straßburg: Johann Mentelin, nicht nach 1470.) 2°
H 2030. GW 2893. Goff A-1250.
2) OROSIUS, PAULUS: Historiae adversus paganos. Augsburg: Johann Schüssler, 1471. 2°
H 12101. Goff O-96.
Rubriziert, mit einfachen Lombarden.
Einband: Braunes Leder über Holzdeckeln mit Blinddruck, 15. Jh. Stempel kaum mehr wahr-
nehmbar. Spuren bzw. Reste zweier Schließen. Je fünf runde Beschläge. Ursprünglich Kettenbuch.

Rückenschilder: Weiß: S. Augustini Confessiones, Pauli Horosii quaerelae. — Gelb: V. 1471. Taz.
Vermerke: Dominus Wilhelmus Tacz dedit hunc librum (15. Jh.). — Ad Ecclesiam Prixinensem
1739. Nr. 18.

Ink. Nr. 6: PAULUS DE SANCTA MARIA: Scrutinium scripturarum. (Straßburg: Johann
Mentelin, um 1474.) 2°
H 10762. Goff P-203.
Rubriziert, mit einfachen Lombarden.
Einband: Braunes Leder über Holzdeckeln mit Blinddruck, 15. Jh. (wie Ink. Nr. 5). Stempel: 1)
Laubstab. 2) Geschwungenes Blatt. 3) Kreuzblüte. Spuren zweier Schließen. Je fünf runde Be-
schläge. Ursprünglich Kettenbuch.
Rückenschilder: Weiß: Pauli a S. Maria Episc. Burgens. Dialogus Saulus Paulus. Scrutinium
Scripturarum. — Gelb: VI. 1471. Taz.
Vermerke: Dominus Wilhelmus Tacz dedit hunc librum (15. Jh.). — Ad Ecclesiam Prixinensem
1739. Nr. 17.

Ink. Nr. 7: ALBERTUS MAGNUS: Summa de eucharistiae sacramento. Ulm: Johann
Zainer, o. J. bzw. 1474. 2°
Besteht aus zwei falsch zusammengehörigen Teilen: Beginn = H 455(?) (sicher Ulm, Zainer).
Schluß = HC 456, GW 780.
Beginn fehlt. Erster Teil mit handschriftlicher Blattzählung XXIII bis CX, zweiter Teil mit ge-
druckter Blattzählung CVIII bis CLXXV = Lage N bis Schluß. Beginn (Bl. XXIII a): spiritalis
nequicie reluctans iniquitatis nichil horum ob/ stare....
Mit Randglossen in roter Tinte (15. Jh.).
Rubriziert. Holzschnittinitialen rot konturiert.
Einband: Pergament über Pappe. Fragment eines Breviers. Roter Schnitt.
Rückenschilder: Weiß: Alberti M. de eucharistia. — Gelb: VII. 1474. Taz.
Vermerke: Ecclesiae parochialis Prixinensis 1739. Nr. 9. Daneben von anderer Hand (19. Jh.):
„Ohne Zweifl v. Wilh. Taz“.
Gehört hinsichtlich Inhalt und Äußerem zu Ink. Nr. 8 (siehe dort).

Ink. Nr. 8: ALBERTUS MAGNUS: Summa de eucharistiae sacramento. Ulm: Johann
Zainer, 1474 bzw. o. J. 2°
Besteht aus zwei falsch zusammengebundenen Teilen: Beginn = HC 456, GW 780. Schluß = H
455(?) (sicher Ulm, Zainer).
Beginn fehlt. Erster Teil mit gedruckter Blattzählung X bis CVI. Schließt: ... nonne ecce
verbum super datum bonum sed utrunque cum homine/ (= HC 456, GW 780). Zweiter Teil mit
handschriftlicher Blattzählung CVII bis CXX. Beginnt: iustificato hoc signatum est. Gen. XII.
Ubi dominus dixit ad/. Schluß ab Bl. CXXI fehlt. — Siehe Ink. Nr. 7 (Beginn = H 455(?),
Schluß = H 456, GW 780).
Rubriziert. Holzschnittinitialen rot konturiert.
Einband: Pergament über Pappe. Fragment eines Breviers. Roter Schnitt. Vgl. Ink. Nr. 7.
Rückenschilder: Weiß: De eucharistia Alberti M. — Gelb: VIII. Taz. 1474?
Vermerke: Ad Ecclesiam Prixinensem 1739. Nr. 16. — Daneben von anderer Hand (19. Jh.)
„Ohne Zweifel W. Taz“.
Gehört hinsichtlich Inhalt und Äußerem zu Ink. Nr. 7 (siehe dort).

Ink. Nr. 9: FERRERIUS, VINCENTIUS: Sermones de tempore, P. II = Pars aestivalis.
Nürnberg: Anton Koberger, 31. 8. 1492. 2°
HC 7008/II. GW 9840/II. Goff F-134.
Randnotizen von verschiedenen Händen.
Rubriziert.
Einband: Pergament über Pappe. Fragment eines Missale. Gesprenkelter Schnitt.
Rückenschilder: Weiß: Sermones S. Vincentii Pars aestivalis. — Gelb: VIIII. 1492 Nürnberg.
Vermerke: Ad Ecclesiam Prixinensem 1739. Nr. 10. — No. 42.

Ink. Nr. 10: SAMMELBAND:

1) PETRUS DE PALUDE: Sermones thesauri novi de sanctis. Straßburg: Martin Flach, 1493. 2°

Cop. 5428. Goff P-516.

2) PETRUS DE PALUDE: Sermones quadragesimales thesauri novi. Straßburg: (Martin Flach), 1494. 2°

Cop. 5436. Goff P-506.

Rubriziert, mit roten, vereinzelt auch rot-blauen Lombarden.

Einband: Weißes Schweinsleder über Holzdeckeln mit blindem Rollendruck, 1588. Werkstätte „Salzburg IX" (P. Wind, Die verzierten Einbände der Handschriften der Erzabtei St. Peter zu Salzburg bis 1600 (Österreichische Akademie der Wissenschaften, Phil.-hist. Kl. Denkschriften 159 = Veröffentlichungen der Kommission für Schrift- und Buchwesen des Mittelalters, Reihe III, Bd 1, Beiheft). Wien 1982, 123). Insgesamt sieben Rollen: Wind Nr. 2, 4, 5, 6, 41, 44, 47. Zwei Schließen. Kein Kettenbuch. Am Vorderdeckel eingestempelt: A. W. 1588.

Rückenschilder: Weiß: Thesaurus novus Sermones de sanctis. — Gelb: 1493. 1494. X. Argentinae Flach. Sroz.

Vermerke (am Spiegel des Vorderdeckels, am Titelblatt und auf Bl. 2a): Urbanus Inchofer (16. Jh.?). — Sum ex libris Ioannis Fergesii 1594, Decemb. 17. — M. Ioann. Stempfel, Vicarius zue Eyberg 1675. — Ex libris Laurentii Miesl Can. — Ex libris Viti Miesl 1695. — Ex libris Wolfgangi Albl clerici saecularis dyocesis Chiemensis 1737.

Ink. Nr. 11: DURANTI, GUILLELMUS: Rationale divinorum officiorum. Nürnberg: Anton Koberger, 30. 9. 1494. 4°

H 6497. GW 9140. Goff D-438.

Randnotizen.

Einband: Braunes Leder über Holzdeckeln mit Blinddruck, 15. Jh. Werkstätte: Augsburg, Jagdrolle IV (Kyriss Nr. 88). Insgesamt drei Rollen, davon zwei bei Kyriss: K 88, Nr. 3 und 4; ferner: Flechtbandrolle (nicht bei Kyriss). Spuren zweier Schließen. Kein Kettenbuch.

Rückenschilder: Weiß: Guilhelmi Episc. Minatensis, Rationale Offic. divinorum. — Gelb: XI. 1494. Sroz.

Vermerke: Ad Ecclesiam Prixinensem spectat 1739. Nr. 8.

Ink. Nr. 12: ANGELUS DE CLAVASIO: Summa angelica de casibus conscientiae. Straßburg: Martin Flach, 26. 3. 1495. 2°

HC 5397. GW 1938. Goff A-725.

Bl. 1 (Titelblatt) fehlt.

Rubriziert, zu Beginn mit roten Lombarden.

Einband: Braunes Leder über Holzdeckeln mit Blinddruck, 15. Jh. Werkstätte: Augsburg, Bogenfries-Rolle II (K 83). Insgesamt drei Rollen und Stempel, alle bei Kyriss: K 83, Nr. 1, 2, 7. Reste zweier Schließen. Eckbeschläge erhalten, mittlerer Beschlag verloren. Kein Kettenbuch.

Rückenschilder: Weiß: Summa angelica Angeli de Clavasio von And. Läntaler. — Gelb: XII. 1495. Läntaler.

Vermerke: Ad Ecclesiam Prixinensem 1739. Nr. 5. Am Spiegel des Vorderdeckels: „1495 v. And. Läntaler Vicar in Brixen, gestorben 1498 in Salzburg" (19. Jh.). Darunter Notiz (18./19. Jh.): „Im Testament wird der hiesigen Kirche die Cronica nova zugeeignet, und diese Summa ang. Hern Veit Sängler zu Kopfst." (= Kufstein). — Bl. 2a mit Sign. 2 Notiz 18. Jh.: „Dieses Werk — Summa angelica — gehörte dem Hochw. Hr. Ander Läntaler, der (unter dem Pfarrer Bernh. v. Pollhaim Administrator des Bisthums Wien etc.) hier Vicari war. Er testierte dieses Buch in seinem Testamente dtto. Salzburg 1498 der Kirche Brixen nebst all seinen Fahrnissen etc. vide sein Testament unter den Stiftbriefen". Zu Andreas Lantaler und Bernhard von Pollheim siehe Mayer I 40.

Ink. Nr. 13: REUCHLIN, JOHANNES: Vocabularius breviloquus. Straßburg: (Drucker des 1483 Iordanus de Quedlinburg = Georg Husner), 25. 8. 1495. 2°

Cop. 6298. Goff R-170.

Einband: Braunes Leder über Holzdeckeln mit Blinddruck, 15. Jh. Werkstätte: Augsburg, Jagdrolle II (Kyriss Nr. 86). Insgesamt drei Rollen und ein Stempel, alle bei Kyriss: K 86, Nr. 1, 2, 3, 4. Reste zweier Schließen. Spuren von je fünf Beschlägen. Kein Kettenbuch.
Rückenschilder: Weiß: Vocabularium. — Gelb: XIII. Sroz. 1495.
Vermerke: MAP (?) = Michael Anfang Parochus (?) 1561. — Ad Ecclesiam parochialem Prixinensem pertinet 1739. Nr. 7.

Ink. Nr. 14: IACOBUS DE VORAGINE: Legenda aurea. Straßburg: (Drucker des 1483 Iordanus de Quedlinburg = Georg Husner), 1496. 2°
Cop. 6467. Goff J-133.
Bl. 1b Brief(?) aus London, datiert 1657.
Einband: Braunes Leder über Holzdeckeln mit Blinddruck, 15. Jh. Werkstätte: Augsburg, Jagdrolle IV (Kyriss Nr. 88). Insgesamt zwei Rollen, davon eine bei Kyriss: K 88, Nr. 3; ferner: Winkelhaken-Rolle (vielleicht = Kyriss 87 (Jagdrolle III), Nr. 1). Reste zweier Schließen. Beschläge teilweise vorhanden. Kettenbuch. Spiegel: Papierblätter, am Vorderdeckel rohe Rötelzeichnung eines Hauses.
Rückenschilder: Weiß: Lomb. Historia Iacobi a Voragine Archiep. Ianuensis. — Gelb: XIV. 1496. Sroz.
Vermerke: 1589. Emptum per me Sebastianum Häringer, cooperatorem in Reith per.. 43(?) fl. — Maximilian Sroz (17. Jh.). — Ecclesiae parochialis Prixinensis 1739. Nr. 6.

Ink. Nr. 15: PELBARTUS DE TEMESVAR: Stellarium coronae virginis Mariae. Hagenau: Heinrich Gran für Johannes Rynman, 2. 5. 1498. 2°
HC 12563 = H 12566. Goff P-258.
Rote Lombarden.
Einband: Braunes Leder über Holzdeckeln mit Blinddruck, 15. Jh. Werkstätte: Augsburg, Jagdrolle II (Kyriss Nr. 86). Insgesamt drei Rollen (alle bei Kyriss) und zwei Stempel (nicht bei Kyriss). Rollen: K 86, Nr. 1, 2, 3. Stempel: große und kleine Blüte. Reste zweier Schließen. Kein Kettenbuch.
Rückenschilder: Weiß: Stellarium Coronae M. V. von Pelbartus de Temesvar. — Gelb: 1498. XV. Schroz.
Vermerke: Maximil. Sroz. — Ad Ecclesiam Prixinensem 1739. Nr. 14.

Nr. 16—19 = Frühdrucke.

Nr. 16: ANTONINUS FLORENTINUS: Chronica. P. II. Basel: Kessler, 1502.
Beginn und Schluß fehlen.
Einband: Braunes Leder über Holzdeckeln mit Blinddruck, 16. Jh. Gleiche Werkstätte wie Nr. 17, nicht nachgewiesen, wohl Augsburg oder unter Augsburger Einfluß. Insgesamt zwei Rollen und ein Stempel: Rollen: Blütenranke ohne Vögel; Winkelhaken. Stempel: Blattwerk mit Knospe. Reste zweier Schließen. Kein Kettenbuch.
Rückenschilder: Weiß: S. Antonini Chronica, Pars II. — Gelb: XVI. 1502. Sroz.
Vermerke: Ad Ecclesiam Prixinensem 1739. Nr. 4.

Nr. 17: ANTONINUS FLORENTINUS: Chronica P. III. Basel: Kessler, 1502.
Einband: Braunes Leder über Holzdeckeln mit Blinddruck, 16. Jh. Gleiche Werkstätte wie Nr. 16, nicht nachgewiesen, wohl Augsburg oder unter Augsburger Einfluß. Insgesamt zwei Rollen und drei Stempel: Rollen: Blütenranke ohne Vögel; Winkelhaken. Stempel: Blattwerk mit Knospe; große Blüte (ähnlich wie bei Ink. Nr. 15). Reste zweier Schließen. Beschläge erhalten. Kein Kettenbuch.
Rückenschilder: Weiß: S. Antonini Chronica Pars III. — Gelb: XVII. Schroz, 1502.
Vermerke: Ex libris Udalrici Rassler, + 1602. — Ad Ecclesiam parochialem Prixinensen 1739. Nr. 3.

Nr. 18: PELBARTUS DE TEMESWAR: Sermones Pomerii de tempore. Hagenau: Heinrich Gran, 1505.
Zahlreiche Randglossen. Rubriziert.

Einband: Braunes Leder über Holzdeckeln mit Blinddruck, 16. Jh. Gleiche Werkstätte wie Nr. 19, nicht nachgewiesen, wohl Augsburg oder unter Augsburger Einfluß. Insgesamt drei Rollen und ein Stempel: Rollen: Blütenranke ohne Vögel (nicht identisch mit der von Nr. 16 und 17); Winkelhaken; Jagdrolle. Stempel: gefächertes Blatt. Spuren zweier Schließen. Kein Kettenbuch.
Rückenschilder: Weiß: Sermones Pomerii editi per Pelbartum de Themes. De tempore. — Gelb: 1504—1505. XVIII. Schroz.
Vermerke: Sum Nicolai Norineri Ingolstadiani. — Maximilianus Sroz. — Ad Ecclesiam Prixinensem 1739. Nr. 12.

Nr. 19: PELBARTUS DE TEMESWAR: Sermones Pomerii de Sanctis. Hagenau: Heinrich Gran, 1505.
Zahlreiche Randnotizen. Rubriziert.
Einband: Braunes Leder über Holzdeckeln mit Blinddruck, 16. Jh. Gleiche Werkstätte wie Nr. 18, nicht nachgewiesen, wohl Augsburg oder unter Augsburger Einfluß. Insgesamt zwei Rollen und zwei Stempel: Rollen: Blütenranke ohne Vögel; Winkelhaken. Stempel: Gefächertes Dreiblatt; kleine Rosette. Reste zweier Schließen. Kein Kettenbuch.
Rückenschilder: Weiß: Sermones Pomerii editi per Pelbartum de Them. de Sanctis. — Gelb: 1505. XIX. Sroz.
Vermerke: Maximil. Sroz. — Ad Ecclesiam Prixinensem 1739. Nr. 13.

In der Übersicht über die Handschriften und Inkunabeln abgekürzt zitierte Literatur

BHL = Bibliotheca hagiographica Latina antiquae et mediae aetatis (Subsidia hagiographica. 6—7). 2 Bde., Bruxelles 1898—1901.
Bloomfield = M. W. BLOOMFIELD, Incipits of Latin works on the virtues and vices, 1100—1500 (The Mediaeval Academy of America Publication 88), Cambridge, Mass. 1979.
Cop. = W. A. COPINGER, Supplement to Hains Repertorium bibliographicum... P. 1.2, 1.2, London 1895—1902.
Goff = F. R. GOFF, Incunabula in American libraries. A third census of fifteenth-century books in North America collections, New York 1964.
GW = Gesamtkatalog der Wiegendrucke. Bisher 8 Bde, Leipzig 1925—1978.
H bzw. HC = L. HAIN, Repertorium bibliographicum in quo libri omnes ab arte typographica inventa usque ad annum MD typis expressi ordine alphabetico recensentur. 4 Bde., Stuttgartiae 1826—1838 (= H). Mit Supplementen von W. A. COPINGER (= HC).
Kaeppeli = Th. KAEPPELI, Scriptores ordinis Praedicatorum medii aevi. 1 ff., Romae 1970 ff.
Kyriss = E. KYRISS, Verzierte gotische Einbände im alten deutschen Sprachgebiet. Textband. 3 Tafelbände, Stuttgart 1951—1958.
PL = Patrologiae cursus completus... accurante J. P. MIGNE. Series Latina. 221 Bde. Lutetiae Parisiorum 1844—1864.
Schwenke = I. SCHUNKE, Die Schwenke-Sammlung gotischer Stempel- und Einbanddurchreibungen I (Beiträge zur Inkunabelkunde. Folge III, 7), Berlin 1979.
Steer = G. STEER, Hugo Ripelin von Straßburg. Zur Rezeptions- und Wirkungsgeschichte des „Compendium theologicae veritatis" im deutschen Spätmittelalter (Texte und Textgeschichte. 2), Tübingen 1981.
Stegmüller RS = F. STEGMÜLLER, Repertorium commentariorum in Sententias Petri Lombardi. 2 Bde., Würzburg 1947.

Anhang IV
Übersicht über den Bestand von 1739

Mit Angabe der heutigen Signatur (bei Büchern ohne Signatur nur Angabe des Erscheinungs-
jahres) und der Herkunft.
Bei Ms. 7 (Vorbesitzer: Mansl) und Ink. 10 (Vorbesitzer: Albl, 1737) kein Hinweis auf die Aufstellung von 1739.

1 — (1572)	18 — Ink. 5 (Taz)	35 — Ms. 9 (Taz)
2 — ?	19 — ?	36 — Ms. 10 (Taz)
3 — Ink. 17 (Rassler, Sroz)	20 — Ink. 4 (Taz)	37 — ?
4 — Ink. 16 (Rassler, Sroz)	21 — Ms. 4 (Taz)	38 — (1575)
5 — Ink. 12 (Läntaler)	22 — Ms. 1 (Taz)	39 — ?
6 — Ink. 14 (Sroz)	23 — Ms. 5 (Mansl, Taz)	40 — (1572)
7 — Ink. 13 (Sroz)	24 — Ms. 6 (Mansl, Taz)	41 — (1623)
8 — Ink. 11 (Sroz)	25 — Ms. 2 (Taz)	42 — (1614)
9 — Ink. 7 (Taz)	26 — ?	43 — ?
10 — Ink. 9 (?)	27 — ?	44 — (1574)
11 — Ink. 3 (Taz)	28 — ?	45 — (1559) (Rassler)
12 — Ink. 18 (Sroz)	29 — Ms. 3 (Taz)	46 — (1560) (Rassler)
13 — Ink. 19 (Sroz)	30 — (1578)	47 — (1588) (Rassler)
14 — Ink. 15 (Sroz)	31 — ?	48 — (16. Jh.)
15 — ?	32 — Ink. 2 (Taz?)	49 — ?
16 — Ink. 8 (Taz?)	33 — Ms. 8 (Löhel, Taz)	50 — (1569)
17 — Ink. 6 (Taz)	34 — Ink. 1 (Taz)	51 — (1592)

Kirchliche Bauten und Kunstwerke

Von Franz Caramelle

Die Pfarrkirche

Daß es sich bei der Pfarrkirche von Brixen im Thale um ein bedeutendes kirchliches Baudenkmal auf uraltem sakralem Boden handelt, war von den Historikern seit jeher angenommen worden[1]. Schließlich ist Brixen der einzige Ort im Brixental, der im Indiculus Arnonis aufscheint, und die dortige Nennung einer „ecclesia ad prixina" bestätigt nur, was aufgrund der siedlungsgeschichtlichen und grundherrschaftlichen Entwicklung dieser Gegend offenkundig ist: „Brixen ist zweifelsohne die älteste und eigentliche Mutterpfarre des Thales, die einst den Bezirk der ganzen Marktgenossenschaft darin umfaßte. Ihre Grenzen trafen sich gegen Westen in der damals noch unbesiedelten, waldigen Enge von Hopfgarten mit denen der ebenso alten Urpfarre Kirchbichl und gegen Osten am Klausenbach mit denen von St. Johann i. T., der Mutterkirche des Leukentales."[2]

Die im Güterverzeichnis des Bischofs Arno erwähnte Kirche galt bislang immer als der erste, älteste Kirchenbau Brixens. Als nun 1978 anläßlich der Verlegung eines neuen Pflasters diese wohl aus dem 8. Jahrhundert stammende Kirche wissenschaftlich ergraben (und auch gefunden) wurde, stießen die Bodendenkmalpfleger auf die Fundamente eines noch älteren (möglicherweise sakralen) Baues, der in das 3. Jahrhundert datiert wird und damit eines der wichtigsten und seltenen römischen Zeugnisse im Tiroler Unterland ist. Über die verschiedenen anderen mittelalterlichen Vorgängerbauten und sonstigen Fundergebnisse siehe hier den Grabungsbericht von Hannsjörg Ubl (S. 74 ff.).

Abgesehen von einer kurzen Erwähnung im Traditionsbuch des Erzbischofs Adalbert im Jahre 927 gibt es in der gesamten romanischen Epoche keinen einzigen urkundlichen Hinweis über die Brixner Kirche — weder ein Datum noch eine Nennung. Erst im Spätmittelalter, als in der Baukunst längst die Gotik zum bestimmenden Stil geworden war, gibt es historisch faßbare Nachrichten. 1332 beginnen die im Brixner Dekanalarchiv gesammelten Urkunden[3] und bringen etwas Licht in das Dunkel der Geschichte — allerdings keine Klarheit in der Suche nach dem Patrozinium der Kirche, die heute der Himmelfahrt Mariae (Hochfest am 15. August) geweiht ist. Während Hans Fink[4] und Matthias Mayer[5] den hl. Martin als ursprünglichen Kirchenpatron nennen und als Beweis dafür die älteste diesbezügliche Urkunde des Dekanalarchivs vom 1. November 1370 angeben, weist Hanns Bachmann[6] auf eine Urkunde vom 20. August 1385 hin, in der lediglich von einer Frauenkirche in Brixen die Rede ist. Im 14. Jahrhundert wiederum gibt es eine Reihe von Urkunden, in denen ausdrücklich die Frauen- und Martinskirche zu Brixen genannt wird. Da unter den Patrozinien der anderen 10 Notitia Arnonis Kirchen Tirols sowohl Mariae Himmelfahrt (Kundl, Kirchbichl, Ebbs) als auch der hl. Martin (Zell bei Kufstein) vorkommen, ist die Frage nach dem ältesten Brixner Kirchenpatron nicht eindeutig zu beantworten. Vielleicht gab es schon immer ein

Doppelpatrozinium zu den Hll. Maria und Martin, deren Bilder heute noch am Hochaltar zu sehen sind.

Obwohl es im Brixner Dekanalarchiv zahlreiche Urkunden aus dem späten Mittelalter gibt — die einige Aufschlüsse über das damalige kirchliche Leben, über Stiftungen und Kaufverträge geben — beinhalten sie keine Angaben über einen Kirchenbau, eine Kirchen- oder Altarweihe. Um so größere Aufmerksamkeit verdienen daher jene zwei Pläne der „alten Pfarrkirche zu Brixen"[7], die mit großer Wahrscheinlichkeit von den beiden Barockbaumeistern Jakob Singer und Andreas Hueber angefertigt worden sind und ein ziemlich genaues, wenn auch im Detail leicht divergierendes Bild des gotischen Gotteshauses liefern. Der eine Plan (von Singer) liegt im Dekanalarchiv Brixen, der andere (von Hueber) im Konsistorialarchiv Salzburg. Demnach handelte es sich beim letzten Vorgängerbau der jetzigen Kirche um ein geradezu klassisches spätgotisches Bauwerk: eine einschiffige, saalartige Kirche (etwa 35 m lang) mit einjochigem, polygonal geschlossenem Chor (sog. ⅜-Schluß), 6jochigem Langhaus und querschiffartiger Erweiterung vor dem Presbyterium. Die 2 m dicken Wände waren an der Südseite und an der Apsis durch breite Fensteröffnungen unterbrochen und — außen — durch kräftige Strebepfeiler verstärkt, die den Schub des mit Graten oder Rippen ausgeschmückten Kreuzgewölbes aufzufangen hatten. Der Glockenturm stand — einem Campanile gleich — von der Kirche getrennt an der Nordseite, zum Dechanthof hin. Die einstige Situierung der Altäre ist nicht einheitlich, Singer hat in seinem Plan sechs, Hueber fünf eingezeichnet.

Über die gotische Ausstattung gibt es einen bemerkenswerten Hinweis in einem Inventar des Brixner Pfarrers Dr. Johannes Kurz, der im Jahre 1609 eine Restaurierung der Kirche vornehmen und dabei den alten Hochaltar, einen Flügelaltar mit drei geschnitzten Schreinfiguren („Beata Maria Virgo, der hl. Martin und die hl. Maria Magdalena")[8], erneuern ließ. Außerdem schlug er vor „den Creutz Altar in mitte der khirch hinweck zu thuen, oder doch anstatt dessen ein hoch Crucizifix richten zu lassen". Diese Arbeiten scheinen auch tatsächlich ausgeführt worden zu sein, denn in einem Visitationsbericht aus dem Jahre 1620 sind alle neuen Altäre bereits genannt und zudem auch die Altarpatrone überliefert: der Hochaltar war der seligsten Jungfrau Maria geweiht, die Seitenaltäre dem hl. Kreuz, der hl. Katharina, der hl. Barbara und dem hl. Johannes d. T., der Altar auf der Empore[9] abermals der seligsten Jungfrau. Über die Veränderungen in der Kirche ab der Mitte des 17. Jahrhunderts sind wir dank der zahlreichen, ziemlich ausführlichen Visitationsprotokolle und -berichte genau informiert. Immer wieder ist da von kleinen Reparaturen und Anschaffungen die Rede, auch diverse Veränderungen des künstlerischen Inventars fanden von Zeit zu Zeit statt. Schließlich entschloß man sich in den dreißiger Jahren des 18. Jahrhunderts zu einer durchgreifenden Erneuerung des Innenraumes, ohne allerdings die alte Bausubstanz durch eine neue zu ersetzen. Diese Barockisierung, für die 1734 die Baubewilligung erteilt wurde, lag in den Händen des bekannten Baumeisters Jakob Singer, der im Unterland bereits andere gotische Kirchen barock umgestaltet und sich dabei einen über die Grenzen des Landes reichenden Ruf erworben hatte[10]. Dem damaligen Pfarrer Michael Pauer ist es überdies gelungen, den berühmten Kitzbüheler Barockmaler Simon Benedikt Faistenberger[11] für die Freskierung des neuen Gewölbes — von dem die gotischen Rippen bzw. Grate abgeschlagen und durch Bandlwerkstukkaturen ersetzt worden sind — zu gewinnen. Faistenberger hat 6 große und 28 kleine Felder freskiert, über deren Inhalt nur mehr bekannt ist, daß die Medaillons den Geheimnissen des Rosenkranzes gewidmet waren[12].

Auch die anderen Ausstattungskünstler sind namentlich bekannt[13]. Offenbar hat man auf besondere Qualität der Arbeiten Wert gelegt, denn es sind durchaus bekannte Künstlerpersönlichkeiten darunter. So wurden für die „Stockadorarbeit" dem Sohn des Jakob Singer, Kassian[14], der es später ebenso wie sein Vater als Baumeister von Kirchen zu hohem Ansehen gebracht hat, 600 Gulden ausbezahlt. Der Innsbrucker Stukkateur und Vergolder Anton Gigl[15] schuf 1736 die neue Kanzel — die alte ist daraufhin in das Kirchlein auf der Hohen Salve überstellt worden — und schließlich 1740 den neuen Hochaltar, da der „dermahlige allbereith 140 Jahr steht und . . . . . vielfeltig wumstichig . . . . . auch nit minder dem so herrlich ausgezierten und renovierten Gottshaus eine rechte Ungestalt gibt". Das große Altarblatt der Himmelfahrt Mariae (es sollte laut Kontrakt 9½ mal 4½ Schuh groß sein „et assumptionem B. M. Virginis mit herumstehenden Aposteln fürstellen") lieferte der Salzburger Hofmaler Jakob Zanusi[16].

Obwohl es sich bei der barocken Umgestaltung der alten Brixner Kirche um eine aufwendige und kostspielige Maßnahme gehandelt hat, blieb das Gotteshaus nicht einmal 50 Jahre in diesem Zustand, denn schon 1786 wurde erstmals die Errichtung eines vollständigen Neubaues erwogen und eine entsprechende Eingabe an das Ordinariat Chiemsee gerichtet. Wahrscheinlich war die Kirche zu klein geworden — auch dürfte sie infolge ihres hohen Alters baufällig gewesen sein — und hat wohl auch stilistisch nicht mehr dem Zeitgeschmack entsprochen. Die zähen und langwierigen Verhandlungen um den Kirchenneubau, die zeitweise sogar zu Streitereien führten, ja in Beschimpfungen und handfesten Intrigen ausarteten, sind in Briefen, Protokollen und Aktenstücken bis ins Detail nachzulesen. Interessanterweise hat man zunächst erwogen, einige Teile der bestehenden Kirche zu erhalten — nämlich Chor, Sakristei und Turm — und lediglich ein neues, seitlich ausgebuchtetes Langhaus (mit großer, ovaler Kuppel und sechs Seitenaltären) zu errichten. Der diesbezügliche Plan, dessen Ausführung zweifellos ein seltenes, reizvolles Raumerlebnis zugelassen hätte, ist auch deshalb bemerkenswert, weil er die Situierung des alten Friedhofs, die Anordnung der Sebastianskapelle (an der Südostecke) und den separaten „unschuldigen Freithof" festhält. Schon beim ersten Lokalaugenschein (1788), an dem auch der salzburgische Hof-Bauverwalter Wolfgang Hagenauer[17] teilgenommen hat, mußte man derart schwere Bauschäden an Kirchenmauer und Turm feststellen, daß der Gedanke einer teilweisen Weiterverwendung der alten Bausubstanz wieder verworfen wurde. Bald darauf lieferten Wolfgang Hagenauer und der Kitzbühler Baumeister Andre Hueber[18] Entwürfe (sog. Risse) für einen kompletten Neubau, dessen Verwirklichung allerdings noch etwas verzögert wurde, weil es in der Folge zu schweren — fachlichen und persönlichen — Auseinandersetzungen gekommen ist, die nicht zuletzt darauf zurückzuführen sind, daß Hueber aus der tirolischen Stadt Kitzbühel für die Salzburger Behörden als Ausländer galt — dies hatte fast zwangsläufig Animositäten und Rivalitäten zur Folge. Dennoch hat man auch in den härtesten Wortgefechten — zumindest schriftlich — den Anstand gewahrt und eine gewisse Zurückhaltung an den

Tag gelegt, was sich mitunter in köstlichen Formulierungen niederschlug; etwa als der Salzburger Hofmaurermeister Johann Georg Laschensky sich über die Unfähigkeit eines Rechnungsführers maßlos entsetzte und sichtlich verärgert schrieb: „hier mußte freylich die äußerste Verstellungskunst zu Hilfe genommen werden, um nicht in eine unanständige Verargungsart auszubrechen."

1790 konnte der Bau endlich begonnen und in verhältnismäßig kurzer Zeit fertiggestellt werden. 1793 waren die Gewölbe eingezogen und die Kirchtürme vollendet, in den nächsten vier Jahren folgte die Ausstattung — wobei es abermals zu einem künstlerischen Wettstreit der beiden Maler Josef Schöpf aus Tirol und Andreas Nesselthaler aus Salzburg gekommen ist, der schließlich vom Brixner Pfarrer Sebastian Schlechter mit Geschick und Klugheit entschieden werden konnte — und am 11. September 1797 wurde das neue Gotteshaus zu Ehren der Himmelfahrt Mariae und des hl. Martin geweiht. Die Gesamtbaukosten haben sich auf fl. 65.319 (Gulden) belaufen.

Abgesehen von geringen Veränderungen in der Zwischenkriegszeit (Fenster, Orgel) und der Umgestaltung des Presbyteriums (mit Volksaltar und Ambo) für die durch das II. Vatikanum geänderte Liturgiefeier hat die Kirche, die im folgenden kurz beschrieben wird, bis heute ihre ursprüngliche Erscheinungsform bewahrt.

Äußeres

Bei der im Ortszentrum gelegenen, von einem Friedhof umgebenen Pfarr- und Dekanatskirche von Brixen im Thale handelt es sich um einen mächtigen spätbarock-klassizistischen Bau mit steilem, schindelgedecktem, östlich abgewalmtem Satteldach, Rundapsis, regelmäßiger Fassadengliederung (durch Putzpilaster und fatschengerahmte Rundbogenfenster) und repräsentativer, fünfachsiger, viergeschossiger, seitlich leicht vorspringender Doppelturmfassade, „auf der der architektonische Akzent des schmucklosen Außenbaues liegt"[20]. Zwischen die mit glockenförmigen Hauben und Laternen versehenen Türme zwängt sich ein monumentaler Dreiecksgiebel auf geschweiften Ansätzen. Im Mittelteil des Westfassade sitzen drei rundbogige Rotmarmorportale mit klassizistisch ornamentierten Holztüren und Beschlägen. An der Südseite ist die zweigeschossige Sakristei (mit steilem Walmdach) angebaut.

Inneres

Nach einer kurzen, dreiachsigen Vorhalle, die durch ein zum Teil vergoldetes klassizistisches Schmiedeeisengitter (1797 datiert) in den drei Segmentbogenarkaden zum Langhaus geöffnet ist, betritt man den einschiffigen, sehr breit gelagerten Saalraum, der seine architektonische Charakteristik durch die Verbindung von Lang- und Zentralbau einerseits und von Barock und Klassizismus andererseits erhält. Die Kirche ist — trotz der 1939 eingesetzten Glasfenster von Karl Rieder/Schwaz — überaus hell, die in zarten, kühlen Farben gehaltene Ausmalung verleiht ihr — zusätzlich zur dezenten Ornamentik — ein vornehmes Gepräge. Der 38 m lange Innenraum „besteht aus einer dreiteiligen, durch Wandpfeiler gegliederten Raumgruppe, in der ein kreiskuppelüberwölbtes, zweiachsiges, quadratisches Mitteljoch von je einem einachsigen und mit einer Hängekuppel überwölbten quer-

rechteckigen Joch im Osten und Westen eingefaßt ist"[20]. In den Nebenkuppel-
räumen sind seitlich je zwei Oratorien eingebaut. Sämtliche Wandpfeiler (die vier
mittleren sind zum Hauptjoch hin abgeschrägt) sind durch Pilastervorlagen mit
reichen Kompositkapitellen und verkröpfte Gebälkstücke architektonisch akzen-
tuiert, die Fenster und Brüstungsfelder mit Stuckgesimsen und Rosetten gerahmt.
Besonders formschön sind die in den typischen Dekorationsformen des sog. Zopf-
stils gehaltenen Apostelzeichen.

Die Fresken

Das gesamte Kirchengewölbe ist mit Deckenmalereien versehen, die breiten
Gurtbögen zeigen eine Reihe von rosettenbesetzten Kassetten, die dreieckigen
Felder in der Apsiskalotte ein Rautenmuster. Die drei Kuppelgewölbe hingegen
sind mit figurenreichen Szenen freskiert, die ihrerseits wieder in einen scharf kon-
turierten, gemalten Rahmen gestellt sind und in den Gewölbezwickeln von in eine
strenge Ornamentgliederung eingebundenen, figürlichen Medaillons begleitet
werden.

In der flachen, kreisrunden Hauptkuppel hat Josef Schöpf nicht nur sein räum-
lich größtes Fresko[21] geschaffen, es ist auch eines seiner Hauptwerke (signiert „Joseph Schöpf Tyrol. pinxit anno 1795"), wenn nicht schlechthin der Höhepunkt
seines künstlerischen Schaffens[22]. Dargestellt ist die Marienkrönung; Schöpf geht
aber weit über dieses Thema hinaus und bietet dem Betrachter sozusagen einen
Blick in den Himmel. Die Hauptpersonen in der Mitte — Hl. Geist, Gottvater, Gott-
sohn und Maria — bilden eine doppelte Dreiecksgruppe, die Hauptfigur ist zweifellos Maria, „eine zarte lilienhafte Erscheinung in edel fallendem Kleide, in dem
niedliche Himmelskinder ihr graziöses Spiel treiben"[23]. Ihr zur Seite thronen auf
Wolkenbänken links die beiden Heiligen Johannes, rechts der hl. Martin als
zweiter Kirchenpatron. Dann schließen sich in weiteren Gruppen zahlreiche Heilige an, von denen die meisten zu identifizieren sind: Josef, Joachim, Anna und Si-
meon, Petrus und Paulus, Antonius, Dominikus, Franziskus, Theresia, Barbara,
Wolfgang, Gregor, Leonhard, Franz Xaver, Sebastian und Rochus, Johannes Nepomuk und Magdalena[24]. Das in kühlen Farben gehaltene „Rundgemälde" besticht
durch seine — trotz zahlreicher versteckter Details — großzügige Komposition
und atmosphärische Malweise. In den ovalen Zwickelmedaillons hat Schöpf die vier
Evangelisten dargestellt: Matthäus (Engel), Markus (Löwe), Lukas (Stier und Staf-
felei) und Johannes (mit Adler). Wesentlich gefühlsärmer, härter und strenger
komponiert sind die Malereien in den beiden querovalen Nebenkuppeln vom Salzburger Andreas Nesselthaler[25]. Das vordere Gemälde (signiert „Andreas Nesselthaler pinx. ao. 1795") stellt in einem von Stufen, Säulen, Gesimsen und Gurtbögen
geprägten Sakralraum die Anbetung des Allerheiligsten Altarsakramentes durch
alle Nationen der Erde dar, wobei in der Figur eines Brixentalers (ganz links) in der
damaligen Tracht angeblich der seinerzeitige Pfarrhofknecht porträtiert sein soll.
Das hintere Fresko stellt in einer freien Landschaft eine wohlbekannte alttesta-
mentarische Szene dar: das Opfer des Melchisedech (am Stein vor den drei Am-
phoren ebenfalls signiert „A. Nesselthaler fecit").

Beide Nebenkuppeln werden seitlich von je zwei Grisaille-Medaillons umgeben,

in denen jeweils zwei Putten mit christlichen Symbolen (vorne neutestamenta-
risch, hinten alttestamentarisch) zu sehen sind. Nesselthaler kommt zwar — was
immer wieder von Kunstkritikern bemängelt wurde — in seinen Figuren und
Kompositionen nicht an den flotten, bewegungsreichen, eben „barocken" Duktus
Josef Schöpfs heran, in seinen Gemälden ist aber der entscheidende, für die damalige Zeit überaus moderne Schritt zum neuen, akademischen Stil des Klassizismus
bereits gesetzt.

Der Hochaltar

Künstlerischer Mittelpunkt der qualitätvollen Ausstattung ist der mächtige
Hochaltar (aus glanzpoliertem, teilvergoldetem, rotbraunem Stuckmarmor), der
nach Entwürfen von Hagenauer und Nesselthaler von Peter Pflauder[26] in strengen
klassizistischen Formen errichtet wurde. Es handelt sich um einen auf hohem Sok-
kelgeschoß mit seitlichen Opfergangsportalen ruhenden Doppelsäulenaufbau, der
ein mehrfach profiliertes Gebälk trägt, auf dem der schmale, von zwei knienden
Engelsfiguren flankierte Aufsatz sitzt, der durch ein Kreuz zwischen gesprengten
Gebälksstücken seinen Abschluß erhält. Die elegante, ausgewogene Architektur
bildet den würdigen Rahmen für die beiden Altarblätter, die zu den besten Schöp-
fungen Josef Schöpfs auf dem Gebiet der Tafelmalerei zählen. Das große rechtek-
kige Hauptbild (etwa in der Mitte signiert „Joseph Schöpf Tyrol. pinx. Anno
1796") stellt die Himmelfahrt Mariae dar: Maria, in weißem Kleid und hellblauem
Mantel, schwebt von Engeln begleitet in den Himmel, auf Erden umstehen — nur
schemenhaft sichtbar — die Apostel das leere Grab. Schon Staffler bewunderte in
seiner Landesbeschreibung von 1841[27] „die zum Himmel aufschwebende Gottesmutter mit dem verklärten Antlitz, auf dem sich der Vorgeschmack der ihrer har-
renden unendlichen Wonne so wunderlieblich spiegelt" als „meisterhaftes Gemälde des vaterländischen Malers Josef Schöpf", und auch die etwas sentimentale
Anekdote, wonach Schöpf selbst diese Mariae Himmelfahrt als sein schönstes Bild
bezeichnet habe, „weil ein Bauernweiblein durch dasselbe zu Tränen ergriffen
wurde"[28], zeugt von der großen Wertschätzung, die diesem Altarblatt seit jeher
entgegengebracht worden ist[29]. Das segmentbogig geschlossene Altarbild stellt die
Mantelspende des hl. Martin dar: der Heilige sitzt hoch zu Roß und reicht die
Hälfte seines Mantels dem knienden Bettler. Zu Unrecht bleibt dieses Bild des
zweiten Kirchenpatrons, das etwas zu dunkel geraten oder stark nachgedunkelt
ist, trotz seines hervorragenden Kunstwertes meist unbeachtet. Zur majestätischen
Gesamtwirkung des Altares tragen auch die vier überlebensgroßen, vergoldeten
Schnitzfiguren der Heiligen Dominikus, Petrus, Paulus und Katharina von Siena
bei, die auf den seitlichen, von einer klassizistischen Vase bekrönten Opfergangs-
bögen stehen. Die hervorragend modellierten Skulpturen werden in die Mitte des
18. Jahrhunderts datiert und dürften wohl noch von der alten Pfarrkirche
stammen. Der Bildhauer ist unbekannt, Erich Egg hat sie dem aus Hall gebürtigen
Kitzbühler Plastiker Josef Martin Lengauer (1727—1793) zugeschrieben und um
1755 datiert[30], während sie Matthias Mayer als Rest des alten Hochaltars bezeichnet, als ihr Entstehungsdatum das Jahr 1740 angegeben und die Autorschaft
eines Innsbrucker oder Haller Künstlers angenommen hat[31].

Der kleine Säulentabernakel auf der durch zwei Triglyphen in drei Felder geteilten Mensa ist mit klassizistischem Dekor überzogen und zeigt im Auszug vier
barock bewegte Engelsstatuetten und in der Mitte das Lamm Gottes auf dem Buch
mit den sieben Siegeln.

Die Seitenaltäre

Wesentlich weniger aufwendig gearbeitet sind die beiden Seitenaltäre, die an
den Langhauswänden quer zum Schiff stehen. Es sind teilvergoldete, marmorierte
Holzaufbauten mit Säulen- und Pilastergliederung und segmentbogig geschlossenem Auszug, der von zwei auf Gebälksstücken sitzenden Engeln flankiert wird
und ganz oben eine Puttengruppe zeigt. Die Bilder stammen von Andreas Nesselthaler (bez. 1796), die Figuren vom Zillertaler Franz Xaver Nissl[32]. Der Altar auf
der Evangelienseite stellt am Hauptbild den hl. Franz Xaver dar, der den Heiden
das Sakrament der Taufe spendet. Franz Xaver[33], ein Jesuit, hat im 16. Jahrhundert den fernen Osten missioniert, wird „Apostel Indiens" genannt und gilt als Begründer der neuzeitlichen Mission. Das ovale Aufsatzbild zeigt den hl. Evangelisten
Johannes auf der Insel Patmos. Die seitlichen, nahezu lebensgroßen Schnitzstatuen
sind als die heiligen Eltern der Muttergottes, Joachim und Anna, zu identifizieren.
In den rundbogigen Nischen der Predella stehen die überaus reizvollen Rokokostatuetten (Mitte 18. Jahrhundert) der vier heiligen Kirchenväter Ambrosius (Bienen-
korb), Augustinus (brennendes Herz), Gregor (Tiara und Taube) und Hieronymus
(Löwe und Kardinalshut). Der gegenüberliegende Altar auf der Epistelseite wird als
Pestaltar bezeichnet, seine Ikonographie ist auf von den Gläubigen häufig angeru-
fene Patrone ausgerichtet. Das große Altarblatt stellt die Pestpatrone Sebastian
und Rochus dar (auch Patrone gegen Krankheit und Seuchen), das Oberbild die hl.
Barbara (Patronin der Bergleute); die beiden großen Seitenfiguren, links der hl.
Josef (Patron für eine gute Sterbestunde), rechts der hl. Johannes von Nepomuk
(Patron gegen Hochwasser), stammen wiederum von F. X. Nissl. Die Figürchen in
den Predella-Nischen haben zwar ihre Attribute zum Teil verloren, sind aber einwandfrei als die heiligen Diözesanpatrone Rupert und Virgil, Aloisius von Gonzaga
(Patron der Jugend) und Vinzenz (Patron der Holzarbeit) zu erkennen.

Kanzel

Ein besonders wohlproportioniertes, in den edlen Formen des Klassizismus geradezu perfekt ausgeführtes Kunstwerk ist die stuckmarmorne Kanzel von Peter
Pflauder, 1795 (nach Riß von W. Hagenauer und A. Nesselthaler). Während die
drei Felder des Kanzelkorbes, dessen Sockelgesims aus einem vollen Lorbeerkranz
besteht, streng symmetrisch gegliedert und durch große Mittelrosetten punktiert
sind, ist der Schalldeckel reicher und bewegter, im Aufsatz fast rokokoartig gestaltet. In den segmentbogigen, eierstabbegrenzten Feldern sind lateinische In-
schriften eingraviert, der im Kreuz gipfelnde, vollständig vergoldete Abschluß symbolisiert die christliche Heilslehre.

Die Kreuzgruppe

Gegenüber der Kanzel, am linken Chorpfeiler, steht eine monumentale Kreuzgruppe, ein Meisterwerk von Franz Xaver Nissl. Matthias Mayer hat vor allem das ausdrucksvolle Kruzifix mit schmerzdurchfurchtem Gesicht und halbgeöffnetem Munde („als rufe er gerade: mein Gott, warum hast du mich verlassen!")[34] gerühmt, die nicht minder qualitätvolle Schmerzensmutter zu seinen Füßen wird von den Gläubigen besonders verehrt: Maria ist als alte, leidgeprüfte Frau mit von Schmerz gezeichnetem Gesicht und zusammengefalteten Händen dargestellt, die starke Realistik in Ausdruck und Gebärde reiht die trauernde Figur im faltenarmen Mantel unter die besten bildhauerischen Arbeiten des Klassizismus in Tirol.

Die Beichtstühle

Populär sind auch die Schnitzwerke Franz Xaver Nissels auf den vier dreiteiligen, mit noch stark dem Rokoko verpflichtetem Dekor versehenen Beichtstühlen an den mittleren Langhauswänden. Die polychrom gefaßten Figurengruppen — jeweils eine kniende Hauptplastik, flankiert von allegorisierenden Putten bzw. Genien — lassen freilich erst nach genauer Betrachtung ihre tiefere Bedeutung erkennen. So symbolisiert der hl. Petrus (mit Hahn und Schlange) die Reue, König David (mit Gesetzestafeln und Kelch) den guten Vorsatz, der Verlorene Sohn (mit Hirtenstab, Schleier und Gesetzbuch) die Gewissenserforschung und die hl. Magdalena (mit Geißel, Kreuz, Krone und Buch) das Sündenbekenntnis und die Lossprechung. Die Brixner Beichtstuhlfiguren haben — ähnlich jenen der Klosterkirche von Fiecht (1775) — neben ihrer künstlerischen Bedeutung einen hohen religiösen, ikonographisch seltenen Aussagewert.

Übrige Ausstattung

Auch die übrige Ausstattung ist in Qualität und Zustand durchaus dem geschlossenen Gesamtbild der Kirche angepaßt. Die von schmalen klassizistischen Rahmen mit vergoldeten Schrifttafeln umgebenen Kreuzwegstationen malte der Salzburger Franz Nikolaus Streicher, von dem auch die Fastenbilder der drei Altäre stammen. Während die Schnitzereien der Betstuhlwangen im Langhaus noch dem Rokoko angehören — vielleicht sogar von der alten Kirche stammen —, handelt es sich bei den Chorstühlen im Presbyterium um typische Möbelstücke des Empire. Von den sonstigen Plastiken ist zum einen auf das frühbarocke, zum Teil noch gotisierende Vortragskreuz aus dem 17. Jahrhundert, zum andern die Schnitzgruppe der Taufe Christi (urk. von Johann Blieml) auf dem klassizistischen Marmortaufbecken (urk. von Johann Baptist Doppler, 1797) hinzuweisen. Die von Josef Anton Fuchs 1784/85 angefertigte, aus der alten Kirche übertragene Orgel (Rückpositiv von Andreas Mauracher, 1795) ist trotz späterer Veränderungen und Erweiterungen ein bedeutendes Klangdenkmal.

Die Krippe

Eine im Brixental seltene Sehenswürdigkeit ist die große Weihnachtskrippe mit zahllosen bekleideten Figuren (zum Teil mit Wachsköpfen) und stufenweise aufgebautem Tuchberg (mit interessanter Stadt- und Bergwerksansicht). Für Linde

Menardi hat diese Krippe, die in den Anfang des 19. Jahrhunderts datiert wird, „einen besonderen Reiz"[35]. Die Provenienz der Krippe ist unbekannt, wahrscheinlich stammt sie aus der Umgebung von Innsbruck.

Das Heilige Grab

Bis in die fünfziger Jahre gab es noch eine weitere, weitum bekannte Sehenswürdigkeit der Brixner Kirche: das alljährlich in der Karwoche aufgestellte Heilige Grab. Es handelte sich dabei um einen gewaltigen, das ganze Presbyterium ausfüllenden, kulissenartigen Aufbau mit steilen Stufen und unzähligen, von hinten beleuchteten Glassteinen — nicht eben von großem künstlerischem Wert, aber außerordentlich stimmungsvoll und beeindruckend[36]. Leider ist das Brixner Grab im Zuge der Liturgiereform größtenteils verlorengegangen; heute sind nur mehr spärliche Reste vorhanden, die in der Karwoche am rechten Seitenaltar aufgestellt werden.

Die Sakristei

Die an der Südseite des Chores angebaute, zweigeschossige Sakristei hat ihr ursprüngliches, aus dem Ende des 18. Jahrhunderts stammendes Mobiliar vollständig erhalten. Die klassizistischen Schränke, Kästen und Kommoden sind mit schlichten, intarsierten Felderteilungen versehen, die Beschläge sind durchwegs aus Messing.

Den Mittelpunkt der flachen, aus einer von zarten Profilleisten gerahmten Hohlkehle wachsenden Decke bildet eine große, polychrome Stuckrosette, deren innerer Weinlaubkranz eine in fünf Blätter gehüllte Weintraube umgibt.

Von den Gold- und Silbersachen sind vier reich dekorierte Rokoko-Kelche, die große Prunkmonstranz und das mit zahlreichen figuralen Szenen versehene Ziborium erwähnenswert — durchwegs hervorragende Augsburger Silberarbeiten aus der Mitte bzw. zweiten Hälfte des 18. Jahrhunderts.

Friedhof

An der Westseite des malerisch um die Kirche gelegten, von einer wuchtigen Mauer umgebenen Friedhofs, dessen Eingänge von originellen Türmchen mit spitzen Schindeldächern flankiert sind, steht eine barocke, offene Kapelle mit steilem, merkwürdig geschwungenem Giebeldach. Sie wurde 1734 erbaut, birgt in ihrer Mittelnische ein großes Barockkreuz und dient heute als Kriegerdenkmal. An der neuen Leichenhalle befindet sich in einer Rundbogennische die lebensgroße, polychrom gefaßte Schnitzfigur eines wundenübersäten Schmerzensmannes. Diese ausdrucksstarke Barockplastik stammt aus der Ecce-homo-Nische des vor 20 Jahren abgebrochenen Ölbergs am Nordosteck des Friedhofs[37] und wird dem Kitzbühler Bildhauer Franz Offer (um 1740) zugeschrieben. Die einst an der Nordseite vor der Kirchenfassade befindliche Lourdeskapelle, vor der als Kriegerdenkmal zwei aus Kunststein gegossene Soldaten Wache standen, ist in den fünfziger Jahren abgebrochen worden.

Der langjährige Mesner Kandler Gidi mit seiner Ministranten-
schar vor dem Ölberg (NO-Ecke des Friedhofs)

Wappenfresko im 1. Stock des Pfarrhofes
Rechts das Wappen des Pfarrers Wilhelm Taz, der 1473 die nach ihm benannte
Bibliothek stiftete

Widum (Pfarrhaus)

Nördlich der Pfarrkirche steht der mächtige, vollständig gemauerte Widum, ein würfelförmiges Bauwerk mit wuchtigen Proportionen, flachem, weit vorspringendem Satteldach und unregelmäßiger Fassadengliederung. Die Baugeschichte des Hauses, das mit der Kirche ein einzigartiges Denkmalensemble von großem, kulturellem Wert ergibt, konnte anläßlich seiner umfassenden Restaurierung 1975 in groben Zügen geklärt werden. Demnach dürfte der Baukern aus dem 14. Jahrhundert stammen — von einem sicher einst vorhandenen, wesentlich älteren Bau ist nichts mehr erhalten[38]. Ausbauten erfolgten im 16. und 17. Jahrhundert, während der entscheidende Umbau mit der heute noch bestehenden Fassadengliederung (mit dem charakteristischen Rechteckerker) erst um 1800 erfolgte[39]. Eine Erneuerung des Dachstuhls fand laut Firstschrift 1839 statt.

Im Inneren des hervorragend revitalisierten Gebäudes haben sich etliche gotische Baudetails erhalten (Gewölbe, Leibungen, Gewände), außerdem ein interessantes spätgotisches Fresko (um 1480) mit von reichem Rankenwerk umgebenen Wappen des Richters von Itter, des Landrichters von Kitzbühel und des Pfarrers von Brixen. Von kulturgeschichtlicher Bedeutung sind die vielen beweglichen Kunstwerke, die in Form eines Kurzinventars vorgestellt werden[40]:

Inv. Nr. 1
Kruzifix, um 1700
Holz, gefaßt, Corpus-Höhe 150 cm
Ausdrucksvolles Barockkreuz mit starker Körperdrehung und bewegtem Lendentuch. Künstlerisch bedeutende Schnitzarbeit in der Art des Georg Faistenberger, Fassung 19. Jh.

Inv. Nr. 2
Bildnis eines Heiligen, 18. Jh.
Öl/Lw., 52 × 40 cm
Recht gutes Brustbild, als Ovalbild konzipiert (unsigniert); wahrscheinlich handelt es sich beim Dargestellten um den hl. Franz von Sales.

Inv. Nr. 3
Bildnis Dekan Wolfgang Klaushofer (1892—1894)
Öl/Lw., 65 × 50 cm
gutes Porträt, unsigniert.

Inv. Nr. 4
Bildnis Kaplan Simon Edenstrasser, 1844 (dat.)
Öl/Lw., 50 × 43 cm
Ausgezeichnetes Biedermeierporträt mit signifikanten Gesichtszügen, gemalt von Josef Mayr (sign.). Das Standkreuz ist als Arbeit F. X. Nissls zu erkennen.

Inv. Nr. 5
Bildnis Raimund Kronenthaler, Stadtkooperator von Rattenberg
Öl/Lw., 48 × 39 cm
Brustbild (unsigniert) von mittlerer Qualität.

Inv. Nr. 6
Bildnis Dekan Georg Hausmann (1821—1839)
Öl/Lw., 63 × 49 cm
Gutes Porträt des 62jährigen Priesters (1835), Originalrahmen. Dekan Hausmann stammte aus Vahrn in Südtirol, er galt als „Wohltäter der Kirche und liebevoller Vater der Armen" und hat den Widum erneuert.

Inv. Nr. 7
Bildnis Pfarrer Sebastian Schlechter (1792—1803)
Öl/Lw., 71 × 56 cm
Ausgezeichnetes Porträt des bedeutenden Pfarrherren, der den Neubau der Brixner Kirche geleitet hat. Das Bild kann mit großer Wahrscheinlichkeit Josef Schöpf zugeschrieben werden.

Inv. Nr. 8
Bildnis Dekan August Schlager (1894—1896)
Öl/Lw., 63 × 47 cm
Gutes Porträt von J. Gold, 1895 (signiert).
Dekan Schlager war ein vorzüglicher Prediger.

Inv. Nr. 9
Bildnis Dekan Simon Schmid (1877—1892)
Öl/Lw., 63 × 50 cm
Gute Arbeit, unsigniert.
Nach seiner Abdankung als Dekan wurde Simon Schmid Stiftspropst von Seekirchen.

Inv. Nr. 10
Bildnis Dekan Josef Rupprechter (1862—1868)
Öl/Lw., 63,5 × 50 cm
Gute Arbeit, unsigniert.
Dekan Rupprechter „ein Mann, robust an Geist und Körper" war auch k. k. Schulinspektor.

Inv. Nr. 11
Bildnis Dekan Josef Schober (1869—1876)
Öl/Papier, 65 × 52 cm
Gute Arbeit, unsigniert.
Unter Dekan Schober, einem „Mann, der die Zierde des Hauses Gottes liebte", ist die Brixner Kirche innen renoviert worden.

Inv. Nr. 12
Bildnis Pfarrer Bartholomäus Gauxer (1770—1795)
Öl/Lw., 62 × 50 cm
Interessantes Porträt des tüchtigen Pfarrherrn und Erbauers der Aschauer Kirche, deren Bewilligungsplan er in Händen hält. An der Rückseite signiert: J. G. Lackner, Pinx. 1842.

Inv. Nr. 13
Bildnis Pfarrer Martin Mayrl (1755—1765)
Öl/Lw., 62 × 50 cm
Pfarrer Mayrl war „ein einfacher und leicht faßlicher Prediger, besonders verdient um das Schulwesen". An der Rückseite signiert: Mart. Mayrl. Copiert Joh. Gg. Lackner, 1841.

Inv. Nr. 14
Bildnis Dekan Balthasar Pfisterer (1929—1936)
Öl/Holz, 65 × 47 cm
Porträt von Matthäus Widmann, Wörgl; ansprechende Qualität.

Inv. Nr. 15
Bildnis Dekan Johann Feyersinger (1936—1959)
Öl/Holz, 50 × 40 cm
Porträt von M. Widmann, bescheidene Qualität. Im Hintergrund ist das Wallfahrtskirchlein von Stampfanger (Söll) zu erkennen.

Inv. Nr. 16
Jesus spricht zu seinen Jüngern (?), um 1800
Öl/Lw., 70 × 90 cm
An der Rückseite signiert „Jos. Lang Fackt (?)".
Mittlere Qualität, der Inhalt des Bildes ist nicht eindeutig zu identifizieren. Schöner einfacher Empirerahmen.

Inv. Nr. 17

Inv. Nr. 17
Christus mit der Frau am Brunnen, um 1800
Öl/Lw., 67 × 93 cm
Sehr gute Qualität, in der Durchzeichnung der Personen und in der Landschaftsgestaltung hervorragend gearbeitet.

Inv. Nr. 18
Bildnis Dekan Alois Schmid (1840—1862)
Öl/Lw., 62 × 48 cm
Gutes Biedermeier-Porträt des aus Salzburg gebürtigen Geistlichen, der als ausgezeichneter Prediger berühmt war. Außerdem sanierte er die Kirchen in seinem Dekanat und spendete namhafte Beträge für karitative Zwecke.

Inv. Nr. 19
Bildnis Dekan Wolfgang Hechenberger (1804—1821)
Öl/Lw., 60 × 44 cm
Mittelmäßiges Bild des 54jährigen Geistlichen, der 1812 zum ersten Dekan von Brixen ernannt wurde; in seiner Amtszeit kam das Brixental zu Tirol.

Inv. Nr. 20
Bildnis Dekan Wolfgang Hechenberger, 1829
Öl/Papier, Ovalbild, 12,4 × 10,2 cm (Miniatur)
Ausgezeichnetes Biedermeierporträt des 59jährigen Dekans, rechts am Rande signiert: „Spitzer pinxit 1829". Originalrahmen.

Inv. Nr. 21
Gotisches Johanneshaupt, Anfang 16. Jh.
Eichenholz, 21 × 23 cm

Ursprünglich gefaßt, Teile der alten Fassung in Resten an der Unterseite erhalten. Kopf und Schüssel separat geschnitzt. Stammt aus der alten Wallfahrtskirche zum hl. Johannes d. T. auf der Hohen Salve[41].
Hervorragende künstlerische Qualität, eine der bedeutendsten gotischen Plastiken des Bezirkes Kitzbühel.

Inv. Nr. 22
Bildnis Andre Hueber, 1798
Öl/Lw., 25 × 19 cm
Ausgezeichnetes Porträt (wohl von Franz Nikolaus Streicher) des tüchtigen Baumeisters. An der Rückseite bezeichnet „Andre Hueber, alt 72. 1798".
Klassizistischer Originalrahmen.

Inv. Nr. 23
Bildnis Andreas Nesselthaler, 1798
Öl/Lw., 21 × 18 cm
Gutes, seltenes Ovalporträt (wohl von Franz Nikolaus Streicher) des bekannten Salzburger Malers. An der Rückseite bezeichnet „Andreas Neßlthaler, Maler v. Salzburg".
Klassizistischer Originalrahmen.

Inv. Nr. 24
Bildnis Josef Schöpf, 1798
Öl/Lw., 21,5 × 18 cm
Hervorragendes Porträt des Tiroler Malers. An der Rückseite bezeichnet „Jos. Schöpf, Maler v. Innsbruck".
Klassizistischer Originalrahmen.

Inv. Nr. 25
Porträt Alois Niedermoser, 1. Hälfte 19. Jh.
Öl/Lw., 20,5 × 16 cm
Gutes Biedermeierporträt, links oben „87. J. A. 1815" signiert. Der Hoferwirt Alois Niedermoser war der größte Wohltäter der Kirche in Brixen.

Inv. Nr. 26
Porträt Anna Niedermoser, 1. Hälfte 19. Jh.
Öl/Lw., 20,5 × 16 cm
Vorne signiert „94 J. A. 1835".
Das Bildchen wurde wie das vorige (Gegenstück) vom Kirchenpropst Simon Exenberger der Pfarrkirche Brixen im Thale zum Geschenk gemacht.

Inv. Nr. 27
Heiliger Felix, 2. Hälfte 18. Jh.
Öl/Lw., 113 × 80 cm
Hervorragendes Rokokobild. Der Heilige ist in Halbfigur vor einer Draperie wiedergegeben, im Hintergrund Ruinenarchitektur und Landschaftsausblick.
Schwarz-gold gefaßter Originalrahmen.

Inv. Nr. 28
Heiliger Praecordius, 2. Hälfte 18. Jh.
Öl/Lw., 113 × 80 cm
Gegenstück zu Nr. 27, ebenfalls erste Qualität. Im Hintergrund Darstellung einer Kapelle und einer Szene mit Bundeslade.
Originalrahmen.

Inv. Nr. 29
Christus und die Ehebrecherin, um 1800
Öl/Lw., 70 × 98 cm
Gute Qualität, im Vordergrund vielfigurige Personengruppe, im Hintergrund Renaissancearchitektur.

Inv. Nr. 22

Inv. Nr. 23

Inv. Nr. 24

Inv. Nr. 25

Inv. Nr. 26

Inv. Nr. 27

Inv. Nr. 28

Inv. Nr. 29

Inv. Nr. 30
Bildnis eines Bischofs, 18. Jh.
Öl/Lw., 74 × 60 cm
Als Ovalbild konzipiert, mittlere Qualität. Der Dargestellte ist nicht identifizierbar.
Originalrahmen.

Inv. Nr. 31
Bildnis eines Bischofs, 18. Jh.
Öl/Lw., 96 × 70,5 cm
Als Ovalbild konzipiert, gute Qualität.
Der in prunkvolles Gewand gehüllte Bischof hält einen (Stifts)brief in Händen.

Inv. Nr. 32
Bildnis Pfarrer Johann Georg Voglsanger (1766—1770)
Öl/Lw., 87 × 69 cm
Das künstlerisch bescheidene Bild zeigt den 46jährigen Geistlichen (bez. Aetatis suae 46.
1763), dessen Brustmedaillon den heiligen Sebastian zeigt.

Inv. Nr. 33
Heiliger Valentinus, 2. Hälfte 18. Jh.
Öl/Lw., 113 × 80 cm
Gegenstück zu den Nr. 27 und 28, herrvorragende künstlerische Qualität.

Inv. Nr. 34
Bildnis Pfarrer Johann Michael Bauer bzw. Pauer (1734—1754)
Öl/Lw., 215 × 113 cm
Großes Gesamtbildnis des 57jährigen Geistlichen (1754), der die Franz-Xaveri-Bruderschaft
gegründet hat. Pfarrer Bauer wird als „äußerst seeleneifriger Mann, sehr beliebt, gebildet und
von großer Rechtschaffenheit" gerühmt.

Inv. Nr. 37

Inv. Nr. 35
Bildnis Dekan Franz Xaver von Berti (1703—1712)
Öl/Lw., 236 × 114 cm
Großes ganzfiguriges Bildnis des Brixner Pfarrers, der 1709 Dekan von St. Johann geworden
ist.

Inv. Nr. 36
Bildnis Pfarrer Simon Felix von Berti (1673—1703)
Öl/Lw., 236 × 114 cm
Qualitätvolles ganzfiguriges Bildnis des aus dem Trentino stammenden Pfarrers. Rechts vorne
kleiner Hund als Staffagefigur.

Inv. Nr. 37
Bildnis eines Bischofs, 18. Jh.
Öl/Lw., 98 × 83 cm
Als Ovalbild konzipiert, mittlere Qualität, stellt wohl einen Salzburger Erz- oder Weihbischof
dar.

Inv. Nr. 38
Bildnis eines Bischofs, 18. Jh.
Öl/Lw., 93 × 77 cm
Als Ovalbild konzipiert, gute Qualität.

Inv. Nr. 39
Bildnis Pfarrer Johann Straub (1646—1652)
Öl/Lw., 62 × 50 cm
Gutes Porträt, an der Rückseite bez.: „Johann Straub, Cop. Joh. G. Lackner 1841".
Straub wird als „tüchtiger Mann, jedoch jähzornig" beschrieben und mußte „wegen Mißhand-
lung seines Kooperators" 1652 resignieren. Von 1655—1658 war er Dechant zu St. Johann.

Inv. Nr. 43

Inv. Nr. 40
Bildnis Pfarrer Dr. Johann Josef Schmid (1712—1733)
Öl/Lw., 62 × 48 cm
Gutes Porträt des „hochgebildeten eifrigsten Pfarrers".
An der Rückseite signiert „Joh. G. Lackner. Pinx. 1842".

Inv. Nr. 41
Bildnis eines Bischofs, wohl 18. Jh.
Öl/Lw., 78 × 63 cm
Als Ovalbild konzipiert, ansprechende Qualität.

Inv. Nr. 42
Bildnis eines Bischofs, wohl 18. Jh.
Öl/Lw., 90 × 74 cm
Gute Qualität.

Inv. Nr. 43
Der Hauptmann von Kapharnaum, um 1800
Öl/Lw., 70 × 98 cm
Gegenstück zu Nr. 29, im Hintergrund abermals monumentale Säulenarchitekturen.

Inv. Nr. 44
Ansicht von Brixen, 19. Jh.
Öl/Lw., 24 × 32,5 cm
Gemalt von H. H. Georg Mayer (1886—1888), von Pfarrer Dr. Matthias Mayer 1957 dem Widum geschenkt.
Trotz der bisweilen ungenauen Detailwiedergabe von großer topographischer Bedeutung.

Inv. Nr. 45
Abschied Jesu von Maria, wohl 17. Jh.
Öl/Holz, 116 × 103 cm
Bemerkenswerte Darstellung von strenger Einfachheit und — trotz primitiver Malweise — großer Aussagekraft. Ikonographische Rarität.

Wallfahrtskirche zum hl. Johannes d. T.
auf der Hohen Salve

Auf dem Gipfel der Hohen Salve stand bereits um 1585 ein Kirchlein, das — nach mehreren Blitzschlägen — 1641 durch das heute bestehende ersetzt bzw. ausgebaut wurde. Das für seine exponierte Lage ungewöhnliche stattliche Bauwerk besteht aus einem zweiachsigen, mit rundbogigen Fenstern versehenen Langhaus mit eingezogener Rundapsis im Osten und schmalem Vorjoch im Westen, der sog. Obs oder Obsen (Obsten) — sie ist 1970 nach Plan von Clemens Holzmeister erneuert worden. Der wuchtige, romanisch anmutende Südturm trägt ein steiles Satteldach.

Durch ein steinernes, gotisierendes Rundbogenportal, das wohl noch vom Erstbau aus dem 17. Jahrhundert stammt, betritt man den schlichten, tonnengewölbten Innenraum. Von der Ausstattung ist der frühbarocke Hochaltar [42] am bedeutendsten, urkundlich 1666 in Kufstein hergestellt. Es handelt sich um einen für diese Zeit typischen, marmorierten und vergoldeten Aufbau mit hoher Predella, zwei von Rebenranken umwundenen, gedrehten Säulen, geschwungenem, verkröpftem Aufsatzgebälk und seitlichen, auf mit Knorpelwerkdekor versehenen Konsolen stehenden Schnitzfiguren der Heiligen Bartholomäus und Johannes d. T., die ebenso wie das Johanneshaupt in der Mitte vom Kufsteiner Bildhauer Thomas Ender geschnitzt wurden. Die beiden Altarbilder — das rundbogige Hauptbild stellt die Taufe Christi dar, das kleine Aufsatzbild die Enthauptung des hl. Johannes d. T. — könnten von Michael Waginger aus Kufstein gemalt worden sein[43].

Von der übrigen Ausstattung sind zwei etwas derb gemalte Leinwandbilder des Kirchbergers Martin Margreiter (1747) zu erwähnen (Maria mit Jesus und Johannes, Mariae Heimsuchung), sowie ein bemerkenswertes Votivbild mit der hl. Philomena aus dem Jahre 1847.

Die drei Turmglocken sind 1681, 1752 und 1754 datiert.

Der ursprüngliche Wallfahrtsweg von Brixen zur Hohen Salve wird durch die sog. Jordankapelle nahe der Filzalm markiert. In dem offenen, gemauerten Bildstock ist in einer plastischen Figurengruppe die Taufe Jesu dargestellt, wobei durch den Arm des hl. Johannes Quellwasser auf den knienden Christus fließt.

Die Kapellen

Neben dem dominierenden kirchlichen Bereich im Ortszentrum besitzt Brixen im Thale eine Reihe von sakralen Kleindenkmalen — Kapellen und Bildstöcke, freistehende Kreuze und figuralen Hausschmuck —, die mitunter von überraschend hohem künstlerischem Wert, in den meisten Fällen volkskundlich interessant und für die gewachsene Kulturlandschaft des Brixentales charakteristisch sind. Im Folgenden werden die insgesamt 15 Kapellen beschrieben.

Weidach- bzw. Walterkapelle (Gp. 30, EZ 31/II)

Qualitätvolle, barocke Wegkapelle, die 1779 erbaut wurde und heute noch bei Begräbnissen nach Hausaufbahrung als sog. „Totenrast" jene Stelle markiert, wo sich der Leichenzug formiert und dann vom Pfarrer zum Friedhof geleitet wird. Außerdem dient die Kapelle als vierter Evangelienaltar bei der Prozession nach Lauterbach. Es handelt sich um einen großen, gemauerten Bildstock mit nahezu quadratischem Grundriß, steilem, schindelgedecktem Satteldach (mit Giebelkreuz und Kugelspitz) und auf zwei Holzsäulen ruhendem Vorbau, durch den der Gehsteig führt. In der tiefen, rundbogigen Altarnische steht eine barocke, polychrom gefaßte Sandsteinfigur einer Madonna mit Kind auf der von einer Schlange umschlungenen Weltkugel. Die vielen gotisch anmutenden Formendetails der Statue — etwa der Faltenwurf, die spitzen Schuhe und die geschwungene Haltung — deuten darauf hin, daß hier ursprünglich eine gotische Marienfigur stand, die im 18. Jahrhundert erneuert werden mußte und einem unbekannten Barockkünstler als Vorbild für die jetzige Plastik diente. In die seitlichen Wände sind Ovalbilder (Öl auf Blech) der Heiligen Thaddäus und Theresia vom Kinde Jesu eingelassen, die dekorativen Rokokomalereien stammen aus der Erbauungszeit der Kapelle.

Häusl-Kapelle (Gp. 110/1, EZ 71/I)

Die 1931 erbaute, bescheidene Holzkapelle am rechten Ufer des Lauterbaches birgt in ihrem dunklen, mit zahlreichen Drucken und Sterbebildchen ausstaffierten Innenraum eine bemerkenswerte, etwa 120 cm hohe Halbfigur des hl. Josef aus der Mitte des 18. Jahrhunderts. Das kaum bekannte Kunstwerk kann dem Barockbildhauer Johann Martin Lengauer zugeschrieben werden. Erwähnenswert ist außerdem eine kleine plastische Kreuzgruppe aus dem 19. Jahrhundert.

Beißl-Kapelle (Gp. 2309/1, EZ 162/II)

Kleine, gemauerte, offene, bildstockartige Kapelle (wohl aus dem 19. Jahrhundert) mit steilem Satteldach und rundbogiger Nische, in der ein modernes Kreuzigungsbild aufgemalt ist.

Grabner-Kapelle (Bp. 658, EZ 61/I)

1874 erbaute, gemauerte, verhältnismäßig große, einjochige Kapelle mit Satteldach, geradem Chorschluß und historistischer Putzfatschengliederung. Hinter dem einfachen Altargitter hat sich eine reiche Ausstattung erhalten, u. a. Reste eines Barockaltares (zwei Engelreliefs und eine Gottvaterstatuette), wohl vom an derselben Stelle befindlichen Vorgängerbau aus dem 18. Jahrhundert.

Jager-Kapelle (Gp. 2210/2, EZ 97/1)

Die große, zwischen Lauterbach und Bockern, nahe der Gemeindegrenze gelegene Kapelle — um 1880 in neugotischem Stil errichtet — ist ein einjochiger, turmloser Bau mit eingezogenem, dreiseitigem Chor, spitzbogigem Portal, ebensolchen Seitenfenstern und kräftiger Putzfatschengliederung. Der hohe, verhältnismäßig dunkle Innenraum weist an der merkwürdig geschwungenen Kielbogendecke hervorragende neugotische Malereien auf; neben reichen Ornamenten sind in spitzbogigen Gewölbefeldern die Heiligen Katharina, Barbara, Johannes der Täufer und Sebastian, sowie reizvolle Medaillons mit Putti dargestellt. Die originellen Deckenbilder und Schablonenmalereien wurden von Michael Lackner aus

Kirchberg geschaffen und sind 1880 datiert. Im Altarraum steht ein streng gegliedertes Säulenaltärchen mit frühbarockem Altarblatt (Mariahilf mit den Heiligen Michael, Antonius, Silvester und Nikolaus) von 1698, dem einzigen Relikt des Vorgängerbaues der Kapelle aus dem 17. Jahrhundert. An den Chorwänden haben sich noch einige volkskundlich sehr interessante Wachsvotivgaben erhalten. Alle übrigen wertvollen Ausstattungsstücke wurden leider in den letzten Jahren gestohlen. Bis 1965 standen in den Rundbogennischen am spitzbogigen Triumphbogen zwei qualitätvolle, spätbarocke Holzfiguren (Sebastian und Schmerzensmann), die in der Art von Franz Xaver Nissl geschnitzt waren. Die Jagerkapelle zählt wegen ihres einheitlichen Raumgefüges und der gut erhaltenen Ausstattung zu den schönsten neugotischen Kapellen Tirols.

Vorderberg-Kapelle (Gp. 1955, EZ 50/I)

1975 statt der alten, baufälligen Barockkapelle in konservativen, wohlproportionierten Formen in exponierter Lage neu errichteter Bau mit steilem Satteldach, Rundapsis und Rundbogenportal. Im tonnengewölbten Innenraum originelles schmiedeeisernes Chorgitter und ikonographisch bemerkenswertes Altarbild, das eine seltene Darstellung der Verherrlichung des Altarsakramentes zeigt (18. Jahrhundert).

Lamplanger-Bildstock (Gp. 2310/1, EZ 162/II)

Kleiner, gemauerter, in die Straßenmauer eingebundener Bildstock mit Satteldach, Rundbogennische und schönem Barockgitter. Trotz des bescheidenen Kunstwertes charakteristisches Kleindenkmal von kultureller Bedeutung.

Kloo- bzw. Hofer-Kapelle (Bp. 509, EZ 5/I)

Einfache, einjochige, etwa 100 Jahre alte Holzkapelle mit dreiseitigem Chor und Satteldach. Im schmucklosen Innenraum Säulenaltärchen aus dem 19. Jahrhundert. Das künstlerische Inventar (zwei Barockfiguren u. a.) wurden 1979 gestohlen.

Perl-Bildstock (Gp. 2311, EZ 93/II)

Gemauerter, kleiner Bildstock mit Satteldach und Nische mit Dreieckgiebel. Interessantes, für die Kulturlandschaft typisches Kleindenkmal.

Hofer-Bildstock (Gp. 2320/5, EZ. 63/II)

Kleiner, gemauerter (1980 erneuerter) Bildstock mit vorspringendem Satteldach und tiefer, spitzbogiger Nische mit stark restauriertem Ölbild „hl. Wandel" (Heilige Familie) aus dem 19. Jahrhundert.

Jaggei-Kapelle (Gp. 978/3, EZ. 92/I)

Kleine, einfache Holzkapelle aus dem 19. Jahrhundert mit steilem Satteldach (mit Aufschiebling) und reichem, volkskundlich interessantem Inventar. Künstlerisch bemerkenswert ein Mariahilfbild aus dem 18. Jahrhundert und ein kleines Rokoko-Kreuz. Einfache, in barocken Formen gehaltene Betstuhlwangen.

Mosen-Kapelle (Gp. 1541/3, EZ. 12/I)

Die einfache, 1864 erbaute Holzkapelle mit steilem, weit vorspringendem Satteldach und schmuckloser Außengliederung besitzt ein reiches Inventar an Ölbildern und Drucken. Hinter einem engmaschigen Rautengitter steht ein spätklassizistischer, leicht marmorierter Holzaltar mit Giebeldreieck und ikonographisch interessantem Altarblatt. Das technisch sauber gemalte Bild zeigt die Schutzmantelmadonna (unter dem weit geöffneten Mantel knien die Vertreter des geistlichen und weltlichen Standes und empfangen Rosenkränze) und ist bezeichnet „I. G. Lackner, pinxit 1864". Den Altar flankieren schön geschnitzte Barockleuchter und zwei prachtvolle Rokokostatuetten des heiligen Dominikus und der heiligen Katharina von Siena. Die beiden auf Sockeln stehenden, elegant modellierten Schnitzfigürchen stammen aus der zweiten Hälfte des 18. Jahrhunderts.

Straif-Kapelle (Gp. 2276, EZ. 36/I)

Die am steilen Hang des Sonnberges gelegene, weithin sichtbare Hofkapelle ist in ihrer wohlproportionierten, gemauerten Form mit weiter Rundapsis und segmentbogiger Tür ein typischer Bau aus dem späten 18. Jahrhundert, der noch die ursprüngliche bäuerliche Barockausstattung (u. a. originelle, volkstümliche Stationsbilder) aufweist.

Kapelle-Ahornau (Gp. 1787, EZ. 46/I)

Kleine, malerisch in einer Waldlichtung gelegene Holzkapelle aus dem 19. Jahrhundert mit flachem, über dem Chor abgewalmtem Satteldach und dreiseitigem Schluß. Einfaches Inventar.

Zott-Kapelle (Bp. 235, EZ.23/I)

Kleine Holzkapelle mit Satteldach, geradem Schluß und zwei kleinen Fenstern. Im flachgedeckten Inneren reicher, volkskundlich interessanter Bestand an Öldrucken und Heiligenbildchen. An der Altarwand barockes Mariahilfbild (Öl/Holz) von bemerkenswerter Qualität.

Anmerkungen

[1] J. J. STAFFLER, Tirol und Vorarlberg, II. Teil, I. Band, Innsbruck 1841, 807.

[2] M. MAYER, Der Tiroler Anteil des Erzbistums Salzburg, 1. Heft, Going 1936, 18.

[3] H. BACHMANN, S. Hölzl, H. Moser, Die Urkunden des Dekanalarchivs Brixen im Thale 1332—1800, in: Tiroler Geschichtsquellen Nr. 18, Innsbruck 1987, 1—94.

[4] H. FINK, Die Kirchenpatrozinien Tirols, Ein Beitrag zur tirolisch-deutschen Kulturgeschichte, Passau 1928, 111.

[5] MAYER, a. O., 19—21.

[6] H. BACHMANN, Studien zur Entstehung der in der Notitia Arnonis genannten Kirchen Tirols, 2. Teil, in: Mitteilungen des Instituts für österreichische Geschichtsforschung, LXXXII. Band, Wien 1974, 64—70.

[7] MAYER, a. O., 61.

[8] MAYER, a. O., 62.

[9] Im Protokoll (MAYER, a. O., 63) heißt es wörtlich „supra templi porticum" d. h. über dem

Eingang der Kirche; auf den überlieferten Plänen ist dieser Altar auf der Empore (Por-
kirche) nicht bzw. nicht mehr eingezeichnet.

[10] Jakob Singer, geb. 1685 in Götzens, gest. 1760 in Schwaz, hatte 1726 in Schwaz ein Bauge-
schäft errichtet und ist zum führenden Baumeister im Tiroler Unterland geworden. Seine
wichtigsten Barockisierungen in Tirol betrafen die Pfarrkirche von Schwaz (1728/29), die
Pfarrkirche von Jenbach (1730—1735), die Klosterkirche von St. Georgenberg
(1733—1735), die Franziskanerkirche von Schwaz (1735), die Wallfahrtskirche in Eben
(1736—1738) und die Pfarrkirche von Kirchberg (1737).

[11] Simon Benedikt Faistenberger, geb. 1695 in Kitzbühel, gest. 1759 in Kitzbühel, ausgebildet bei
Johann Anton Gumpp in München, beeinflußt von Johann Michael Rottmayr und Peter Paul
Rubens, gilt als bedeutendster Barockmaler des Tiroler Unterlandes. Er hat im Bezirk Kitz-
bühel 16 Kirchen freskiert und zahlreiche Leinwandbilder meist religiösen Inhalts gemalt.

[12] O. KRÜPL, Simon Benedikt Faistenberger, in: Stadtbuch Kitzbühel, Band IV, Kitzbühel
1971, 602.

[13] Alle diesbezüglichen Angaben hat bereits MAYER, a. O., 64 f. mit genauen Zitaten und Quel-
lennachweis publiziert.

[14] Seine wichtigsten Kirchenbauten sind die Pfarrkirchen von Jochberg (1748), Waidring
(1757) und Hopfgarten im Brixental (1758).

[15] Das Hauptwerk des aus Wessobrunn gebürtigen Stukkateurs Anton Gigl (gest. 1769 in Innsbruck) ist der Fassadenstuck des Helblinghauses (um 1730) und der Stuck im Stiegenhaus
des Landhauses (1728) in Innsbruck. Von ihm stammen auch die Stuckarbeiten in zahlreichen Kirchen, z. B. in der Pfarrkirche von Rattenberg (1733), in der Stiftskirche von Neustift bei Brixen (1734), in der Pfarrkirche von St. Johann i. T. (um 1740) u. a. m.

[16] Der Salzburger Hofmaler Jakob Zanusi, geb. 1679 in Südtirol, gest. 1742 in Salzburg, stark
beeinflußt von Michael Rottmayr, Martino Altomonte und Paul Troger, hat eine Reihe von
Altarbildern für Kirchen im Tiroler Unterland gemalt, z. B. für Rattenberg, Schwaz und St.
Johann i. T.

[17] Wolfgang Hagenauer aus Salzburg (1726—1801), wo er als Hofbauverwalter tätig war, hat
seine baukünstlerischen Ideen, die ganz dem Klassizismus verpflichtet waren, in zahlreichen Kirchenplanungen verwirklicht. In Tirol hat er — neben Brixen — auch an den Kirchen von Matrei i. O. und Zell a. Ziller mitgearbeitet.

[18] Andreas Hueber, geb. 1725 in Götzens, gest. 1808 in Kitzbühel, Schüler von Abraham Mil-
lauer und Kassian Singer, schuf mehrere Kirchen (Itter, Going, Aschau, Antoniuskirche St.
Johann, Zell a. Ziller, Reith i. A., u. a.), die durchwegs Zentralbaucharakter haben; einer
der Hauptvertreter der spätbarock-klassizistischen Sakralbaukunst in Tirol.

[19] MAYER, a. O., 73.

[20] E. FRODL-KRAFT, Tiroler Barockkirchen, Innsbruck 1955, S. 2.

[21] H. HAMMER, Josef Schöpf 1745—1822, Innsbruck 1908, 95 ff.

[22] Josef Schöpf, geb. 1745 in Telfs, gest. 1822 in Innsbruck, Schüler von Philipp Haller,
Martin Knoller und (in Rom) Raffael Mengs, einer der letzten großen Freskenmaler Tirols,
steht am Wendepunkt des Barock (Rokoko) zum Klassizismus, der sich vor allem im Ko-
lorit seiner Malereien niedergeschlagen hat. Er hat allein in Tirol zwölf Kirchen ausgemalt,
außerdem sind über 50 Tafelbilder von ihm erhalten. Sein gesamter künstlerischer Nachlaß
wird im Stift Stams verwahrt.

[23] HAMMER, a. O., 97.

[24] Die dazugehörige Entwurfskizze wird im Archiv des Stiftes Stams (Gfb. 15, Nr. 1297) aufbewahrt, vgl. G. KRALL, Josef Schöpf, in: 700 Jahre Stift Stams, Stams 1974, 133.

[25] Andreas Nesselthaler, geb. 1748 in Langenisarhofen (Bayern), gest. 1821 in Salzburg,
Schüler von Franz Anton Maulpertsch und Christoph Unterberger, war Hofmaler des
Fürsterbischofs von Salzburg und einer der wichtigsten Vertreter der klassizistischen Ma-
lerei im salzburgisch-tirolischen Raum.

[26] Peter Pflauder, geb. 1733 in Grän (Außerfern), gest. 1811 in Mülln bei Salzburg, kam nach
seiner Ausbildung in Prag, Wien, Potsdam und Berlin 1776 nach Salzburg, wo er als Hof-

stukkateur tätig war. Vgl. A. ANRAUTER, Die Bau- und Stukkateurkunst im Tannheimertale, in: Tiroler Heimatblätter, Jg. 1935, 430.

[27] STAFFLER, a. O., 805.

[28] HAMMER, a. O., 142 (Bote für Tirol, 1836, 4).

[29] Dieselbe Komposition, allerdings seitenverkehrt, hat Schöpf ein Jahr zuvor (1795) am linken Seitenaltarbild der Kirche von St. Johann in Ahrn (Südtirol) gewählt.

[30] E. EGG, Das Tiroler Unterland, Salzburg 1971, 88.

[31] MAYR, a. O., 89.

[32] Franz Xaver Nissl, geb. 1731 in Fügen, gest. 1804 in Fügen, Schüler von Gregor Fritz in Hall und Johann Baptist Straub in München, war einer der bedeutendsten Bildhauer des Tiroler Unterlandes in der 2. Hälfte des 18. Jahrhunderts. In seinen zahlreichen, größtenteils sakralen Figuren, die sich durch realistische Züge auszeichnen, hat er spätbarockes und klassizistisches Formengut verarbeitet.

[33] Seit 1754 gibt es in Brixen eine Franz-Xaveri-Bruderschaft.

[34] MAYR, a. O., 91.

[35] E. EGG - H. MENARDI, Das Tiroler Krippenbuch, Innsbruck 1985, 142.

[36] Ein ähnliches, von der Firma Zbitek in Olmütz ausgeliefertes Heiliges Grab (2. Hälfte 19. Jahrhundert) hat sich in der Pfarrkirche von Stanzach erhalten. Vgl. F. CARAMELLE, Die künstlerische Entwicklung der Heiligen Gräber in Tirol, in: Heilige Gräber in Tirol, Innsbruck 1987, 110 f.

[37] Diese offene Ölbergkapelle, deren steiles Blechdach von Kindern als Rutschbahn benutzt worden war, besaß eine fast lebensgroße Ölberggruppe, die wohl auch Franz Offer (um 1750) geschnitzt hatte. Vor der Ecce-Homo-Nische lag ein 1755 bezeichneter Peststein.

[38] A. FLECKSBERGER, Das Widumgut Brixen, in: Kitzbühler Anzeiger vom 18. 1. 1975, 17 f.

[39] Ein mit „W. H. 1813" bezeichneter Ziegelstein war im ehemaligen Widum-Gartenhaus eingemauert.

[40] Das künstlerische Inventar des Brixner Dekanatswidums wird vorbildlich betreut, die Porträtreihe der Pfarrherren und Dekane ist in den letzten Jahren restauriert worden.
Für verschiedene Hinweise danke ich HH. Dekan Herbert Haunold.

[41] MAYR, a. O., 104.

[42] J. FELMAYER, Die Altäre des 17. Jahrhunderts in Nordtirol, Schlern-Schriften 246, Innsbruck 1967, 30.

[43] E. EGG (Das Tiroler Unterland, Salzburg 1971, 88) schreibt sie dem Kufsteiner Maler Gabriel Perger zu.

Aus Brauchtum und Arbeitswelt

Von Josef S o d e r

Im allgemeinen bestehen im Brauchtum des Tiroler Unterlandes keine wesentlichen Unterschiede zwischen den einzelnen Talschaften oder gar Dörfern. Lange war das Brixental ein ausgesprochenes Bauernland, und auch heute noch ist sein Charakter stark vom bäuerlichen Element geprägt. Neben den wenigen Großbauern, die früher fast schon kleine Grafen waren, und den vielen Bergbauern, deren Höfe selten eine mittlere Größe überschreiten, besaßen auch viele Dienstboten und Handwerker einen Fleck Boden zur Eigenversorgung. So ist es nicht verwunderlich, daß sich besonders das alte Brauchtum eng um den Jahreskreis rankt, um Wachstum und Ernte, um Fruchtbarkeit und Naturgewalten. Es wurzelt vielfach in uralter, vorchristlicher Zeit und wurde später teilweise christlich „getauft".

Aus Aufzeichnungen und Berichten wissen wir, daß es bis zum Ersten Weltkrieg (und teilweise auch noch lange nachher) Bräuche und Rituale gab, die uns heute geradezu archaisch anmuten, wie etwa das Vergraben von Gründonnerstagseiern am Bachrand, um das Grundstück vor einer Überschwemmung und Vermurung zu schützen. Das meiste dieser Art ist abgekommen und daher vergessen, manches aber hat sich doch gehalten wie der überwiegend bäuerliche Charakter unserer Gegend. Wenn sich der Prozeß der Ausdünnung in den letzten Jahren zunehmend zu beschleunigen scheint, dann vor allem deshalb, weil die Bindung an den Glauben und die Verbindung mit der Natur schwächer wird, weil die Zuwanderung von Menschen aus anderen Gegenden stark ist, und weil immer mehr Einwohner auspendeln müssen, angefangen von den Kindern der fünften Schulstufe. Daß an vereinzelten Bräuchen bewußt festgehalten wird, ja daß manches auch wieder neu belebt wird, ist kein Gegenbeweis, denn dahinter stehen viel eher Nostalgie und Fremdenverkehrsinteressen als ein ungebrochen tradiertes Lebensgefühl. Die Natur ist heute eher Szenerie der Freizeitgestaltung als Grundlage der Erwerbstätigkeit.

Es ist in diesem Rahmen nicht möglich, altes und neues, erloschenes und geübtes, christliches und vorchristliches Brauchtum umfassend darzustellen, und noch weniger, es vom Unterländer und Tiroler Brauchtum säuberlich zu trennen. Wir müssen uns mit einigen Streiflichtern begnügen und mit ein paar Hinweisen auf Bereiche der Arbeitswelt, in denen der Wandel besonders stark zu spüren ist.

Mit dem Beginn des A d v e n t s und des Kirchenjahres begann einst eine stille Zeit, in der es keine Hochzeiten und Unterhaltungen gab. Kathrein stellt zwar

„Gott grüaß enk, Leitln"

Die letzte Brixner „Pilgerreise" (1985)

heute den Tanz nicht mehr ein, aber ruhiger wird es immerhin und manch alter
Brauch wird weitergepflegt oder neubelebt.

Das Schneiden und Einfrischen der Barbarazweige (Kirschzweige) am 4. Dezember zählt noch zu den alten Gewohnheiten. Das Fest des hl. Nikolaus, noch im
vorigen Jahrhundert bei uns der einzige Gabentag im Weihnachtsfestkreis, wird
in den Familien überall begangen; durch einen kürzlich eingeführten Niko-
lausmarkt könnte es auch zu einem Fest der ganzen Dorfgemeinschaft werden.

Seit jeher gehört, besonders im Tiroler Unterland, das Anklöpfeln und Sternsingen zum winterlichen Brauchtum. In den letzten Tagen des Advents, ehemals nur
an Donnerstagen, ziehen die Sänger in Gruppen von Hof zu Hof, um vom Geschehen
in Bethlehem zu singen und den Versammelten mit Lied und Spruch Glück zu wünschen. Heute wird der Brauch allerdings mehr in den Stuben von Gasthäusern und
Pensionen oder im Rahmen des Adventsingens auf einer Bühne geübt.

In der Regel schließen sich vier bis sechs Sänger zu einer Gruppe zusammen.
Sie verkleiden sich als Hirten mit Schlapphut, Lodenmantel oder Fell und Berg-
stock. Die Gesichter werden durch Bärte unkenntlich gemacht. Gewöhnlich führen
sie als Begleitinstrument eine Gitarre, selten auch eine Ziehharmonika oder eine
Harfe mit. Ob Handwerker oder Bauer, ob Mann oder Frau, ihr ausschließliches
Motiv ist die Freude an diesem Brauch. Sie betteln um nichts und geben sich alle
Mühe, vor den kritischen Zuhörern zu bestehen. Es ist selbstverständlich, daß sie
dann von der gastgebenden Bäuerin oder Wirtin zu einer Stärkung geladen
werden.

Als Eingangslied erklingt oft das bekannte „Gott grüaß enk, Leitln, allesamt".
Andere beginnen mit „Und i bin der Hansl und dös in der Jagg" oder „Geh her, mei
Much, und los ma zua" oder mit „Steh auf, lieba Bruada, und los ma nur zua".

Aus Einflüssen der Volksschauspiele her zeigt sich eine Vorliebe für Klein-
formen szenischer Darstellung beim Anklöpfeln. Gern flicht man sozialkritische
oder heiter-satirische Anspielungen ein, Naivität und Tolpatschigkeit werden mit
der Welt der Hirten verbunden. Im ganzen Tiroler Unterland kennt man das Hir-
tenspiel „Wo send denn heut die Schäfersbuam?". Vor allem im Brixental erfreut
sich die „Pilgerreise" nach wie vor größter Beliebtheit, und in Brixen wurde sie
wohl am häufigsten aufgeführt. Ihr Inhalt ist eigentlich für das Anklöpfeln unüb-
lich: keine Hirten, kein Stall zu Bethlehem, sondern ein Einsiedler, ein Bauer, ein
Stadtherr und ein hinterlistiger „Strizzi" treffen einander zufällig auf ihrer Pilger-
fahrt in der Gaststube eines Wirtes. Ihr Ziel ist nicht ganz klar: einmal ist es Rom,
dann wieder Jerusalem oder einfach Judäa. Nach mancherlei gegenseitigen Ver-
unglimpfungen beschließen sie, ihre Reise gemeinsam fortzusetzen. Versöhnt
singen sie am Schluß:

> So laßt uns ziehen weiter und weiter,
> lebet wohl in Frieden und Glück,
> Gott sei Beschützer und Begleiter,
> denn wir kehren bald zurück.

Das Zusammentreffen ausgeprägt divergierender Charaktere und die sich
daraus ergebende zuweilen derbe Komik verleihen der Aufführung eine nachhal-
tige Wirkung.

Alte Leute behaupten, die *Pilgerreise* stamme aus Aschau im Spertental, wo einst ein Fernhandelsweg am Rettenstein vorbei nach Kirchberg und weiter nach Norden führte. Fahrendes Volk, Karner oder Zigeuner geheißen, habe das Lied und seine szenische Gestaltung aus dem Süden mitgebracht.

Zeitweise zeigten sich beim Anklöpfeln und mehr noch bei dem ebenfalls alten Mittwinterbrauch des Sternsingens Verfallserscheinungen, indem sie zur Bettelei und Spaßmacherei ausarteten. Schon vor hundert Jahren wurde Brixentaler Sternsingern, die im Inntal auftraten, wegen ihrer groben und zweideutigen Lieder und wegen ihres unruhigen Treibens der Name „Nachtschwärmer" empfohlen.

Großer Beliebtheit bei groß und klein erfreuten sich die Hirten- und Krippenspiele der Schuljugend im Hoferwirtssaal.

In bester Erinnerung sind in Brixen noch die Sternsingergruppen der fünfziger Jahre unter der Leitung des damaligen Schuldirektors Josef Hain. Die Heiligen drei Könige, hoch zu Roß, und ihr vielköpfiges Gefolge beeindruckten durch prächtige Kostümierung und hervorragenden Gesang. Heute wird das Sternsingen durch die Kirche organisiert. Aus dem Sternsingen einzelner voneinander unabhängiger Gruppen ist die Dreikönigsaktion der Katholischen Jungschar Österreichs geworden. Diese gut organisierte Aktion bringt jährlich bedeutende Summen für wichtige Entwicklungsarbeiten in den Missionsgebieten auf, ein Wermutstropfen dabei ist aber, daß der alte Brauch seiner individuellen Züge beraubt wurde, und zwar nicht nur bezüglich Zusammensetzung und Ausstattung der Gruppen, sondern ganz besonders auch beim Liedgut.

Sternsingergruppe (unter Direktor Josef Hain)

△ *Aus einem Krippenspiel der Schuljugend*
▽ *(unter Direktor Josef Hain)*

Zwei der Dreikönige hoch zu Roß

In die Zeit vor Weihnachten fiel früher (vor der Einführung der Tiefkühl-
truhen) auch das Schweineschlachten, was jedoch nie an einem Donnerstag ge-
schah, ebensowenig wie man an einem Donnerstag auf die Alm fuhr oder übersiedelte. Hier wirken wohl noch germanisch-heidnische Vorstellungen nach, die dem
Donarstag einen gewissen festtäglichen Charakter über die Zeiten hinweg bewahrt
haben.

Man erinnert sich auch daran, daß einst im Frühwinter die Holzhäuser an der
Außenseite gewaschen wurden.

Die typische Hausform[1] im Brixental ist der sogenannte „Unterländer
Einhof". Sein Gesamtgrundriß zeigt langgestreckte Rechteckform, denn Wohnteil
und Stall/Tenne sind unmittelbar hintereinander gebaut. Das Wohnhaus hat
einen Mittelflur-Grundriß: von der in der Mitte der Vorderfront liegenden
Haustür führt der Hausgang durch das Wohnhaus zum anschließenden Stallteil.
Rechts vom Gang befindet sich in unserer Gegend meist die Küche, dahinter die
Speis (Vorratskammer); links vom Gang ist die Stube, früher der einzige heizbare
Wohnraum des Hauses, denn die alten Rauchkucheln waren zu rauchig und zugig
für einen Aufenthaltsraum. Hinter der Stube liegt oft ein kleinerer Raum, der verschiedenen Zwecken dienen kann. Küche und Stube liegen beide an der Vorderseite, haben also Licht von zwei und Ausblickmöglichkeiten nach zwei Seiten. Das
vollausgebaute Obergeschoß, schon seit dem 16. Jahrhundert allgemein üblich, ist
über eine meist steile Treppe vom Hausgang aus erreichbar. Dort (und eventuell
auch im darüberliegenden Giebelgeschoß) befinden sich die Schlafkammern, von
denen die Elternschlafkammer über der Stube etwas reicher ausgestattet ist und
außerdem durch eine verschließbare Öffnung in der Decke über dem Stubenofen
temperiert, wenn auch nicht geheizt werden kann. Das flache Pfetten-Rafendach
war früher mit steinbeschwerten Legschindeln gedeckt und ist — immer noch —
von einem Glockentürmchen am Dachfirst gekrönt. Früher war das Wohnhaus
meist ganz in Holzblockweise errichtet, heute ist das Untergeschoß vielfach gemauert. Eine oder zwei umlaufende Labm (Laubengänge, Balkone) mit ihrem
meist üppigen Blumenschmuck verleihen diesen Häusern zusammen mit dem
großen Vordach einen behäbigen Charakter. Häufig ist auch noch eine kurze
Giebel-Labm vorhanden.

Die in Streusiedlung stehenden Höfe — in entlegeneren Gebieten stehen oft
zwei paarweise nebeneinander (z. B. Schnoatl und Zinting, Nieding und Otten) —
sind wegen des bei uns üblichen Anerbenrechtes, das eine Zersplitterung des Besitzes hintanhält, großenteils stattliche Bauten. Trotz ihrer Stattlichkeit fügen sie
sich aber mit ihren gediegenen Proportionen gut in die Landschaft und bieten
durch ihre qualitätvolle Gestaltung (vor allem durch kunstvolle Holzarbeiten, seltener durch Malereien) einen ästhetischen Anblick.

Der vom Hausgang aus betretbare Stall ist seit eh und je gemauert; die dar-
überliegende Längstenne (Rem) ist vom Oberstock her betretbar. Eingefahren
wird in sie meist über eine Rampe an der Rückseite. Häufig ist die Rem mit einer
senkrecht stehenden Bretterschalung (Tafer) verschlagen, welche oft nach oben
hin schräg ausladet. Der Dachabschluß ist hinten nicht selten mit der Giebelwand
bündig; allenfalls ist ein kleines Vordach vorhanden.

*Ein typischer Brixentaler Hof
(Ebental, 1979)*

lte Rauchkuchl (Reiterstätt)

*Mariahilfbild in gemaltem
arockrahmen (1850—1880),
I/59*

Häufig treten zu diesen Einhöfen noch untergeordnete Nebenbauten hinzu: das Austragshäusl mit dem Machkammerl und/oder der Waschkuchl, ein Futterstall, eine Schupf (Schuppen), ein Backofen.

Dieselbe typische Grundrißanlage des Einhofes zeigen auch viele alte Gasthäuser, auch wenn sie bis oben hin gemauert sind, überwölbte Gänge und Stiegen haben und statt der Labm, die übermütigen Zechern allzuleicht zum Verhängnis werden könnte, Erker haben.

Eine heikle Arbeit für die Bäuerin ist das Zeltenbacken, auch Kloberbrotbacken genannt. Dieses Klotzenbrot, heute auch in der Stadt wieder bekannt und zu Ehren gekommen, war schlechthin das Weihnachtsgebäck der Alpenländer. Es wird aus Brotteig und einer Fülle von Klotzen (getrocknete Birnen), Rosinen, Feigen, Mandeln und verschiedenen Gewürzen hergestellt. Jeder Mitbewohner am Hof hat Anspruch auf ein Brot, ebenso werden Gäste damit bewirtet. Das Verschenken oder Stehlen des Scherzes (Endstück) zwischen jungen Leuten war ein Zeichen beginnender Zuneigung. Geschickte Kartenspieler gewinnen heute beim Zeltenwatten in den Gasthäusern ihre Wecken.

Die früher üblichen täglichen Rorateämter sind zwar auf ein wöchentliches Amt zusammengeschmolzen, doch werden diese Donnerstagsämter von Jahr zu Jahr wieder fleißiger besucht. Das Rorateamt des hl. Abends wird seit einigen Jahren vom Chor und den Kirchenbläsern gemeinsam gestaltet, wobei das Lied „Wer klopfet an?" nie fehlen darf. Daß die Musikanten danach im Dechantshof zu einem kräftigen Frühstück geladen sind, ist bereits Tradition. Vielleicht erinnern sich ältere Leser daran, daß einst am hl. Abend die Bauern ihre Frühmilch den Inghäus-Leuten (gegen Miete ins Haus genommene ärmere Leute ohne oder mit nur wenig Grundbesitz) schenkten.

Über Adventkranz und Christbaum braucht nicht gehandelt zu werden, beides ist bei uns, wie anderswo, spät, aber dafür umso stärker, heimisch geworden. Nach einer nicht unbegründeten Vermutung wurde im Jahre 1861 der erste Christbaum unserer Gegend auf dem Gipfel der Hohen Salve aufgeputzt (s. Tiroler Heimatblätter 4, 1984, 146 f.)

In vielen Häusern wird eine Weihnachtskrippe aufgestellt. Bis nach dem Zweiten Weltkrieg gab es in Brixen nur wenige Hauskrippen; die Belebung des Krippengedankens ist vor allem Sebastian Posch sen. und Schuldirektor Josef Hain zu danken.

In der Nacht des Thomastages (21. Dezember), der längsten Nacht des Jahres, suchten, so wird erzählt, junge Leute ihre Zukunft beim sog. Thomas-Lösen zu ergründen. Man traf sich z. B. beim Bäcker Lois Straßer. Dieser steckte eine Zwirnspule, einen Ehering, eine Puppe, etwas Geld und einen Stab unter einige Hüte. „Heut ist die heilige Thomasnacht" — so begann der Spruch, mit dem er das Orakel eröffnete. Bursch oder Mädel durften einzeln eintreten und bis zu drei Hüte lüften. Die erscheinenden Symbole verhießen dann ein langes Leben, Heirat, Kindersegen, Reichtum oder Wanderschaft.

Holz, am Thomastag geschlägert, galt als so brandsicher, daß man es sogar zum Kaminbau verwenden konnte.

Lebendig geblieben ist auch der Brauch des Räucherns am hl. Abend, am Silvestertag und am 5. Jänner, d. h. an den Vorabenden der großen Feste. Bei Einbruch der Dunkelheit legt der Hausvater Glut in die Räucherpfanne, geweihte Kräuter und Weihrauch. Gefolgt vom Weihwassersprenger geht er damit laut betend in alle Räume des Hauses, früher auch zu den abgelegenen Futterställen. Am Vorabend vor Dreikönig wird mit geweihter Kreide auf die Türen + C + M + B und die Jahreszahl geschrieben; zuletzt geht man an diesem Tag dreimal mit Räucherpfanne und Weihwasser um das Haus herum.

Kaum einmal im Jahr ist die Brixner Kirche so voll wie in der Christnacht bei der Mette. Schon eine Stunde vorher spielt die Bläsergruppe in der Kirche und läuten die Glocken. Nach dem festlichen Gottesdienst begleiten wieder die Weisen der Bläser die Kirchgänger auf ihrem Heimweg. Daheim wärmt sie dann die traditionelle Würstlsuppe wieder auf.

Als neuer Brauch hat sich am Abend des Neujahrstages ein Fackellauf der Schilehrer von der Kandleralm herab eingebürgert.

Die strenge Trennung, die es einst zwischen den arbeitsreichen Werktagen und den geruhsamen Feiertagen gab, ist heute (zumindest in der Weihnachtszeit) für sehr viele Einheimische völlig verschwunden. Immer mehr Menschen leben direkt oder indirekt vom Fremdenverkehr und müssen gerade während der Feiertage besonders viel arbeiten. Man kann den geruhsameren Zeiten nachtrauern, aber man muß sich gerechterweise auch daran erinnern, daß früher die schwere Arbeit durch die Festzeiten nicht aufgehoben, sondern nur aufgeschoben war. Bald nach Weihnachten begann eine der *Winterarbeiten*, die heute im Zeitalter der Motorisierung und der Erschließung der Wälder durch ganzjährig befahrbare Straßen fast vergessen ist: das Holzführen.

Johann und Engelbert Zott beim Holzführen (1946)

Bohren von Wasserleitungsrohren (um 1905)   *Bretterschneiden (um 1912)*

Schon immer bedeutete Waldbesitz und somit Schlägerung, Verkauf und Transport von Holz einen wesentlichen Anteil am bäuerlichen Einkommen. Die Gewinnung dieses Rohstoffes bot einst mehr Menschen Beschäftigung als heute, wo die Technik die Arbeit erleichtert und beschleunigt.

Der Transport aus dem Wald zum Sägewerk erfolgte fast ausschließlich im Winter. Im Sommer wurden jede Hand und jedes Pferd bei der Heuernte gebraucht. So verdienten manche Bauern im Winter mit dem „Fuhrwerchn" oft mehr als mit der sommerlichen Milchwirtschaft.

Aus den großen Wäldern der Filzalm, des Gseng, des Brixenbach- und Santenbachgebietes wurde Holz zur Grittlmühle geführt. Brixner Bauern übernahmen auch Aufträge aus dem Sperten- und Windautal.

Nicht jedes der kräftigen Norikerpferde erreichte die gleiche Leistung an Zugkraft und Führigkeit. Es trug ein besonders starkes Wintergeschirr für den Holzzug. Der Kummet war mit Schellen bestückt und mit einer Dachshaut und einer Messingplatte verziert, auf der der Name des Bauern eingraviert war.

Der Doppelschlitten war eine Wagnerarbeit aus Hartholz mit Eisenbeschlägen. Als Bremsen dienten die sog. Tatzen und als Zusatzsperre die Schlüsselkette. Auf gleichmäßig steilem Gefälle genügte der Vorderschlitten, die Bloche schleiften hinten nach.

Die Kleidung des Fuhrmanns bestand aus festen, genagelten Schuhen, Lodenhose, Gamaschen, grünem Wollschurz, Rock und Lodenmantel. Bis zu zehn Gespanne zogen an manchen Tagen in die Seitentäler. Auf kürzeren Strecken konnten täglich mehrere Fuhren bewältigt werden, weite Wege, z. B. ins Windautal, natürlich nur einmal. Von Hof bis zur Brennhütte in der Windau und zurück dürften es wohl an die 40 km sein.

Wie ein alter Fuhrknecht erzählt, wurde zwischen ein und zwei Uhr nachts ge-

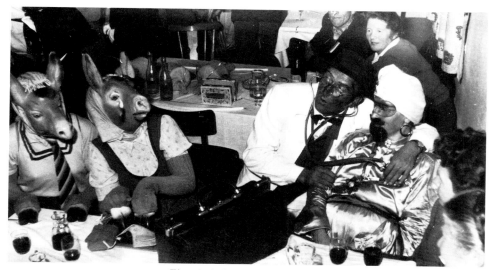

Eine tierisch ernste Angelegenheit

weckt. Die Tiere wurden mit Hafer und Gsod (fein gehäckseltes Heu) gefüttert. Futter und Proviant wurden eingepackt und nach dem Frühstück wurde angespannt. Dann ging es ins Stubtal. Bei strenger Kälte konnte man nur kurze Strecken aufsitzen. Am Vormittag wurden die Stämme mit dem Zapin aufgeladen, je Fuhre bis zu neun Festmeter. Die Heimfahrt talauswärts brachte auch manche kritische Situation, etwa durch Glatteis, einbrechenden Schneeboden, Bremsenbruch oder Lawinen. So erinnert die Ortsbezeichnung „Leandl-Tafei" im Santenbachgraben an einen tragischen Unfall.

Wie überall bringt der *Fasching* auch in Brixen einen Umzug und einen Ball mit Prämiierung der besten Masken. Er hat aber im Tiroler Unterland nicht jenen Prunk und jene Tradition wie etwa im Oberland mit seinen berühmten Fasnachtsumzügen. Bei den Maskenbällen beobachtet man heute mehr bunten Aufputz nach städtischem Vorbild, während sich früher die Leute gern in schiache Perchtn, Weibl und Mandl verkleideten.

Am *Palmsonntag* tragen die Gläubigen Palmzweige in die Kirche; die großen Äste, mit denen früher die Kinder miteinander wetteiferten, sind heute abgekommen.

In der *Karwoche* wurde bis vor etwa 30 Jahren in der Kirche das große Hl. Grab aufgestellt, welches auf der Höhe des Speisgitters (Kommunionbank) den Altarraum fast abschloß. Wesentliche Teile davon werden heute am rechten Seitenaltar aufgebaut. Auf einem dunklen Untergrund sind Figuren und Blumenornamente aus geschliffenem Buntglas befestigt, von hinten elektrisch beleuchtet. Das aus Böhmen stammende Grab, welches in der verdunkelten Kirche eine gute Wirkung macht, dürfte in der Zeit um den Ersten Weltkrieg angeschafft worden sein. Ähnlich in der Wirkung, aber künstlerisch ungemein wertvoller, sind zwei auf Leinwand gemalte transparente Bilder (Letztes Abendmahl, Jesus am Ölberg), die

Frühjahrsarbeit auf der Sonnseite in alter Zeit

früher in der Sakristei, in der am Karfreitag und Karsamstag das Allerheiligste „im Kerker" aufbewahrt wurde, die Fensteröffnungen verschlossen. Das durchscheinende Tageslicht gab diesen Bildern eine ganz eigenartige Leuchtkraft. Sie sind heute Bestandteil des verkleinerten hl. Grabes und werden durch eine künstliche Lichtquelle von hinten her erleuchtet.

Daß das Glockengeläute früher an den Kartagen durch das knarrende Geräusch einer großen Ratsche auf dem Kirchturm ersetzt wurde, ist fast vergessen, die Handklappern der Ministranten sind aber immer noch beim Gottesdienst im Gebrauch.

Die einstmals prunkvolle Auferstehungsfeier am Nachmittag des Karsamstags ist auf einen bescheidenen Rest im Rahmen der *Osternachtliturgie* zusammengeschmolzen. Die einst anschaulich nachgestaltete *Himmelfahrt Christi*, bei der eine Christusstatue, begleitet von einer ganzen Schar von Engeln, aus dem Kirchenraum ins Gewölbe hinaufgezogen wurde, ist ganz verschwunden. Seither weiß man auch nicht mehr, aus welcher Richtung im Sommer die gefährlichen Wetter kommen werden. Hartnäckig hielt sich nämlich der Glaube, die Wetter würden aus jener Richtung kommen, in die die Statue vor ihrem Verschwinden im „Himmelloch" blickte. Dem Vernehmen nach sollen der Mesner und seine Helfer bisweilen durch ein Drehen des Seiles nachgeholfen haben, eine bestimmte Richtung zu fixieren.

Kirchliche Hochzeiten werden nach wie vor gern im Frühjahr oder im Herbst gehalten. Die alten „geschlossenen Zeiten" des Kirchenjahres und der alte Arbeitsrhythmus des Bauernjahres wirken ganz offenkundig immer noch nach; abgekommen ist aber der Ostermontag als besonders beliebter Hochzeitstermin. Statt des Hochzeitsladers, der früher mit Stecken und Buschen alle Verwandten und Bekannten aufsuchen und sie zur Hochzeit laden mußte, wobei er seine Ansprache oft in Reimen vortrug, wird das Laden heute meist vom Brautpaar selbst besorgt.

Trauungen fanden früher nur am Vormittag statt. Die Gäste versammelten sich vor dem Gottesdienst in einem Gasthaus nahe der Kirche; dort wurde die Morgensuppe (Würstlsuppe) eingenommen und den geladenen Gästen wurden die Hochzeitssträußchen angesteckt. Dann wurden Brautpaar und Hochzeitsgesellschaft vom Pfarrherrn abgeholt und in die Kirche geleitet, wobei die Rangfolge nach dem Verwandtschaftsgrad peinlich genau eingehalten wurde. Nach der Trauungsmesse erhielt zuerst das Brautpaar vom Priester auf der obersten Stufe des Altares aus einem eigenen Kelch einen Schluck ungeweihten Hochzeitsweines, dann traten die Gäste aus den Bänken, umschritten den Altar wie beim Opfergang, stiegen die Stufen auf der Epistelseite hinauf und erhielten auch jeder einen Schluck aus dem Kelch. In ähnlicher Weise wurde den Gläubigen nach der Messe am Fest des hl. Johannes des Apostels (27. Dezember) der Kelch gereicht.

Heute finden die Trauungen grundsätzlich nachmittags statt, wodurch das Programm stark zusammengedrängt ist und manches ganz von selbst aus der Übung gekommen ist, was noch vor 30 Jahren selbstverständlich war. Wenn einst die ganze Gesellschaft in geschlossenem Zug ins Gasthaus zum Hochzeitsmahl zog, wurde sie auf dem Weg mindestens einmal durch „Vermacher" (Wegabsperrer) aufgehalten, die für das Öffnen der Absperrung ihren Zoll einforderten. Bei solchen Gelegenheiten wurden des öfteren auf offener Straße kleine Szenen aufgeführt, die auf das Vorleben der Brautleute Bezug nahmen (z. B. Unfälle beim Fensterln, verflossene Liebschaften usw.). Nach dem Mahl (manchmal auch vorher) fand der unvermeidliche Fotografiertermin statt, und zwar in einem richtigen Atelier, was den alten Brautbildern ihre unverwechselbare Art und auch ihre Qualität verlieh. Beim Kaffee am Nachmittag war dann die Zeit zum Brautstehlen gekommen; der Trauzeuge hatte bis zum Abendessen genug Zeit, die entführte Braut in irgendeinem Gasthaus aufzuspüren und sie auszulösen. Die Hochzeitsgesellschaft war dadurch kaum gestört.

Heutzutage wird die Braut und — ein besonderes Zeichen der Emanzipation — meist auch der Bräutigam gleich vom Friedhofgatter weg entführt, und nicht selten wartet die ganze Gesellschaft mit Ungeduld auf den Beginn des Mahles, wenn es den Trauzeugen nicht gelingt, die beiden Brautleute beizeiten zu finden und auszulösen.

Nach dem Mahl, bisweilen auch schon vorher zur Überbrückung der Wartezeit, bis die Brautleute wieder bei der Gesellschaft eintreffen, spielt eine Tanzkapelle auf. Zwischendurch erfolgt das sogenannte Weisen: Die Gäste treten nacheinander vor das Brautpaar, wünschen Glück und übergeben ihr Geschenk, oft ist es ein Geldbetrag, der in eine zugedeckte Schüssel gelegt wird. Braut und Bräutigam reichen zum Dank ein Glas Wein. Während der Brauttänze am späteren Abend kommt es dann zum Absingen, d. h. zu einem improvisierten Gstanzlsingen, bei dem in spöttisch-lustiger Form Eigenheiten und Erlebnisse der Brautleute aufs Korn genommen werden. Bricht das Brautpaar dann auf, wird es von der Musik hinausbegleitet.

Am 1. Mai zieht die Musikkapelle mit flotten Märschen von Haus zu Haus, die Landjugend stellt den *Maibaum* auf. Er muß bewacht werden, sonst schneiden ihn Burschen aus dem Nachbardorf nachts heimlich um. So ein Maibaumsprüchl lautet:

> *Lustig vadomb,*
> *daß man aufdastöd homb,*
> *grad mia insra drei,*
> *aba ghabt ham ma's glei.*

Seit altersher beliebte ländliche Sportarten sind im Winter das Eisschießen und im Sommer das Plattenwerfen und das Kegeln. Wenn beim jährlichen *Preisranggeln* der Hagmoar ermittelt wird, messen sich auch Brixner Burschen mit Ringern aus dem Pinzgau und Zillertal. Die Anhänger dieser Sportarten haben sich zur Zeit in eigenen Vereinen organisiert.

Früher trafen die Ranggler des öfteren auf einer Alm aufeinander, eine willkommene Unterbrechung des langen Almsommers.

Die Höhenlagen der Kitzbüheler Alpen sind reich an Almen. Bis vor wenigen Jahrzehnten verbrachten dort oben viele Menschen abgeschieden die Sommerwochen bei eintöniger, harter Arbeit. Wenn heute noch eine Alm Milchvieh hält, muß sie mit elektrischem Strom versorgt und durch eine Zufahrt zum Abtransport der Milch erreichbar sein. Sonst wird nur mehr Galtvieh aufgetrieben und beaufsichtigt. Mancher Fleck Almfläche hat sich wieder in das zurückverwandelt, was er einmal war: in Wald. So sind auch viele alte Bräuche und Arbeitsformen verschwunden, andere leben aber noch.

Nicht jeder Brixentaler Bauer hat eine eigene Alm. Wo sich die Weiderechte (Gräser) auf mehrere verteilen, muß für je ein Jahr einer der Teilhaber die Aufgabe des Zusehers übernehmen, d. h. er hat das Personal zu suchen und anzustellen, die notwendigen Reparaturen zu veranlassen und für eine ordnungsgemäße Abrechnung zu sorgen.

Einige Tage vor dem Almauftrieb im Frühjahr werden die Zäune, Dächer und Wege instandgesetzt, Lebensmittel und Gerät hinaufgebracht. Schließlich treiben Melker, Kühbub und Putzer das Vieh auf: Rinder, ein paar Ziegen, früher auch Pferde und Schweine. Heute geht es oft mit dem Traktor schneller. Der Putzer hat neben anderem die Bewässerungsgräben für das „Waschen", eine Art Schwemmdüngung, freizuhalten und auf der Weide das Gestrüpp zu hacken.

Die Milch wurde früher gleich auf der Alm zu Butter und Käse verarbeitet. Das brachte gerade im Frühsommer einen langen Arbeitstag. In der Nähe der Almhütte ist eine kleine Wiese eingezäunt und wird auch gemäht, eine Heureserve für unvorhergesehene Schneefälle zu Beginn oder Ende der Alpzeit.

Oft war eine Alm so abgeschieden, daß eine Kopfkraxe auf dem Rücken des Almerers das wichtigste Transportmittel war, für Gerät und Proviant aufwärts, für Butter und Käse talauswärts. Etwas Kleidung, Werkzeug, Rauchzeug, Nähzeug, ein Gebetbuch, Salz, dazu einige Salben und Engüsse als Notapotheke — so einfach und karg war der Inhalt des Trüherls, das sich der Melker beim Auftrieb auf die Kraxe band.

Der Tagesablauf sah etwa so aus: Um drei Uhr weckte der Senner seine Mitarbeiter mit dem sog. Melcherklopfen, ein rhythmisches Schlagen mit einem Holz-

Brixentaler Burschen beim Kräftemessen (um 1910)

Der Präranggler Leo Toni (1930)

Auf der Alm

Almpersonal mit Gerätschaften (um 1910)

scheit auf einen Sechter (Holzeimer). Die Männer banden sich den Melkschemel um und molken die Kühe. Um halb sechs Uhr wurde die Milch zur Schweizerhütte gebracht. Nach dem Frühstück ertönte das Signalblasen mit dem Bockshorn zum Auslassen der Tiere. Sie wurden jeweils auf einen bestimmten Weideplatz der Alm getrieben. Das Sechterklopfen rief zum Butterrühren und zu den Arbeiten bei der Käseerzeugung. Mit zwei Stäben klopfte der Senner ungefähr folgenden Rhythmus:

♫♫ ♫♫ ♫♫ ♫♪ | ♫♫ usw.

Gegen elf Uhr wurden nach dem Hornsignal die Rinder wieder zusammengetrieben. die Mittagsruhe dauerte bis drei Uhr. Dann hieß es wieder: Melkzeit, austreiben, zusammentreiben.

Selten kam Besuch auf die Alm. Manchmal schaute ein Jäger vorbei, einmal stieg auch der Bauer hinauf, überzeugte sich vom Zustand seiner Tiere und brachte Lebensmittel und eine Flasche Selbstgebrannten. Dann ging es abends gleich lustiger zu. Erwischte einer zu viel, hieß es:

Lustig is gwesn an Jaggastag z' Alm,
ist dös kloa Melcherl an Rührkübl gfalln.

Wenn sich der Sommer dem Ende zuneigt und das Weidegras immer spärlicher wird, rüstet man zur Heimfahrt. Der Kopfschmuck der Tiere wird kunstvoll hergerichtet, Gerät und Hausrat gepackt. Dann kommt der Tag der Abfahrt. Der Melker bietet auf dem Heimweg jedem Zaungast einen Schluck aus seiner Schnapsflasche. Heute ist der Almabtrieb eine Fremdenverkehrsattraktion. Er wird vielerorts schon wie ein Festzug nach Zeitplan durch einen Ort gelotst und prämiert.

Almabtrieb (um 1955)

Nach dem Almsommer muß ein guter Rechner die Almabrechnung machen, d. h. den Aufwand und Ertrag von z. B. 60.000 Liter Milch für jeden einzelnen Teilbesitzer der Alm errechnen.

Die letzte Nacht ist die sog. Gruh-Nacht. Die Almleute mehrerer Hütten kommen zusammen und feiern den Abschied bis zum Morgengrauen (Gruh) mit Musik und Tanz. Einmal soll man im Brixenbach die Nacht künstlich verlängert haben, indem man beim Tagwerden einfach die Fensterläden schloß.

Wenn auch heute auf den Almen nicht mehr so viel gesungen wird wie früher, wo das gemeinsame Singen die einzige Unterhaltung war (heute kommt die Musik aus dem Transistorradio und außerdem erlauben die vielen Güterwege dem Almpersonal des öfteren Kurzbesuche im Tal), so ist hier doch der Platz, einen kurzen Abschnitt über unser *Liedgut* einzuschieben.

Die Volksmusik bringt die Eigenart einer Landschaft und das Denken, Fühlen und Wollen ihrer Bewohner zum Ausdruck. Die Übergänge zur volkstümlichen Musik und zur sog. ernsten Musik sind nicht selten fließend.

Erst spät begann man, Volksmusik systematisch zu sammeln und aufzuzeichnen. Primärquelle ist allerdings nach wie vor der Vortrag der Sänger und Musikanten. Noten sind kein starres Gebot, das Stück kann beim nächsten Mal spontan variiert werden.

Die wohl urtümlichste Form stellt der Jodler dar, gekennzeichnet durch das Fehlen eines sinnhaften Textes und das Umschlagen der Stimme. Jodler werden mit und ohne Instrumentalbegleitung, als Einzelstück oder nach einem Lied gesungen. Auch die Weisenbläser lassen an manchem Sommerabend eine Jodlermelodie instrumental erklingen.

Wie alle Tiroler Volkslieder besingen auch jene des Brixentales die Liebe, das Almleben, einen Berufsstand, eine besondere Begebenheit, die Jagd oder Wilderei, Historisches oder verschiedenes Brauchtum.

Ob es stimmt, daß im Brixental Musik und Gesang besonders blühen, ist schwer zu belegen. Neu ist diese Vermutung allerdings nicht. Schon 1852 schrieb der Universitätsprofessor Alois Flir, die Abgesondertheit des Brixentales, die Seltenheit des Verkehrs mit Auswärtigen, die Absonderung, die strenge Arbeit, die Mittellosigkeit ließen bei der Bevölkerung einen Hang zu düsterem Brüten, zu Aberglauben und Fanatismus erwarten. Als Gegengewicht sei jedoch ein „gefühliges Gemüt, eine Neigung für Musik und Gesang" vorhanden.

Zwar fließt heute Volksmusik in reichem Angebot und in kaum überbietbarer Perfektion aus dem Lautsprecher, doch das Bedürfnis nach spontanem eigenem Musizieren und Singen ist unvermindert festzustellen. Der Gesangsverein pflegt das Volkslied durch Chor- und Solovortrag vor einem dankbaren Publikum. Volksmusiktreffen und Adventsingen sind ausverkauft. In Familien und bei privaten Zusammenkünften, nach einer Vereinsfeier oder Rodelpartie greift ein „Singerischer" zur Gitarre und stimmt ein Lied an. Schon folgt Strophe auf Strophe, Lied auf Lied. Dazwischen beginnt vielleicht einer mit dem „Absingen" seiner Mitzecher. Gerade im Brixental fehlt es nicht an Naturtalenten für diesen Brauch. Zum Gaudium der Zuhörer besingen sie in heiteren Zweizeilern die kleineren oder größeren Verfehlungen einzelner oder lächerliche Vorgänge im Dorf, worauf jeweils alle in den Antwortjodler einstimmen. Ohne vorbereiteten Textzettel schütteln sie

Almball (um 1920)

Hausmusik um 1920

Unterhaltung auf der Alm (1908)

Vorderberger Hausmusik (um 1930)

die treffendsten Reime geradezu aus dem Ärmel. Bei Hochzeiten begleitet dieses
Absingen die Brauttänze, von Verwandten und Gästen als lustiger Ausklang des
Festes herbeigesehnt, vom Brautpaar mitunter eher gefürchtet. Denn der Ab-
singer hat sich vorher umgehört und bringt manches ans Tageslicht.

Selbstverständlich können nicht bestimmte Volkslieder ausschließlich dem
Brixental oder gar nur unserem Dorf als Entstehungsort zugeordnet werden. Die
eine oder andere Weise ist aber sicher in dieser Gegend seit jeher häufiger zu
hören als anderswo. Es fällt auf, daß bei Liedsammlern, wie bei F. Kohl, besonders
oft der Vermerk aufscheint: „Aus dem Brixental" oder „Unterland, Brixental,
Spertental".

Jedes Kind kennt folgendes einfaches Liedchen, dessen Text auf unseren Ort
hinzuweisen scheint, jedoch ein anderes Lauterbach meinen soll:

> *Z' Lauterbach hun i mein Strumpf verlorn,*
> *ohne Strumpf geh is nit hoam.*
> *Kimm is halt wieder nach Lauterbach,*
> *sucha ma mein Strumpf zu den oan.*
>
> *Dirndl, wo hast denn dei Liegerstatt,*
> *Dirndl, wo hast denn dei Bett?*
> *Über zwoa Stiagal muaßt aufisteign,*
> *drunt auf der Straß lieg is nit!*
>
> *Vota, wann gibst ma denn s' Hoamatl,*
> *Vota, wann laßt mas verschreibn?*
> *S' Dirndl wachst her wia s' Groamatl,*
> *ledig will' s a nimmer bleibn.*   u. a. m.

Sicherer ist der Bezug zu unserer Gegend in den folgenden Liedern:

> *Drunt im Unterlandl*
>
> *Drunt im Unterlandl liegt das Brixental,*
> *ja, ös Sakraleitln, ja, ös wißts ös all,*
> *ja, ös Sakraleitln, habts ins alle gern,*
> *wolts an Brixentaler Jodler hörn. Holladje, holdijo...*
>
> *Drin im Brixental, ganz glei beim Schleicherbach,*
> *da steht a alte Hüttn mit an Schindldach,*
> *da schaut die Gemütlichkeit scho bei de Fenster aus,*
> *ja meine liabn Leut, da san ma z' Haus.*
>
> *Mir send koane Zillertaler und koane Reichenhaller,*
> *mir send Bauernbuam, im Brixental dahoam,*
> *saubere Dianal liabn, die schiachn abvexiern,*
> *hat scho mei Vater gsagt, soll i probiern.*

Kalte Wasserl

Es gibt kalte Wasserl, es gibt kalte Brünn,
es gibt saubere Dianal an Brixental drin.
I pfeif auf die Wasserl, i pfeif auf dia Brünn,
aber nit auf dia Dianal do drin.

Aber Dianal, bist launig, geh, sei wieder guat,
greif her auf mei Herzerl, wia weh daß mir tuat!
Es klopft und es hammert nur allweil für di,
geh Dianal, sei gscheit und liab mi!

Einem Absinger-Lied gleicht folgendes:

In Brixen im Tal
habn die Glockn koan Hall,
is der Klachl z' weit unt,
daß er aufischlagn kunnt.

Meine Schuach send aus Fuchsleder,
Fuchsleder gmacht,
sie schlafn beim Tag
und sie gehn bei der Nacht.

An Leaminger Grabn
tuat a Wachtele schlagn.
Wenn i s' Wachtele hör,
bin i schlafrig nix mehr.

Ein neues Lied aus dem Volke, bei dem der Textdichter bekannt ist, soll den Schluß dieser Beispiele machen. Es wurde gedichtet von J. Hölzlsauer, von einem Bauernsohn beim Pfisterer aufgeschrieben und von der Lehrerstochter Kathi Embacher dem Volksmusik-Archiv in Innsbruck zur Verfügung gestellt:

Z' Brix'n an Brix'ntåi,då bin i gean,
Då ku ma lustige Leutl gnuag hean,
D' Liadl'n dia's singan, dia håm schon a
Schneid, jå Schneid
Daß sie a Trauröga nu drüba freit.
[Jodler]

Dö Buachn und d' Ahont [Ahorn] an Wåid
und an Fäd [Feld]
Wågs'n då schöna åis sust auf da Wät [Welt]
Und da schö Berg, den ma Såiv'nberg [hohe Salve]
hoaßt, jå hoaßt
Då sigst vü Wunda obn, wie s' dös scho woast.

Drum mecht i nöt furt geh scho går um
koa Gäd,
I moanat ja gå, i müad ganz aus da Wät,
Kunt i mei Dårf und dö Berg nimma håm
Na' Bua, da wurd' ma, ais wur i ei'g'rabn.

Da es wenig sinnvoll scheint, Liedtexte, die bereits anderswo abgedruckt sind, neuerlich wiederzugeben, wollen wir uns darauf beschränken, diesem kurzen Überblick ein paar Titelangaben von Liedern anzufügen, welche in den großen Sammlungen häufig dem Brixental zugeordnet werden:

Bei schöner Summerszeit
Hätt i nit a so an guatn Wetzstoa
Hinter mein Voda Haus
Diandl, geh her zum Zaun
A lebfrischer Bua
Diandl, sei gscheit
Bin ja nimmer dei Dianal
Wann der Früahling unkimb
Der Summer is ummer.

Am *Antlaßtag* (Fronleichnam) und am Herz-Jesu-Sonntag finden die großen Prozessionen nach Lauterbach und Hof statt. Bei diesen religiösen Umzügen repräsentiert sich das ganze Gemeinwesen. Alte Überlieferungen bestimmen das Mittragen der Fahnen und Figuren, die Reihenfolge der Vereine und Stände bei der Begleitung des Allerheiligsten. Der Antlaßritt am Nachmittag des Fronleichnamtages (s. den eigenen Abschnitt darüber) stellt wohl den Höhepunkt des religiösen Brauchtums in unserem Dorf dar.

An diesem Tag und an anderen hohen kirchlichen und häuslichen Festtagen tragen viele Frauen die traditionelle Brixentaler F e s t t a g s t r a c h t [2], die Kassettl-Tracht, auch Röcklgwand genannt. Es ist ein aus feinem schwarzem Stoff gefertigtes Kleid mit enggeschnittenem Oberteil, weitem, knöchellangem Rock, engen Ärmeln und einem großen viereckigen Halsausschnitt, den ein weißes Seidentuch mit Goldstickerei deckt. Eine breite geblümte Seidenschürze, der Brixentaler Bänderhut und die breite Halskette mit der großen, reichverzierten Schließe an der Vorderseite vervollständigen diese alte Festtagstracht, die im Laufe der Zeit weite Verbreitung gefunden hat. Die größten Unterschiede zwischen Einst und Jetzt sind bei der Huthöhe zu beobachten. Aus alten Bildern — meist sind es naiv gemalte Votivbilder unserer Wallfahrtskapellen — wissen wir, daß der Brixentaler Frauenhut zunächst (bis gegen 1840) hochgupfig war und leicht konische Form zeigte; die Krempe war sehr schmal. Dann wurde der Gupf immer niedriger und zylindrisch in der Form, die Krempe wurde breiter. Heute ist der zylindrische Gupf bei uns mittelhoch. Als Festtagshut hat dieser schwarze Hut seit etwa 1850 breite Goldborten (Goldstickerei) an der Unterseite der Krempe, vom oberen Rand hängen rechtsseitig zwei goldene Quasten herab, breite schwarze Samtbänder fallen bis zum Rocksaum hinab.

An gewöhnlichen Sonntagen und an kleineren Festtagen wird vielfach das farbige Röcklgwand getragen, das „Nächstbeste". Unter sachkundiger Anleitung und

Prozession nach Lauterbach

Dechant Gstrein (1911—1929) beim Antlaßritt

behutsamer Förderung durch volks- und heimatkundliche Institutionen ist in den letzten Jahrzehnten vieles zur Neubelebung und Weiterentwicklung der weiblichen Festtagstracht geschehen.

Anders verhält es sich bei der Alltagstracht; sie ist bei uns — auch bei den Frauen — schon im letzten Jahrhundert abgekommen. Ein einziges Relikt hat sich zäh gehalten, der alte Mädchenhut, das Gainzl, ein niederes Strohhütl mit besticktem Band. Es wurde früher auch von älteren Frauen getragen, heute ist es die Kopfbedeckung einer kleinen Partie der Brixner Musikkapelle, eben der „Gainzl-Musik". Damit sind wir zur Männerwelt gekommen, bei der es puncto Tracht um vieles schlechter bestellt ist als bei den Frauen. Es gibt nämlich weder eine Werktags- noch eine Festtagstracht. Das klingt zunächst unglaubwürdig, wenn man sich an die vielen Prospektbilder mit Männern in „Tiroler Tracht" erinnert; aber es ist wirklich so, daß nur Musikkapellen, Schützenkompanien und natürlich auch Trachtenvereine trachtenmäßig eingekleidet sind. Ihre Kleidung müßte man jedoch im strengen Sinn zu den Uniformen zählen. Bei den vielen Männern außerhalb dieser Vereine stimmt die oben aufgestellte Behauptung; sie zeigen höchstens vereinzelt das eine oder andere Element der einstigen gemeinschaftlichen Tracht, mit der sich der Bauernstand von den anderen Ständen abhob.

Dazu gehören die kurze lederne Hose und Wadlstutzen; sie verweisen auf die kniefreie Tracht, wie sie in unserer Gegend zur Zeit der Franzosenkriege üblich war. Beda Weber[3] schreibt 1842 in seinem Reisehandbuch von den Brixentalern: „Ihre Tracht läßt die Knie bloß, daher wurden sie von den Franzosen Ritter de trois visages (d. h. Reiter mit den drei Gesichtern) genannt. . .". Später wurde dann die kurze Hose von der Kniebundhose abgelöst, wie sie die Vereine heute tragen. Der braune glatte Lodenrock, die vorne geknöpfte Weste mit hellfarbigen kleinen Blumen auf dunklem Grund, der federkielgestickte Ranzen (Leibgurt) und der schwarze Hut mit hohem Gupf sind Bestandteile der erneuerten Talschaftstracht des Brixentales. Den entscheidenden Impuls dazu gab die 150-Jahr-Feier der Tiroler Befreiungskämpfe im Jahre 1959.

In der etwas ruhigeren Zeit zwischen Egart und Grummet, d. h. zwischen den beiden Heuernten, ging man früher nicht ungern ins Badl.

Wie überall in Tirol gab es auch in Brixen schon im Mittelalter sogenannte *„gemeine Bäder"*, die nicht nur der Reinigung dienten, sondern ebenso der Gesundheit, der Erholung und Zerstreuung. Das Wildbad beim Brunner im Brixenbach ist des öfteren in Urkunden erwähnt (1497, 1607, 1656, 1704).

Badstuben gehörten aber auch zu den einzelnen Bauernhöfen wie Stadel und Bachofen. Im 18. Jahrhundert wurden die abseits vom Wohnhaus stehenden Badstuben mit ihren Feuerstellen zum Teil niedergerissen, zum Teil zu Waschküchen oder Brechlstuben (zum Flachsdörren) umgewandelt.

Kein Wunder, daß der Bedarf nach einem öffentlichen Bad wieder stieg, sicherlich verstärkt durch den langsam aufkommenden Fremdenverkehr, der seinerseits wieder durch Bäder, denen man heilende Wirkung zuschrieb, gefördert wurde. In Brixen läßt sich diese Entwicklung und Wechselwirkung recht gut am *Maria Louisenbad* ablesen.

Im Jahre 1823 soll ein gewisser Martin Leiminger mehrere Tage barfuß im Moorgrund bei der Quelle oberhalb des heutigen Badhauses gearbeitet haben.

Maria Louisenbad (1925)

Dabei bemerkte er die Heilung einer Fußgeschwulst, die er schon lange hatte und gegen die niemand helfen konnte. Später benützte er das Wasser auch erfolgreich gegen einen flechtenartigen Hautausschlag.

Zur selben Zeit besuchte gerade Erzherzogin Maria-Louise von Parma das Brixental und unternahm eine Wallfahrt auf die Hohe Salve. Die adelige Dame erfuhr von der Heilung und gab die Zustimmung, daß das Bad in Hinkunft ihren Namen tragen dürfe.

Die Kunde von diesem Wasser lockte schon im nächsten Jahr 50 Personen herbei. 1825 ließ dann Dr. Tschallener, Distriktsarzt in St. Johann, durch den Apotheker Traunsteiner eine chemische Analyse durchführen. Sie zeigte einen hohen Gehalt an Kohlensäure, Eisen, etwas schwefelsaure Tonerde und Kieselerde. Zudem ist das Wasser leicht radioaktiv. Früher diente es auch für Trinkkuren, später nur mehr zum Baden. Man fand Heilung oder wenigstens Besserung bei allgemeinen Schwächezuständen, Verdauungs- und Blasenbeschwerden, Unterleibs- und Hautleiden und vor allem bei Rheumatismus.

Um die fachkundige Anwendung des Wassers machte sich der Brixner Wundarzt Johann Bauer verdient. Er erhielt die Erlaubnis zum Bau einer Badeanstalt, die 1830 feierlich eröffnet und 1834 vergrößert wurde.

J. Staffler schrieb schon 1842 in seiner Landesbeschreibung: „Die bewährte Heilkraft des Wassers, die bequeme Unterkunft und die gute Verpflegung der Gäste haben dieser Anstalt bereits einen vortrefflichen Namen gegründet. Man zählt des Jahres 200—250 Badegäste."

Am Samstagen und besonders vor Festtagen kamen natürlich viele Einheimische gern ins Badhaus zu einer Generalreinigung und zur Entspannung. Bis zu

HAUSBUCH
für die

Maria Louise Badeanstalt

im

Brixenthale.

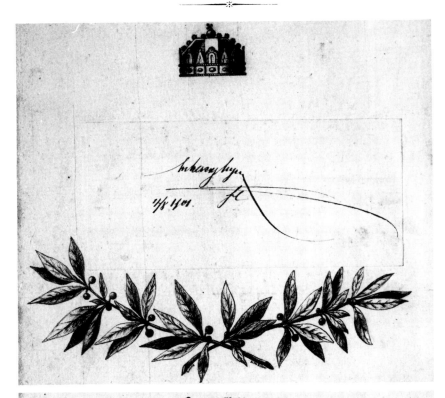

Seine k.k. Hoheit

Erzherzog Eugen

Feldmarschallleutnant, Statthalter zu Innsbruck,

geruhte Sonntag, den 4. August 1901 vormittag ½11ʰ unangemeldet das Maria Luisen Bad mit seinem hohen Besuche zu beehren. In Begleitung seines Adjutanten besichtigte er eingehend das Wohnhaus, die Baderäume und den Schießstand. Er sprach seine hohe Anerkennung und Befriedigung über die Bequemlichkeit und Sauberkeit der Einrichtungen aus und zeichnete sich in das Fremdenbuch des Maria Luisen-Bades ein.

acht Leute konnten gleichzeitig in den Badekabinen in die hölzernen Bottiche — später in emaillierte Wannen — steigen. Eine Baddirn sorgte für Heißwassernachguß, bediente die Gäste und hielt die Badstube sauber. Danach stärkten sie sich gern in der Gaststube mit einer Jause und mischten die Karten.

Wie man im Gästebuch liest, kamen in den ersten Jahren die Badelustigen vorwiegend aus dem Brixental und Unterland. Bauer, Knecht, Dirn, Handwerker, Postbotin, Köchin — ohne Standesunterschied scheinen sie auf. Auch schon Zwanzig- und Dreißigjährige gaben Rheuma als ihr Leiden an.

Um etwa 1870 herum trugen sich schon Besucher aus Wien, Prag, Mainz und Leipzig ein. Als 1876 der Kaiser durchs Brixental fuhr, begrüßten ihn nicht nur die Böllerschüsse der Einheimischen, sondern auch die Hochrufe der Badegäste. Um die Jahrhundertwende kurten im Badhaus sogar einzelne Italiener, Engländer, Franzosen und Amerikaner. Fast durchwegs liest man lobende Vermerke über Heilwirkung und Verpflegung. Ein Genuese schreibt: „Alles sehr schön, nur die Zugverbindung elend und miserabel." Ein Münchner meint 1894: „Ausgezeichnet, jedoch abscheuliches Wetter; da kann aber die Moidl nix dafür." Zwei Damen aus Boston verabschieden sich 1898 mit der Zeile: „Sadly we leave this dear home."

Allmählich begann der Badebetrieb etwas nachzulassen und wurde Anfang der sechziger Jahre wegen der hohen Auflagen der Behörde und wegen der zu geringen Ergiebigkeit der Quelle eingestellt. Wie bei so vielen Tiroler Bädern, die aufgelassen wurden, besteht heute nur mehr der Gastbetrieb.

Erwähnt sei auch der Badebetrieb beim Gasthof Alpenrose, früher beim sog. Krimbacher. Von 1932 bis Ende der fünfziger Jahre badete man im Nebenhaus des Gasthofes in vier Wannen. In einem großen, eingemauerten Kupferkessel wurden Latschen vom Gaisberg ausgekocht. Der rötliche Extrakt wurde etwas verdünnt und war als heilkräftiges Badewasser äußerst geschätzt. Das Bad wirkte aromatisch-anregend und linderte vor allem rheumatische Beschwerden.

Seit jeher fixiert im Jahresablauf sind die *Bitt-* und *Dankmessen* der Bauern auf der Hohen Salve und auf dem Harlaßanger. Sie sind Bitte um Verschonung vor Unwetter, Hochwasser, Unfall, Krankheit und Viehseuche und Dank für gute Ernte.

Blick von der Hohen Salve gegen die Loferer und Leoganger Steinberge (um 1930)

Inneres der Harlaßangerkapelle (um 1925)

Die Hofer, Achenberger und Mosner zogen am „Koasa-Hoana-Tag" (hl. Kaiser Heinrich, 15. Juli) nach Westendorf. Zu diesem Bittgang hatten sie sich einmal nach einer verheerenden Engerlingplage verlobt. Die Feuringer pilgerten im Mai nach Kirchberg zur Kirchanger-Wettermesse, die der jeweilige Zuseher auszahlen mußte. Am Leonhardstag (6. November) erbaten manche Sonnberger den Segen dieses Viehpatrons sogar im Bärstattkirchl am Hintersteinersee am Wilden Kaiser. Der Heimweg von solchen Wallfahrten soll sich des öfteren in die Länge gezogen haben. Auf den Almhütten fand sich immer ein Schnapsl, jemand griff zur Gitarre, Harfe, Ziehharmonika oder einfach zum Votzhobel (Mundharmonika), und schon ging es lustig her. Wie die Alten erzählen, suchte und fand man früher unschwer Anlässe für Musik, Gesang und Tanz. So soll es auch auf der Brennhütte im Gseng, wo im Sommer auf den großen Schlägen die Moosbeeren gewerbsmäßig gesammelt und zu Schnaps gebrannt wurden, an Sonntagen nach Kostproben recht ausgelassen zugegangen sein. Freilich blieben auch Raufhändel nicht aus, besonders wenn sich Burschen aus Nachbarorten zugesellten. Bei diesen Rivalitäten ging es meist um ein Dirndl, um eine Weidegrenze oder um Wilderei.

In manchem Jahr gilt es für die Gemeinde oder für einen Verein, ein besonderes Jubiläum, ein Bezirks- oder Landestreffen gebührend zu feiern. Dabei darf auch ein *Festumzug* mit Festwagen nicht fehlen. Mit viel Liebe und Phantasie werden die Wagen vorbereitet. Sie stellen Szenen aus der bäuerlichen Arbeitswelt, aus der Volkskunst oder ein ländliches Idyll dar.

In neuerer Zeit haben die *Zeltfeste* einen festen Platz im sommerlichen Unterhaltungsprogramm. Meist dienen sie der Erholung einer Vereinskasse. Das ganze Dorf trifft sich bei Bier, Musik und Tanz, Fremdengäste kommen eher selten.

Widderstoßen

Am Fest *Mariä Himmelfahrt* (15. August), dem Patrozinium der Brixner Kirche, bringen viele Gläubige neben Blumen auch einen Strauß aus Salbei, Rosmarin, Eibisch und anderen Kräutern zur Weihe in die Kirche. Diese geweihten Kräuter werden bei drohenden Unwettern in die Herdglut geworfen; sie sollen, wie das Wetterläuten, vor Blitz und Wetterschaden schützen. In der Weihnachtszeit legt man solche Kräuter zum Weihrauch in die Räucherpfanne. Bis vor wenigen Jahren wurde der sogenannte Weihbuschenfrautag mit seiner Blumen- und Kräuterweihe am Fest Mariä Geburt (8. September) begangen.

Am Ende des Sommers mit seiner harten Ernte- und Almarbeit war und ist der *Kirchtag* eine Zeit der Erholung und Unterhaltung. An diesem Tag ladet der Bauer alle ein, die bei der Sommerarbeit geholfen haben. Das Beste, was Küche und Keller zu bieten haben, wird aufgetischt.

Das *Widderstoßen* zieht auch heute noch viele Zuschauer an. Ist heutzutage ein Bauer stolz auf seine Kuh, wenn sie eine Spitzenmilchleistung erbringt, war es sein Großvater, wenn sie beim Kuhstechen als Hagmoarin (Siegerin) hervorging. Die schwarze Tuxer-Rasse soll sich als besonders rauflustig ausgezeichnet haben. Am Abend ging es zu den Spielleuten und zum Tanz.

Für die fast sprichwörtliche Freude der Unterinntaler und Brixentaler an Unterhaltung zeugen auch die noch oft erwähnten Aufführungen der *Theatergruppen* auf einer Freilichtbühne beim Badhaus oder die Sommerfeste beim Hoferwirtskeller. Die Theatertradition wird heute vom rührigen Theaterverein in der Schule fortgeführt.

Zu *Allerheiligen* beschenken die Paten ihre Patenkinder mit dem Godlpack; früher gab es nur Gebildbrote: für Buben einen Hirsch, für Mädchen eine Henne.

Theatergesellschaft Brixen im Thale (in den zwanziger Jahren)

Zwei Jagdkameraden vor der Rechentalalm (Albert Posch und Ernst Rattin)

Beim Totengedenken an den Gräbern findet sich nach wie vor die ganze Verwandtschaft ein. Auch den Abschied vom Leben regelt altes, besonders lebenskräftiges Brauchtum. Nach einem *Todesfall* ist bei den Bauern auch heute noch die Hausaufbahrung üblich. Verwandte und Bekannte finden sich im Trauerhaus zum Rosenkranz ein (Betengehen). Am Tag der Beerdigung wird der Sarg mit dem Fußende voran, weil der Tote nie mehr zurückkehren wird (ursprünglich wohl nicht mehr zurückkommen sollte), aus dem Haus getragen. Über der Schwelle halten die Träger inne und zeichnen mit dem Sarg drei Kreuze über die Schwelle. Hinter dem Kreuzlträger begleitet der Trauerzug das Pferdegespann mit dem Sarg auf dem Weg zur Kirche. An den alten Grenzen des Ortskernes (Weidachkapelle und Brixnerwirtshöhe) wird der Trauerzug vom Pfarrer und den Ministranten erwartet. Nach einem Gebet wird der Sarg vom Wagen abgeladen und von vier (sechs) Männern bzw. Frauen in die Kirche getragen. Es ist schade, daß die „Offene Schuld", d. h. eine Reuegebet, mit dem der Verstorbene durch den Mund des Priesters im Angesicht der ganzen Gemeinde ein letztes Mal sein Sündenbekenntnis ablegte, abgekommen ist. Gleichfalls abgekommen ist in den sechziger Jahren das sogen. Genopfergehen. Bei der Opferung der Seelenmesse traten zunächst die Männer einzeln aus den Bänken, umschritten Sarg und Altar und opferten an vier Stellen (zwei am Speisgitter, zwei am Umgang hinter dem Altar) je eine Münze. Nach den Männern folgten die Frauen.

Um den *Hubertustag* (3. November) gibt es seit 1975 eine von den Brüdern Posch initiierte und von den Brixner Kirchenmusikanten gestaltete Jägermesse, bei der die Jägerschaft vor allem der verstorbenen Jagdkameraden gedenkt. Ein anschließendes gemütliches Beisammensein läßt die Lebenden zu ihrem Recht kommen.

Der *Martinitag* (11. November), bis ins Mittelalter Patrozinium der Brixner Kirche, ist als Markttag immer noch ein besonderer Tag. Fahrende Händler bieten auf dem Dorfplatz ihre Waren feil. Früher brachte ein Viehmarkt den Bauern Geld, womit gleich Kleidung, Werkzeug und Hausrat, aber auch eine Zeche beim Wirt bezahlt werden konnten. Am Vorabend des Martinitages war früher das *Almererfahren* Brauch. Die Brixner Burschen zogen mit Kuhglocken zum Weiler Feichten, trafen sich dort am Brunnen mit den Westendorfern und Hopfgartnern zum Toiflwassern (Wassertrinken). Dabei kam es regelmäßig zu fürchterlichen Raufereien.

Zu *St. Cäcilia* (22. November) ehren Kirchenchor und Musikkapelle mit einem feierlichen Hochamt bzw. einem Konzert ihre Patronin.

Werkzeuge aus einheimischer Fertigung
(von Hoferschmied Wenzl Klingler)

Anmerkungen

[1] Angesichts der überaus reichen Literatur zum Thema „Hausformen im Alpenraum" ist in unserem Zusammenhang eine knappe Zusammenfassung geboten und sinnvoll. Wer sich eingehender informieren will, sei verwiesen auf: Elisabeth TOMASI, Historische Gehöftformen, in: Österreichischer Volkskundeatlas, 6. Lfg., 1. Teil, 1977, Bl. 96—98; dort ist auch weiterführende Literatur verzeichnet. — Einen informativen, wenn auch sehr kurzen Überblick, gibt Hans GSCHNITZER, Die wichtigsten Hof- und Hausformen Tirols, in: Dehio-Handbuch der Kunstdenkmäler Österreichs, Tirol, 1980, S.XXV—XXXIII (mit Zeichnungen und Grundrissen).

[2] Ähnlich wie oben bei den Hausformen ist auch hier auf die überaus reiche Literatur zu verweisen, die eine genauere Behandlung der Frage in unserem Zusammenhang erübrigt. Stellvertretend für viele seien genannt: Gertrud PESENDORFER, Lebendige Tracht in Tirol, 2. Aufl., Innsbruck 1982, und Monika HABERSON, Tracht in Tirol, in: Trachten in Österreich, Geschichte und Gegenwart. Hrsg. von LIPP - LÄNGLE - TOSTMANN - HUBMANN, Wien 1984, S. 60—70, 258.

[3] Beda WEBER, Handbuch für Reisende in Tirol, Innsbruck 1842, S. 128.

◁ In Festtagstracht (Foto FVV Brixen i. Th.)

Ein altes Brixentaler Bauernhaus (Lassl)

Beim „Perl" in Hof (Fotos H. Laiminger)

Die Schule

Von Günter Ettinger

Die einleitenden Ausführungen zur Entstehung einer Schule in Brixen im Thale stützen sich im wesentlichen auf den einschlägigen Abschnitt im Buch von Matthias Mayer[1].

Die erste Erwähnung einer Schule in der Ur- und Mutterpfarre Brixen stammt aus dem Jahre 1481. Am Martinstag (11. November), dem alten Patroziniumstag, machte nämlich der Vikar Niklas Mannsl eine Stiftung „zur Haltung eines ewigen Jahrtages", wobei er auch eine alljährliche „Spende an die Schüler" verfügte; am Kathreinstag d. J. (25. November) bestätigten die Kirchpröbste Andrä von Puechswennt und Erhart Zünttinger von Hof diese Stiftung. 1481 muß also die Schule — wahrscheinlich eine für Lateinschüler zur Vorbereitung auf die höheren Studien — schon einige Zeit bestanden haben, andernfalls wäre sicher ein Hinweis auf die Neuerrichtung beigefügt worden. Es ist gut möglich, daß die Schule mit den Bestrebungen des damaligen Pfarrherrn Wilhelm Taz zusammenhängt, der mit der Stiftung einer bedeutenden Bibliothek im Jahre 1473 zur Hebung der Bildung beitragen wollte. Sein Vikar Niklas Mannsl, der den bisweilen abwesenden Pfarrherrn in den Jahren 1466—1486 vertrat, war ein eifriger Büchersammler und vielleicht auch Bücherschreiber. Eine dritte, ebenfalls literarisch sehr interessierte Persönlichkeit war der damalige Besitzer des Meierhofes zu Hof, Christoph Rüether. Daß in diesem geistig regen Umfeld auch eine Schule ihren Platz hat, leuchtet ein. Auch daß der Schüler bei der Meßstiftung gedacht wurde, ist leicht erklärlich, sangen sie doch gemeinsam mit dem Schulmeister beim Choral in der Kirche mit.

1486 wurde in einer weiteren Stiftung ein „Schulmeister" in Brixen erwähnt, jedoch nicht namentlich genannt. Der erste mit Namen genannte Schulmeister war Thomas Paumgarttner; ihm verkaufte der Pfarrer Adam Schreindl im Jahre 1584 eine „Hausstatt im Anger unter der Landstraße in Brixen, unter St. Sebastians-Kapellen, unterhalb der 2 Krampänkl" (d. h. dort, wo später das Schrögschneiderhaus stand). Paumgarttner wird auch noch 1592 und 1597 als Schulmeister in Brixen erwähnt. Ab 1600 war ein Michael Mayr in dieser Funktion tätig, und zwar mindestens bis 1610. Aus einem Visitationsbericht von 1620 geht hervor, daß die Schule weiter bestand, wenn sie auch nur wenige Schüler hatte und diese nur im Winter zum Unterricht kamen. Der Schulmeister sang in der Kirche und war auch als Organist tätig.

Aufgabe und Art der Schule scheint sich zu Beginn des 17. Jahrhunderts gewandelt zu haben, wofür auch der Umstand spricht, daß nur mehr im Winter unterrichtet wird.

1625 wirkte Andreas Eggell aus Salzburg als Brixner Schulmeister. Er hatte,

wie man heute sagen würde, eine sehr gute Dienstbeschreibung; allerdings war er
kein lateinischer Schulmeister mehr, sondern ein deutscher, denn, so heißt es im
Bericht, „in der ganzen Pfarrei ist niemand, der dem Geistlichen bei der Messe
antworten könnte". Gut 20 Jahre später unterrichtet Martin Knöll aus Zell i. P.
deutsch und lateinisch.

Die Schulordnungen[2] der damaligen Zeit enthielten vor allem konfessionelle
Richtlinien, gaben aber auch organisatorische und pädagogische Anweisungen.
Allgemeine Zielsetzungen des Unterrichts waren die Mehrung der Ehre Gottes,
der guten Sitten, der Ehrbarkeit und der Tugenden. Zur Förderung dieser reli-
giös-sittlichen Belange hatte sich der Lehrer um Schulgebet, Beichte und Kommunion, Singen von Kirchenliedern, Gottesdienstbesuch und Christenlehre zu kümmern. Der Lehrer hatte die sonntägliche Christenlehre in der Schule zu wieder-
holen und durch diese „Nachbereitung" zu vertiefen; eine pädagogisch sinnvolle
Maßnahme, die zugleich eine genaue Kontrolle des Meßbesuches erlaubte.

Von den Unterrichtsfächern war Religion das wichtigste, Lesen und Schreiben
wurden anhand des Katechismus von Petrus Canisius geübt. Zuerst wurden die
Buchstaben gelernt, dann war das Lesen zu üben. Jeder Schüler sollte täglich
viermal abgefragt werden. Die Kinder sollten auch täglich eine Schreibaufgabe erhalten. Das Rechnen, vor allem das schriftliche Rechnen, trat gegenüber dem
Lese- und Schreibunterricht zurück.

Breiter Raum war in den Schulordnungen dem Benehmen, den Pflichten und
der Strafgewalt des Schulmeisters gewidmet. Sittenstrenge und eine einwandfreie
religiöse Haltung waren unabdingbare Voraussetzungen für eine Anstellung. Der
Lehrer sollte die Kinder auch auf dem Schulweg überwachen.

Gewöhnlich war der Schulmeister auch Mesner und Organist; von seiner Besoldung als Lehrer hätte er nicht leben können. War er durch die vielen kirchlichen Dienste am Schulunterricht verhindert, mußte er für einen Vertreter sorgen.
Meist war es sein Sohn oder ein Schulgehilfe, der solchermaßen in einer Art Lehr-
zeit für die Übernahme des Schulmeisteramtes vorbereitet wurde.

Grundsätzlich konnte jeder, der des Lesens und Schreibens kundig war, den
Schuldienst versehen. Eine Befähigungsprüfung gab es nicht. Voraussetzungen
waren: einwandfreier Charakter, Rechtgläubigkeit, aktives religiöses Leben (regelmäßige Beichte und Kommunion, Einhaltung der kirchlichen Gebote), eheliche
Geburt. Auch die Schulordnung des Salzburger Erzbischofs Wolf Dietrich von Rai-
tenau (1587—1612) aus dem Jahre 1594 forderte nachdrücklich, daß die Schulmeister Vorbilder für die Jugend sein müßten.

Einzelne pädagogische Hinweise aus den Schulordnungen jener Zeit sind recht
bemerkenswert. So wird zum Beispiel eine Bestrafung der Kinder im Zorn ausdrücklich verboten. Das Schlagen war zwar erlaubt, es durfte jedoch nur mit der
Rute geschehen. Seine Fäuste durfte der Lehrer nicht gebrauchen, auch durfte er
die Kinder nicht an den Haaren reißen oder auf den Kopf schlagen. Bei kleinen
Schülern sollte eine körperliche Züchtigung überhaupt vermieden werden, Mädchen waren abgesondert von den Knaben zu bestrafen. Halfen alle Versuche der
Disziplinierung nichts und erwies sich der Schüler als unverbesserlich, so konnte
er vom Unterricht entfernt werden, allerdings nur mit dem Einverständnis des
Schulaufsehers. Das war in unserem Fall der Pfarrherr.

Die tägliche Unterrichtszeit sollte sieben Stunden betragen. In der Sommerschule, die vom 1. April bis zum 30. September dauerte, begann der Unterricht um sechs Uhr. In der Winterschule zwischen dem 1. Oktober und dem 31. März begann der Unterricht eine Stunde später. In ländlichen Gegenden blieb diese Einteilung meist bloße Theorie. In der Praxis war fast nur die Winterschule üblich, und sie begann gewöhnlich erst zu Martini, also am 11. November.

An Lehrbehelfen gab es neben dem schon erwähnten Katechismus noch das sogenannte „Namensbüchl" mit dem Alphabet, den wichtigsten Namen und Gebeten, und außerdem noch das „Zuchtbüchl".

Trotz ihrer vielfältigen und wichtigen Aufgaben in der Gemeinde war die sozialrechtliche Stellung dieser frühen Schulmeister, Organisten und Mesner äußerst unsicher. Sie wurden, wie die ab 1655 erhaltenen Kirchenrechnungen zeigen, jeweils nur auf ein weiteres Jahr im Dienst belassen, nachdem sie vorher versprochen hatten, weiterhin „guoten vleiß" zu zeigen; auch mußten sie zwei Bürgen stellen.

Nach diesem kurzen Ausblick auf die innere und äußere Schulorganisation im 16. Jahrhundert zurück zu den Brixner Schulmeistern.

Eine Westendorfer Urkunde vom 17. Dezember 1663 berichtet vom Organisten Leonhard Schiegg in Brixen. Es ist anzunehmen, daß er auch Schulmeister war.

1667 kam Thomas Krug aus der Diözese Chiemsee nach Brixen, wo er bis mindestens 1711 als Schulmeister, Organist und Mesner wirkte. Ihm folgte bis 1748 sein Sohn Franz in diesen Ämtern. Dann trat dessen Sohn Joseph, der schon seit 1740 Organist und seit 1746 Lehrer war, die Nachfolge an. Ihn „beerbte" 1796 sein Sohn Johann Krug, bereits seit 1782 Organist und auch seit Jahren Vertreter des kranken Vaters als Schulmeister. Dieser letzte in der Reihe der Krug hatte nicht mehr die Vitalität seiner langlebigen Vorfahren. Er war nur zehn Jahre Schulmeister.

Als er 1806 starb, wurde der aus Altenmarkt im Pongau gebürtige Lehrer Sebastian Prennsteiner sein Nachfolger im vollen Sinn des Wortes: er heiratete die Witwe und trat seine Ämter an. Er könnte nach einer nicht unbegründeten Vermutung (s. Tiroler Heimatblätter, 3/1984, 87—94) auch der Gründungskapellmeister der Musikkapelle Brixen gewesen sein. Von 1837 an unterstützte ihn sein Sohn Sebastian als Gehilfe, 1840 folgte er ihm nach, starb aber schon 1854 im Alter von 38 Jahren.

Ihm folgte Franz Embacher als Lehrer, Organist und Mesner in Brixen. Er starb 1898. Bis in seine Zeit wurden die Brixner Schüler, auch wenn es manchmal noch so viele waren, in nur einer Klasse unterrichtet. Es gab ja auch nur einen Schulmeister, der allenfalls durch einen Schulgehilfen unterstützt wurde. Erst im Schuljahr 1883/84 wurde die Schule zweiklassig. Der Schulmeister wird zum Oberlehrer: 1889 war es Wendelin Deiser.

Elf Jahre später, 1900/01, wurde eine dritte Klasse bewilligt, nach weiteren 19 Jahren, 1919/20, eine vierte. Diese oberste Klasse wurde 1930/31 nach Knaben und Mädchen geteilt. Erst nach 22 Jahren ergab sich 1952/53 eine sechste, 1962/63 eine siebente und 1967/68 eine achte Klasse.

In den nächsten Jahren schwankte die Klassenzahl zwischen sechs und acht.

Ursache für diese Schwankungen waren zum Teil Veränderungen in der Schülerzahl, zum Teil aber auch starker Lehrermangel, so daß manchmal eine Klasse
trotz hoher Schülerzahl nicht geteilt werden konnte. 1978/79 begann, bedingt
durch den Rückgang der Geburten, die Zahl der Klassen wieder zu sinken. So
werden zu Beginn des Jubiläumsjahres 113 Schüler in fünf Klassen unterrichtet.
Nun aber scheint die Zahl der Geburten wieder zu steigen. Längerfristig kann also
erwartet werden, daß sich auch die Zahl der Klassen wieder erhöhen wird.

Wer nach der vierten oder fünften Schulstufe eine Hauptschule besuchen
wollte, mußte früher nach Kitzbühel, Wörgl oder Hopfgarten fahren. Um auch den
Volksschülern in der Oberstufe eine erweiterte, der Hauptschule angenäherte Ausbildung zu ermöglichen, wurden seit 1958 im Rahmen der Ausbauvolksschule zusätzliche Fächer unterrichtet, unter anderem Englisch, Mathematik, Maschin-
schreiben. 1971 besuchten erstmals alle Schüler nach der vierten Schulstufe, soweit sie dafür geeignet waren, die Hauptschule in Westendorf. 1973 wurde die
Oberstufe endgültig aufgelassen.

Die Liste der Schulmeister, Oberlehrer, Schulleiter und Direktoren, wie die
Bezeichnung für dieses Amt im Laufe der Zeit lauten, ist recht umfangreich:

Thomas Paumgarttner	um 1584
Michael Mayr	1600—nach 1610
Andreas Eggell	um 1625
Martin Knöll	um 1651
Leonhard Schiegg	um 1663
Thomas Krug	1667—nach 1711
Franz Krug	nach 1711—1748
Josef Krug	1748—1796
Johann Krug	1796—1806
Sebastian Prennsteiner	1806—1840
Sebastian Prennsteiner jun.	1840—1854
Franz Embacher	1854—1889
Wendelin Deiser	1889—1890
Ferdinand Lang	1890—1903
Ludwig Steiner	1903—1904
Gottlieb Kirchner	1904—1920
Franz Frey	1920—1938
(Fritz Schmid*	1937—1938)
Karl Frank	1938—1939
Franz Ramsauer	1939—1943
Mathilde Posch	1943—1946
Fritz Mühlbacher	1946—1954
Walter Erker	1954—1955
Ernst Rösch	1955—1958
Josef Hain	1958—1971
Günter Ettinger	ab 1971

* vorübergehende Vertretung für den erkrankten Oberlehrer Franz Frey

Über die Zeit vor 1914 sind an der Schule keine Unterlagen vorhanden, und auch in einigen folgenden Jahren sind sie nicht vollständig. Sicher ist jedoch, daß schon seit der Zeit, als die Schule mehrklassig wurde, auch *Barmherzige Schwestern* hier als Lehrkräfte wirkten. Die erste war Sr. Leokadia Ortner, geboren in Wolkersdorf in Bayern. Sie unterrichtete vorher an der Schule in Aurach und bewarb sich 1883 auf Bitte des Dechants um die Lehrstelle der „Mädchenschule" in Brixen. Der Schulinspektor unterstützte diese Bewerbung.

Weitere Barmherzige Schwestern an der Brixner Schule waren Sr. Rosina Pagitsch, Sr. Amalia Boiger und Sr. Vitalis Schobesberger. Am 16. August 1920 ersuchte der damalige Bürgermeister das Mutterhaus in Salzburg, die beiden wegen hohen Alters ausscheidenden Schwestern durch andere Schulschwestern zu ersetzen. Das Schriftstück im Archiv des Mutterhauses trägt den Vermerk: „Wegen Schwesternmangels ganz unmöglich, die i. R. tretenden Schwestern zu ersetzen." Erst 1948 konnte mit Sr. Kostka Fleidl diese Tradition fortgesetzt werden.

Einige Lehrkräfte verbrachten viele Jahre in der hiesigen Schule und prägten ganze Generationen von Brixnern. Eine Übersicht aus neuerer Zeit:

20 Jahre Sr. Liliosa Schipflinger	(1957—1977)
18 Jahre Franz Frey	(1920—1938)
18 Jahre Mathilde Posch	(1930—1948)
18 Jahre Josef Hain	(1953—1971)
15 Jahre Maria Ainhirn	(1924—1939)
14 Jahre Martha von Falser	(1920—1934)
11 Jahre Hiltrud Sachsenmaier	(1952—1963)

Die anderen Lehrkräfte in chronologischer Reihenfolge: Rosa Biendl (4), Anton Huber (5), Alois Wolfsgruber (1), Vitus Schmidt (5), Karl Grißmann, Josef Aichner (1), Ernst Falkner (4), Maria Kircher (3), Karl Frank (3), Hans Gräßle, Elsa Brandauer (6), Hilda Wirtenberger, Maria Fuchs (2), Alois Bartl (4), Edith Völlenkle (6), Ursula Arndt, Margarita Katzlinger, Eugen Oberthanner, Mathilde Lechleitner, Anton Mitterer (4), Josefine Tinhofer (3), Elfriede Huber (3), Sr. Kostka Fleidl (8), Ernst Rösch (7), Waltraut Saxl (4), Gertrud Stuefer (6), Walter Anker (3), Irmengard Stanger (3), Sylvia Lumesberger, Alois Huter (2), Christine Etl (3), Eleonore Wachtler, Josef Soder (4), Inge Ramsauer (5), Georg Anker, Elisabeth Forster (2), Berta Engl, Elisabeth Trompler (2), Maria Frischmann (Widauer) (5), Helga Gruber (3), Erwin Thaler (3), Michael Zaß, Herbert Jenewein (3), Brigitte Mangweth, Fridolin Degiampietro, Maria Grißmann, Jazinta Plankensteiner (3), Romana Ralser, Christine Dapunt, Anneliese Kruckenhauser, Irene Metzler (3), Christine Waldvogel (2), Theresia Kraler, Marianne Ager (3), Regina Riser.

Mädchenhandarbeit und Hauswirtschaft wurde bis 1962 von einer Klassenlehrerin unterrichtet. Erst seit 1963 unterrichten eigene Arbeitslehrerinnen: Gertraud Heis, Edith Althaler (3), Margit Niederholzer, Barbara Breitenlechner, Monika Vallazza (2)*, Theresia Foidl*, Nothburga Blasisker (2)*, Helga Fuchs-Ehammer (mit Unterbrechungen seit 1973)*, Elisabeth Wolf, Elisabeth Seyr, Monika Edenhauser.

(Die mit * bezeichneten Arbeitslehrerinnen waren während der Zeit des Lehrermangels vorübergehend als klassenführende Lehrerinnen eingesetzt.)

Die Volksschule Brixen im Jubiläumsjahr 1988:

Klasse	Lehrer	in Brixen seit
1.	Josef Wurzrainer	1974
2a	Klemens Kraler	1974
2b	Günter Ettinger	1966
3.	Sr. Alfonsine Schwaiger	1977
4.	Barbara Astl	1967

Religion:	Dechant Herbert Haunold	1973
Werkerziehung:	Helga Ehammer	1973
Logopädische Betreuung:	Brigitte Magerle	1982
Zum Lehrkörper gehört auch:	Anna Sailer	1975

Neben dem regulären Volksschulunterricht gab es in neuerer Zeit für die Bauernkinder nach ihrer Schulentlassung die *ländliche Fortbildungsschule*. Während der Winterschulzeit erhielten sie einmal in der Woche zusätzlichen Unterricht, vor allem in Rechnen und Schriftverkehr, die Mädchen auch in Hauswirtschaft. Mit der gesetzlichen Einführung eines neunten Pflichtschuljahres im Jahre 1966 wurde die ländliche Fortbildungsschule abgeschafft.

Dieses neunte Pflichtschuljahr war ein vollkommen neuer Schultyp: der *Polytechnische Lehrgang*. Zur Zeit der Einführung gab es große Schwierigkeiten. Der neue Schultyp war vielfach unbeliebt und wurde als überflüssig angesehen. Es gab keine Schulbücher oder andere Unterlagen. Die Brixner Schüler mußten nach Kirchberg fahren, wo es große räumliche Schwierigkeiten gab. Für einige Brixner Schüler von extrem abgelegenen Bergbauernhöfen wurde auf Initiative des damaligen Schuldirektors Josef Hain ein Schulversuch in Brixen durchgeführt. Hier konnte diesen Schülern ein Teil des Lehrstoffs vermittelt und ihnen so ein unzumutbarer Schulweg erspart werden.

In Kirchberg übernahmen 1966 Herbert Sojer und seine Frau Rosa die schwere Aufgabe, den neuen Polytechnischen Lehrgang aufzubauen. Die Knabenklasse war im Keller des Schulhauses untergebracht, die Mädchenklasse in einem Privathaus. Der Werkraum für Knaben befand sich in einem aufgelassenen Brausebad, gekocht wurde in der Klasse.

1968 zog der Polytechnische Lehrgang in das neue Schulhaus in Kirchberg ein, wurde aber immer noch provisorisch geführt. Am 13. September 1982 fand die Einschreibung für die Schüler aus Kirchberg, Westendorf und Brixen im neuen Schulhaus in Brixen statt. In zwei Klassen unterrichten seit damals mit Direktor Herbert Sojer die Stammlehrer: Rosa Sojer, Franz Stöckl, Thomas Hausberger, Elisabeth Wolf (Hauswirtschaft) und Manfred Prodinger (Religion).

Bevor es soweit war, führten die drei betroffenen Gemeinden jahrelang schwierige Verhandlungen, und die örtlichen Politiker traten mehrmals die Fahrt nach Innsbruck ins Landhaus an. Mit der Errichtung des Polytechnischen Lehrgangs in Brixen ist der Name des Bürgermeisters Johann Werlberger untrennbar verbunden. Leider konnte er den Abschluß seines Werkes nicht mehr erleben.

Die Schulhäuser

Wie schon Matthias Mayer feststellte (S. 119), sind über das alte Mesner- und Schulhaus nicht viele Nachrichten erhalten. Es ist jedoch sicher, daß auch in Brixen, wie fast überall, die Kirche lange Zeit den Aufwand für die Schule getragen hat. So wurde 1731 vom Ordinariat ein Betrag von 107 Gulden 2 Kreuzern für eine Arbeit für „das zum lobw. Pfarrgotteshaus Br. gehörige Schuellmaister- und Mösnerheisl daselbs . . ." bewilligt und „aus denen Mitlen des lobl. Pfarrgotteshauß" gedeckt.

1794 schrieb Pfarrprovisor Schlechter in einem Bericht: „Die hiesige Schulstube ist nur für ca. 50 Kinder geeignet, während doch den Winter über 80 bis 90 Kinder in die Schule gehen. Das Schulhaus, welches zugleich Mesnerhaus ist, ist ganz von Holz gebaut und so klein, daß an jeder Seite nur 2 Zimmer angebracht sind." Trotz dieses Raummangels kam es erst sechzig Jahre später zu einem Neubau.

Nach Matthias Mayer sollte sich diese „Schulstube" im Wirtschaftsgebäude des Dechanthofes (Dechantstall) befunden haben. Aus Unterlagen des Pfarrarchivs aus dem Jahre 1851 (Briefwechsel des Gemeindevorstandes mit der Bezirkshauptmannschaft wegen des geplanten Schulhausneubaues, Lageplan; s. dazu UNTER UNS, Jg. 10, Nr. 2, Februar 1988, S. 16—18) geht aber eindeutig hervor, daß das alte Schulhaus genau an der Stelle stand, wo heute das Gebäude der Raiffeisenkasse steht. Wann dieses Schulhaus direkt an der Straße erbaut wurde, ist nicht bekannt. Eine im Jahre 1841 befohlene umfassende Erneuerung, bei der die morschen Holzwände durch Steinmauern zu ersetzen gewesen wären, konnte nicht mehr durchgeführt werden. Das Haus war einfach zu baufällig.

Pläne, dieses alte Schulhaus abzureißen und an derselben Stelle ein neues, den zeitgemäßen Bedürfnissen angemessenes Haus zu errichten, gab es schon 1851. Dechant war damals Alois Schmid, Gemeindevorsteher der Kloobauer Leonhard Stöckl. Nach einigem Hin und Her zwischen dem 1850 gewählten Gemeindeausschuß und der k. k. Bezirkshauptmannschaft wurde das Haus abgetragen und 1854 das neue Schulhaus errichtet. Es mußte wieder ganz knapp an der Straße erbaut werden und war zunächst einstöckig. Außer dem Schulzimmer enthielt es einen Raum für Mädchenhandarbeit (Industrieschule genannt), eine Wohnung mit mehreren Zimmern für den Schulmeister und, da sich dieser zu seiner Unterstützung einen Mesnerknecht halten mußte, noch ein weiteres Zimmer.

Den größten Teil des finanziellen Aufwandes hatte die Gemeinde zu tragen. Der Voranschlag sah 2548 Gulden in Geld und 1363 Gulden in Frondiensten vor. Zusätzlich wurde bei der k. k. Regierung um das sogenannte „Patronatsdrittel" von 1274 Gulden angesucht. Die Salvenkirche trug zu den Baukosten 400 Gulden bei, die Franz-Xaver-Bruderschaft 200 Gulden. Von der Pfarrkirche kamen 230 Gulden in bar und die Schindeln im Wert von 250 Gulden, außerdem zwei Gruben voll Kalk.

1922 war es nötig, dieses Schulhaus zu erweitern. Die Schule war ja inzwischen vierklassig geworden. Ein Stockwerk aus Holz wurde aufgebaut. Hier war auch die Wohnung des Oberlehrers untergebracht. In den Mansarden gab es Wohnungen

Das alte Schulhaus (Dezember 1929)

für die Lehrer. Da der Erweiterungsbau nicht rechtzeitig fertig wurde, begann die Schule in diesem Jahr erst Ende November. Dafür wurden die Weihnachtsferien verkürzt.

Gegen Ende des Zweiten Weltkrieges, im Frühjahr 1945, mußten alle Klassenzimmer bis auf eines geräumt werden. In den Räumen wurden Flüchtlinge untergebracht. Ende April dieses Jahres schloß die Schule vorzeitig.

1950 erhielt das Schulhaus eine Zentralheizung. Bei diesen Arbeiten stieß man im Keller auf alte Grundmauern. Man fand auch Gefäßscherben aus Ton und aufgeschichtetes Brennholz. Es wurde vermutet, daß es sich um Überreste einer Wohnstätte aus dem 16. Jahrhundert handelte, die durch Überschwemmung eingesandet worden sein könnte.

Im April 1954 begann ein neuerlicher Erweiterungsbau für die nun sechsklassige Schule. Der Eingang wurde von der Straßenseite auf die Westseite verlegt. Die Gefährdung durch den Straßenverkehr war für die Schulkinder zu groß geworden. (1851 war diese Straße noch als Vicinalstraße — also Nahverkehrsstraße —, die sehr wenig gebraucht und befahren wird, bezeichnet worden.) Der Anbau enthielt zwei große, südseitig gelegene Klassenzimmer. Eine Schulküche wurde eingerichtet und mit einem Elektroherd ausgestattet. Die alten Klassen wurden etwas verkürzt. Dadurch wurde Platz gewonnen, um die Garderoben außerhalb der Klassenzimmer unterzubringen.

Eine zusätzliche Lehrerinnenwohnung wurde ausgebaut, Balkone und Dachböden wurden erweitert. An der Ostseite entstand eine neue Waschküche. Darüber erhielt die Musikkapelle einen Probenraum. Wegen der großen Schülerzahl benötigte die Volksschule dieses Zimmer später ebenfalls noch als Klassenraum. Auch

Ein Klassenzimmer im alten Schulhaus

in den Räumen der Lehrerwohnung, die einige Jahre leerstand, fand Unterricht statt. Für den Maschinschreibunterricht wurde sogar ein eigener großer Tisch angefertigt, an dem mehr als zehn Schreibplätze zur Verfügung standen.

Bis 1982 wurden die Brixner Volksschüler in diesem Haus unterrichtet.

Nachdem sich der Bauzustand des Schulhauses zusehends verschlechtert hatte, machte man sich Gedanken über einen Neubau. Eine Generalsanierung wäre wohl unverhältnismäßig teuer geworden. Dazu kam der ungünstige Standort. Aus der „wenig gebrauchten Vicinalstraße" war eine vielbefahrene Durchzugsstraße geworden, an deren engster Stelle das Schulhaus lag. Täglich fuhren die schweren Lastautos und Autobusse buchstäblich wenige Zentimeter neben den Fenstern vorbei.

Seit den späten sechziger Jahren, schon unter Bürgermeister Andrä Schermer, bemühte sich die Gemeindeführung um eine Lösung. Der ursprüngliche Gedanke, durch ein großzügiges Projekt auch eine Hauptschule in Brixen zu errichten, mußte fallengelassen werden, nachdem Westendorf seine Hauptschule erhalten hatte. Die verbleibende Schülerzahl hätte nicht ausgereicht, eine Hauptschule in Brixen auf die Dauer zu erhalten.

Nachdem Bezirksschulinspektor Dr. Walter Bodner in einem Inspektionsbericht am 5. Juni 1972 noch einmal eindringlich auf die Notwendigkeit hingewiesen hatte, gab es 1973 unter Bürgermeister Franz Podesser eine Vorplanung, die jedoch nicht realisiert wurde.

Immer noch, auch unter Bürgermeister Hans Werlberger, verhandelten die Politiker der drei betroffenen Gemeinden Brixen, Kirchberg und Westendorf unter schwierigen Verhältnissen über die äußere Schulorganisation. Es ging um die

Die Südfassade der neuen Schule im Winter 1988 (Foto: H. Sojer)

Frage, in welcher Gemeinde die Sonderschule und der Polytechnische Lehrgang errichtet werden sollten. Jede Gemeinde hatte den begreiflichen Wunsch, ihre Schulkinder im eigenen Ort zu behalten.

Gleichzeitig wurde ein geeigneter Standort gesucht. Die Landesregierung reihte am 26. Mai 1975 drei mögliche Bauplätze nach ihrer Eignung. Die Gemeinde Brixen entschied sich schließlich für ein Grundstück, das der Kirche gehörte.

Am 8. Jänner 1976 fand in Salzburg eine Aussprache mit einer Brixner Abordnung über den Ankauf dieses Grundstückes statt. Darauf folgten Verhandlungen über den Preis, und am 2. Juli 1977 konnte der Kaufvertrag zwischen Brixen und der Finanzkammer der Erzdiözese Salzburg unterfertigt werden.

Nun begann die konkrete Planung. Am 30. Mai 1980 wurde das Ergebnis eines Architektenwettbewerbes bekanntgegeben. Den Planungsauftrag erhielt am 28. Jänner 1981 die Architektengruppe Heinz - Mathoi - Streli.

Während der Planungsarbeiten wurde die für Brixen vorgesehene Sonderschule endgültig nach Westendorf verlegt. Daher mußten die Planer das Projekt noch einmal überarbeiten. Am 17. Februar 1981 fand die Bauverhandlung statt, und am 5. Mai 1981 begannen die Bauarbeiten, nachdem die Finanzierung durch die moderne Leasingmethode sichergestellt war.

Ein besonderes Problem stellte der weiche Boden dar. Mit 117 Pfählen, die bis zu 14 Meter in die Erde gerammt wurden, mußte der Grund befestigt werden. Diese Tiefengründung kostete 1,300.000 Schilling. Im Dezember 1981 konnte das Richtfest gefeiert werden.

Nachdem im Jahre 1982 auch die Turnhalle errichtet worden war, begann am 20. September 1982 der Polytechnische Lehrgang mit dem Unterricht im neuen

Schulhaus. Die Bauarbeiten waren am 12. Dezember 1982 endgültig abgeschlossen. Nach den Weihnachtsferien, die zum Übersiedeln genutzt wurden, nahm auch die Volksschule den Unterricht im neuen Gebäude auf.

An der Errichtung und Einrichtung des Gebäudes waren alle heimischen Firmen beteiligt. Die Gesamtkosten betrugen etwa 45 Millionen Schilling. Sie wurden nach der endgültigen Abrechnung im Jahre 1984 anteilsmäßig auf die drei Gemeinden aufgeteilt.

Damit war eine Entwicklung abgeschlossen, in der es sich alle Beteiligten nicht leicht gemacht hatten. In verantwortungsvoller Weise haben sie versucht, das Beste für ihre Gemeinden zu erreichen. Für Brixen hat Bürgermeister Johann Nagele das begonnene Werk fortgesetzt und zu einem guten Abschluß gebracht.

Es darf wohl mit Freude vermerkt werden, daß nach vielen schwierigen Verhandlungen mit vielen gegensätzlichen Standpunkten, die manchmal unüberwindlich schienen, schließlich Einigung erzielt werden konnte und daß alle drei Gemeinden gemeinsam zu diesem Ergebnis stehen.

Das neue Schulhaus liegt auf der nördlichen Talseite, östlich der Pfarrkirche, zwischen Berghang und einer Häuserzeile, etwas abseits der Straße. Es enthält alle notwendigen Räume für eine siebenklassige Volksschule im Westteil und einen zweiklassigen Polytechnischen Lehrgang im Ostteil.

Im Untergeschoß liegt die Zentralgarderobe, die auch als Sammelschutzraum vorgesehen ist. Die Räume für Heizung, Lüftungsanlagen und Elektrotechnik schließen an. Für den Polytechnischen Lehrgang gibt es zwei Werkräume, ein Fotolabor und die Schulküche. Die Volksschule verfügt über je einen Werkraum für den technischen und den textilen Bereich. Eine großzügige Turnhalle mit allen erforderlichen Nebenräumen bildet die Nordwestecke. Im Südwesten liegt die Dienstwohnung des Schulwartes. Dieser Teil kann durch den westseitigen Nebeneingang betreten werden.

Der Haupteingang auf der Südseite führt ins Erdgeschoß zur offenen Mehrzweck- und Pausenhalle. Hier liegen auch die Schulwartkoje und der Aufenthaltsraum für die Fahrschüler. Der Polytechnische Lehrgang hat hier die Direktion, das Lehrmittelzimmer, das Konferenzzimmer, ein Klassenzimmer und einen Gruppenraum. Die Volksschule belegt drei Klassenzimmer, ein Lehrmittelzimmer und die Bücherei.

Im Obergeschoß liegt zwischen dem Polytechnischen Lehrgang und der Volksschule die Galerie zur Mehrzweckhalle. Die zweite Klasse des Polytechnischen Lehrganges, zwei Gruppenräume und der Computerraum sind hier untergebracht. Die Volksschule verfügt über vier Klassenzimmer, einen Gruppenraum für Heilkurse und therapeutische Übungen, das Konferenzzimmer und die Direktion. In allen Stockwerken sind Toiletten- und Waschanlagen vorhanden. Die Elektroheizung wird mit Nachtstrom betrieben.

Das Haus wird auch außerschulisch genutzt. Im östlichen Teil sind, mit eigenem Eingang, ein Zimmergewehr-Schießstand und ein Raum für die Schützenkompanie untergebracht. In der Mehrzweckhalle spielt die Volksbühne Brixen regelmäßig Theater. Fallweise finden Konzerte des Gesangsvereines und andere Veranstaltungen statt. Den Turnsaal benützen die verschiedensten Vereine und Gruppen sehr gern. Für Erwachsene gibt es immer wieder Koch-, Näh-, Mal- oder Bastelkurse, die oft von der Erwachsenenbildung organisiert sind.

Der Kindergarten

Den ersten Kindergarten in Brixen im Thale gab es in den Jahren 1940 bis 1944. Es war ein sogenannter „Erntekindergarten" und beim Eberlbauer in Lauterbach untergebracht. Frau Hilde Obermoser führte ihn. 1941 war die Kinderzahl so groß, daß geteilt werden mußte. Die zweite Gruppe, geführt von Frau Erna Senfter, war in Hof beim Hoferschmied untergebracht. Kindergartenbetrieb war von Mai bis September.

Im Jahre 1964 wurde der Gemeindehaus-Neubau in Brixen im Thale fertiggestellt. Im Südosten dieses Gebäudes fand auch ein eingruppiger Kindergarten Platz. Er war als Ganztagskindergarten (von 8 bis 16 Uhr) für 37 Kinder gedacht.

Die Lebensmittel für die Ausspeisung stellte zum Großteil die Landesregierung (Unicef) zur Verfügung.

An Räumlichkeiten waren vorhanden: 2 kleine Eingangshallen, 1 Garderobe, 1 Schlafraum, 1 Gruppenraum, 1 Sanitäranlage, 1 Abstellraum, 1 Küche mit Speise.

Im Juni 1964 wurde der Kindergarten mit 35 Kindern eröffnet. Die Leitung des Kindergartens übernahm Frl. Maria Genitheim aus Völs bei Innsbruck. Als Helferin wurde ihr ein 15jähriges Mädchen — Anneliese Brunner — beigestellt. Außerdem war auch eine Köchin — Frau Maria Reiter — angestellt.

Das Jahr 1965 brachte einen Wechsel in der Leitung des Kindergartens mit sich. Im Jänner übernahm Frl. Genitheim die Leitung des Kindergartens in ihrem Heimatdorf. Den Brixner Kindergarten übernahm Schwester Margot Hölzl aus der Gemeinschaft der Barmherzigen Schwestern in Salzburg. Gleichzeitig wurde auch eine neue Köchin — Frau Elisabeth Mössner — angestellt. Im Juni 1969 löste Frau Anni Dummer Frl. Brunner als Helferin ab.

Bald erwies sich der Kindergarten als zu klein, der Zubau entstand vom September 1972 bis Jänner 1973.

Ab Februar 1973 wurde der Kindergarten zweigruppig geführt. Als zweite Kindergärtnerin wurde Frau Luise Lengauer aus Brixen im Thale angestellt.

Da der Ganztagsbetrieb immer weniger in Anspruch genommen wurde, faßte die Gemeindeverwaltung im Sommer 1983 den Beschluß, den Kindergarten nur mehr halbtägig zu führen.

Anmerkungen

[1] Matthias MAYER, Der Tiroler Anteil des Erzbistums Salzburg kirchen-, kunst- und heimatgeschichtlich behandelt. 1. Heft: Brixen i. T. - Kirchberg - Aschau. Going 1936, S. 117—119.
[2] Die folgenden Ausführungen stützen sich vor allem auf: Sebastian HÖLZL, 400 Jahre Tiroler Schulordnung, in: Tiroler Heimatblätter 61/3, 1986, 97—100.

Das Wirtschaftsleben

Entwicklung und gegenwärtige Struktur

Von Hugo Penz

Frühere Wirtschafts- und Lebensformen

In den letzten 150 Jahren wurde das Wirtschaftsleben in der Gemeinde Brixen im Thale grundlegend umgestaltet. Dieser rasche Strukturwandel, der ähnlich wie im ganzen Ostalpenraum ablief, steht in einem auffallenden Gegensatz zur Entwicklung in den vorangegangenen Jahrhunderten, in denen sich die Wirtschaftsweisen und die soziale Schichtung der Bevölkerung nur sehr langsam gewandelt hatten. Die damalige Kontinuität hing eng mit den rechtlichen Bindungen und den traditionellen Lebensformen der Agrargesellschaft zusammen.

Vor allem die grundherrschaftlichen Bindungen begünstigten die Erhaltung der alten Wirtschafts- und Sozialordnung, die sich im Mittelalter ausgebildet hatte. Diese Abhängigkeit war im Brixental, das bis zu Beginn des 19. Jahrhunderts zum Erzstift Salzburg gehörte, besonders drückend. Während in der Gefürsteten Grafschaft Tirol die persönliche Bindung der hörigen Bauern an den Grundherren bereits im 15. Jahrhundert in die allgemeine Landesuntertanenschaft aufgegangen war, blieben im Landgericht Hopfgarten sogar Reste der Leibeigenschaft bis nach 1800 erhalten (Stolz 1949, S. 148).

Im Jahre 1780 gab es im Brixental folgende neun leibeigene Sippen mit zusammen 167 männlichen Mitgliedern: Fahringer (22), Gastl (24), Plaikner (1), Schermer (9), Schipflinger (54), Schuster (8), Schwaiger (30), Windauer (11) und Ziepl (8). Später fällt der Name Plaikner fort, und es verbleiben acht Sippen. Die Anzahl der männlichen Mitglieder betrug 1795 insgesamt 139 und 1807 noch 134. Eigenartigerweise galten nur die Männer als leibeigen. Wurde in einer dieser Sippen ein Sohn geboren, so war eine Gebühr zu entrichten. Ab der Volljährigkeit (25. Lebensjahr) oder, wenn er früher heiratete oder den Hof übernahm, war ab diesem Zeitpunkt jährlich am Leonharditag (6. November) dem Amt Itter ein Leibzins von 2 Kreuzern zu leisten. Starb der „Leibzinser", so mußte der Erbe die „Totfallkuh" abliefern. Heiratete einer außerhalb des Gerichtes, so mußte er sich mit einem Betrag von 20 bis 60 Gulden aus der Leibeigenschaft lösen. Das gleiche galt, wenn er in eine Bürgerzunft eintreten oder Priester werden wollte. Als sich die Ideen der Aufklärung durchsetzten, wollte man die Leibeigenschaft im Jahre 1795 endgültig aufheben. Allerdings kam es nicht dazu, weil den Leibzinsern die Ablösesumme von insgesamt 800 Gulden — aufgeteilt auf Einzelbeträge von 2 bis 20 Gulden — als zu hoch erschien. Ab 1797 konnten sie sich um die genannte Summe auch einzeln freikaufen. Nach der Vereinigung Salzburgs mit Österreich wurde die Leibeigenschaft durch ein Hofkanzleidekret vom 24. Dezember 1807 im Brixental ohne Gegenleistung aufgehoben (Klein 1934, S. 43—44).

Nicht nur die großen Güter, die der Grundherrschaft unterstanden, sondern auch die meisten Kleinbauern waren vor 1800 im Brixental rechtlich schlechter gestellt als jene in den landesfürstlich-tirolischen Gerichten. Im Gericht Itter (Hopfgarten) waren viele kleinbäuerliche Söllgüter, aber auch einzelne Grundstücke ohne Häuser und Almanteile als „Beutellehen" vergeben, die den Lehensnehmer eng an den Fürsterzbischof von Salzburg banden. Im Brixental gab es insgesamt 500 solcher Beutellehen (Stolz 1949, S. 245—247).

Beutellehen gab es sowohl in Bayern als auch im Erzstift Salzburg. Sie kamen auch in den später tirolischen Besitzungen dieses geistlichen Fürstentums im Brixen-, Ziller- und Iseltal häufig vor, die bis 1815 zu Salzburg gehörten. Die Inhaber solcher Lehen waren ihren Herren besonders stark verpflichtet. Sie mußten dem Bischof auf der Brücke zu Itter den Treueid leisten. Auch in der Art ihrer Abgaben kam die persönliche Abhängigkeit zum Ausdruck. Der jeweilige Geldbetrag war beim Wechsel des Fürsten — beim Herrenfall — und bei jenem des Lehensinhabers — beim Mannfall — zu entrichten. Dafür entfiel der jährliche Zins, der bei den Urbariallehen zu bezahlen war (Klein 1940, S. 92—104, 112).

Die harte Hand der Grundherrschaft und der staatlichen Obrigkeit wirkte sich auf die bäuerlichen Wirtschafts- und Lebensformen nachhaltig aus. Sie unterdrückte spontane Entwicklungen. Dies gilt für die größeren Bauernhöfe ebenso wie für die Kleingüter. Die größeren Anwesen blieben über Jahrhunderte hinweg erhalten, weil der Grundherr Teilungen untersagte. Die Kleingüter waren vielfach Beutellehen, auf deren Entwicklung die Fürsterzbischöfe Einfluß nehmen konnten.

Tabelle 1: Anzahl der Betriebsstätten in Landwirtschaft, Handwerk, Handel und Gewerbe im Brixental 1794

Gemeinde	Höfe Anzahl	Kleinhäuschen Anzahl	Gewerbe Anzahl
Brixen i. Th.	53	63	31
Kirchberg	93,5	82	44
Westendorf	153	53	27
Hopfgarten	189	104	69
Itter	43	5	7
Landgericht Hopfgarten	531	307	178

Quelle: Hübner 1796, S. 340—342

Vor 200 Jahren bestimmte noch die Landwirtschaft das Wirtschaftsleben des Brixentales. Im unteren Talabschnitt konzentrierte sich das Gewerbe auffallend stark auf den Markt Hopfgarten. Brixen im Thale und Kirchberg waren schon so weit von dort entfernt, daß sich vergleichsweise mehr Handwerker und Händler halten konnten als in Itter und Westendorf. Soweit die Gewerbe nicht der einfachen Grundversorgung dienten, verarbeiteten sie vor allem land- und forstwirtschaftliche Produkte.

Die bei L. Hübner (1796, S. 742) veröffentlichte Liste der Gewerbebetriebe von Brixen im Thale belegt diese Aussage. In diesem Buch werden für 1794 folgende Handwerker und

Händler genannt: 6 Mautmüller, 3 Sägemüller, 2 Lederer, 3 Wirte, 2 Schmiede, je 1 Bier- und 1 Weinzapfler, 4 Krämer, 1 Bader, 3 Schneider, 2 Schuster und 4 Weber.

Noch deutlicher belegt der „Kataster über die Tobacks Aufschlags Compositionsbeträge des Steuerdistricts Brixen"[1], der von S. Posch (1985) erstmals bearbeitet wurde, die berufliche und soziale Gliederung der Bevölkerung von Brixen im Thale in der vorindustriellen Zeit. Nach dieser überaus interessanten Quelle entfielen 1812 von den 272 Haushalten 100 (davon 2 „Austragler") auf Bauern, 24 auf Kleinhäusler, die etwas Landwirtschaft betrieben, und 111 auf Tagwerker, die ihren Lebensunterhalt sicherlich vorwiegend durch Arbeiten auf Bauernhöfen verdienten. Auf das Handwerk und Gewerbe entfielen nur 25 Haushalte, während 12 Familien nicht genau eingeordnet werden konnten (Werte zusammengefaßt nach Posch 1985).

Tabelle 2: Die soziale Gliederung der Erwerbstätigen in den Fraktionen von Brixen im Thale 1812[2]

Steuer-klasse	Hof	Brixen	Lauter-bach	Feuring	Buch- u. Sonnberg	Brixen insges.
VIII	—	1	—	—	—	1
VII	2	—	—	—	—	2
VI	1	1	1	—	—	3
V	7	—	1	2	1	11
IV	10	1	8	11	40	70
III	3	6	9	3	9	30
II	13	4	9	7	3	36
I	7	1	9	4	7	28
Befreit	30	5	19	15	22	91
Summe	73	19	56	42	82	272

Aus dieser wertvollen Quelle läßt sich die soziale Schichtung der Bevölkerung Brixens im Jahre 1812 ableiten. Die Haushalte sind nämlich in acht Steuerklassen eingeteilt, für die folgende Steuersätze vorgesehen waren:

Klasse VIII	16 Gulden	Klasse IV	4 Gulden
Klasse VII	12 Gulden	Klasse III	2 Gulden
Klasse VI	8 Gulden	Klasse II	1 Gulden
Klasse V	6 Gulden	Klasse I	30 Kreuzer (½ Gulden)

An der Spitze der sozialen Schichtung stand in Brixen im Thale der Pfarrer, der als einziger in die Steuerklasse VIII eingereiht war. Diese Einstufung entsprach den tatsächlichen Verhältnissen. Zur Pfarre gehörte der größte Grundbesitz der Gemeinde, und eine Reihe von Stiftungen ergänzten das Einkommen der Pfarrer. Auch viele andere Pfarreien im Nordosten Nordtirols, die zur Erzdiözese Salzburg gehören, sind reich ausgestattet. Im übrigen Nordtirol, das früher zur Diözese Brixen im Eisacktal gehörte, ist der Kirchenbesitz hingegen bescheiden. Dieser Gegensatz geht auf die früheren Machtstrukturen zurück: Während die Tiroler Landesfürsten im Bistum Brixen lange Zeit einen Konkurrenten sahen und trachteten,

den weltlichen Besitz der Kirche zurückzudrängen, förderten die Salzburger Fürsterzbischöfe das Streben der Pfarrer nach Grund und Boden.

Innerhalb der Bauern gelang es nur wenigen aufzusteigen und zu einem deutlich größeren Vermögen als die übrigen zu kommen. Am ehesten war dies noch
möglich, wenn mit dem Hof eine Gastwirtschaft verbunden war. Bei den beiden
Haushalten der Steuerklasse VII handelte es sich um den Wirt und einen Großbauern von Hof. Der Wirt von Brixen sowie je ein (Groß-) Bauer in Hof und Lauterbach schienen in der Steuerklasse VI auf. Auf diesen überdurchschnittlich großen
Höfen waren zahlreiche Ehalten angestellt, und zu Zeiten der Arbeitsspitzen beschäftigte man Taglöhner, die in unserer Quelle als „Tagwerker" bezeichnet
werden (Posch 1985).

Die Vollbauern bildeten die Mittelschicht der Gemeindebevölkerung. Von den
11 Haushalten der Steuerklasse V entfielen 9 auf Bauern und je einer auf einen
Schmied und Müller und von den 70 Haushalten der Steuerklasse IV waren sogar
69 Bauern. Diese Höfe wurden als Gesindewirtschaften geführt, auf denen neben
der Bauernfamilie noch einige fremde Knechte und Mägde arbeiteten. Die kleineren vollbäuerlichen Betriebe, die nur wenige Ehalten beschäftigten, wurden der
Steuerklasse III zugezählt. Von den hier berücksichtigten 16 Höfen entfielen 5 auf
den Sonnberg, je 4 auf den Buchberg und Lauterbach, sowie je einer auf Hof,
Brixen und Feuring (Posch 1985).

Das Einkommen des Kooperators und des Lehrers war bescheiden. Sie wurden
ebenso wie der „Chirurg" (Tierarzt) und der Krämer (Warenhändler) von Brixen in
der Steuerklasse III berücksichtigt. Die Inhaber von Söllgütern, die in unserer
Quelle als „Häusler" oder „Kleinhäusler" aufscheinen, wurden in der Regel in die
Steuerklasse II eingestuft. Von den 24 so bezeichneten Nebenerwerbsstellen war
dies bei 19 der Fall. Nur drei wurden in der Steuerklasse III und zwei in der Steuerklasse I berücksichtigt. Die einfacheren Handwerker und die Krämerin von Lauterbach, in deren Laden offenbar weniger Waren umgesetzt werden konnten als im
reicheren und zentraler gelegenen Brixen, zählten zur Steurklasse II. Bei den besitzlosen Unterschichten, die keine Abgaben zu entrichten hatten, handelte es sich
in erster Linie um Tagelöhner.

Die soziale Schichtung der Bevölkerung von 1812 weist sowohl auf traditionelle
Strukturen als auch auf den beginnenden gesellschaftlichen Umbruch hin. Die Größenstruktur der Bauerngüter geht auf die grundherrschaftlich gelenkte Siedlungs-
gestaltung im Mittelalter zurück. Infolge des vorherrschenden Anerbenrechts, bei
dem der gesamte Besitz geschlossen vererbt wird, änderten sich die Höfe über
Jahrhunderte hinweg kaum. Auch die zum Teil als Beutellehen vergebenen Söllgüter, die die frühneuzeitliche Siedlungserweiterung dokumentieren, weisen auf
das alte Wirtschafts- und Gesellschaftssystem hin. In der auffallend großen Zahl
besitzloser Taglöhner kündigt sich der bevorstehende gesellschaftliche Umbruch
an. In den vorangegangenen Jahrzehnten hatte die Bevölkerung stark zugenommen. Die Zahl der vollwertigen Arbeitsplätze in der Landwirtschaft war jedoch
durch das Anerbenrecht eingeschränkt gewesen, und für die Ausweitung anderer
wirtschaftlicher Aktivitäten hatten die Voraussetzungen gefehlt. Daher hatte die
Gruppe der besitzlosen Taglöhner so stark zugenommen, daß 1812 bereits ein
Drittel aller Haushalte von Gelegenheitsarbeiten lebte.

Ein alter Hof am Sonnberg im Winter (Ebental) (Foto H. Laiminger)

Brixner Sonnseite gegen das Kitzbühler Horn (Foto FVV Brixen i. Th.)

Der neue Vierersessellift (Foto FVV Brixen i. Th.)

Die Gondelbahn (Foto FVV Brixen i. Th.)

Der hohe Prozentsatz der Besitzlosen erlaubt die Feststellung, die Gemeinde Brixen im Thale wäre am Beginn des 19. Jahrhunderts übervölkert gewesen. Diese Aussage überrascht, weil man in der Regel annimmt, dies sei nur in den Realteilungsgebieten Westtirols der Fall gewesen. Als die Armen zu einem immer größeren Problem für die Gemeinden wurden, die für deren Lebensunterhalt zu sorgen hatten, wurde die österreichische Zentralverwaltung aktiv und erließ 1820 den „politischen Ehekonsens". Von diesem Jahr an durften die Besitzlosen nur noch mit Zustimmung der Heimatgemeinde heiraten. Als sich das liberale Gedankengut durchsetzte, hob die Wiener Regierung 1863 den Ehekonsens auf. In Tirol blieb er jedoch noch länger in Kraft, weil der Landtag dieser Gesetzesänderung nicht zustimmte (Fontana 1978, S. 86—88). In Brixen im Thale scheint der „Ehekonsens" das Bevölkerungswachstum nach 1820 etwas gebremst zu haben. Vor allem die besitzlosen Unterschichten nahmen nicht mehr zu.

Die soziale Gliederung der Bevölkerung deckt auch bemerkenswerte räumliche Sonderentwicklungen auf. Vor allem der Gegensatz zwischen Berg und Tal war bereits 1812 klar ausgeprägt. In den beiden Bergfraktionen Sonn- und Buchberg hatte sich die mittelalterliche Sozialstruktur kaum gewandelt. Das Fehlen außeragrarischer Aktivitäten und die einheitliche Einstufung der Bauern sind ein Indiz für die lange anhaltende Kontinuität der Wirtschafts- und Sozialstrukturen. Die Talsiedlungen wiesen eine viel stärkere soziale Mobilität auf. Dort war es neben den Wirten auch einzelnen Bauern gelungen, sozial aufzusteigen. Die unteren Ränge des sozialen Gefüges der Ortschaften waren durch neue, handwerkliche Berufe, die zunächst noch unter den Bauern eingestuft wurden, und viele Besitzlose nach und nach aufgefüllt worden.

Phasen des wirtschaftlichen und gesellschaftlichen Strukturwandels

Der durch die Industrialisierung ausgelöste moderne Strukturwandel wirkte sich auch in den von den rasch anwachsenden industriellen Zentren weit entfernten Alpen aus. Dort war die traditionelle agrargesellschaftliche Wirtschaftsweise allgemein durch das Streben nach Eigenversorgung gekennzeichnet gewesen. Dies hatte nicht nur für die Agrarproduktion, sondern auch für viele handwerkliche Erzeugnisse gegolten, die im eigenen Haushalt oder in Nachbarschaftshilfe hergestellt worden waren. Die den unteren sozialen Schichten zugezählten Dorfhandwerker waren ebenfalls in das System der Selbstversorgung einbezogen. Sie verrichteten ihre Arbeit vielfach „auf der Stör" bei den Auftraggebern und wurden zum Teil in Naturalien bezahlt.

Der wirtschaftliche und gesellschaftliche Wandel hing eng mit der Verkehrserschließung zusammen, die die Grundvoraussetzung für die allmähliche Integration der Gemeinde in die moderne Volkswirtschaft gebildet hat. Auf Grund der Lage zwischen dem Inntal und der Stadt Kitzbühel wurde das Brixental früher erschlossen als jene Seitentäler, durch die keine überregionalen Verkehrsverbindungen führen. Bereits im 17. Jahrhundert wird eine „Landstraße" von Wörgl durch das Brixental erwähnt (Stolz 1953, S. 296). Später geriet diese Strecke gegenüber der Verbindung von Wörgl über das Sölland nach St. Johann in Tirol etwas in das Hintertreffen. Bereits die „Haupt-, Post- und Kommerzialstraße" folgte dieser kürzeren Linie von Salzburg über Lofer nach Wörgl (Steiner 1897, S. 14). Auch die heutige Hauptstraße, die frühere B-1 und nunmehrige B-312, benützt die kürzere Verbindung durch das Söllandl.

Für die Eisenbahntrasse wollte man ursprünglich ebenfalls die Verbindung von St. Johann über Söll nach Wörgl wählen. Den „unermüdlichen Bemühungen mehrerer Kitzbüheler Bürger" (Steiner 1897, S 15) war es zu danken, daß man sich schließlich für Kitzbühel und das Brixental entschied. Die ursprünglich als „Gisela-Bahn" bezeichnete Verbindungsstrecke von Salzburg über den Pinzgau nach Wörgl wurde 1873—1875 von der „Kaiserin-Elisabeth-Bahn", die den Zuschlag erhalten hatte, errichtet und am 31. Juli 1875 feierlich eröffnet (Dultinger 1961, S. 81—82). Durch die neue Eisenbahn mit dem Bahnhof bei Lauterbach war die Gemeinde Brixen im Thale verstärkt von außen kommenden Einflüssen ausgesetzt.

Die Erschließung durch die Eisenbahn leitete in Brixen im Thale eine erste Phase des modernen Strukturwandels ein, die bis zum Ersten Weltkrieg dauerte. In diesem Zeitabschnitt machten sich die Auswirkungen der Industrialisierung erstmals stärker bemerkbar. Die Industrie der sich entwickelnden Ballungsgebiete entzog der Landwirtschaft Arbeitskräfte. Die Löhne stiegen deshalb an, und die vollbäuerlichen Betriebe waren gezwungen, den Beschäftigtenstand zu verringern und arbeitsaufwendige Betriebszweige wie den Ackerbau durch eine verstärkte Grünlandnutzung zu ersetzen. Einschneidender waren die Veränderungen im produzierenden Handwerk, das seit dem Bahnbau einer verstärkten industriellen Konkurrenz ausgesetzt war. Infolgedessen verschwanden vor allem jene Kleinbetriebe, die sich vorher mit bescheidenen Einkünften hatten zufrieden geben müssen. Positive Impulse gingen von der Bahn für den Tourismus aus, dessen Bedeutung ab der Jahrhundertwende deutlich anstieg.

Durch den Bahnbau erwachte auch erstmals das Interesse Auswärtiger an Grund und Boden. In der Gemeinde Hopfgarten kaufte im Jahre 1881 die Familie Darbley aus Paris, die in Wörgl eine Zellulosefabrik errichtet hatte, fünf Almen mit einer Gesamtfläche von 580 Hektar und ausgedehnte Waldungen auf. Rund 2000 Hektar Grund sind bis heute im Besitz dieser Familie geblieben (Höck 1986, S. 55). In Brixen im Thale gelang es in dieser Zeit keinem Auswärtigen, Grundbesitz für Jagdzwecke zu erwerben.

Die beiden Weltkriege und die Wirtschaftskrise der Zwischenkriegszeit hemmten die wirtschaftlichen und gesellschaftlichen Veränderungen. Umso stärker setzten diese in einer zweiten Phase des raschen sozialen Wandels in den fünfziger und sechziger Jahren ein. Der allgemeine Wirtschaftsaufschwung („Wirtschaftswunder") und die aufkommende Motorisierung ermöglichten einen tiefgreifenden Umbruch in den Wirtschafts- und Lebensformen.

Moderne Veränderungen in der Berufsstruktur

Der Strukturwandel der letzten 50 Jahre führte zu einer grundlegenden Umschichtung zwischen den einzelnen Berufsgruppen. Die Landwirtschaft verlor gegenüber dem produzierenden Gewerbe und den Dienstleistungsberufen, vor allem dem Fremdenverkehr, mehr und mehr an Bedeutung.

Tabelle 3: Veränderung der Agrarquote* in den Gemeinden des Brixentales
1934—1981[3]

Gemeinde	1934 %	1951 %	1961 %	1971 %	1981 %
Brixen i. Th.	54,4	38,3	33,2	21,3	11,4
Kirchberg	46,1	37,1	29,1	20,8	12,8
Westendorf	62,3	52,1	37,6	25,1	17,3
Hopfgarten	49,0	43,9	36,6	26,1	17,4
Itter	66,1	46,7	41,1	25,3	14,8
Gerichtsbez. Hopfgarten	53,9	43,0	34,6	23,8	15,1
Politischer Bez. Kitzbühel	47,4	36,1	26,9	17,2	10,6
Land Tirol	35,2	25,6	18,6	10,7	6,1

* Die Agrarquote entspricht dem Prozentanteil der Land- und Fortwirtschaft an der Wohnbevölkerung

Die Veränderungen der Agrarquoten dokumentieren den raschen Strukturwandel nach dem Zweiten Weltkrieg, vor allem in den letzten 25 Jahren. Während sich in der Zwischenkriegszeit noch die Hälfte der Wohnbevölkerung zur Land- und Forstwirtschaft bekannte, sank dieser Anteil bis 1961 noch verhältnismäßig langsam auf ein Drittel, 1971 machte der Prozentanteil nur mehr ein Fünftel und 1981 lediglich noch ein Zehntel der Wohnbevölkerung aus. Vergleicht man diese Werte mit den Daten des übrigen Brixentales sowie jenen des Bezirkes Kitzbühel und des Bundeslandes Tirol, so erkennt man, daß die Entwicklung in der Gemeinde Brixen dem allgemeinen Trend im Bezirk und im Land entsprochen hat. Diese statistischen Angaben belegen den raschen Wandel von einer bäuerlich geprägten Gemeinde zu einem Gemeinwesen, das zunehmend von gewerblichen Berufen und Dienstleistungsbetrieben gekennzeichnet ist. Der Tourismus wurde in den Kitzbüheler Alpen mehr und mehr zum Schlüsselgewerbe, dessen Bedeutung weit größer ist, als man auf Grund des Anteiles des Beherbergungs- und Gaststättenwesens an der Gesamtbevölkerung vermuten könnte.

Die jüngsten Veränderungen in der Berufsstruktur, die durch die beiden Volkszählungen von 1971 und 1981 dokumentiert sind, belegen nicht nur die weit fortgeschrittene Entbäuerlichung des Brixentales, sondern sie weisen auch auf die steigende Bedeutung des Tourismus hin. Der Prozentanteil des Beherbergungs- und Gaststättenwesens, der den „harten Kern" der Fremdenverkehrswirtschaft widergibt, hat deutlich zugenommen. Vom Tourismus als Schlüsselgewerbe profitieren neben dem Baugewerbe, das zahlreiche Aufträge von den Beherbergungs- und Gaststättenbetrieben erhält, auch der Handel und die sonstigen Dienstleistungen. Diese Wirtschaftsklassen konnten ihre Position allgemein ausbauen. Auch in den übrigen Gemeinden des Brixentales sowie im Bezirk Kitzbühel und im Bundesland Tirol läßt sich diese Tendenz verfolgen. In ihr kommt die Umstellung der ländlichen Lebensformen klar zum Ausdruck. Die Landwirtschaft wird mehr und mehr vom modernen Tourismus zurückgedrängt, der die Existenz eines immer größeren Teiles der Bevölkerung sichert. Die Zahl der Beschäftigten in der Industrie und im produzierenden Gewerbe sowie jene der Verkehrsbediensteten, bei denen es sich

vorwiegend um „Eisenbahner" handelt, haben von 1971 auf 1981 ebenfalls zugenommen. Die Wachstumsraten waren jedoch deutlich niedriger als in der Fremdenverkehrswirtschaft, die — wie man auch aus dem äußeren Erscheinungsbild
der immer stärker vom Tourismus geprägten Ortschaft entnehmen kann — das
Wirtschaftsleben der Gemeinde Brixen im Thale derzeit entscheidend umgestaltet.

Tabelle 4: Die Gliederung der Berufstätigen (Beschäftigte und Arbeitslose) nach
Wirtschaftsgruppen 1971 und 1981[4]

Gemeinde		Land- u. Forst- wirtsch.	Industrie u. verarb. Gewerbe	Bau- wesen	Handel, Lagerung	Beher- bergung u. Gast- stätten	Verkehr u. Nach- richten- wesen	Sonstige Dienst- leistun- gen
		%	%	%	%	%	%	%
Brixen i. Th.	1971	26,6	21,5	10,1	9,7	10,1	10,9	10,6
	1981	10,7	22,1	11,6	13,1	13,1	11,8	17,5
Kirchberg	1971	20,4	14,8	12,7	11,5	17,2	7,0	14,2
	1981	13,1	15,2	12,4	10,7	20,6	8,3	19,7
Westendorf	1971	25,4	18,3	9,9	7,6	14,9	10,0	12,8
	1981	13,0	19,7	9,3	14,2	16,0	10,4	16,2
Hopfgarten	1971	27,0	24,9	11,4	9,3	7,2	6,4	13,1
	1981	14,7	23,0	12,5	14,3	11,3	8,2	16,1
Itter	1971	32,3	25,7	11,9	9,2	10,6	3,6	6,3
	1981	16,0	21,2	10,1	18,2	14,0	8,1	12,3
Brixental	1971	25,1	20,4	11,3	9,6	12,0	7,8	12,6
	1981	13,4	20,0	11,6	13,4	15,2	9,2	17,3
Bezirk	1971	18,0	23,1	11,5	10,7	12,4	6,6	15,3
Kitzbühel	1981	10,0	23,0	11,4	13,6	14,8	7,6	19,7
Land Tirol	1971	11,4	27,1	10,0	12,0	9,0	8,0	20,9
	1981	6,3	26,7	9,4	13,8	10,7	7,9	25,2

Tabelle 5: Die Gliederung der Arbeitsbevölkerung der Gemeinden des Brixentales
nach Wirtschaftsgruppen 1981[5]

Gemeinde	Land- u. Forst- wirtsch.	Industrie u. verarb. Gewerbe	Bau- wesen	Handel, Lagerung	Beher- bergung u. Gast- stätten	Verkehr u. Nach- richten- wesen	Sonstige Dienst- leistun- gen
	%	%	%	%	%	%	%
Brixen i. Th.	17,4	23,0	11,3	9,9	16,8	8,5	13,1
Kirchberg	14,8	11,3	10,5	11,8	27,2	7,6	16,8
Westendorf	15,6	14,1	5,8	12,9	25,3	8,7	17,5
Hopfgarten	21,8	20,6	14,6	10,2	11,4	6,5	14,9
Itter	30,2	26,0	2,3	11,2	19,5	0,9	9,8
Brixental	18,2	17,0	10,7	11,2	20,1	7,2	15,5
Bez. Kitzbühel	10,6	22,4	10,4	12,9	17,2	7,0	19,5
Tirol	6,5	26,6	9,2	13,7	11,0	7,8	25,3

Die Arbeitsplätze in der Gemeinde Brixen im Thale entsprechen hinsichtlich der beruflichen Zuordnung auffallend gut der Berufsstruktur der Wohnbevölkerung. Lediglich die Prozentanteile bei der Landwirtschaft und beim Tourismus liegen deutlich höher. Beim Handel, im Verkehrssektor und bei den sonstigen Dienstleistungen sind sie hingegen etwas niedriger als die Mittelwerte der Wohnbevölkerung. In den beiden Nachbargemeinden Kirchberg und Westendorf verhalten sich die Arbeitsplätze in den Gemeinden zur Berufsgliederung der Erwerbstätigen — einschließlich der Auspendler — ähnlich. Hopfgarten weicht stärker ab. Wegen der Marktfunktion ist dort neben der Landwirtschaft auch der Handel bei den Arbeitsplätzen etwas überrepräsentiert gegenüber den Erwerbstätigen der Gemeinde. Diese Abweichungen hängen überall mit dem Pendelverkehr zusammen, der in den letzten Jahrzehnten allgemein stark zugenommen hat.

Tabelle 6: Die Entwicklung der Pendelwanderung in der Gemeinde Brixen im Thale 1961—1981[6]

Jahr	Beschäftigte in Brixen			Arbeitsbevölkerung in Brixen		
	insges.	davon Auspendler		insges.	davon Einpendler	
	abs.	abs.	%	abs.	abs.	%
1961	825	256	31,0	608	39	6,4
1971	797	313	39,3	560	76	13,6
1981	928	453	48,8	626	151	24,1

Infolge der guten Verkehrserschließung durch die Eisenbahnlinie und später durch den Linienomnibus spielte der Pendelverkehr in Brixen im Thale bereits früh eine beachtliche Rolle. Er wurde durch das Arbeitsplatzangebot im nahen Kitzbühel gefördert. In den letzten Jahrzehnten hat er weiter zugenommen. Während 1961 immerhin bereits jeder dritte Beschäftigte der Gemeinde auswärts arbeitete, war 1981 nahezu jeder zweite ein Pendler. Gleichzeitig verdichteten sich die Pendlerverflechtungen. Mit dem Aufschwung des Tourismus und der allgemeinen Wirtschaftsentwicklung wurde auch Brixen ein attraktiverer Arbeitsort. Dementsprechend vervierfachte sich von 1961 auf 1981 die Zahl der Einpendler. Allerdings entfielen 1981 noch immer auf einen Einpendler drei Auspendler.

Die Bevölkerung der Gemeinde Brixen im Thale hat sich mehr und mehr auf Fremdenverkehrs- und Dienstleistungsberufe umgestellt. Diesem Wandel entsprechen die Zielorte des Pendelverkehrs. Seit 1961 war Kitzbühel immer das attraktivste Zentrum für die Auspendler. Auch in der benachbarten Fremdenverkehrsgemeinde Kirchberg in Tirol arbeiteten wesentlich mehr als in Hopfgarten und in der Stadt Wörgl sowie in den anderen Industrieorten des Unterinntales. Die dortigen industriellen Arbeitsplätze sind weit weniger attraktiv als Beschäftigungen in tertiären Berufen. Für die Zukunft ist eine Fortsetzung dieses Trends zu erwarten: Die Gemeinde wird noch stärker von Fremdenverkehrs- und Dienstleistungsberufen geprägt sein. Der Anteil der Industrie und des produzierenden Gewerbes dürfte eher fallen als steigen: Mit dem Bau der neuen Liftanlagen hat sich die Gemeinde eindeutig für den Tourismus entschieden. Sie wird daher umweltbelastende Betriebe kaum genehmigen. Da der Ausbildungsstandard der Jugendli-

Tabelle 7: Die Zielorte der Auspendler aus der Gemeinde Brixen im Thale
1961—1981[7]

Gemeinde	1961 abs.	1971 abs.	1981 abs.
Kirchberg	44	38	79
Westendorf	12	*	23
Hopfgarten	11	*	24
Kitzbühel	79	110	160
St. Johann	*	*	29
Wörgl	28	26	35
Insgesamt	256	313	453

* Daten sind nicht veröffentlicht.

chen gestiegen ist, kann man auch ausschließen, daß die Zahl der Auspendler in weiter entfernte Industriestandorte des Unterinntales zunehmen wird.

Für die Zukunft ist eine weitere Umschichtung der Bevölkerung von Brixen im Thale zu Fremdenverkehrs- und Dienstleistungsberufen zu erwarten. Im Zuge dieser Entwicklung wird der Prozentanteil der Landwirtschaft noch mehr fallen. Die Zahl der Vollerwerbsbetriebe, die den „harten Kern" der Agrarbevölkerung stellen, wird noch erheblich zurückgehen, und die Nebenerwerbsbauern werden sich bei Volkszählungen in der Regel für den anderen Beruf entscheiden.

Strukturveränderungen in der Landwirtschaft

Die Landwirtschaft der Gemeinde Brixen im Thale hat sich im Zuge des allgemeinen Strukturwandels von der traditionellen Agrar- zur modernen Industrie-, Freizeit- und Dienstleistungsgesellschaft grundlegend verändert. Mit der Verkehrserschließung und der volkswirtschaftlichen Entwicklung änderten sich die Produktionsziele und die Betriebsstrukturen. Auch die einzelnen Produktionsfaktoren — Boden, Arbeit und Kapital — wurden nach und nach anders eingeschätzt.

Im 19. Jahrhundert stand auf Grund der unzureichenden Erschließung die Eigenversorgung klar im Vordergrund. So erwähnt der Bericht des Landrichters von Hopfgarten für 1836, der leider keine Gemeindedaten anführt, damals sei das ganze Korn im Landgericht verbraucht worden. Nach auswärts verkaufte man neben Vieh noch etwas Milchprodukte, vor allem Schmalz sowie „gemeinen Käse" und Käse „nach Schweizer Art". Da sich die Ernährungsgewohnheiten nur langsam änderten, dauerte es lange, bis sich neue Kulturpflanzen durchsetzen konnten. Dies gilt auch für die Kartoffeln, die erst nach und nach angenommen wurden. So nennt der Bericht des Landrichters für das Brixental eine Getreideernte von 11.854 Wiener Metzen, die genau dem Bedarf entsprochen habe. Die Kartoffelernte habe sich auf 2400 Wiener Metzen belaufen, benötigt habe man jedoch nur 50 (!) Wiener Metzen[8].

Mit dem Eisenbahnbau begann sich die Struktur der Landwirtschaft nach und nach zu wandeln. Der Transport wurde erleichtert und daher konnte man eher Le-

bensmittel von auswärts zukaufen. Gleichzeitig verteuerten sich infolge der gesamt-
wirtschaftlichen Entwicklung die Personalkosten. Dadurch waren die Bauern gezwungen, erstmals das Personal etwas einzuschränken. Sie begannen an den Pflege-
arbeiten am Hof und auf der Alm zu sparen und arbeitsintensive Kulturpflanzen,
vor allem die Ackerfrüchte, zu reduzieren. Gegen Ende des 19. Jahrhunderts über-
wanden die Bauern diese vom allgemeinen Strukturwandel ausgehende Krise,
indem sie die Betriebe modernisierten und die Erträge — u. a. durch eine gezielte
Verbesserung des Viehs — erheblich steigerten. Die beiden Weltkriege und die
Wirtschaftskrisen der Zwischenkriegszeit verzögerten den weiteren Strukturwandel der Landwirtschaft. Sie verhinderten ein stärkeres Abwandern der agrari-
schen Arbeitskräfte und begünstigten das Festhalten an der traditionellen Landwirtschaft, die durch ein starkes Streben nach Eigenversorgung gekennzeichnet
gewesen war.

Während des Zweiten Weltkrieges spielte der ausschließlich der Eigenversorgung dienende Getreideanbau noch eine beachtliche Rolle. Im Jahre 1943 belief
sich die Getreidefläche der Gemeinde Brixen im Thale noch auf 95,97 Hektar, von
der 34,41 Hektar mit Weizen, 41,05 Hektar mit Roggen, 6,01 Hektar mit Gerste
und 14,48 Hektar mit Hafer bestellt war (Telbis 1948, S. 134). Nach dem Zweiten
Weltkrieg wurde das Prinzip der Selbstversorgung nach und nach aufgegeben und
der Ackerbau mehr und mehr reduziert. Die derzeitige Bodennutzung markiert das
Ende dieser Entwicklung: Nach der Bodennutzungserhebung des Jahres 1986 ist
das Getreide aus der Flur völlig verschwunden. Es wurden nur noch auf 0,89
Hektar Speisekartoffeln angebaut[9].

Die Aufgabe des auf die Eigenversorgung ausgerichteten Getreideanbaues
wurde durch Änderungen in den Ernährungsgewohnheiten erleichtert. Nach dem
Zweiten Weltkrieg kauften die Bauern immer mehr Lebensmittel zu, wobei das eigene Getreide zunächst noch an das Vieh verfüttert wurde. Damit fiel jedoch eine
erste psychologische Schranke für die Umstellung der Höfe auf die ausschließliche
Grünlandnutzung. Dabei setzte sich die Vergrünlandung im Brixental verhältnismäßig früh durch. Bereits in den fünfziger Jahren wurde die Brotgetreidefläche auf
ein Drittel des Areals von 1951 reduziert, und in den sechziger Jahren wurden die
allerletzten Weizen- und Roggenäcker aufgelassen. Dadurch wurden an den Bächen die alten Mühlen funktionslos und verfielen. Später schränkte man das Fut-
tergetreide und als letztes die Kartoffeln immer mehr ein, bis sich die Vergrünlandung in den siebziger Jahren vollständig durchsetzte.

Das frühe Abrücken der Bauern von der Eigenversorgung und die Umstellung
der Höfe auf die ausschließliche Grünlandnutzung, die den natürlichen Voraussetzungen besser entspricht als der Ackerbau, hängt eng mit Wandlungen im agrarsozialen Gefüge zusammen. Die größeren Höfe der Gemeinde Brixen im Thale waren
vorher Gesindebetriebe gewesen, an denen neben der Bauernfamilie auch Knechte
und Mägde arbeiteten. Nach dem Zweiten Weltkrieg wurden die Lohnkosten bald
zu hoch, und man trachtete, den Personalstand einzuschränken. So wurden aus
Gesindewirtschaften nach und nach Familienbetriebe. Der Ausfall der familienfremden Arbeitskräfte mußte durch eine Betriebsvereinfachung und eine ange-
paßte Mechanisierung wettgemacht werden. Da nur wenige Flächen für eine voll-
mechanisierte ackerbauliche Bearbeitung in Frage gekommen wären, entschieden

sich die Bauern für eine Umstellung auf spezialisierte Grünlandbetriebe. Später schlossen sich auch die Inhaber kleinerer Höfe — etwa am Sonn- und Buchberg — an. Auch die Inhaber von Nebenerwerbsstellen — die Arbeiterbauern — gingen frühzeitig von der Selbstversorgerwirtschaft ab. Seit die außeragrarischen Einnahmen die Existenz dieser Gruppe sicherten, waren sie weniger auf die landwirtschaftlichen Erträge angewiesen. Sie reduzierten daher ihren Arbeitseinsatz an ihren kleinbäuerlichen Höfen und gaben den Ackerbau auf.

Tabelle 8. Die Entwicklung der Arbeitskräfte in der Land- und Forstwirtschaft in den Gemeinden des Brixentales 1960—1980[10]

Gemeinde	Familieneigene Ständige			Arbeitskräfte Nichtständige			Familienfremde Ständige			Arbeitskräfte Nichtständige		
	1960	1970	1980	1960	1970	1980	1960	1970	1980	1960	1970	1980
Brixen i. Th.	318	202	143	46	56	59	36	16	6	56	5	2
Kirchberg	488	335	290	67	32	105	49	18	7	133	27	23
Westendorf	436	299	220	31	128	120	27	10	4	25	23	7
Hopfgarten	672	447	432	68	99	110	175	95	73	111	56	39
Itter	130	90	65	35	23	35	6	3	2	25	25	7
Brixental	2.044	1.373	1.150	247	338	429	293	142	92	350	136	78

Die Ergebnisse der landwirtschaftlichen Betriebszählungen, die seit der Zählung von 1960 auf Gemeindebasis publiziert vorliegen, weisen auf die Umstellung der Höfe von Gesinde- zu Familienwirtschaften hin. Bereits im Jahre 1960 war dieser Prozeß in der Gemeinde Brixen im Thale im wesentlichen abgeschlossen. Damals entfielen im Durchschnitt auf neun familieneigene eine einzige familienfremde Arbeitskraft. Inzwischen sind auch auf den meisten der großen Höfe die Knechte und Mägde verschwunden. In der landwirtschaftlichen Betriebszählung des Jahres 1980 wurden für Brixen nur noch 6 ständige und 2 nichtständige familienfremde Arbeitskräfte festgestellt. In den übrigen Gemeinden des Brixentales verlief die Entwicklung ähnlich. Lediglich Hopfgarten weicht etwas ab. Die größere Zahl familienfremder Arbeitsplätze hängt dort u. a. mit den großen Forstbetrieben, vor allem den Bundesforsten zusammen, die in Hopfgarten rund 60 Arbeitnehmer beschäftigen (Höck 1986, S. 93).

Während die Zahl der familienfremden landwirtschaftlichen Arbeitskräfte bereits 1960 stark geschrumpft war, nahm die Zahl der familieneigenen ständigen Arbeitskräfte seit 1960 stetig ab. Dieser Rückgang kann mit der Auflassung von Höfen und mit der Umwandlung von Voll- in Nebenerwerbslandwirtschaften, die über keine ständigen Arbeitskräfte verfügen, nur zum Teil erklärt werden. Er spiegelt vielmehr auch das geänderte Bildungsverhalten der bäuerlichen Jugend wider. Heute erlernen auch die meisten Bauernkinder einen Beruf und scheiden damit frühzeitig aus dem Familienverband aus. Vor 1960 arbeiteten viele noch einige Zeit am Hof und suchten erst später einen Posten. Auch die gesunkenen Kinderzahlen spielen bei diesen Abnahmen eine Rolle.

Tabelle 9: Die Veränderung der sozio-ökonomischen Struktur der land- und forst-wirtschaftlichen Betriebe des Brixentales 1960—1980[11]

Gemeinde	Vollerwerbs-betriebe			Zuerwerbs-betriebe			Nebenerwerbs-betriebe			Betriebe jur. Personen		
	1960	1970	1980	1960	1970	1980	1960	1970	1980	1960	1970	1980
Brixen i. Th.	86	70	66	16	12	10	39	52	48	3	3	4
Kirchberg	129	130	91	18	7	38	48	34	31	1	1	1
Westendorf	136	111	75	15	24	47	35	58	68	4	6	4
Hopfgarten	201	161	162	22	42	15	22	42	87	5	4	5
Itter	26	32	21	7	6	6	19	13	23	1	3	2
Brixental	578	504	415	78	91	116	211	226	257	14	17	16

Während die größeren Höfe der Gemeinde Brixen im Thale während der fünf-ziger Jahre von Gesinde- in Familienbetriebe umgewandelt wurden, blieben die agrarsozialen Strukturen in den letzten Jahrzehnten auffallend stabil. Die Zahl der Vollerwerbsbetriebe verringerte sich zwar seit 1960 etwas, die Umschich-tungen von Voll- zu Zu- und Nebenerwerbsbetrieben waren jedoch wesentlich be-scheidener als man vermuten könnte. Obwohl ein überaus starker Strukturwandel die Gemeinde erfaßt hatte, waren 1980 noch mehr als die Hälfte der Höfe Voller-werbsbetriebe. In den meisten Gemeinden des Brixentales ist die Situation ähn-lich. Auch dort nahm die Zahl der landwirtschaftlichen Vollerwerbsbetriebe ab, sie stellen aber nach wie vor die Mehrheit. Allerdings sollte man diese Daten nicht überbewerten, weil bei Erhebungen nicht klar genug zwischen den einzelnen Be-triebsformen unterschieden wird.

Tabelle 10: Veränderung der Zahl der rinderhaltenden Betriebe in den Ge-meinden des Brixentales 1957—1987[12]

Gemeinde	1957	1966	1974	1983	1987
Brixen i. Th.	126	117	104	99	99
Kirchberg	179	173	161	139	139
Westendorf	184	168	150	143	141
Hopfgarten	269	259	234	233	225
Itter	51	45	41	36	36
Brixental	809	762	690	650	640

Obwohl der Anteil der in der Landwirtschaft Beschäftigten in den letzten Jahr-zehnten stark zurückgegangen ist, bilden die Bauern bis heute im Brixental einen sehr geschätzten Bestandteil der dörflichen Gemeinschaften. Diese Wertschätzung erleichtert es den Jungbauern, die Höfe zu übernehmen und weiterhin zu bewirt-schaften. Das starke Festhalten der bäuerlichen Bevölkerung an ihren Betrieben läßt sich aus der Entwicklung der Zahl der rinderhaltenden Betriebe in den letzten 30 Jahren ablesen. Die Zahl dieser Höfe nahm sowohl in Brixen im Thale als auch in den übrigen Gemeinden des Brixentales in diesem Zeitabschnitt auffallend gering ab, wobei die stärksten Rückgänge in den Jahren der Hochkonjunktur während der sechziger und in den ersten Jahren der siebziger Jahre zu verzeichnen waren. Seit dem Beginn der achtziger Jahre werden kaum noch Höfe aufgegeben. Für die frei werdenden Felder finden sich leicht Pächter, die ihren Betrieb auf diese Weise aufzustocken versuchen.

Tabelle 11: Die Entwicklung der rinderhaltenden Betriebe in den Gemeindeteilen von Brixen im Thale 1970—1987[13]

Gemeindeteil	Anzahl der Rinderhalter				Anzahl der Rinder insges.			
	1970	1979	1983	1987	1970	1979	1983	1987
Brixen-Dorf	8	5	5	5	70	50	50	49
Hof	7	6	6	6	159	172	227	225
Moosen	5	4	4	4	70	77	78	82
Achenberg	5	5	5	5	72	69	93	117
Lauterbach	20	16	16	15	216	184	205	198
Feuring, Winkl	20	19	17	18	275	344	336	354
Salven-, Sonn-, Buch- u. Griesberg	51	46	46	46	634	613	623	663
Gemeinde Brixen i. Th.	116	101	99	99	1.496	1.509	1.612	1.688

Die vom Gemeindeamt in Brixen zur Verfügung gestellten Daten für die einzelnen Gemeindeteile belegen die vorher getroffenen Aussagen: Seit 1980 blieb die Zahl der Höfe konstant und die Zahl der gehaltenen Tiere legt die Vermutung nahe, daß es durch die vorher vorgenommenen Reduktionen zu keiner Verringerung der Agrarproduktion gekommen ist. Innerhalb der Gemeinde nahm die Zahl der rinderhaltenden Betriebe am stärksten in der zentralen Siedlung Brixen-Dorf ab. Dies hängt sowohl mit der Spezialisierung des Dorfes auf gewerbliche Tätigkeiten als auch mit den Eigentumsstrukturen zusammen. Für die Kirchengüter als Ganzes fanden sich nur mehr schwer Pächter, einzeln konnten die Flurstücke hingegen leicht an interessierte Bauern vergeben werden. Auch in dem in der Nähe der Bahnhaltestelle gelegenen Lauterbach nahm die Zahl der Bauernhöfe seit 1970 merklich ab. In allen anderen Gemeindeteilen blieben die Betriebszahlen gleich oder nahmen nur geringfügig ab. Dies gilt auch für die Bergbauernhöfe am Salven-, Sonn-, Buch- und Griesberg, die sich trotz ungünstiger Produktionsbedingungen halten konnten. Bei den seit 1970 in Brixen im Thale aufgelassenen Höfen handelte es sich fast ausschließlich um Klein- und Nebenerwerbsstellen: Von den 21 Betrieben, in deren Stall 1987 kein Rind mehr stand, hatten 1970 elf 1—5 Rinder gehalten, sieben 6—10 Rinder und lediglich vier 11—15 Rinder[14].

Um konkurrenzfähig zu bleiben, trachteten die Bauern, ihre Viehstände zu vergrößern. Dies war im Tal leichter möglich als auf den Bergbauernhöfen des Salven-, Sonn-, Buch- und Griesberges. Vor allem steilere Hangpartien können maschinell nicht oder nur schwer bewirtschaftet werden. Solche Hänge werden zwar in der Regel noch genutzt, es werden jedoch kaum Intensivierungen vorgenommen. Heute gelten die flachen Tallagen als landwirtschaftliche Vorranggebiete. Die schweren Böden wurden wegen ihrer Versumpfung erst spät inwert gesetzt.

Nach der Kultivierung setzte man vielfach verstärkt Düngemittel ein und konnte auf diese Weise die Erträge stark steigern. Seit 1970 wurde die Nutzung weiter intensiviert. Vereinzelt gelang es Bauern auch, Flurstücke zuzupachten. Die Gegensätze zwischen den Bergbauernhöfen und den laufend aufgestockten Betrieben im Tal, die in der Gemeinde Brixen klar hervortreten, entsprechen den allgemeinen Entwicklungstendenzen. Seit Jahrzehnten können die Flachlandbetriebe ihre Möglichkeiten ausnützen und die Produktion vergrößern. Am Berg sind solche Steigerungen hingegen kaum möglich. Dennoch halten die Bergbauern, die stärker traditionellen Wertvorstellungen verpflichtet sind, an ihren ererbten Höfen fest und nehmen es in Kauf, weniger zu verdienen als die Inhaber moderner Großbetriebe in den Tallagen.

Tabelle 12: Die Größenstruktur der rinderhaltenden Betriebe in den Gemeindeteilen von Brixen im Thale 1970 und 1987[15]

Gemeindeteil	1—5 Rinder		6—10 Rinder		11—15 Rinder		16—20 Rinder		21—25 Rinder		26—50 Rinder		Über 50 Rinder	
	1970	1987	1970	1987	1970	1987	1970	1987	1970	1987	1970	1987	1970	1987
Brixen-Dorf	1	2	4	1	3	1	—	1	—	—	—	—	—	—
Hof	2	1	—	—	1	—	1	2	1	—	1	1	1	2
Moosen	1	—	1	1	1	1	—	—	2	—	—	2	—	—
Achenberg	—	1	1	—	1	—	3	2	—	1	—	—	—	1
Lauterbach	6	6	4	1	5	2	3	3	1	1	1	1	1	2
Feuring, Winkl	5	3	4	4	4	—	4	6	1	1	1	3	1	1
Salven-, Buch-, Sonn- und Griesberg	4	3	17	10	20	14	7	13	2	5	1	1	—	—
Gemeinde Brixen i. Th.	19	16	31	17	35	18	18	27	7	8	4	8	3	6

Innerhalb der Gemeinde treten in der Größenstruktur der landwirtschaftlichen Betriebe allerdings nicht nur die durch die Naturausstattung vorgezeichneten Gegensätze zwischen Berg und Tal, sondern auch zentral-periphere Abweichungen hervor. In den beiden zentral gelegenen Dorfsiedlungen Brixen und Lauterbach ist die Tendenz zu Großbetrieben nicht so klar ausgeprägt wie in den zentrumsfernen Fraktionen auf der Talsohle. Wegen der günstigeren Möglichkeiten, einen Nebenerwerb auszuüben, konnten sich in Lauterbach und Brixen Kleinbauern leichter halten als in Hof, Moosen und Achenberg. Zudem ging dort weniger Kulturgrund durch den Siedlungsausbau verloren als in Zentrumsnähe. Die Höfe von Feuring und Winkl konnten vor allem durch die Intensivierung der weiten Möser aufgestockt werden. Am einheitlichsten ist die Größenstruktur der landwirtschaftlichen Betriebe in den Bergfraktionen. Die Bergbauernhöfe wurden in den letzten Jahrzehnten — etwa von 1970—1987 — zwar etwas aufgestockt, es herrschen aber immer noch (kleine) mittelbäuerliche Betriebe mit 11 bis 20 Rindern vor.

In den nächsten Jahren und Jahrzehnten werden sich die (sozialen) Gegensätze

zwischen den Klein- und Mittelbetrieben und den wenigen großen bäuerlichen Anwesen weiter verstärken. Um auf dem Markt konkurrenzfähig zu bleiben, werden
die heutigen Großbauern trachten, die Höfe weiter aufzustocken. Am Berg sind
der weiteren Mechanisierung Grenzen gesetzt. Um überleben zu können, werden
die dortigen Bauern in der Zukunft noch stärker auf Nebenverdienste angewiesen
sein. Diese könnten vor allem aus dem Fremdenverkehr erzielt werden, der seinerseits auf die Berglandwirtschaft angewiesen ist. Nur die Bergbauern können
das Landschaftsbild auf längere Sicht so pflegen, wie es von den meisten Touristen
gewünscht wird.

Entwicklung und Struktur des Tourismus

Die Struktur und die Bedeutung des Tourismus haben sich im Laufe der Zeit
grundlegend gewandelt. Er setzte verstärkt erst nach der industriellen Revolution
ein, die mit dem Einsatz von Maschinen erstmals eine klare Trennung zwischen
Arbeitszeit und Freizeit brachte. Mit der Verminderung der täglichen, wöchentli-
chen und jährlichen Arbeitszeit hatten breite Schichten der Bevölkerung immer
mehr Freizeit, die sie konsumieren konnten. Die laufende Steigerung des
Lebensstandards bildete zusammen mit der Verkehrserschließung eine weitere
Voraussetzung für die Zunahme des Tourismus in den letzten 100 Jahren.

Im Laufe der Zeit haben sich die Freizeitaktivitäten sehr gewandelt. Zu den
Vorläufern des modernen Tourismus, der in Brixen im Thale besonders früh einsetzte, zählte der Wallfahrtsverkehr und das Bäderwesen. Auch der Gipfel der
Hohen Salve wurde zuerst von Wallfahrern besucht. Möglicherweise befand sich
am Gipfel dieses Aussichtsberges eine heidnische Kultstätte. Das Kirchenpatrozi-
nium des Heiligen Johannes des Täufers, dessen Fest am 24. Juni in die Zeit der
Sonnenwende fällt, könnte dafür sprechen. Heute steht auf dem Gipfel ein
Kirchlein, das 1641 errichtet wurde. Die Wallfahrt scheint erst im 17. Jahrhundert größere Bedeutung erlangt zu haben (Steiner 1897, S. 52—56). Eine zweite
Wallfahrt, die bis heute von der bäuerlichen Bevölkerung des Brixentales besucht
wird, führt zur Maria-Heimsuchungskapelle am Harlaßanger am Osthang des Gaisberges (Näheres zu den Wallfahrten auf S. 186—195).

Mit dem Aufschwung der Naturwissenschaften erwachte das Interesse der gebildeten Kreise am Gebirge. Dabei wurde man besonders frühzeitig auf die Hohe
Salve aufmerksam, die man wegen der hervorragenden Aussicht als „Rigi Tirols"
bezeichnete. Im 19. Jahrhundert wanderten zahlreiche Mitglieder von Herrscher-
häusern auf den Gipfel und trugen sich in das Gästebuch im Wirtshaus am Salven-
gipfel ein. Den Anfang machte die Erzherzogin Maria Louise von Parma, die am
6. September 1823 von Brixen aus zur Wallfahrtskapelle am Gipfel aufstieg.
Später nahm der Ausflugsverkehr dorthin stark zu. Allerdings wurde die Hohe
Salve, seit 1857 ein Reitweg von Hopfgarten zum Gipfel gebaut wurde, in der
Regel über diesen Weg erklommen (Vogl 1872, S. 50).

Für das frühe Einsetzen des Fremdenverkehrs spielte das Maria-Louisen-Bad
eine wichtige Rolle. Die salinische Eisenquelle, an der die Badeanstalt errichtet
wurde, entdeckte man im Jahre 1823 und benannte sie nach der Erzherzogin Maria
Louise, die in diesem Jahr die Hohe Salve bestieg. In den dreißiger Jahren des vo-

rigen Jahrhunderts kamen jährlich 200 bis 250 Gäste in das Louisenbad (Staffler 1842, S. 807). 1850—1855 betrug die durchschnittliche Besucherzahl über 160, wobei es sich vorwiegend um Bauern und Bürger aus der Umgebung handelte (Grötzbach 1963, S. 65).

Tabelle 13: Der Fremdenverkehr in den Gemeinden des Brixentales im Jahre 1913 (nach Grötzbach 1963, S. 68)

Gemeinde	Zahl der Übernachtungs-fremden	Davon Personen bis zu 3 Tage Aufenthalt
Brixen i. Th.	226	92
Westendorf	271	271
Hopfgarten	451	421

Das Louisenbad und die Eisenbahnlinie, die 1875 eröffnet wurde, begünstigten das frühe Einsetzen des Sommerfrischenverkehrs, der vor dem Ersten Weltkrieg in Brixen im Thale bedeutender war als in den angrenzenden Gemeinden des Brixentales. In Westendorf und Hopfgarten nächtigten damals in erster Linie Touristen, die die Hohe Salve bestiegen und dann wieder abreisten. Brixen im Thale war hingegen ein typisches Sommerfrischendorf.

Da in Westendorf, wo es ebenfalls ein Bad gab, keine Dauergäste angeführt sind, kann man annehmen, daß in der altösterreichischen Fremdenstatistik für das Jahr 1913 die Badegäste in den Heilbädern unberücksichtigt blieben.

Tabelle 14: Der Fremdenverkehr in Gemeinden des Brixentales 1929/30 und 1931/32 (nach Grötzbach 1963, S. 72)

Gemeinde	Anzahl der Nächtigungen		Winter 1931/32 %	Ø-Aufenthalts-dauer je Gast 1931/32 in Tagen
	1929/30	1931/32		
Brixen i. Th.	4.475	3.618	4	15
Westendorf	3.277	8.130	17	9
Hopfgarten	10.009	6.427	39	4
Itter	1.034	264	9	10

Durch den Ersten Weltkrieg wurde der Aufschwung des Tourismus jäh unterbrochen. Erst um die Mitte der zwanziger Jahre erholte er sich allmählich, wobei in Brixen der Sommerfrischenverkehr wieder auflebte. In dieser Zeit setzte auch der Wintersportfremdenverkehr allmählich ein. Diese neue Form der Freizeitgestaltung erfaßte neben dem Zentrum Kitzbühel vor allem die almreichen inneren Seitentäler der Kitzbüheler Alpen, die infolge ihrer sanften Mittelgebirgsformen und des Almreichtums für den Tourenschilauf besonders gut geeignet waren. Brixen fehlte ein Zugang zu einem solchen Seitental. Daher blieb die Gemeinde weiterhin eine gemütliche Sommerfrische, in welcher — wie die Daten für 1931/32 zeigen — die Winternächtigungen keine Rolle spielten. In den dreißiger Jahren geriet der Sommerfrischentourismus in eine schwere Krise. Eine Reihe von Gästen verarmte während der Weltwirtschaftskrise 1929 und blieb aus. Die Abnahme der Nächtigungsziffern von 1929 auf 1931 könnte darauf zurückgehen. Ungleich stärker verringerten sich die Nächtigungszahlen 1933—1936, als die deutschen Gäste wegen der von Hitler verhängten 1000-Mark-Sperre ausblieben.

Der entscheidende Aufschwung des Tourismus setzte erst nach dem Zweiten Weltkrieg ein, als der Lebensstandard in den Industriestaaten so stark stieg, daß ein immer höherer Anteil der Bevölkerung in den Urlaub fahren konnte. Bereits knapp nach 1950, als die Gäste aus der Bundesrepublik wieder frei reisen konnten, waren die Vorkriegsübernachtungen übertroffen. Dabei erlangte der Wintersportfremdenverkehr in den Kitzbüheler Alpen und damit auch in der Gemeinde Brixen im Thale immer größere Bedeutung. Von den traditionellen Erholungsformen konnte sich das Badewesen nun nicht mehr halten. Bezeichnend dafür ist die Entwicklung im Maria Louisenbad, das den Badebetrieb am Beginn der sechziger Jahre einstellte.

Tabelle 15: Die Entwicklung der Fremdenübernachtungen in den Gemeinden des Brixentales 1955/56—1985/86[16]

Gemeinde	1955/56		1965/66		1975/76		1985/86	
	abs.	davon Winter %	abs.	davon Winter %	abs.	davon Winter %	abs.	davon Winter %
Brixen i. Th.	19.958	11	83.186	31	218.370	49	249.318	66
Kirchberg	122.177	44	397.472	48	759.708	53	924.634	63
Westendorf	45.427	46	162.947	42	414.879	45	464.902	57
Hopfgarten	27.263	20	143.536	28	254.585	37	312.626	52
Itter	5.001	6	15.450	17	53.066	33	84.396	52

Die Entwicklung der Übernachtungszahlen belegt nicht nur den überaus starken Aufschwung des Tourismus, sondern auch die tiefgreifenden Strukturveränderungen des Fremdenverkehrs seit dem Zweiten Weltkrieg. Die Gemeinden des Brixentales haben sich verstärkt auf den Wintersportfremdenverkehr umgestellt, wobei dieser Wandel zunächst in Kirchberg und Westendorf einsetzte. Dort konnte man an den Tourenschilauf der Zwischenkriegszeit anknüpfen und nach dem Vorbild der großen Wintersportzentren — etwa von Kitzbühel — auf den Pistenschilauf umsteigen. Der älteste Lift des Brixentales wurde bereits 1947 in Westendorf auf die Alpenrose errichtet. 1949 folgte in Hopfgarten ein Sessellift auf die Hohe Salve, der 1956 durch einen neuen Einsessellift in zwei Sektionen ersetzt wurde (Manzl 1980, S. 27 f.). In Brixen im Thale erkannte man frühzeitig, daß die Sommerfrische nicht mehr ausbaufähig genug sei, und suchte im Wintersportfremdenverkehr ein zweites Standbein. Allerdings war man bis in die sechziger Jahre auf Aufstiegshilfen in den Nachbargemeinden angewiesen, wobei man auf die guten Verkehrsverbindungen verwies (Albrecht 1964, S. 7). Erst mit dem Bau des Schleppliftes auf die Kandleralm um die Mitte der sechziger Jahre, vor allem aber mit den Sonnberg-Liften, die 1970 eröffnet und u. a. 1987 wesentlich erweitert und modernisiert wurden, gelang es der Gemeinde, sich endgültig auf den

Wintersportfremdenverkehr umzustellen, auf den heute bereits zwei Drittel der Fremdenübernachtungen entfallen. Als vorteilhaft erwies sich dabei der Anschluß der Schipisten und Lifte an das „Großraumschigebiet Wilder Kaiser — Brixental", für das gemeinsame Schipässe ausgegeben werden. Durch diesen Zusammenschluß ist das Brixental gegenüber anderen Schiregionen konkurrenzfähig geblieben.

Experten sind der Meinung, der Wintersportfremdenverkehr werde auch in Zukunft noch ansteigen. Ungünstiger beurteilen sie die Zukunft der Sommersaison, vor allem des traditionellen Sommerfrischenverkehrs. Um stärkere Rückgänge zu vermeiden, müßte man versuchen, für den Sommer neue Gästegruppen anzusprechen. Bezüglich der Herkunftsgebiete war man bereits erfolgreich: Im Jahre 1986 entfielen in Brixen im Thale mehr Übernachtungen auf Niederländer als auf Deutsche. Wegen der niederländischen Sprache könnte man auch flämische Gäste aus Belgien und, begünstigt durch die räumliche Nähe, zusätzliche Urlauber in Italien werben. Da die Fremdenverkehrsexperten für die Zukunft verstärkt Kurzurlaube erwarten, sollte man sich Programme überlegen, um diese Kunden nach Brixen im Thale zu bringen. Solche Veranstaltungen könnten auch in die Vor- und Nachsaison verlegt werden.

Tabelle 16: Entwicklung der Fremdenunterkünfte und des Bettenangebotes in den Gemeinden des Brixentales 1956—1986[17]

Gemeinde	Bettenangebot/ Unterkünfte	1956	1966	1976	1986
Brixen i. Th.	Beherbergungsbetriebe	8	23	42	*
	Privatbetten	*	811	1.191	1.061
	Gewerbliche Betten	*	483	1.103	1.335
	Betten insges.	170	1.294	2.294	2.396
Kirchberg	Beherbergungsbetriebe	42	81	141	*
	Privatbetten	*	1.160	2.775	1.738
	Gewerbliche Betten	*	2.660	5.434	5.332
	Betten insgesamt	1.478	3.820	8.209	7.070
Westendorf	Beherbergungsbetriebe	16	42	57	*
	Privatbetten	*	627	1.458	1.745
	Gewerbliche Betten	*	1.095	2.086	2.452
	Betten insgesamt	550	1.722	3.544	4.197
Hopfgarten	Beherbergungsbetriebe	29	26	48	*
	Privatbetten	*	1.091	1.634	1.593
	Gewerbliche Betten	*	571	1.274	1.574
	Betten insgesamt	479	1.662	2.908	3.167

* Daten liegen nicht vor.

Der Aufschwung des Tourismus war in allen Gemeinden des Brixentales mit einem starken Siedlungsausbau verbunden. Das Verhältnis zwischen den Privatquartieren und den gewerblichen Vermietern hat sich im Laufe der Zeit gewandelt. In den frühzeitig auf den Wintersport ausgerichteten Gemeinden Kirchberg und Westendorf herrschten schon in den sechziger Jahren die gewerblichen Fremdenbetten vor. Brixen im Thale, das lange von Sommerfrischlern geprägt war, zog erst in den siebziger und achtziger Jahren nach. Infolge dieser zeitlichen Verzögerung ist das Siedlungsbild noch immer nicht so stark wie in den beiden Nachbargemeinden von Fremdenverkehrsbauten geprägt. Allerdings übersteigt auch schon in Brixen die Anzahl der Gästebetten die Einwohnerzahl der Gemeinde, d. h. während der Hauptsaison wohnen mehr Fremdengäste als Einheimische im Ort.

Tabelle 17: Die Herkunft der Inhaber von Zweitwohnsitzen in der Gemeinde Brixen im Thale im Jahre 1988[18]

Herkunftsgebiet		
Tirol	16	
Übriges Österreich	22	
Inland		38
München	93	
Übrige Stadtregion München	33	
Übriges Bayern	26	
Übriges Deutschland	14	
Niederlande	22	
Übriges Ausland	3	
Ausland		191
Insgesamt		229

Infolge der hohen Freizeiteignung und der Nähe zu städtischen Ballungsgebieten erlangten neben dem Fremdenverkehr auch noch andere Formen des Tourismus eine beachtliche Bedeutung. Dies gilt vor allem für die Wochenend- bzw. Naherholung, die viele Städter bewog, in Brixen im Thale eine Freizeitwohnung (= Zweitwohnsitz) zu mieten oder zu kaufen. Die Kitzbüheler Alpen liegen im Zielgebiet des Münchner Ausflugsverkehrs. Daher dominieren unter den Inhabern von Zweitwohnungen Bürger der bayerischen Landeshauptstadt und von Umlandgemeinden dieser Metropole. Der Anteil der Inländer, vor allem der Tiroler, ist auffallend niedrig.Die relativ große Gruppe der Holländer, auf die gleich viele Ferienwohnungen wie auf das „übrige Österreich" entfallen, ist auf die rechtliche Sonderstellung — Niederländer dürfen in Tirol Grund erwerben — und auf die engen Beziehungen im Urlauberreiseverkehr zurückzuführen.

Aufgrund der Nähe zum Ballungsgebiet von München kann man annehmen, daß die Nachfrage nach Freizeitwohnsitzen auch in der Zukunft anhalten wird. Daher wird sich die Gemeinde bemühen müssen, die Entwicklungen, die zu Belastungen der Umwelt und der einheimischen Bevölkerung führen könnten, vorausschauend zu planen und in geordnete Bahnen zu lenken.

Brixen im Thale als Standort gewerblicher Betriebe

Während in vielen ländlichen Regionen Mitteleuropas zahlreiche Handwerks-, Gewerbe- und Handelsbetriebe schließen mußten, erweiterte der Tourismus die Existenzbasis solcher für die Nahversorgung der Bevölkerung wichtiger Einrichtungen so stark, daß sie sich in Brixen im Thale halten konnten. Dies gilt für die Bauwirtschaft ebenso wie für die Eisen- (Schmiede bzw. Kunstschmiede) und Holzverarbeitung, die durch Sägewerke, Zimmereien und Tischlereien besorgt wird. Auch die erforderlichen Reparaturen können von Betrieben aus der Gemeinde besorgt werden. Es gibt dafür u. a. eine Autoreparaturwerkstätte sowie Elektro- und Wasserinstallationsbetriebe.

Infolge des Tourismus ist der Handel deutlich übersetzt. Der Grundversorgung, die man in jedem Dorf erwarten kann, dienen mehrere gut sortierte Lebensmittel-Einzelhandelsgeschäfte. Die vielen Spezialgeschäfte würde man in einer Gemeinde mit etwas mehr als 2000 Einwohnern nicht erwarten. Der Ort verfügt u. a. über Kleiderboutiquen, Sportgeschäfte, ein Schuhhaus, eine Goldschmiedewerkstätte, ein Antiquitätengeschäft, einen Handarbeitsbasar, Geschenkestuben und über zwei Friseursalons.

Auch Elektrogeschäfte sowie eine Bäckerei und eine große Metzgerei stehen der Bevölkerung zur Verfügung. Bankgeschäfte können im Ortszentrum in der Raiffeisenkasse und in ihrer Lauterbacher Filiale abgewickelt werden.

Die für eine Landgemeinde gute Ausstattung mit Dienstleistungsbetrieben kommt sowohl der einheimischen Bevölkerung als auch den Fremdengästen und den Besitzern von Zweitwohnungen zugute. Sie heben die Lebensqualität im Dorf und werden sich deshalb für die zukünftige Entwicklung der Gemeinschaft positiv auswirken.

Anmerkungen

[1] Tiroler Landesregierungsarchiv, Akten des Landgerichtes Hopfgarten, Fasc. 6 (diese Quelle wurde mir von Herrn Doz. Dr. S. Posch freundlicherweise in einer Ablichtung zur Verfügung gestellt).

[2] Nach Kataster über die Tobacks Aufschlags Compositionsbeträge des Steuerdisctricts Brixen. Tiroler Landesarchiv, Akten des Landgerichtes Hopfgarten, Fasc. 6.

[3] Quellen: 1934: Bundesamt f. Stat., Ergebnisse der österr. Volkszählung vom 22. 3. 1934 H. Tirol, Wien 1935; 1951: ÖStZ (= Österr. Stat. Zentralamt), Ergebnisse der Volkszählung vom 1. 6. 1951 — Tirol = Volkszählungsergebnisse 1951 H. 6, Wien 1952; 1961: ÖStZ, Ergebnisse der Volkszählung vom 21. 3. 1961 H. Tirol = Volkszählungsergebnisse 1961 H. 4, Wien 1963; 1971: ÖStZ, Ergebnisse der Volkszählung vom 12. 5. 1971, Hauptergebnisse für Tirol = Beiträge zur Österr. Statistik 315/4, Wien 1973; 1981: ÖStZ, Volkszählung 1981 — Hauptergebnisse II Tirol = Beiträge zur Österr. Stat. 630/18. Heft, Wien 1985.

[4] Quellen: 1971: ÖStZ, Ergebnisse der Volkszählung vom 12. 5. 1971, Hauptergebnisse für Tirol = Beiträge zur Österr. Stat. 315/4. Heft, Wien 1973; 1981: ÖStZ, Volkszählung 1981 — Hauptergebnisse II Tirol = Beiträge zur Österr. Stat. 630/18. Heft, Wien 1985.

[5] Quelle: ÖStZ, Volkszählung 1981 — Hauptergebnisse II Tirol = Beiträge zur Österr. Stat. 630/18. Heft, Wien 1985.

[6] Quellen: 1961: ÖStZ, Wohngemeinde — Arbeitsgemeinde der Beschäftigten in Österreich = Volkszählungsergebnisse 1961 H. 16, Wien 1965; 1971: ÖStZ, Wohngemeinde — Arbeitsgemeinde der Beschäftigten in Österreich, Ergebnisse der Volkszählung vom 12. 5. 1971 = Beiträge zur Österr. Stat. 309/12. Heft, Wien 1974; 1981: ÖStZ, Volkszählung 1981 — Hauptergebnisse II Tirol = Beiträge zur Österr. Statistik 630/18. Heft, Wien 1985.

[7] Quellen siehe Anmerkung 6.

[8] Nach Materialien zu J.J. STAFFLER F. B. 4318 im Museum Ferdinandeum in Innsbruck.

[9] Nach den Ergebnissen der amtlichen Bodennutzungserhebung 1986, mitgeteilt von der Gemeinde Brixen im Thale.

[10] Quellen: 1960: ÖStZ, Land- und forstwirtschaftl. Betriebszählung vom 1. 6. 1960, Landesheft Tirol, Wien 1963; 1970: ÖStZ, Ergebnisse der land- und forstwirtsch. Betriebszählung 1970, Landesheft Tirol = Beiträge zur Österr. Statistik H. 313/7, Wien 1974; 1980: ÖStZ, Land- u. forstwirtsch. Betriebszählung 1980, Hauptergebnisse Tirol = Beiträge zur Österr. Stat. H. 660/7, Wien 1982.

[11] Quellen siehe Anmerkung 10.

[12] Quellen: ÖStZ, Allgemeine Viehzählung vom 3. 12. 1957, 1966, 1974, 1983, 1987; Kopien der amtsinternen Gemeindehilfslisten (1957—1974) sowie der Computerausdrucke der Gemeindewerte (1983, 1987) im ÖStZ in Wien.

[13] Quellen: Allgemeine Viehzählung 3. 12. 1970, 1979, 1983, 1987, amtsinterne Zusammenstellung der Gemeinde Brixen im Thale, der für die Überlassung dieser Quelle gedankt sei.

[14] Quelle siehe Anmerkung 13.

[15] Quelle siehe Anmerkung 13.

[16] Quellen: 1955/56: ÖStZ, Fremdenverkehr in Österreich 1955/56, Wien 1957; 1965/66: ÖStZ, Der Fremdenverkehr in Österreich im Jahre 1966 = Beiträge zur Österr. Stat. H. 147, Wien 1967; 1976: ÖStZ, Der Fremdenverkehr in Österreich im Jahre 1976 = Beiträge zur Österr. Stat. H. 454, Wien 1977; 1985/86: ÖStZ, Der Fremdenverkehr in Österreich im Jahre 1986 = Beiträge zur Österr. Statistik H. 860, Wien 1987.

[17] Quellen siehe Anmerkung 16.

[18] Quelle: Amtsinterne Zusammenstellung des Gemeindeamtes Brixen im Thale, dem ich für die Überlassung dieser Unterlagen zu großem Dank verpflichtet bin.

Literaturhinweise

R. ALBRECHT, Brixen im Thale, Nordtirol (Wagner's Wanderbuch mit Wanderkarte), Innsbruck 1964.

Amt der Tiroler Landesregierung, Abt. Ic Landesplanung, Regionales Entwicklungsprogramm für die Planungsräume 21 Brixental und 29 Wildschönau, Innsbruck 1985.

J. DULTINGER, Tirols Schienenwege. In: 100 Jahre Tiroler Verkehrsentwicklung (Tiroler Wirtschaftsstudien 10), Innsbruck 1961, S. 71—113.

J. FONTANA, Der Kulturkampf in Tirol. (Schriftenreihe des Südtiroler Kulturinst. 6), Bozen 1978.

E. GRÖTZBACH, Der Fremdenverkehr in den nordwestlichen Kitzbüheler Alpen. In: Mitteilungen der Geographischen Gesellschaft in München 48, München 1963, S. 59—106.

H. P. HÖCK, Siedlungs- und Funktionswandel von Hopfgarten im Brixental. Geogr. Hausarbeit, Innsbruck (Institut für Geographie) 1986.

L. HÜBNER, Beschreibung des Erzstiftes und Reichsfürstentums Salzburg in Hinblick auf Topographie und Statistik. Salzburg 1796.

H. KLEIN, Die bäuerlichen Eigenleute des Erzstiftes Salzburg im späten Mittelalter. 2. Teil. In: Mitt. d. Gesellschaft für Salzburger Landeskunde 74, Salzburg 1934, S. 1—77.

H. KLEIN, Ritterlehen und Beutellehen. In: Mitt. d. Gesellschaft f. Salzburger Landeskunde 80, Salzburg 1940, S. 87—128.

A. LEIDLMAIR, Tirol auf dem Wege von der Agrar- zur Erholungslandschaft. In: Mitt. d. Österreichischen geographischen Gesellschaft 120, Wien 1978, S. 38—53.

E. LICHTENBERGER, Das Bergbauernproblem in den österreichischen Alpen. Perioden und Typen der Entsiedlung. In: Erdkunde 19, Bonn 1965, S. 39—57.

E. LICHTENBERGER, Die Sukzession von der Agrar- zur Freizeitgesellschaft in den Hochgebirgen Europas. In: Fragen geographischer Forschung = Festschrift A. Leidlmair (= Innsbrucker Geographische Studien 5), Innsbruck 1979, S. 401—436.

H. MANZL, Die Einrichtungen des Wintertourismus im Bereich der Hohen Salve. Geogr. Hausarbeit, Innsbruck (Institut für Geographie) 1980.

H. PENZ, Grundzüge gegenwärtiger Veränderungen in der Agrarlandschaft des Bundeslandes Tirol. In: Mitt. d. Österreichischen Geographischen Gesellschaft 117, Wien 1975, S. 334—363.

S. Posch, Vom späten Nutzen der Tabaksteuer von 1812. In: Unter uns, Jg. 7, Brixen i. Th. 1985, Nr. 4, S. 18—22; Nr. 5, S. 16—18.

J. J. Staffler, Tirol und Vorarlberg. Statistisch und topographisch mit geschichtlichen Bemerkungen. Bd. I, Teil 2, Innsbruck 1842.

J. Steiner, Der Markt Hopfgarten und seine Umgebung mit besonderer Berücksichtigung der Hohen Salve. Hopfgarten 1897.

O. Stolz, Rechtsgeschichte des Bauernstandes und der Landwirtschaft in Tirol und Vorarlberg. Bozen 1949.

O. Stolz, Geschichte des Zollwesens, Verkehrs und Handels in Tirol und Vorarlberg von den Anfängen bis ins 20. Jahrhundert (= Schlern-Schriften 108), Innsbruck 1953.

H. Telbis, Zur Geographie des Getreideanbaues in Nordtirol (= Schlern-Schriften 58), Innsbruck 1948.

H. Tschiderer, Wallfahrten in Tirol (Nord-, Süd- und Osttirol). Geogr. Hausarbeit, Innsbruck (Institut für Geographie) 1979.

J. Vogl, Die Hohe Salve im Brixenthale in Tirol. München 1872.

Vereinswesen

Von Leonhard F e i c h t n e r , Rudolf H a i n , Sebastian P o s c h , Franz S t ö c k l

Die Bundesmusikkapelle Brixen im Thale

Die Brixner Musikkapelle gehört ohne Zweifel zu den alten Kapellen im Tirolerland. Ein regelrechter Gründungsakt oder eine direkte Nachricht darüber ist zwar auch hier, wie bei den meisten anderen Kapellen, nicht erhalten, doch läßt sich aufgrund späterer Nachrichten eine Gründung um 1825 mit großer Wahrscheinlichkeit erschließen. Da das Material an anderen Stellen schon ausführlich dargelegt wurde (S. Posch, Die Anfänge der Musikkapelle Brixen im Thale, in: Tiroler Heimatblätter 59, 1984, S. 87—94. Festschrift „160 Jahre Musikkapelle Brixen im Thale, 1824—1984". Herausgegeben von der Musikkapelle Brixen i. Th. 1984. 28 S.), können wir uns hier auf eine knappe Zusammenfassung beschränken.

Die ersten richtigen, d. h. ständigen Musikkapellen mit fester Besetzung entstanden in Tirol um 1800, allerdings nur in großen Orten; auf dem Land begannen die Gründungen erst nach den Napoleonischen Kriegen, Hand in Hand mit der Beruhigung der politischen und wirtschaftlichen Verhältnisse. Bei der Umbildung der alten Spielgruppen der Kirchenmusikanten und der Pfeifer- und Trommlergruppen der Schützenkompanien zu den frühen Formen unserer heutigen Blasmusikkapellen hat die Militärmusik, im speziellen ihre österreichische Form der „Türkischen Musikbanda", entscheidende Anregungen gegeben. Auch später gingen ja immer wieder wichtige Impulse zur Weiterentwicklung des Blasmusikwesens von den Militärkapellen aus.

Die erste sichere Nachricht über die Musikkapelle Brixen stammt aus dem Jahre 1840, in welchem Musik und Schützenkompanie des Ortes den Fürsterzbischof Friedrich von Salzburg, Fürst zu Schwarzenberg, nach Tiroler Brauch feierlich empfingen, als er am Patroziniumsfest die Harlaßangerkapelle besuchte. Da das denkwürdige Ereignis nicht nur in einem schriftlichen Bericht des damaligen Dechants Alois Schmid festgehalten, sondern mit großer Liebe zum Detail auch auf einem großen Erinnerungsbild dargestellt ist, wissen wir genau Bescheid über Größe, Besetzung und Bekleidung der Brixner Musik von 1840.

Großes Bild: Kapellmeister Oberlehrer Franz Frey mit der Marketenderin Samer Uschei

Kleines Bild links: Die Brixner Musik um die Jahrhundertwende

Kleines Bild rechts: Die Brixner Musik im Jahre 1924 (in der Mitte der Kapellmeister Gottlieb Kirchner und seine Tochter)

Von den abgebildeten 17 Musikanten sind 12 Mann Bläser, 5 Mann Schlag-
zeuger. Die Bläser, leicht schräg hintereinander aufgestellt, bilden vier chorische
Gruppen: 3 Klarinetten aus hellem Buchsbaumholz, 3 Naturtrompeten, 3 Trom-
peten tieferer Stimmung und 3 Posaunen (Baßtrompeten). Das „Türkische Schlag-
zeug" steht in einer Reihe: Große Trommel, Tschinellen, Schellenbaum (Glöckl-
hut) und zwei kleinere Trommeln. Die Musikanten tragen knielange blaue Röcke,
schwarze Kniehosen, weiße Strümpfe, niedere schwarze Bundschuhe, hellblaue
bzw. rötliche Westen, weiße Hemden, rötliche Binder. Die schwarzen, mit mächtigen Büschen geschmückten Hüte haben einen hohen Gupf. Der linke Flügel-
mann, wohl der Kapellmeister, trägt als einziger eine elegante graue lange Hose
und einen etwas längeren Frack. Wahrscheinlich ist es der Lehrer Sebastian
Prennsteiner jun., der Sohn des „Gründungskapellmeisters" Sebastian Prennsteiner aus Altenmarkt, von 1806—1840 in Brixen als Schulmeister, Mesner, Organist und Kantor tätig.

Nach Zahl und Art der Instrumente würde die 1840 abgebildete Kapelle in die
Zeit um 1820 passen. Dafür spricht einerseits das Fehlen von Klappentrompeten
und Ventilinstrumenten, andererseits das Vorhandensein des Schellenbaums
(Glöcklhutes). Wäre die Kapelle in den dreißiger Jahren aufgestellt worden, hätte
man sicher nicht auf die neuerfundenen besseren Instrumente mit Klappen und
Ventilen verzichten können. War jedoch die Aufstellung schon in den zwanziger
Jahren erfolgt, so war es für die sparsamen Brixner wohl selbstverständlich, die
alten Instrumente auch dann noch einige Zeit beizubehalten, als es schon Besseres
gegeben hätte. Etwas Vergleichbares haben wir in unserer Zeit erlebt: die Brixner
Musik hat erst sehr spät (unter Kapellmeister Georg Straif) von der alten hohen
Stimmung auf die tiefe Normalstimmung umgestellt.

Nimmt man zu den obigen Schlüssen noch die Nachrichten über den Besuch
der Erzherzogin Maria Luise auf der Hohen Salve im Jahre 1823 hinzu — es fällt
auf, daß dabei keine Musik erwähnt ist —, so kommt man auf das Jahr 1824 als
das wahrscheinlichste Gründungsjahr.

Weitere große Ausrückungen der Brixner Musik erfolgten, wie der „Ortschro-
nist" Dechant Alois Schmid vermerkte, am 8./9. Juli 1840, am 19. August 1841
und am 20. August 1841, wobei die Brixner Musik gemeinsam mit den Westendorfern ein Doppelkonzert auf der Hohen Salve veranstaltete. Bei Einbruch der
Nacht „spielte die Westendorfer Musik unten am Salvenkopf abwechselnd mit der
Brixner Musik, die oben stand".

Zwei weitere Erwähnungen stammen aus dem Jahre 1843. Vor allem die
zweite, vom 15. Juni 1843, ist interessant, da von „wohleingeübten Harmonie-
Stücken der zahlreichen Brixner Musik" die Rede ist. Zehn Jahre später (15. August 1853) berichtet die Chronik von den „Klängen einer gut besetzten Musikkapelle".

Nach diesen Berichten hat die Brixner Musik zwischen 1840 und 1843 eine beträchtliche Wandlung durchgemacht, d. h. sie ist von der Frühform der zwanziger
Jahre mit Naturtoninstrumenten zu einer „modernen" Harmoniemusik mit Ventilinstrumenten umgestaltet worden. Damit waren ganz neue spieltechnische und
klangliche Möglichkeiten geboten. Nun konnten auch schwierige Melodien von
Blechblasinstrumenten übernommen werden und harmonische Modulationen

Die Brixner Musik in der alten Tracht (1952)

durchgeführt werden, offenbar ein ganz neues Musikerlebnis für die Brixner Bevölkerung; die betonte Erwähnung in der Chronik deutet in diese Richtung.

Daß man in den folgenden Jahrzehnten auf diesem Weg fortgeschritten ist, darf man annehmen, auch wenn wir kaum mehr direkte Nachrichten haben. Die Musik war eben inzwischen schon zu einer Selbstverständlichkeit geworden, die man nicht mehr immer eigens erwähnen mußte. Aus vereinzelten alten Notenblättern kann man entnehmen, daß zum Programm der Musik gegen Ende des letzten Jahrhunderts nicht nur Marschmusik und Volksmusikstücke gehörten, sondern daß man auch Harmoniemusikbearbeitungen großer Kompositionen spielte und die Bevölkerung mit „schwerer Musik" bekannt machte, zu der sie sonst keinen Zugang gehabt hätte. Lange bevor einzelne Brixner beim Uhrmacher Seisl Verdis „La donna è mobile" aus dem Kopfhörer des ersten Radios krachen hörten, war ihnen das Stück durch eine Bearbeitung für Euphonium solo und Harmoniemusik vertraut.

Ab der Jahrhundertwende erhält das Bild der Musikkapelle wieder klarere Konturen. Zum einen taucht die Kapelle sehr oft in den Gemeinderatsprotokollen auf — viel häufiger als alle anderen Vereine —, zum anderen gibt es auch Fotografien, die die Erinnerung wachhalten.

Da in der kleinen Festschrift, die die Musikkapelle zu ihrem 160-Jahr-Jubiläum im Jahre 1984 herausgebracht hat, auch eine Chronik der wichtigsten Ereignisse mit einer Liste der vielen Brixner Kapellmeister abgedruckt ist, können wir uns hier auf einige ganz wichtige Punkte beschränken.

Ebenso wie um den Kirchenchor hat sich Oberlehrer Gottlieb Kirchner (1904—1920, gestorben 1945) auch um die Musikkapelle große Verdienste erworben; er war ein überaus eifriger Notenschreiber, ein tüchtiger Arrangeur und einfallsreicher Komponist.

Unter dem Kapellmeister Oberlehrer Franz Frey (1920—1938) wurde 1930 jene kleidsame Tracht angeschafft, die der Brixner Musik bis zum Jahre 1959 ihr besonderes Gepräge gab.

Nach dem Zweiten Weltkrieg war es vor allem Kapellmeister Fritz Neumayr, der mit großer Einsatzbereitschaft und mit viel Energie die Kapelle zusammenhielt und zu schönen Erfolgen führte; u. a. verdankt ihm die Musik eine große Zahl handgeschriebener Noten. Mit geschickten Arrangements, die ganz auf die Leistungsfähigkeit der einzelnen Bläser abgestellt waren, hat er es verstanden, die oft kleine Besetzung der Brixner Musik zu kaschieren und eine Musik zu machen, derer sich auch eine größere Kapelle nicht hätte schämen müssen.

In der Folgezeit haben die Kapellmeister in ziemlich rascher Folge gewechselt, sicher kein Zeichen dafür, daß sie nicht fähig oder nicht willig gewesen wären, eher schon dafür, daß die Brixner Musikanten ein ganz eigener Schlag sind. Sinn für Kameradschaft und Begeisterung für die Musik sind in einem Ausmaß vorhanden wie nicht leicht in einer Kapelle. Aber in einer kleinen Gemeinschaft — groß ist die Brixner Musik ja nie gewesen — reibt man sich auch leichter aneinander, vor allem wenn man mit viel Engagement bei der Sache ist. Daß die sprichwörtliche Brixner Gfri da auch hereinspielt, ist klar. Da aber immer wieder der Wille zur Gemeinsamkeit siegte, kann man diesem raschen Kapellmeisterwechsel durchaus auch gute Seiten abgewinnen. Jeder von ihnen hatte seine Stärken und von jedem konnte die Kapelle etwas profitieren, von Georg Straif und Franz Thum ebenso wie von Hans Wurzenrainer und Peter Ehrensberger, von Peter Fuchs und Matthäus Beihammer.

Heute leitet Kapellmeister Stefan Reiter aus Reith die Brixner mit großem musikalischem Können und nicht geringerer psychologischer Geschicklichkeit, tatkräftig unterstützt von dem für die nächsten drei Jahre gewählten Vorstand: Dr. Alois Strasser, Kapellmeisterstellvertreter; Hermann Beihammer, Obmann; Johann Stöckl, Obmannstellvertreter; Peter Fuchs und Josef Straif, Kassiere; Alois Bosetti und Alois Bachler, Schriftführer; Alois Straßer, Franz Straßer und Elisabeth Fuchs, Kassenprüfer; Martina Riedmann, Notenwart; Rudi Stöckl und Josef Hörl, Zeugwarte; Josef Straif, Instrumentenwart; Franzi Strasser, Jugendvertreter; Hans Knauer, Fritz Widauer und Peter Beihammer, Beiräte.

Seit dem Jahre 1969 unterhält die Brixner Musik freundschaftliche Beziehungen zur Trachtenkapelle Meissenheim (Baden).

Die Lebenskraft der Brixner Musik zeigt sich nicht nur in den vielen Neuanfängen, sondern auch darin, daß aus der Musik heraus kleinere Spielgemeinschaften entstanden sind:

Die Kirchenmusikanten

An hohen Feiertagen haben schon seit eh und je auch Bläser bei den Aufführungen des Kirchenchores mitgewirkt. Auch in diesem Bereich hat der frühere Kapellmeister Fritz Neumayr seine Verdienste, indem er die alte Tradition nach dem

Aufführung einer Bläsermesse (1984)

Die Gainzlmusig vor der Prantl-Alm
(Sommer 1987)

Zweiten Weltkrieg fortführte. Seit dem Jahre 1957 aber gibt es unter der Leitung von Sebastian Posch eine feste Gruppierung von Kirchenmusikanten (derzeit: 3 Klarinettisten, 3 Trompeter, 5 Posaunisten), die teils selbständig, teils gemeinsam mit dem Chor zur Gottesdienstgestaltung beitragen und fallweise auch andere Aufgaben übernehmen. In den letzten Jahren ist diese Gruppe, die sich besonders der alten Bläsermusik annimmt, im Durchschnitt 40mal jährlich zu Proben und Aufführungen zusammengekommen.

Die Gainzlmusig

(Der Name der Gruppe leitet sich von der gewählten Kopfbedeckung, dem Gainzl, her. Es ist ein flacher Strohhut, mit einem bestickten Band umwunden, eigentlich ein Frauenhut, der bis in die vierziger Jahre im Brixen-, Unterinn- und Zillertal viel getragen wurde. Gainzl ist die Verkleinerungsform zum alten Wort gauze/gau^{n}z ‚Hut‘ [gauze → gäuzl → ga^{in}zl].)

Im Vorjahr hat sich — besonders auf Betreiben des langjährigen Obmannes der Musikkapelle Brixen und jetzigen Kapellmeisterstellvertreters Dr. Alois Strasser — ein Gruppe jüngerer Musikanten zu einer „böhmischen Besetzung" zusammengetan und sich in der kurzen Zeit bereits zu einer gern gehörten und vielfach engagierten Unterhaltungsmusik entwickelt.

Sebastian Posch

Kirchenchor

Der Kirchenchor ist kein Verein im üblichen und strengen Sinn des Wortes, er ist eher eine Vereinigung zu nennen, in der sich Sängerinnen und Sänger treffen, um gemeinsam mit dem Organisten an der Gottesdienstgestaltung in der Pfarrgemeinde mitzuwirken. Die Struktur dieser Vereinigung ist seit eh und je sehr flexibel, sie paßt sich in den verschiedenen Zeiten den jeweiligen Erfordernissen und Vorschriften der Liturgie an. Vielleicht ist darin ihre Lebenskraft begründet; auf jeden Fall gehört diese Vereinigung zu jenen im Dorf, die auf die längste Geschichte zurückblicken können.

Die geschichtliche Entwicklung eines Kirchenchores im ländlichen Raum genau nachzuzeichnen, ist angesichts der spärlichen schriftlichen Quellen, die noch dazu oft nur durch Zufallsfunde ans Licht kommen, kaum möglich. Da die Ausübung der Kirchenmusik früher noch viel mehr als heute von örtlichen Gegebenheiten und Möglichkeiten abhängig war, sind auch Rückschlüsse von den besser dokumentierten Chören der Städte und Marktgemeinden sehr problematisch. Dies auch deshalb, weil sich musikalische Entwicklungen auf dem Land immer erst mit einer gewissen Verzögerung durchsetzten. Dazu trug ohne Zweifel auch der Umstand bei, daß bei der großen Zahl von Gottesdiensten, die in früheren Zeiten musikalisch zu gestalten waren (z. B. die täglichen Rorateämter), oft mit wenigen Sängern das Auslangen gefunden werden mußte; in einem kleinen Dorf konnte man eben nicht immer einen stattlichen Chor oder gar Instrumentalisten aufbieten. Die aufgeführten Werke mußten also notgedrungen oft eher einfachen Charakter haben und möglichst lange im Repertoire bleiben, weil die vielen Neueinstudierungen, die für ein Schritthalten mit der musikalischen Stilentwicklung nötig gewesen wären, die Mögichkeiten des kleinen Ensembles überstiegen hätten.

Eine Orgel und gleich zwei Gruppen von Sängern sind für Brixen durch die älteste erhaltene Kirchenrechnung von 1655 bezeugt. Es heißt darin: „des Schuelmaisters jährliche Besoldung sambt der Orgl betrüfft 32 Gulden". Zugleich wird erwähnt, daß am Antlaßtag die Chorsinger-Buben („Corsinger Pueben") 3 Kreuzer erhalten haben, während die „Teitschen Singer" (d. h. die deutschen Sänger zum Unterschied von den lateinisch singenden Chorknaben) für ihre Mitwirkung am Kreuzgang nach Hopfgarten gemeinsam mit dem Fahnenträger, den Kirchpröpsten und dem Mesner 48 Kreuzer für eine Zehrung erhielten. Diese „Teitschen Singer" waren regelrecht angestellt; sie erhielten jährlich ein Angeld von 1½ Gulden und „für ihr Mihewaltung" eine Besoldung von 4 Gulden. Zudem wurden ihnen am Fest der Apostel Philipp und Jakob (1. Mai) zu einer Zehrung „aufm Khirchperg" 36 Kreuzer „verehrt". Diese Aufwendungen zeigen, daß die Gruppe nicht ganz klein gewesen sein kann; dafür spricht auch eine Nachricht aus dem Jahre 1656: „Diß Jahr haben sich die singer anerpoten umbsonst zu singen wegen ihrer neugemachten stiel." Sie brauchten also mehr als einen Kirchenstuhl auf der Empore. Die reservierten Plätze standen ihnen jedoch nur so lange zu, als sie aktiv waren, denn in der Rechnung von 1656 ist ausdrücklich festgehalten, „daß wan ainer oder der ander nit mehr singen khundt, er weichen und khain recht haben soll".

Damit ist auch gesagt, was für die damalige Zeit eine Selbstverständlichkeit war, daß nur Männer als Kirchensänger zugelassen waren. Noch das Motu proprio des Papstes Pius X. vom 22. November 1903 untersagt ausdrücklich Frauen die Mitwirkung bei Kirchenchören (cap. V, 13), was aber in unseren Gegenden sicher nicht mehr eingehalten wurde.

Als der jahrzehntelang in Brixen wirkende Schulmeister, Mesner und Organist Thoman Krug sich 1695 über die altersschwache Orgel beschwerte, ließ man 1696/97 durch den Salzburger Orgelbaumeister Johann Christoph Egerdacher eine neue errichten. Im Folgejahr erhielten die Kirchensänger „ein neueß sänger Cästl auf der orgl", was wohl bedeutet, daß sie Gesangsbücher verwendeten; das wird auch durch die Kirchenrechnung von 1723 bewiesen, in der Ausgaben von 2½ Gulden verzeichnet sind „für gsängerbiecher für die Teutschen Singer". Ob es bloße Textbücher waren, wie sie vordem üblich waren, als die Melodien von Generation zu Generation mündlich überliefert wurden, oder ob sie auch Noten für den mehrstimmigen Gesang in der Volkssprache enthielten, ist leider ebensowenig bekannt wie die Art der gesungenen Lieder. Sicher ist nur, daß das volkssprachliche geistliche Lied schon vor der Reformation voll ausgebildet war und in der Zeit der Gegenreformation auch im katholischen Bereich ganz bewußt gepflegt wurde. Bei der Messe spielte es zwar nur eine geringe Rolle (eigentlich nur als Predigtlied), doch bei Bruderschaftsandachten, Prozessionen, Bittgängen, bei der Christenlehre und beim Begräbnis wurden deutsche Kirchenlieder gesungen, teils von den Kirchensängern, teils wohl auch vom ganzen Volk. Erst in der josefinischen Ära (1780—1790) wurde die deutsche Singmesse, der „deutsche Normalgesang", ins Hochamt eingeführt und der Volksgesang auf eine breitere Basis gestellt. Mit dieser Änderung dürften auch dem Chor neue Aufgaben zugekommen sein, und man darf annehmen, daß es etwa ab 1800 in Brixen an hohen Festtagen eine Kirchenmusik in dem Sinn gegeben hat, daß Sänger und Musikanten gemeinsam mit der Orgel anspruchsvollere Kompositionen aufführten. Im Bericht über seine Amtseinführung im Jahre 1804 vermerkt Wolfgang Hechenberger, der spätere erste Dekan von Brixen, „Trompetenschall und Orgel". Auch unter dem aus Altenmarkt im Pongau stammenden Sebastian Prennsteiner, der von 1806—1840 in Brixen als Lehrer, Mesner, Organist und Kantor wirkte, dürften mit ziemlicher Sicherheit Kirchenmusikanten bei den Gottesdiensten mitgewirkt haben. Er gilt ja als der Gründungskapellmeister der Musikkapelle Brixen im Thale (um 1825) und hat — wie die Erinnerungstafel vom Harlaßanger berichtet — am 2. Juli 1840 mit seiner Kapelle den deutschen Normalgesang begleitet.

Ein sehr aktiver Kirchenmusiker (und Kapellmeister) muß der Oberlehrer Gottfried Kirchner (1904—1920) gewesen sein, wie das noch vorhandene handgeschriebene Notenmaterial zeigt. Die vielen Streicher- und Bläserstimmen beweisen, daß in den Jahrzehnten nach der Jahrhundertwende die Kirchenmusik in Brixen sehr abwechslungsreich war und auf einer hohen Stufe stand. Diese Linie wurde dann fortgeführt von Oberlehrer Franz Frey, Fritz Schmid, Alois Bartl, Fritz Mühlbacher. Besondere Erwähnung verdient das Wirken von zwei bis heute unvergessenen Chorleitern und Organisten, Frau Luise Walter und Schuldirektor Josef Hain. Frau Walter leitete mit Umsicht, Können und großer Einsatzbereitschaft die Geschicke des Chores in der Kriegs- und ersten Nachkriegszeit; vor allem vermit-

Der Kirchenchor in den sechziger Jahren (in der 1. Reihe von li. nach re.: Lois Strasser, Brixnerwirts Lena, Postmeister Geisler, Pfarrer Christian Gasser, Schuldirektor Josef Hain, Schustermutter Nani Gschwantler, Frau Anna Strasser)

Gruppenbild vor der Kirche (1984)

Theateraufführung des Kirchenchores in den sechziger Jahren
(Lois Strasser sen., Sebastian Posch sen., Josef Hain)

telte sie den Nachwuchssängern eine gediegene theoretische und praktische Ausbildung. Der Nachwuchspflege widmete sich auch Schuldirektor Josef Hain
(1958—1971) bis zu seinem allzufrühen Tod in ganz besonderer Weise. Daneben
aber bemühte er sich auch intensiv um die Pflege und Erhaltung alten Brauchtums. Unter seiner Leitung war der Chor tätig beim Anklöpfeln und Sternsingen,
führte er Nikolaus- und Weihnachtsspiele ebenso auf wie andere Theaterstücke.

Seither ist Rudolf Hain als Organist und Chorleiter tätig, in der Chorleitung
unterstützt von Leonhard Feichtner und Sebastian Posch, der seit1957 auch die
Kirchenmusikanten leitet.

Rudolf Hain und Sebastian Posch

Gesangsverein Brixen im Thale

In den sechziger Jahren gab es in Brixen Überlegungen, neben dem bestehenden Kirchenchor einen Chor zu gründen, welcher der Sangesfreudigkeit der Brixner besonders auf weltlichem Gebiet entsprechen sollte. In diesem Ansinnen bestärkt wurde man durch das Bestreben des damaligen Präsidenten des Tiroler Sängerverbandes, die Gründung weiterer Gesangsvereine im Sinne des Tiroler Sängerverbandes voranzutreiben.

Nach anfänglichen Überlegungen, einen Männerchor zu gründen — dessen Konstituierung hatte man zwar angestrebt, aber im Verlauf der ersten Proben mußte festgestellt werden, daß ein weiterer Bestand nicht gewährleistet wäre —, gründete der damalige Volksschuldirektor Josef Hain am 13. Juni 1964 einen gemischten Chor als „Gesangsverein Brixen im Thale".

Angestrebt wurden damals im wesentlichen drei Ziele: dem natürlichen „brixnerischen" Sangeseifer mit weltlichem Liedgut zu entsprechen, durch einfaches Liedgut die Nachwuchsarbeit für den Kirchenchor zu fördern und jungen Menschen Gelegenheit zu bieten, sich einer Chorgemeinschaft anzuschließen.

Seit der Gründung des Chores leitete Josef Hain den Gesangsverein als Chorleiter bis zu seinem Tod im Jahre 1971, die Obmannstelle hatte Sebastian Posch (sen.) inne. In dieser Zeit galt es, durch regelmäßige Probentätigkeit ein Repertoire an Chorliteratur zu erarbeiten; erste öffentliche Auftritte folgten. Der Höhepunkt dieser Vereinsepoche war — neben Sängertreffen mit anderen Chören — die Mitwirkung beim Landessängerfest 1969 in Innsbruck. Erwähnenswert ist auch der Auftritt des Chores anläßlich der Promotion von Dr. Sebastian Posch (jun.) in Innsbruck, bei der auch der Bundespräsident anwesend war.

1972 übernahm Anna Engl (Sailer) die Chorleiterstelle und übte diese Funktion bis Anfang 1975 aus. Durch ihren Einsatz überbrückte der Chor eine schwierige Zeit und wurde vor einer drohenden Auflösung bewahrt. In diese Zeit fiel das zehnjährige Bestandsjubiläum, welches 1974 gefeiert wurde.

Im Jänner 1975 übernahm Clemens Kraler die Chorleitung. Bleibende Eindrücke hinterließ das Landessängerfest 1975 in Innsbruck. Unter der neuen — bis heute währenden — Chorleitung stieg das gesangliche Niveau stark an, was bei öffentlichen Auftritten unter Beweis gestellt wurde und was Rundfunkaufnahmen (1983 und 1984) bezeugen.

Bevorzugtes Liedgut des Gesangsvereines sind neben alpenländischen Volksliedern Lieder anderer Völker. Sehr gerne werden Spirituals gesungen, die besonders bei der Gestaltung abendlicher Sonntagsmessen Anklang finden.

Zu den schon traditionellen Veranstaltungen des Gesangsvereines zählen ein Frühjahrs- und ein Herbstkonzert, ein Sängerball, das Adventsingen und die Gestaltung einzelner Sonntagsmessen. Dazwischen ergeben sich immer wieder Auftritte zu verschiedenen Anlässen: Trauungen, Jubiläumsfeiern, Umrahmung von Vorträgen und anderen Veranstaltungen.

Obwohl der „U-Musik"-Betrieb in Radio und Fernsehen das Interesse des Publikums nicht im Sinne des Gesangsvereines beeinflußt, werden die angebotenen Veranstaltungen gut besucht.

Der Gesangsverein Brixen i. Th. beim Bezirks-Sängertreffen 1965 in Kitzbühel

Der Gesangsverein 20 Jahre nach seiner Gründung

1984 konnte der Gesangsverein bei der Feier des zwanzigjährigen Bestehens von einer regen Vereinstätigkeit berichten und zur Überzeugung gelangen, daß dem Chor von der Bevölkerung der nötige Stellenwert eingeräumt wird.

Rudolf Hain

Volksbühne

Theaterspielen wird in Brixen schon seit längerer Zeit gepflegt. In den zwanziger Jahren gab es bereits eine private Laiengruppe, bei der Maria Schroll, die heute noch lebt, mitgewirkt hat. Unter der Leitung von Frau Lehrer Posch und Lois Salvenmoser wurde in den dreißiger Jahren unter anderem das Stück „Wildkatze vom Hollergrund" auf der Freilichtbühne beim Badhaus aufgeführt. Nach dem Zweiten Weltkrieg hat Peter Auer Impulse ins Theaterspielen gebracht. Schülergruppen, geleitet von den jeweiligen Lehrern, spielten beim Hoferwirt unter anderem Heimkehrerstücke. Volksschuldirektor Josef Hain belebte in den fünfziger und sechziger Jahren mit Theater- und Anklöpflergruppen vor allem aus dem Kirchenchor das Kulturleben Brixens. Das Stück „Da Kreizkaspa tuat heiratn" ist wohl noch allseits bekannt.

1978 versuchte der damalige Bezirksobmann der Volksbühnen, Sepp Geisler, das Laienschauspiel in Brixen wieder anzukurbeln. So wurde im Mai 1978 die heutige Volksbühne Brixen im Thale, die von Otto Kaufmann als Obmann geleitet wurde, aus der Taufe gehoben. Sie ist dem Landesverband der Tiroler Volksbühnen angeschlossen. Uns allen in guter Erinnerung ist der erfolgreiche Beginn mit dem „Saisongockel" im Pfarrsaal, wobei Kathi Kofler und Anton Vavtar, die bis heute ständig mitgewirkt haben, durch ihr schauspielerisches Talent aufhorchen ließen. Damals bildete sich mit Helmut Karrer und Heinz Adelmann eine eigene Theatermusik.

Nun — 1987 — prägen Michael Thaler als Obmann, Heinz Adelmann als Stellvertreter und Spielleiter, Marianne Beihammer als Schriftführer und Waltraud Adelmann als Kassier diese idealistische Gruppe. Die Bauernkommödie „Die drei eisernen Junggesellen", welche von Kathi Kofler, Waltraud Adelmann, Marianne Beihammer, Anton Vavtar, Sepp Riedl, der Bernhard Beihammer vertritt, und Alfred Niedermoser dargestellt wird, findet reges Interesse bei Einheimischen und Gästen. Für eine würdige Umrahmung sorgen Volksschuldirektor Günter Ettinger als Sprecher und Leonhard Ehammer mit der Ziehharmonika. Hinter den Kulissen sind Silvia Heidegger als Souffleuse, Elisabeth Brixner als Maskenbildnerin, Markus Deutschmann mit der Beleuchtung sowie Gretl Pfitscher und Kathi Dummer als Requisiteure im Einsatz.

Die neugestaltete Bühne in der Aula der Volksschule wurde von den Mitgliedern in selbstlosem Arbeitseinsatz und mit eigenen finanziellen Mitteln geschaffen.

Mit dem Schwerpunkt Bauerntheater, aber auch mit Einaktern, Sketches, Abenden mit echter Volksmusik und klassischer Musik sowie mit besinnlichen Adventabenden bemüht sich unsere Volksbühne, uns Einheimischen, Auswärtigen und Gästen das Ursprüngliche und Unverfälschte zu bewahren. Kulturbelebung, Brauchtums- und Kameradschaftspflege, Liebe zur Heimat, Festhalten an der überlieferten Tradition und sinnvolle Freizeitbeschäftigung sind Werte, die von dieser Gruppe besonders gepflegt werden.

Franz Stöckl

*Die Theatergruppe um Frau Lehrerin
Mathilde Posch und Lois Salvenmoser*

*Den Volksmusikabend 1986
bereicherte Frank Kathei mit eigenen
Mundartgedichten*

Die Brixner Volksbühne 1987

Schützenkompanie

Die Geschichte der Brixner Schützenkompanie reicht weit in die Vergangenheit zurück. Im Tiroler Befreiungskampf von 1809 war eine Brixner Kompanie unter der Führung des Hofer Bauern Christian Hinersbichler an den Kämpfen am Paß Strub, bei Lofer, Melleck und Reichenhall beteiligt. 1838 nahm sie im Rahmen einer Brixentaler Talschaftskompanie an der Erbhuldigung in Innsbruck teil. Und aus dem Jahre 1840 ist uns eine bildliche Darstellung überliefert: die Kompanie ist in Reih und Glied angetreten (mit Fahne), um den Fürsterzbischof Friedrich von Schwarzenberg bei seinem Besuch am Harlaßanger (2. Juli 1840) gemeinsam mit der Musikkapelle Brixen feierlich zu empfangen. Auch aus der Folgezeit gibt es immer wieder Hinweise auf die Existenz einer Schützenkompanie in Brixen. Die vereinsmäßige Gründung erfolgte erst wesentlich später, reicht aber immerhin noch in die zwanziger Jahre zurück.

1925 wurde eine Schützenkompanie gegründet, die von Hans Fuchs als Obmann geführt wurde und bei der Kathl Koller lange Zeit Marketenderin war. Damals gab es beim Badhausstall einen Schießstand.

Im Jahre 1957 hat dann der uns allen gut in Erinnerung gebliebene Bartl Kofler die neuerliche Gründung der Schützenkompanie veranlaßt, die formell im Rahmen der Gründungsversammlung am 30. März 1958 entstanden ist. Der erste Ausschuß bestand damals aus Lois Seiwald als Obmann, Hans Geisler als Hauptmann, Toni Stegmayr als Oberjäger und Leonhard Salvenmoser als Fähnrich.

Die Schützenkompanie Brixen ist auf Bezirksebene dem „Rupert-Wintersteller-Bataillon" unterstellt und ist auf Landesebene dem „Bund der Tiroler Schützenkompanien" eingegliedert.

Die erste Ausrückung mit 17 Schützen erfolgte am Fronleichnamstag 1958. Im Rahmen einer feierlichen Feldmesse mit Fahnenweihe im August desselben Jahres unter Anwesenheit unserer verstorbenen Fahnenmutter Anna Birker und Fahnenpatin Anna Schermer hat sich die Kompanie verpflichtet, bei jeder Beerdigung eines Kriegsteilnehmers mit einer Fahnenabordnung auszurücken. Die Schützenfahne wurde damals von der Kriegsopferkameradschaft zur Verfügung gestellt.

Nach dem Abtreten von Lois Seiwald standen Leonhard Salvenmoser, Bartl Kofler und Toni Stegmayr als weitere Obmänner unserer Kompanie vor. Der derzeitige Ausschuß besteht aus Sepp Hofer als Obmann, Klaus Hetzenauer als Hauptmann, Raimund Weiler als Oberleutnant und Bekleidungskämmerer, Sebastian Bachler als Fähnrich, Andrä Schermer als Kassier, Franz Stöckl als Schriftführer und Hans Beihammer als Waffenmeister. In unserer Schützenkompanie sind derzeit 40 aktive Schützen, zwei Marketenderinnen, unsere Fahnenpatin Anna Schermer, Ehrenhauptmann Toni Stegmayr, Ehrenmitglied Ehrenleutnant Ing. Werner Lutzky sowie zahlreiche unterstützende Mitglieder vereinigt.

Ehrenhauptmann Toni Stegmayr erhielt 1968 für seine besonderen Leistungen im Tiroler Schützenwesen die Silberne Verdienstmedaille des Bundes der Tiroler Schützenkompanien verliehen, die Verdienstmedaille in Bronze tragen Oberleutnant Raimund Weiler, Hauptmann Klaus Hetzenauer, Andrä Schermer und Leonhard Laiminger.

Bild oben links: Beim Eröffnungsschießen des Brixner Schießstandes im Jahre 1925 (Steff Kaufmann, Fritz Knauer, Hermann Fuchs, Leonhard Feichtner, Lorenz Fuchs, Hans Hölzl, Maria Bachler [Grabner], Hans Kaufmann)

Bild oben rechts: Die heutige Schützenkompanie Brixen im Thale vor dem Musikpavillon

Bild rechts: Die Kompanie (mit Bürgermeister Hans Werlberger und Dekan Herbert Haunold) vor der mit ihrer tatkräftigen Hilfe renovierten Jordankapelle

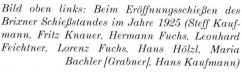

Die Aufnahme von neuen Schützenkameraden erfolgt vorerst in Form eines Probejahres. Im Rahmen der jährlich abzuhaltenden Hauptversammlung hat der Schützenkamerad dann vor dem meist anwesenden Bataillonskommandanten, unserem Schützenhauptmann und der angetretenen Kompanie jenen Eid auf die Fahne zu leisten, den der Gründungsausschuß bereits im Jahre 1958 ausgesprochen hat:

„Ich bekenne mich zu den Grundsätzen des Bundes der Tiroler Schützenkompanien und verspreche Treue zu Gott und dem Erbe der Väter, den Schutz von Heimat und Vaterland; ich bekenne mich zur geistigen und kulturellen Einheit des ganzen Landes und will mich einsetzen für die Freiheit und Würde des Menschen und die Pflege des Tiroler Schützenbrauches. Meiner Kompanie will ich die Treue halten."

Franz Stöckl

Schützengilde

Der erste Vereinsvorstand wurde am 3. Juni 1961 von 29 Gründungsmitgliedern gebildet und mit 20. Juli desselben Jahres der Bezirkshauptmannschaft Kitzbühel gemeldet:
Oberschützenmeister: Hans Widauer; 1. Schützenmeister: Heis Riedl; 2. Schützenmeister: Lois Wahrstätter; Schriftführer: Franz Caramelle.

In weiterer Folge prägten die Oberschützenmeister Sepp Strasser, Lois Wahrstätter, Sepp Rothmüller und 15 Jahre lang Sepp Koller die Schützengilde. Nach seinem Ableben übernahmen 1986 Sepp Bachler als Oberschützenmeister, Fred Stöckl als 1. Schützenmeister, Sepp Hofer als 2. Schützenmeister, Georg Foidl als Kassier und Rosi Leitner als Schriftführer die Leitung dieses Vereins, der dem Tiroler Landesschützenbund angeschlossen ist.

Die Freude am Schießsport und die Pflege von Kameradschaft, Treue und Geselligkeit bewogen die heute 81 Mitglieder, dieser Gruppe beizutreten. Die vielen sportlichen Erfolge, vor allem auf Bezirksebene, sprechen von der regen Tätigkeit unserer Schützengilde:

Kleinkaliber:
Damenklasse: Christl Widauer, Bezirksmeisterin 1971
Rosi Leitner, Berzirksmeisterin 1983
Evi Stöckl, Bezirksmeisterin 1982, 1984
  Versehrtenklasse: Hans Widauer, Bezirksmeister 1987
  Seniorenklasse: Sepp Bachler, Bezirksmeister 1981, 1982, 1983, 1984, 1985, 1986
  Jungschützenklasse: Thomas Weiler, Bezirksmeister 1980

Luftgewehr:
Damenklasse: Evi Stöckl, Bezirksmeisterin 1984, 1985, 1986, 1987
Landesmeisterin 1984, 1985
  Versehrtenklasse: Hans Widauer, Bezirksmeister 1973, 1974
  Seniorenklasse: Sepp Bachler, Bezirksmeister 1979, 1982, 1983, 1984, 1987

Luftpistole:
Herrenklasse: Franz Leitner, Bezirksmeister 1985, 1987

Vom Tiroler Landesschützenbund wurden Hans Widauer, Franz Caramelle, Heis Riedl, Sepp Koller, Sepp Hofer, Toni Stegmayr, Simon Feichtner, Sepp Bachler, Franz Leitner, Leonhard Laiminger, Fred Stöckl, Raimund Weiler, Christl Widauer, Christian Beihammer mit der silbernen Verdienstmedaille und Sepp Koller mit der goldenen Verdienstmedaille ausgezeichnet.
Ehrenmitglied der Schützengilde Brixen: Heis Riedl.

SCHÜTZEN HEIL! Franz Stöckl

Der Ausschuß der Brixner Schützengilde seit Herbst 1986

Die Bezirks- und Landesmeister im Schützenheim, das von der Gilde selbst eingerichtet wurde

Heimkehrer-Kameradschaftsbund

Vor dem Ersten Weltkrieg gab es in Brixen bereits die 1876 gegründeten „MI-LITÄR-VETERANEN", deren monarchistische Fahne noch heute beim Brixen-taler Antlaßritt mitgeführt wird.

Zwischen den beiden Weltkriegen entstand ein „HEIMKEHRER-VEREIN". Seine Fahne, eine der ältesten im Bezirk Kitzbühel, konnte über den Zweiten Weltkrieg gerettet werden, und sie wird nach mehrmaliger Erneuerung noch von der heutigen Fahnenabordnung getragen.

Am 6. Februar 1955 versammelten sich 21 Teilnehmer der beiden Weltkriege zu einer Besprechung mit der Absicht, eine neue „HEIMKEHRER-KAMERAD-SCHAFT" aus der Taufe zu heben:
Obmann: Sepp Kaufmann, der diese Tätigkeit dann über 30 Jahre gewissenhaft ausübte; Obmannstellvertreter: Hans Pirchmoser; Schriftführer: Josef Hain; Kas-sier: Sepp Jesacher.

Bereits am 26. Februar 1955 bestätigte die Bundesleitung Innsbruck, daß die „Heimkehrer-Kameradschaft Brixen im Thale" als Mitglied dem „Tiroler Kame-radschaftsbund" aktiv beigetreten ist und organisatorisch der Bezirksführung Kitzbühel unterstellt wurde.

Die gefallenen Kriegskameraden der nachfolgenden Generation in Erinnerung zu halten, verstorbene Mitglieder und Kameraden zur letzten Ruhestätte zu be-gleiten, Pflege von Kameradschaft, Treue und Brauchtum, Mitgestalten von Pro-zessionen, Festlichkeiten und Feiern sind Werte, die von dieser Gruppe besonders gefördert werden.

Heute — im Dezember 1987 — leiten Friedl Wallner als Obmann, Konrad Rieser als erster Obmannstellvertreter und Kommandant, Simon Pöll als zweiter Obmannstellvertreter, Hans Hirzinger als Schriftführer, Linus Bosetti als Kassier und Sepp Aschaber als Fähnrich die Geschicke unserer Heimkehrer. Von den der-zeit 111 Mitgliedern sind 26 Aktive und 10 Jugendliche. Brixner, die heute noch leben, waren Teilnehmer des Ersten und Zweiten Weltkrieges: Jaggei Sepp und Möllinger Lenz.

Auszeichnungen vom „Österreichischen Kameradschaftsbund-Landesverband Tirol" für besondere Verdienste erhielten:
Verdienstkreuz in Silber: Sepp Kaufmann;
Verdienstmedaille in Gold: Sepp Kaufmann, Linus Bosetti;
Verdienstmedaille in Silber: Friedl Wallner, Konrad Rieser, Lois Widauer, Sepp Aschaber, Andrä Hetzenauer, Hans Zott, Andrä Strasser, Wast Jesacher, Simon Strobl, Simon Pöll.

Franz Stöckl

Jaggei Sepp mit der Schärpe des Heimkehrervereins, Gossner Simal mit der Schärpe der Militär-Veteranen, Kaufmann Sepp mit der Schärpe der Heimkehrer-Kameradschaft

Die Heimkehrer-Kameradschaft vor dem Kriegerdenkmal

Freiwillige Feuerwehr

„Gott zur Ehr, dem Nächsten zur Wehr"

Dies ist die Leitlinie unserer Feuerwehrkameraden. Die Freiwillige Feuerwehr gilt als Körperschaft öffentlichen Rechtes, ihr oberster Chef ist der jeweilige Bürgermeister. Sie unterliegt dem Bezirksfeuerwehrverband und schließlich dem Landesfeuerwehrverband.

Laut „Stammliste der Feuerwehr" — sie liegt heute noch auf — sind am 4. September 1898 50 Kameraden der Freiwilligen Feuerwehr Brixen im Thale beigetreten. Als Gründer und erster Hauptmann scheint der damalige Schulleiter Ferdinand Lang auf. In weiterer Folge führten Sepp Widauer, Sepp Aschaber, Georg Jesacher, Konrad Bachler, Lois Wahrstätter, Klaus Jesacher, Hans Tiefenbacher, August Rattin, der im Zweiten Weltkrieg auch Frauen ausbildete und zum Einsatz brachte, Hans Hirzinger, Sepp Hirzinger und Stefan Kaufmann unsere Wehr. Bereits seit 1931 sind im Protokollbuch die Jahreshauptversammlungen und die Tätigkeitsberichte niedergeschrieben.

Heute — 1987 — werden die 60 Mitglieder dieser idealistischen Gruppe von Heis Beihammer als Kommandant, Manfred Strobl als Kommandantstellvertreter, Klaus Hetzenauer als Kassier, Franz Ehammer als Schriftführer, Hans Wahrstätter als Gerätewart, Harald Ziepl als Obermaschinist und Michael Patsch als Zugsführer geleitet.

Brand-, Hochwasser-, Katastrophen- und Strahlenschutz als Schwerpunkte, Retten, Bergen und Sichern von Menschen, Tieren und Sachgütern als Hauptaufgaben untermauern die hohe Bedeutung der Feuerwehr in einer Dorfgemeinschaft. Mit gezielten Lehrgängen an der Landesfeuerwehrschule und Übungen, speziell im Ortsgebiet, für die verschiedenen Bereiche werden die Kameraden für die vielen Einsätze zum Wohle der Bevölkerung vorbereitet. Aber auch die Zusammenarbeit mit verschiedenen Körperschaften und Vereinen ist selbstverständlich; das zeigen u. a. die Mitgestaltung von Prozessionen und Festlichkeiten.

Der Erwerb des Leistungsabzeichens in Silber von drei Gruppen zu je neun Mann und des Leistungsabzeichens in Bronze von fünf Gruppen mit je neun Mann bestätigen die Schlagkraft unserer Feuerwehr.

Im Sommer 1987 konnte die Feuerwehr in neue, großzügig geplante und zweckmäßig ausgestattete Räumlichkeiten übersiedeln. Der Innenausbau des Schulungsraumes, der Teeküche und der sanitären Anlagen wurde von der Feuerwehr durch eigenen Arbeitseinsatz und unter Einsatz eigener finanzieller Mittel bewerkstelligt. Auch zum neuen Tankwagen hat unsere Wehr einen beträchtlichen finanziellen Beitrag geleistet.

Für Einsatz und Treue wurde Hans Hirzinger als 50jähriges Mitglied, Sepp Hirzinger, Leonhard Salvenmoser und Sepp Brunner als 40jährige Mitglieder die Medaille des Landes Tirol für Verdienste um das Feuerwehr- und Rettungswesen verliehen. Die Bürgermeister Franz Podesser und Hans Nagele wurden zu Ehrenmitgliedern der Freiwilligen Feuerwehr Brixen im Thale ernannt.

GUT HEIL!   Franz Stöckl

№	Tag des Eintritts			Familien- und Vorname	Stand (Beruf)	Wohnort oder Wohnung (Straße und Hausnummer)
	Tag	Monat	Jahr			
1	4	IX	1898	Lang Ferdinand † 1933	Oberlehrer	Brixen
2	"	"	"	Kirchzinger Joh. †	Bauer	Dorf Allehen
3	"	"	"	Bachler Konrad	do	Grundbichl
4	"	"	"	Aschaber Josef	Tischler	Kreuzbühl
5	"	"	"	Klingler Wenzl I 16 gestorben 193	Schmiedmstr.	Dorf
6	"	"	"	Klingler Peter I 36 gestorben 1918	Wagnermstr.	do
7	"	"	"	Kirchzinger Joh. IV	do	Brunn
8			"	Moser Josef II	Schmiedmstr.	Lauterbach
9	"	"	"	Höfl Joh.	Tischler	Pfiffwasbühl
10	"	"	"	Gschwantler Anton I 16	Schiffmstr.	Bichlbühl

Die Feuerwehr im Jahre 1952 vor dem alten Feuerwehrhaus

Erste Seite der Stammliste der Feuerwehr Brixen i. Th.

Der Ausschuß der Feuerwehr Brixen i. Th. im Herbst 1987

Der neue Tankwagen bei der Weihe
im Sommer 1987

Schiklub Brixen

Die Geschichte des Schiklubs Brixen begann am 10. Dezember 1927. An diesem Tag faßten begeisterte Brixner Schifahrer den Beschluß, einen Verein zu gründen. Folgende Personen bildeten damals den Ausschuß:
Obmann: Anton Höckner, Vizebürgermeister; Stellvertreter: August Rattin; Schriftführer: Vitus Schmidt; Zahlmeister: Alois Wahrstätter; Fahrt- und Tourenwart: Alois Straßer; Zeugwart: Josef Bucher.

Der Mitgliedsbeitrag betrug vier Schilling für ausübende und zwei Schilling für unterstützende Mitglieder. Bereits im selben Winter fand das erste Rennen statt. Es führte von der Kälberalm über Filzalm, Streif und Ochsenweide ins Dorf und weiter zum Ziel beim Maria-Luisenbad. Dem Streckenverlauf ist zu entnehmen, daß der letzte Teil gelaufen werden mußte. Peter Rettenwander hieß der Sieger dieser ersten Meisterschaft. Von diesem Rennen gibt es auch eine nette Episode. Sepp Aschaber (vulgo Wurzenrainer) stieß beim Pirkerhaus gegen eine Holzlege. Auf die Frage von Passanten, was er da mache, antwortete er: „Wir haben halt so ein Preisfahren heut."

Die nächste Klubmeisterschaft wurde bei der Stöckl-Marast gestartet. Die Strecke führte über Brand zum Brixenbach, und nach einem Anstieg zum Sonnleitbauern war der letzte Teil bis zum Reitlwirt zu bewältigen. In den nächsten Jahren verlief die Strecke vom Chor über Santenbach und Achenberg zum Ziel beim Hoferwirt. An diesen Klubmeisterschaften nahmen auch auswärtige Läufer außer Konkurrenz teil.

Am 26. Oktober 1930 wurde August Rattin zum neuen Obmann gewählt. Die Haupttätigkeit des Klubs bestand weiterhin in der regen Beteiligung an gemeinsamen Touren, die durchwegs an Sonntagnachmittagen durchgeführt wurden. Für die Ausbildung der Schifahrer sorgte Lois Straßer. Beim Badhaus und am Schusterbichl wurde von ihm Schiunterricht für Erwachsene und auch Kinder erteilt. Aus einer Eintragung aus dem Jahre 1930 geht hervor, daß die Gemeinde Matthias Taxer zur Abhaltung eines Schikurses an drei Nachmittagen verpflichtete.

Der Lehrer Vitus Schmidt war lange Zeit Schriftführer und kümmerte sich auch um die Beschaffung von Schiern. Aus dem Schriftverkehr mit einem Innsbrucker Sporthaus geht hervor, daß er die Qualität der Eschenschi, die damals zehn Schilling kosteten, besonders schätzte. Bei der nächsten Lieferung wurden aber Buchenschi zugesandt, da die Eschenschi ausverkauft waren. Er schreibt daraufhin in seiner nächsten Bestellung: „Schickt mir aber bitte keine ‚buchenen', da die Leute gegen solche Schi mißtrauisch sind!"

Bei der Hauptversammlung am 1. Dezember 1935 ging es um den Fortbestand oder die Auflösung des Schiklubs. Die Loslösung von TSV und ÖSV durch den Obmann wurde genehmigt, der Klub aber als selbständiger Verein weitergeführt. Nach dem Anschluß Österreichs an das Deutsche Reich mußte der Schiklub aufgelöst werden. die letzte Eintragung im Kassabuch lautet: „10 Reichsmark Spende an das Deutsche Rote Kreuz."

Zur Neugründung des Schiklubs nach dem Zweiten Weltkrieg kam es erst am 4. Dezember 1949, da die französische Besatzungsmacht dem Aufleben des Vereinswesens anfangs ablehnend gegenüberstand. Obmann war Alois Seiwald, sein

Schikurs mit Alois Straßer sen. auf der „Huber Hausstatt"

Brixner Schifahrer vor der „Chor-Kapelle"
(im Vordergrund sitzend Alois Straßer sen. und Alois Seiwald)

Stellvertreter Lois Straßer, Kassier und Schriftführer Dr. Alfred Malotki, ein Flüchtling aus Ostpreußen. Im Winter 1950 wurden bereits mehrere Rennen veranstaltet: das 1. Zinsbergrennen, die Klubmeisterschaft (Strecke über Exenberg) und das 1. Klubvergleichsrennen vom Gampenkogel mit dem Ziel nahe dem Brechhornhaus. Dieser Vergleichskampf wurde in den folgenden Jahren abwechselnd in Westendorf, Hopfgarten, Kirchberg und Brixen ausgetragen. Auch das Leistungsabzeichen des ÖSV konnte in Brixen erworben werden. Der Aufstieg vom Hoferwirt über die Santenbachalm mußte mit einem bestimmten Gewicht im Rucksack erfolgen. Bei der Abfahrt mußte man auf einer ausgetretenen Teilstrecke ein paar Bögen oder Schwünge ohne Sturz bewältigen. Die richtige Ausführung überwachte unser „Schipapst" Franz Bernardi, der Badhauswirt.

Bei der Bezirks-Jugendmeisterschaft in Brixen gewann der spätere Olympiasieger Toni Sailer beide Bewerbe: den Abfahrtslauf von Nieding bis Krautleit, den Slalom am Klettner Roan. Die Zinsbergrennen vom Holzalmjoch bis zur Schihütte „Zinsberghaus" waren große Veranstaltungen mit prominenten Teilnehmern, u. a. Anderl Molterer und Hias Leitner. Klubmeisterschaften und Schülerrennen wurden in den fünfziger Jahren meist auf der Strecke vom Kaufmann über Zeller mit dem Ziel beim Feiler durchgeführt. Von 1960 an fanden die Rennen auf der Schattseite statt. Die berüchtigte schmale Strecke über den „Schlag" ist sicher noch vielen Schifahrern in Erinnerung. Das traditionelle Zinsbergrennen wurde vom Chorsteinrennen abgelöst, an dessen Stelle nach einigen Jahren das Betriebsrennen trat. Auch Schisprungbewerbe wurden in den fünfziger Jahren veranstaltet. Dabei wagten sich auch einige Brixner Burschen über die Schanze hinter dem Dechantstall, auf der man Weiten bis zu 30 Metern erzielen konnte.

Nach dem Bau des Schlepplifts war die Kandleralmstrecke Schauplatz großer Rennen. Es fanden u. a. statt: die Tiroler und die Österreichischen Jugendmeisterschaften, FIS-Riesentorläufe mit Weltklasseläufern, Versehrtenmeisterschaften, Bezirks-, Schüler- und Jugendmeisterschaften.

Das Langlaufzeitalter begann bei uns erst in den frühen siebziger Jahren. Heute gehören Langlaufbewerbe zum regelmäßigen Veranstaltungsprogramm des Schiklubs.

1974 feierte der Klub seinen 25jährigen Bestand. Bei der Jubiläumsfeier wurden das goldene Ehrenzeichen an Alois Seiwald, Johann Widauer, Alois Straßer, Andrä Schermer, Peter Rettenwander und August Rattin verliehen. Besondere Verdienste um den Schiklub erwarben sich Hubert Rattin als Obmann, Ernst Rattin als Sportwart und Zeitnehmer und Stefan Holaus als langjähriger Schriftführer. Unter dem allzu früh verstorbenen Simon Feichtner wurde großartige Arbeit für den Schinachwuchs geleistet. Helga Rattin und Gabi Weiler als Tiroler Jugendmeisterinnen und Peter Hofer als österreichischer Schülermeister konnten wertvolle Titel für den Schiklub erringen. Seit vielen Jahren leitet Alois Straßer jun. die Geschicke des Vereins, und unter seiner Führung wurde der Klub zu einem der bestgeführten des ganzen Bezirkes.

Leonhard Feichtner

Sportverein Brixen

Die Geburtsstunde des Sportvereins Brixen schlug am 17. November 1963. An diesem Tag fanden sich die am Fußballsport in Brixen Interessierten beim Mairwirt ein, um einen Fußballklub zu gründen. Zum ersten Obmann wurde Franz Podesser gewählt. Dem Ausschuß gehörten noch an: Stefan Holaus als Stellvertreter, Josef Soder als Schriftführer, Helmut Vavtar als Kassier und Stefan Kaufmann als Gerätewart. Die erste große Aufgabe war nun, ein passendes Grundstück für die Errichtung eines Sportplatzes zu finden. Es gelang, vom Eberlbauer ein Feld zu pachten, von der Wildbachverbauung konnte eine Holzbaracke erstanden werden, die bis 1985 as Umkleidekabine diente. Die Zulassung als Verein wurde am 2. April 1964 erteilt, die Aufnahme in den Tiroler Fußballverband erfolgte am 20. Mai. Zur Platzeröffnung wurde ein Turnier mit Kirchberg, Hopfgarten und Kössen veranstaltet. Das erste Fußballspiel in der Geschichte des neuen Vereins endete mit einem 2:4 gegen den SK Kirchberg.

Mit einer Kampf- und einer Schülermannschaft beteiligte man sich 1964 an der Meisterschaft des Tiroler Fußballverbandes. Am 23. August endete das erste Meisterschaftsspiel in der Vereinsgeschichte in Häring mit einer 1:4-Niederlage. Unter dem Kitzbüheler Trainer Sigi Brunner landete die Mannschaft in der Abschlußtabelle an vorletzter Stelle.

Die I. Mannschaft im Jahre 1965 (stehend: Georg Exenberger, Josef Soder, Hans Mühltaler [Trainer], Franz Caramelle, Simon Feichtner, Johann Hiebler; hockend: Herbert Laiminger, Karl Senfter, Wolfgang Kalliwoda, Paul Wahrstätter, Leonhard Feichtner)

Im folgenden Jahr erreichte die Mannschaft unter dem Betreuerduo Hans
Mühlthaler und Josef Jesacher mit zwölf Punkten den neunten Rang. 1967 mußte
der Weg in die neugegründete zweite Klasse angetreten werden. Der Kirchberger
Horst Ehrlich war der letzte Trainer, der nicht aus Brixen stammte. Der Verein
kaufte auch nie auswärtige Spieler.

Im Jahre 1973 gelang der Wiederaufstieg in die erste Klasse. Obmann war in
diesem Jahr Karl Senfter, die Kampfmannschaft wurde von Leonhard Feichtner
trainiert und von Lois Straßer betreut, um die Jugend kümmerten sich Karl Senfter
und Bruno Mößner, um die Schüler Stefan Holaus und Hubert Rattin. Nach dem
Abstieg im Jahre 1980 schaffte die Mannschaft 1982 unter Trainer Manfred
Schlechter den Wiederaufstieg. Im wohl packendsten Spiel der Vereinsgeschichte
konnte der FC Wildschönau mit 4:3 besiegt werden. 1983 gelang sogar der Aufstieg
in die Gebietsliga.

Einen Meilenstein in der Geschichte unseres Fußballklubs bedeutete die Eröff-
nung der neuen Sportanlage. Die Einweihung fand am 20. August 1982 statt, die
Kosten beliefen sich mit dem neuen Klubheim auf über vier Millionen Schilling.
Der alte Fußballplatz bleibt als Trainingsplatz weiter bestehen.

In Brixen legte man auch stets großen Wert auf die Nachwuchsmannschaften.
Nach den Schülern 1973 und der Jugend 1974 konnte auch die Unter 23-Mann-
schaft Meister werden. Das größte Talent des Vereins, Josef Strasser, übersiedelte
1976 zu Wacker Innsbruck, wo er auch in der Bundesliga zum Einsatz kam. Später
spielte er als Profi bei einem Klub in Los Angeles.

Von 1981 bis zu seinem plötzlichen Tod im Mai 1987 war Mag. Bruno Mößner
Obmann des Sportvereins. Im August 1987 wurde Vizebürgermeister Alfred Fe-
derer zum neuen Obmann gewählt. Zum Ausschuß gehören noch Alois Rieser als
Obmannstellvertreter, Rudolf Köck als Kassier und Franz Ehammer als Schriftführer. Als Trainer amtieren derzeit Manfred Schlechter, Alois Rieser, Sepp Krall
und Leonhard Feichtner.

Zum Verein gehört auch noch eine Altherrenmannschaft, die regelmäßig das
Pfingstturnier mit ausländischen Mannschaften und Freundschaftsspiele durch-
führt.

Heuer kann der Sportverein sein 25jähriges Bestandsjubiläum festlich begehen.
Den bisher eingeschlagenen Weg mit Spielern und Trainern aus dem eigenen Ort
will man weiterhin beibehalten.

Daß es schon lange vor der offiziellen Gründung des Sportvereins sportliche
Aktivitäten in Brixen gegeben hat, beweisen die Bilder auf der nächsten Seite.

Leonhard Feichtner

Eine Jugendmannschaft aus alter Zeit (stehend: Peter Stöckl, Franzl Pirker, Christian Ziepl, Peter Koidl, Lois Seiwald, Leo Steiner, Sebastian Jesacher; im Vordergrund: Lois Koidl, Sepp Jesacher, Hans Laiminger)

Brixner Radfahrergruppe vor dem Badhaus (um 1915)

Tennisclub Brixen

Der Tennissport wurde in Brixen erst relativ spät aktuell. Mit dem Bau der Tennisplätze durch den Hotelier und Brixner Tennispionier Hans Fuhs hielt auch diese schöne Sportart bei uns Einzug. Nachdem durch Hermann Auer vier weitere Tennisplätze errichtet wurden, plante man, einen eigenen Klub zu gründen. Am 21. Oktober 1974 wurden dazu in einer Versammlung beim Weidachhof die Weichen gestellt. Die anwesenden Tennisfreunde beschlossen einstimmig die Gründung eines Klubs und wählten Georg Strobl sen. zum ersten Obmann. Im folgenden Frühjahr nahm bereits eine Herrenmannschaft an der Meisterschaft des Tiroler Tennisverbandes teil. Im September 1975 gelangte die erste Klubmeisterschaft zur Austragung. Sieger bei den Herren wurde Max Schermer, den Damentitel errang Ida Strobl. Bei der ersten Jahreshauptversammlung im Dezember 1975 wurde folgender Vorstand gewählt:

Alois Straßer jun., Obmann; Andrä Schermer, Stellvertreter; Manfred Schlechter, Kassier; Gottfried Strobl jun., Schriftführer; Rudi Gartner, Zeugwart; Max Schermer, Schüler- und Jugendwart; Andrä Köck, Sportwart.

Bereits im April richtete der Vorstand ein Ansuchen an die Gemeinde mit der Bitte, bei der Errichtung der neuen Sportanlage dem Tennisclub eine Fläche für den Bau von vier Plätzen zur Verfügung zu stellen. Nach langen Verhandlungen konnte im Jahre 1979 ein Grundstück von der Gemeinde gepachtet werden. In einer außerordentlichen Vollversammlung wurde beschlossen, einen Kredit in der Höhe von 500.000 Schilling aufzunehmen. Im Mai 1979 wurde mit dem Bau der Plätze begonnen, und bereits im Juli konnte darauf gespielt werden. Nun ging man an die Erstellung eines eigenen Klubheimes. Im Herbst entstand der Rohbau, und im folgenden Jahr konnte das Gebäude bereits benützt werden. Bis zum Jahre 1980 wurden etwa 2,3 Mio. Schilling verbaut, die durch Kredite in der Höhe von 1,5 Mio. Schilling, durch Zuschüsse von Land und Gemeinde, durch eine Bausteinaktion und Veranstaltung von Festen aufgebracht wurden. Die endgültige Fertigstellung nahm wegen der hohen Einrichtungskosten noch mehrere Jahre in Anspruch. Ohne die tatkräftige Mithilfe der Mitglieder, die beim Bau etwa 1600 Arbeitsstunden leisteten, wäre das Projekt wohl kaum zustandegekommen.

Zu den sportlichen Zielsetzungen gehören besonders die Förderung des Nachwuchses durch gezieltes Training und die Teilnahme an der Meisterschaft des Tiroler Tennisverbandes, bei der der Klub mit zwei Herren- und zwei Damenmannschaften vertreten ist.

Nachdem Alois Straßer elf Jahre lang den Klub als Obmann erfolgreich geleitet hatte, übergab er diese Funktion aus beruflichen Gründen im Herbst 1986 an Dr. Raimund Noichl. Dem Vorstand gehören außerdem noch an: Mag. Jürgen Widauer, Peter Ehrensberger, Lois Straßer, Max Schermer, Richard Strasser, Alois Stöckl, Georg Strobl und Ida Strobl.

Der Klub hat inzwischen die stattliche Zahl von 165 Mitgliedern, von denen erfreulicherweise viele Schüler und Jugendliche sind. Mit seinen insgesamt 23 Tennisplätzen bei einer Einwohnerzahl von 2200 kann man Brixen zu den führenden Tennisdörfern in Österreich zählen.

Leonhard Feichtner

Die Mannschaft des Tennisclubs Brixen i. Th., die 1983 den Aufstieg schaffte
(stehend: Max Schermer, Paul Jiru, Christoph Moser, Thomas Weiler;
hockend: Andrä Köck, Andreas Straßer, Manfred Widauer)

Österreichischer Alpenverein — Sektion Brixen im Thale

Nachdem bereits etliche Brixnerinnen und Brixner bei verschiedenen Alpenvereinssektionen — hauptsächlich Kirchberg — Mitglieder waren, wurde immer mehr der Ruf nach einer eigenen Sektion laut.

So kam es am 13. November 1981 zur Gründungsversammlung eines Zweigvereins des österreichischen Alpenvereines mit dem Sitz in Brixen im Thale, bei der auch der erste Vorstand gewählt wurde:

Obmann: Toni Gschwantler; Stellvertreter: Siegi Baumgartner; Schriftführer: Inge Holaus; Schatzmeister: Toni Höckner; Jugendwart: Inge Holaus, Herta Baumgartner; Tourenwart: Hans Höckner; Bergrettungwart: Franz Ager; Umweltschutzwart: Hermann Eibl.

Die Zugehörigkeit zum Alpenverein stellt das Bekenntnis zu einer bestimmten Lebensform dar, die in der Satzung ausgesprochen ist:

Liebe zu den Bergen, Liebe zu Volk und Heimat, zur Erhaltung der Ursprünglichkeit und Schönheit der Berge, Pflege des Bergsteigens und Wanderns jeder Art in den Alpen und Vertiefung und Verbreitung der Kenntnis der Gebirge.

Zu den Vorteilen einer Mitgliedschaft gehören u. a.: die Teilnahme an Gemeinschaftsfahrten, bevorzugte und verbilligte Hüttenbenützung, Mitteilungshefte des österreichischen Alpenvereins, Haftpflichtversicherung, Fahrpreisermäßigung bei der Bundesbahn und manchen Schiliften und Bergbahnen.

Die Sektion Brixen im Thale kann sich einer ständig steigenden Mitgliederzahl erfreuen. So ist sie innerhalb von sechs Jahren auf 140 angewachsen.

Großes Augenmerk wird der Jugendarbeit in unserer Sektion geschenkt.

Auch die Schifahrer kommen auf ihre Rechnung. Die alljährliche erste Schitour am zweiten Sonntag im Dezember auf den Lodron ist schon Tradition.

Heute — Dezember 1987 — führen Siegi Baumgartner als Obmann, Franz Fuchs als Stellvertreter, Bibiane Brandstätter als Schatzmeister, Inge Holaus als Schriftführer, Hans Laiminger als Jugendwart, Jakob Werlberger als Tourenwart, Josef Wurzrainer als Umweltschutzwart und Franz Ager als Bergrettungswart unseren Alpenverein.

Auszeichnungen: Hochw. geistl. Rat Herr Dekan Herbert Haunold bekam 1983 ein Ehrenzeichen für 25jährige Mitgliedschaft.

BERG HEIL!   Franz Stöckl

Die 49 Teilnehmer an der Gemeinschaftstour auf den Riffler
(3228 m) im August 1983

Mineraliensammlergruppe der Alpenvereinsjugend am Zinsberg

Aufstieg auf den Lodron

Tiroler Bergwacht — Einsatzstelle Brixen im Thale

„Die Güter der Heimat zu schützen,
dem Nächsten zu helfen in der Not,
das ist der Bergwacht oberstes Gebot"

Am 27. März 1981 wurde die Einsatzstelle Brixen-Westendorf gegründet, die schon damals vom heutigen Einsatzstellenleiter Hans Geisler geführt wurde. Mit 12. März 1982 wurde in beiden Gemeinden ein eigener Bergwachtsprengel errichtet, wobei die Einsatzstelle Brixen im Thale mit fünf Bergwächtern und zwei Anwärtern begann.

Heute — 1987 — vertreten Hans Geisler als Einsatzstellenleiter, Max Rosner als Stellvertreter und Kassier, Rudi Sailer als Schriftführer, Hans Beihammer, Toni Hirzinger, Adi Schroll, Hans Raggl, der am längsten Bergwächter ist, Josef Krall und Michael Schroll unsere Bergwacht.

Die Tiroler Bergwacht gilt als Körperschaft öffentlichen Rechtes und ihre angelobten Mitglieder sind Organe der öffentlichen Aufsicht. Die Bergwächter haben die Aufgabe, die Bezirksverwaltungsbehörde bei der Vollziehung folgender Gesetze zu unterstützen, um das Umwelt- und Naturbewußtsein in der Öffentlichkeit zu stärken:

Tiroler Naturschutzgesetz, Abfallbeseitigungsgesetz, Landes-Polizeigesetz, Tiroler Jagdgesetz, Tierschutzgesetz, Gesetz über die Verwendung von Geländefahrzeugen außerhalb von Straßen mit öffentlichem Verkehr, Naturhöhlengesetz, Luftreinhaltegesetz, Tiroler Campingplatzgesetz, Fischereigesetz.

Um von der Landesregierung zum Bergwächter bestellt zu werden, muß man mindestens sechs Monate als Anwärter tätig gewesen sein, vor der Bezirksverwaltungsbehörde eine Prüfung über die obigen Rechtsvorschriften sowie über das Verwaltungsstrafgesetz ablegen und die gewissenhafte Erfüllung seiner Aufgaben geloben. Mit Dienstausweis und Dienstabzeichen versehen, darf der Bergwächter Personen, die die genannten Gesetze übertreten, anhalten, zum Nachweis der Identität auffordern und der Bezirksverwaltungsbehörde anzeigen oder festnehmen, wenn sich der Betroffene nicht ausweist oder die strafbare Handlung fortsetzt.

Liebe zur Natur, Freude an sauberer Umwelt, Pflege der Kameradschaft und sinnvolle Freizeitbeschäftigung bewegen unsere Bergwächter, viele selbstlose Einsatzstunden zur Erhaltung von Natur und Umwelt zu leisten. Durch das Mitgestalten von Festlichkeiten und die Mithilfe bei der Pistenrettung untermauert die Bergwacht die Zusammenarbeit mit anderen Körperschaften und Vereinen.

Franz Stöckl

Die neun Männer der Bergwacht Brixen im Thale

Brixner Bergwachtmänner bei einer Gemeinschaftssuchübung des Bezirkes Kitzbühel in Aschau

Zuchtvereine

Der Zweck eines solchen Vereines ist die Hebung der Tierzucht im allgemeinen, namentlich aber die Veredelung der Rasse im Vereinsgebiet.

Braunvieh-Zuchtverein Lauterbach

Im Oktober 1957 wurde der Grundstein für diesen Verein gelegt, der von Hans Kogler, Pfistererhäusl, als Obmann geleitet wurde. Nach ihm nahm Ferd Wahrstätter, Gruberbauer, den Lauterbacher Braunvieh-Zuchtverein, der dem Tiroler Braunviehzuchtverband untergeordnet ist, in die Hand. Heute — im August 1987 — leiten Hois Hetzenauer, Sonnleiten, als Obmann und Heis Beihammer, Steidlbauer, als Obmannstellvertreter und Zuchtbuchführer diese Interessengruppe, der zwölf Landwirte angehören.

Das Braunvieh, bis vor kurzem die verbreitetste Rinderrasse in Tirol, wird als milchbetonte Zweinutzungsrasse gezüchtet. Angestrebt wird eine gesunde, robuste, fruchtbare und langlebige Kuh mit hoher Milchleistung und der Fähigkeit, das wirtschaftseigene Grundfutter gut zu verwerten. Auch die Fleischleistung darf nicht übersehen werden. Männliche Tiere sollen sich gut für Kälber- und Stiermast eignen.

Ferd Wahrstätter sen. mit Zuchtstier Max

Fleckvieh-Zuchtverein Brixen im Thale

Der heutige Fleckvieh-Zuchtverein, dem Tiroler Fleckviehzuchtverband ange-schlossen, wurde 1942 gegründet. Christian Beihammer, Rieser, Sebastian Kogler, Oberguggenhausen, Andrä Hirzinger, Unterguggenhausen, und 24 Jahre lang Hans Werlberger, Stöcklbauer, führten als Obmänner die Brixner Fleckviehzüchter. Nach seinem Ableben nahmen Hois Krall, Grabner, als Obmann, Hans Beihammer, Rieserbauer, als Stellvertreter und Sepp Hirzinger als Zuchtbuchführer, bereits 27 Jahre, diesen bedeutenden Zuchtverein, dem heute 36 Mitglieder angehören, in die Hand.

In den fünfziger Jahren verdrängte das Fleckvieh in unserer Gegend immer mehr die damals stark verbreiteten Pinzgauer. Die Rassenzählung 1985 weist es erstmals als stärkste Rinderart in Tirol aus.

Zuchtziel ist ein Fleckvieh, das unter unseren Gegebenheiten den größtmögli-chen Nutzen an Milch und Fleisch erbringt und auch den Anforderungen des aus-ländischen Käufers gerecht wird. Innerhalb dieser Tierart werden verschiedene Typen gezüchtet, die vom milchleistungs- bis zum fleischbetonten Zweinutzungs-rind reichen. Rinderschauen, die alle fünf bis sechs Jahre oder zu Vereinsjubiläen veranstaltet werden, zeigen den eingeschlagenen Weg in der Zucht und sind ein wertvolles Hilfsmittel zur Schulung und Belehrung der Züchter. Dabei werden die ausgestellten Tiere prämiert und vor allem die Nachzuchtbewertungen durchge-führt.

Auch Spitzenleistungen konnten erzielt werden. So lag Rupert Sillaber, Stöckl-bauer, 1982 mit FREIA im Tiroler Fleckviehzuchtverband bei einer Jahresleistung von 8624 kg Milch an fünfter Stelle und beim Eiweißgehalt an dritter Stelle.

Für ihren langjährigen Einsatz wurden Bürgermeister Hans Werlberger mit dem Ehrenzeichen des Tiroler Fleckviehzuchtverbandes in Silber und Zuchtbuch-führer Sepp Hirzinger mit den Ehrenzeichen in Bronze und Silber ausgezeichnet.

Franz Stöckl

Gründungsobmann Christian Beihammer mit Zuchtstier Bubi

Obst- und Gartenbauverein

Hast du Raum, so pflanz einen Baum!
Pfleg ihn fein, er bringt dir's ein!

Von diesem Leitspruch getragen, begann Stefan Kaufmann, der die Landwirtschaftsschule in Rotholz besuchte, den Obst- und Gartenbau in Brixen anzukurbeln. Er war jahrelang in der Gemeinde als Baumwärter tätig. Es stehen heute noch viele Obstbäume, die von seiner Hand gepflanzt wurden. Durch seine gute Beratung entstand allgemeines Interesse am Obst- und Gartenbau, und so kam es 1949 zur offiziellen Vereinsgründung.

Nach Stefan Kaufmann führte Sepp Jesacher viele Jahre den Verein. Er legte großen Wert auf richtige Sortenwahl im Obstbau, auf gute Verwertung, auf richtige Düngung und Schädlingsbekämpfung. Nach ihm nahm Peter Straif unseren Obst- und Gartenbauverein in die Hand. Durch den Wohlstand in den siebziger Jahren ging allerdings das Interesse am Wert heimischen Obstes und Gemüses zurück.

Die heute — 1987 — etwa 230 Mitglieder untermauern die wieder größer gewordene Wertschätzung von selbst angebautem Obst und Gemüse und die rege Tätigkeit von Toni Monitzer als Obmann, von Gerald Hetzenauer als Stellvertreter, von Martin Beihammer als Kassier und von Hans Hochfilzer als Schriftführer.

Wilhelm Wagermaier, ständiger Mitarbeiter unseres Vereines seit den fünfziger Jahren, wirkte auch viele Jahre auf Bezirks- und Landesebene. So wurde er von der Tiroler Landesregierung für seine Verdienste als langjähriger Funktionär auf Bezirks- und Landesebene mit der Verdienstmedaille des Landes Tirol, von der Landeslandwirtschaftskammer und vom Tiroler Erwerbsgartenbauverband mit dem Ehrenzeichen in Silber ausgezeichnet.

Früher in der Volksschuloberstufe und heute im Polytechnischen Lehrgang wird die Jugend zum Anbau von eigenem Obst und Gemüse angeregt.

Obmann Sepp Jesacher (3. v. li.) und Wilhelm Wagermaier (2. v. re.) bei
einer Obstausstellung beim Maierwirt Ende der fünfziger Jahre

Die Erweiterung des Obst- und Gartenbaues, die Qualitätsverbesserung von Obst und Gemüse, das Verschönern unserer Häuser mit Blumenschmuck und des Ortes mit gepflegten Gärten und Anlagen, ferner die Schulung der Mitglieder mit Vorträgen, Kursen und Lehrfahrten sind Schwerpunkte dieses Vereines. Die Freude am Selbstangebauten, die Vertiefung der Beziehung zu den Blumen und gesunde, sinnvolle Freizeitbeschäftigung sind Werte, die auch das Innere des Menschen erfüllen.

Bei verschiedenen Bewertungen kann sich unser Obst- und Gartenbauverein tirolweit sehen lassen. Neben ausgezeichneten Plätzen seien hier die Bezirks- und Landessieger erwähnt:

Bezirkssieger: Blumenschmuck
Maria Rattin, 1971, 1972	Fremdenverkehrsobjekt
Ida Stöckl, 1973	Wohnhaus
Maria Sieberer, 1974	Wohnhaus
Veronika Beihammer, 1975	Wohnhaus
Christl Mairamhof, 1977	Fremdenverkehrsobjekt
Theresia Werlberger, 1979	Wohnhaus
Christl Aschaber, 1980	bäuerliches Objekt
Kathi Beihammer, 1981	bäuerliches Objekt
Eva Hirzinger, 1986	bäuerliches Objekt

Landessieger:
Maria Jesacher, 1957	Blumenschmuck, Wohnhaus
Martha Hirzinger, 1977	Garten, Fremdenverkehrsobjekt
Martha Hirzinger, 1980	Blumen und Garten, Fremdenverkehrsobjekt
Otti Hetzenauer, 1980	Blumen, Fremdenverkehrsobjekt

Franz Stöckl

Mitglieder des Vereins beim Obstbaumschnittkurs

Weitere Vereine

Bienenzüchter-Zweigverein
  Obmann: Lois Hetzenauer

Wechselseitiger Brandhilfeverein
  Obmann: Toni Höckner

Kriegsopferverband
  Obmann: Johann Ehrensberger

Modellflugclub Brixental
  Obmann: Hubert Hirzinger

Österreichischer Brüderbund — Verein zur Förderung evangelischen christlichen Lebens: Sonnhof

Aufgelöste Vereine

Esperanto Vilago — Welthilfssprache
Naturfreunde — Touristenverein
Brixentaler Trachten-, Brauchtums- und Schützenverein
Brixentaler Kanarien-, Bastardzüchter- und Vogelschutzverein
Monarchistische Bewegung
Tennisclub Fuhs

Aus der Ortschronik

Von Leonhard F e i c h t n e r und Sebastian P o s c h

Bedeutsame Ereignisse in Brixen im Thale

Der folgende knappe Überblick über wichtige Ereignisse in und um Brixen in den letzten 70 Jahren ist zwei wichtigen Quellen zur Ortsgeschichte ganz besonders verpflichtet: der Pfarrchronik, die Dechant Johann Feyersinger (1936—1959) führte, und den Aufzeichnungen, die uns Herr Gendarmerieinspektor i. R. Franz Caramelle dankenswerterweise zur Verfügung stellte.

1913 Im Herbst wird mit den Vorarbeiten für den Bau des zweiten Bahngleises durch das Brixental begonnen. Im folgenden Jahr arbeiten im Rayon Brixen—Westendorf etwa 600 Arbeiter.

1915 Trotz Krieges wird der Bahnbau fortgesetzt. Sogar während der Nacht wird gearbeitet. Es sind auch Frauen aus Galizien und russische Kriegsgefangene tätig. Im Herbst kann schon zweigleisig gefahren werden.

1917 15. 1. Wegen Durchreise seiner Majestät Kaiser Karl muß die Bahn überwacht werden.

1918 Im Sommer kommen Tausende kriegsmüde Soldaten zu uns, zumeist Polen, Ruthenen und Ungarn. Am 1. 11. können die Heimkehrer in Waggons verladen und Richtung Salzburg weitertransportiert werden.

1919 Die Maul- und Klauenseuche bricht aus und breitet sich auf den Viehstand von 22 Bauern aus. Es wird Ortssperre verhängt.

1922 Infolge langanhaltenden starken Regens werden in Hof mehrere Güter überschwemmt. Der Schaden beträgt 5 Mio. Kronen.
21. 10. Bei der feierlichen Enthüllung des Kriegerdenkmals ist auch Landeshauptmann Dr. Stumpf anwesend. Der Erste Weltkrieg hat in Brixen 36 Opfer gefordert.

1924 Die projektierte Bundesstraße von Wörgl nach Kitzbühel wird vermessen.
Am 3. Mai brennt durch Blitzschlag ein Futterstadel am Salvenberg nieder. Schaden: 60 Mio. Kronen (Inflation!).

1925 Am 1. Jänner wird die neue Schillingwährung in Österreich eingeführt. Umtausch: 10.000 Kronen für 1 Schilling.
30. 4. Der Gendarmerieposten in Brixen wird aufgelöst und die Gemeinde in den Überwachungsrayon Westendorf einverleibt.
30. 11. Brand des Stalles beim Brixnerwirt. Die Feuerwehren von Brixen, Westendorf, Kirchberg und Kitzbühel sind im Einsatz. Der Schaden beläuft sich auf 33.000 Schilling.
Während der Sommermonate wird die Kirche mit beiden Türmen renoviert.

Kriegerdenkmal und Lourdeskapelle   *Treue Sommergäste aus Wien (Fam. Lakmayer)*
(Nordseite des Friedhofs)   *im Jahre 1927*

Das alte Salvenhaus (Korrespondenzkarte um 1900)

1927 Die Bundesbahn wird im Sommer elektrifiziert.

Der Fremdenverkehr entwickelt sich sehr gut. Von Juli bis September sind in Brixen 520, in Westendorf 300 Gästeankünfte zu verzeichnen.

11. 8. Durch Hagelschlag wird besonders am Salvenberg ein Drittel der Ernte vernichtet.

1928 Am 30. 1. wird auf der Bahnlinie der elektrische Strom eingeschaltet und die Probefahrten werden aufgenommen.

1929 Der Winter ist äußerst schneereich und kalt (bis $-28°$ C).

Balthasar Pfisterer wird Nachfolger von Alois Gstrein als Dekan von Brixen.

Am 10. 11. erfolgt die Weihe der fünf neuen Glocken für die Pfarrkirche. Sie werden am 13. 11. zum erstenmal geläutet.

1930 Am 2. April wird die Rechtsfahrordnung in Tirol gesetzlich eingeführt.

Am 25. 5. wird die neue Motorspritze der Freiwilligen Feuerwehr durch Dekan Pfisterer geweiht.

Die Nationalratswahlen bringen in Brixen folgendes Ergebnis: 532 Christlichsoziale, 85 Sozialdemokraten, 23 Heimatblock, 13 Nationalsozialisten, 7 Wirtschaftsblock.

1931 31. 8. Unter großer Beteiligung der Bevölkerung findet die Einweihung des neuerbauten Gasthauses „Hohe Salve" durch Dekan Pfisterer statt, bei der die Musikkapellen von Brixen und Itter konzertieren.

15. 12. Brand des Bauernhauses beim Gugg durch übermäßiges Heizen. Die Bewohner können nur mehr ihr nacktes Leben retten. Schadenssumme: 40.000 Schilling.

1932 Otto von Habsburg wird einstimmig zum Ehrenbürger der Gemeinde Brixen ernannt.

1933 31. 5. Das Deutsche Reich führt die 1000-Mark-Sperre gegen Österreich ein, was dem Fremdenverkehr bei uns einen schweren Schlag versetzt.

24. 9. Das Bauernhaus zu Suglach brennt vollständig nieder. Ursache: Brandlegung durch den Besitzer A. Witting.

10. 11. Einführung der Todesstrafe in Österreich (bei Mord, Brandlegung, öffentlicher Gewalttätigkeit und boshafter Sachbeschädigung).

1934 —1938 Der Tiefstand der Wirtschaft bringt betrübliche Folgen mit sich. Auch bei uns müssen mehrere Gasthöfe und bäuerliche Anwesen versteigert werden.

1936/37 Die Winterhilfe für die Armen unterstützt 314 Personen. Davon sind 106 ganz und 208 teilweise bedürftig.

1936 22. 6. Brand beim Bauernhof zu Feilgrub. Das ganze Haus wird ein Raub der Flammen. Ursache: Blitzschlag.

1937 1. 5. Brand beim Wagner: Stall und Scheune brennen vollständig nieder, das Haus wird zum Teil beschädigt.

20. 6. Großbrand beim Stöcklbauern in Hof. Haus, Stall und Scheune werden vernichtet, für ganz Hof besteht große Gefahr. Ursache: Kurzschluß durch schadhafte Lichtleitung. Schaden: 40.000 Schilling.

300jähriges Jubiläum der Rosenkranzbruderschaft.

20. 8. Erste Eintragung von Dekan Feyersinger, der dieses Amt seit 1. 6. 1936 bekleidet, in der Brixner Pfarrchronik:

„Charaktereigenschaften des Volkes: Der allmächtige Schöpfer hat das Brixental ausgestaltet durch Schönheit der Natur und Fruchtbarkeit des Bodens. Vor dem großen Weltkrieg 1914—1918 herrschte ein bedeutender Wohlstand. Das Volk ist lebensfroh, liebt Gesang, Musik und Unterhaltung. Das Volk ist überaus konservativ und hängt am Alten. Es ist der Kirche treu ergeben. Die Bevölkerung des Brixentales ist durchaus religiös gesinnt, liebt religiöse Festlichkeiten und Prozessionen. Solche werden jetzt noch im Brixental zahlreicher gehalten als anderswo. Das Volk bringt auch für die Kirche bedeutende Opfer. Das Volk ist arbeitsam und wird von Jugend auf dazu erzogen. Es ist allgemein Brauch, die ältesten Schulkinder vom Schulbesuch zu befreien und zur häuslichen Arbeit oder zur Feldarbeit heranzuziehen. Ein schöner Charakterzug ist die Eintracht in der Bevölkerung; sie lebt friedlich beisammen, hilft einander aus. Solche Dienstfertigkeit hat allerdings manchem Besitzer großen Schaden bereitet, wenn er für andere eine große Bürgschaft übernommen hat und die Schuld zahlen mußte. Politisch ist Brixen gegenwärtig ganz einig und ruhig. Bundeskanzler Dollfuß hat durch die Verfassung am 1. 5. 1934 Österreich zu einem christlichen Ständestaat erklärt, damit waren die früheren politischen Parteien außer Kraft gesetzt."

1938 10. 2. Ein Blitz schlägt in die Salvenkirche ein, wodurch das Dach teilweise niederbrennt. Ein zweiter Blitz trifft das Gasthaus Hohe Salve und beschädigt die Lichtleitung.

15. 3. Anschluß Österreichs an das Deutsche Reich.

20. 4. Volksabstimmung zur Wiedervereinigung mit Deutschland: 758 Stimmen (750 ja, 8 nein).

Herbst 1938: Autobuslinie des Johann Pirchmoser wird an die Reichspost abgetreten.

Oktober: Die deutsche Gemeindeordnung wird eingeführt und der Ortsschulrat aufgelöst. Der Oberlehrer leitet im Verein mit dem Bürgermeister die Schule. Das Schulgebet ist nur mehr in der Religionsstunde erlaubt, für Beichte und Kommunion gibt es keine freien Stunden mehr.

8. 11. Alle religiösen Veranstaltungen außerhalb der Kirche müssen der BH Kitzbühel gemeldet und erst genehmigt werden.

1939 20. 2. Eine Lehrerin wird entlassen, weil sie mit den Kindern täglich das Vaterunser gebetet hat.

Juni: Statt des Antlaßrittes darf nur ein Flurritt stattfinden.

1. 9. Ausbruch des Zweiten Weltkrieges.

Schulbeginn: Die Kinder müssen zum Religionsunterricht eigens gemeldet werden: 238 von 248 nehmen teil.

20. 10. Glocken dürfen zum letztenmal geläutet werden. Sie werden nur mehr zur Meldung von Fliegeralarm eingesetzt.

20. 12. Das Läuten der Glocken wird mit einigen Einschränkungen wieder gestattet.

1940 22. 3. Einige Südtiroler Familien werden in verschiedenen Bauernhöfen untergebracht und finden Arbeit und Verdienst.

1. 4. Einführung der Sommerzeit.

11. 11. Beim Martinimarkt in Brixen werden 380 Stück Vieh aufgetrieben.

1941 Weisung der Landesregierung: An staatlich nicht anerkannten Feiertagen muß der Gottesdienst um 8 Uhr früh beendet sein.

1. 9. Mit Abschluß des zweiten Kriegsjahres sind 120 Brixner zur Wehrmacht eingerückt, davon zwölf gefallen.

Erinnerungsphoto an eine Wienfahrt mit dem Autobusunternehmen Pirchmoser im Mai 1932 (Hans Thaler, Peter Pirchmoser, Josef Pirchmoser, Hans Salvenmoser, Lois Strasser, Andrä Schermer, Andrä Oberhauser, Sonnwirt Kathi, Ursula Hetzenauer, Luise Bartl, Leni Schermer)

2. 9.—21. 10. Zehn französische Kriegsgefangene (sechs Theologen und vier Priester) sind im Pfarrhof einquartiert.

1942 2. 1. Alle Glocken bis auf die kleine Glocke werden vom Glockenturm abgenommen und für Kriegszwecke in Brixlegg eingeschmolzen.

19. 1—22. 2. Wegen der großen Kälte bleiben in Tirol alle Schulen geschlossen.

1944 14. 6. Ein Blitzschlag tötet die 80jährige Maria Streif und deren 11jähriges Enkelkind Barbara Strobl.

1945 Gegen Ende des Krieges zieht viel Militär durch: zuerst eine Sanitätskolonne, dann ein Panzerzug. In Brixen sind noch eine Militärwerkstätte und eine SS-Gruppe. Die Versorgung von 300 Flüchtlingen macht große Schwierigkeiten.

7. 5. Die Amerikaner ziehen im Brixental ein. 14 Häuser werden ganz vom Militär beschlagnahmt. Von 20 Uhr bis 6 Uhr früh besteht ein Ausgehverbot. Die Amerikaner bekommen eine ausgezeichnete Verpflegung, sie benehmen sich ruhig und klaglos. Der Antlaßritt findet nicht statt, da wegen der Besatzung die Straße nicht gesperrt werden darf. Im Ort gibt es inzwischen etwa 1000 Flüchtlinge und 300 Amerikaner.

Im Juli ziehen die Amerikaner fort. Beginn der Besetzung Tirols durch französische Truppen. Die Post wird wieder eröffnet, der Post- und Bahnverkehr ist aber nur eingeschränkt möglich.

16. 8. Die Mitglieder der NSDAP aus Brixen, Kirchberg und Westendorf müssen sich im Schulhaus einfinden. 30 davon werden zwei Tage und Nächte im Pfarrhof interniert.

Im Dezember wird die Schillingwährung wieder eingeführt. Der Wechselkurs zur Reichsmark beträgt 1:1. Münzen bis fünf Mark bleiben als Schilling weiter im Umlauf.

1946 Wegen der großen Lebensmittelknappheit kommen scharenweise Bettler und Hausierer zu den Bauern. Für 1 kg Butter zahlt man 100—200 Schilling.

20. 6. Erstmals seit 1938 findet wieder der Antlaßritt statt. Über 200 Reiter nehmen daran teil. Landeshauptmann Weißgatterer und Landesbauernführer Muigg sind anwesend. Die Zeitungen berichten ausführlich darüber, Radio Innsbruck macht eine Rundfunkaufnahme. Zum 300jährigen Jubiläum des Antlaßrittes gibt der Goinger Pfarrer Matthias Mayer eine Festschrift heraus.

5. 7. Gewitterschäden — der Brixenbach vermurt Felder und das Wohnhaus zu Messerling.

7. 7. Hochwasserschäden durch den Brixenbach.

20. 7. Über das schwerste Unwetter, das Brixen in diesem Jahrhundert erlebt hat, schreibt Dekan Feyersinger folgenden Bericht in seiner Chronik:

„Am Margarethentag, 20. Juli halb 5 Uhr abends ging von der Hohen Salve her ein schweres Gewitter los; die Hagelkörner waren faustgroß. Am Sonnberg und Salvenberg ist alles vernichtet, die Felder sehen aus wie umgepflügt. Alle Ziegeldächer sind zerschlagen, die Holzdächer schwer beschädigt, die Bäume entlaubt. Furchtbar kamen die Bäche. In Hof war alles unter Wasser und die Häuser bedroht. Am ärgsten wütete der Lauterbach, sein Bett war mit großen Steinen ausgefüllt. Der Bach drang über die Felder zu Erlau, Pölt, Glanterl, Frei und über das ganze Dechantfeld, die Brixentalerstraße war voll Wasser bis zum Brixnerwirt. In Lauterbach gleicht alles einer Sand- und Steinwüste. Die Häuser neben der Straße sind voll Schlamm und Sand, ebenso alle Keller; die Gärten sind vermurt. Besonders bedroht waren die Häuser beim Wagner, bei Gugg Anton, beim Pfisterer, Erlauer, Kendelbacher, Prem und Seereit. Das Elektrowerk steht still, die Telefonlinien sind unterbrochen. Beim Pfisterer kam der Bach in die Rem und drang in den Stall. Bei vielen Häusern mußte sogleich das Vieh ausgebracht werden. Bei der Bahn staute sich das Geröll und Holzhaufen. Das Bienenhaus beim Kandler fiel um, acht Bienenvölker wurden vernichtet. Gegenwärtig geht der Lauterbach herab ins Feld beim Frei, Dechantfeld auf die Straße und dann über das Moos in den Brixenbach. Sämtliche Ziegeldächer bei Dechantstall, Holzlege und Waschhütte sind schwer beschädigt, sogar das Blechdach im Pfarrhaus ist an einer Stelle durchgeschlagen."   *22. 7. 1946*

1947 Seit Mitte Mai herrscht große Trockenheit. Wegen Wassermangels muß man mit dem Vieh von den Almen heimfahren.

1948 18. 3. Durch starke Regenfälle kommt es zu Überschwemmungen und schweren Vermurungen.

29. 10. Glockenguß der neuen Kirchenglocken bei der Firma Graßmayr in Innsbruck. Die 5. Klasse der Volksschule ist mit Oberlehrer Mühlbacher anwesend.

7. 11. Glockenweihe: Die fünf Glocken bekommen die Namen Friedens- und Wetterglocke, Heimkehrerglocke, Familienglocke, Jugendglocke und Sterbeglocke. Auch die Johannesglocke für die Hohe Salve wird geweiht.

1949 Februar: Viele Häuser werden an das Stromnetz der TIWAG angeschlossen.
Herbst: Kirchenrenovierung: Die Dekanatspfarrkirche erhält einen neuen Anstrich, am Dach und Dachgesims werden Ausbesserungsarbeiten vorgenommen.

Empfang des Glockentransportes am Ortsende von Lauterbach

Glockenweihe im Dechantanger

Weihbischof DDr. Johannes Filzer

1950 In den Sommermonaten herrscht eine große Kartoffelkäferplage.

9. 7. Der Futterstall des Samerbauern geht in Flammen auf. Ursache: Ein vorübergehend eingestelltes Motorrad geriet durch spielende Kinder in Brand.

1951 Jänner: Lawinenkatastrophe ungeheuren Ausmaßes — im ganzen Alpengebiet über 250 Todesopfer.

19. 1. Lawinenunglück beim Gasthof Wiege. Der Hüttenwirt Josef Steinbacher wird von einer Lawine verschüttet, seine Leiche erst am 9. Juni gefunden.

2. 8. Wolkenbruchartiger Regen führt zu Hochwasser. Der Lauterbach vermurt die Bundesstraße und den Bahnkörper, Zugsverkehr und Straßenverkehr sind für Stunden unterbrochen.

26. 9. Feldpater Ortner nimmt die Weihe des neuen Kriegerdenkmales vor.

1952 Landeshauptmannstv. Mayr eröffnet die neue Sprungschanze oberhalb des Dechantfeldes.

März: Elektrifizierung der Kirchenglocken.

13. 6. Das Bauernhaus beim Obertreichl brennt durch Blitzschlag völlig nieder. Wegen Wassermangels kann der Brand nicht mehr gelöscht werden. Schaden:100.000 Schilling.

November: Das alte Gemeindehaus wird komplett umgebaut.

Priesterweihe: Erzbischof Rohracher weiht Sebastian Aschaber (Ochsenweid) zum Priester. Seit 1914 fand in Brixen keine Primiz mehr statt.

1953 1. 1. Der Gendarmerieposten wird auf Initiative der Gemeinde wieder errichtet und im renovierten Gemeindehaus untergebracht. Kommandant wird Rev.-Insp. Franz Caramelle.

18. 10. Das neue Gerätehaus der Feuerwehr wird eingeweiht und seiner Bestimmung übergeben.

1954 12. 1. Eine Staublawine reißt den Futterstall zu Reiterstätt nieder und tötet sieben Kühe. Eine weitere Lawine beschädigt das Bauernhaus Suglach und vernichtet den Stadel unterhalb des Hauses.

22. 1. Eine Grundlawine reißt den Futterstall zu Suglach nieder.

13. 6. Bezirksmusikfest: neun Musikkapellen und sechs Festwagen nehmen am Festzug teil.

9. 7. Durch die seit Tagen andauernden Regenfälle treten sämtliche Gebirgsbäche aus ihren Ufern und richten schwere Schäden an. Besonders in Hof werden Häuser und Betriebe arg in Mitleidenschaft gezogen. Die Temperatur sinkt auf den Gefrierpunkt. Auf den höheren Almen liegen ein bis zwei Meter Schnee, von der Hohen Salve gehen Lawinen nieder. Das Almvieh muß wegen Futtermangels ins Tal abgetrieben werden, viele Schafe erfrieren oder werden von Lawinen verschüttet.

11. 10. Der Umbau der Volksschule ist abgeschlossen. Durch zwei Zubauten werden neue Unterrichtsräume und ein Probelokal für die Musikkapelle geschaffen.

10. 12. Die beiden Jäger Sebastian Beihammer und Ernst Rattin erlegen ein Wildschwein. Noch nie wurde im Brixental Schwarzwild gesichtet.

19. 12. Die Omnibuslinie der ÖBB von Wörgl nach Kitzbühel wird in Betrieb genommen.

Der Primiziant Sebastian Aschaber (re.), Dechant Johann Feyersinger (li.)

Die Brixner Jugend erweist dem Primizianten auf zünftige Weise ihre Reverenz

1955 Die internationalen Hochschulwochen, die bisher in Kössen stattfanden, werden nach Brixen verlegt. Die Vorträge finden im Schulhaus statt, Leiter ist Univ.-Prof. Dr. Karl Ilg.

Juli: Der Gehsteig von Hof bis Lauterbach wird ausgebaut und asphaltiert.

14. 8. Die neue Motorspritze der Feuerwehr wird feierlich eingeweiht und bei einer Schauübung vorgestellt.

1956 29. 1. Der Buchauerbauer Johann Manzl entdeckt auf seinem Feld einen Riesenballon mit allerlei Gerätschaften. Er meldet den Fund der Gendarmerie. Der Abtransport ins Tal erregt größeres Aufsehen und wird mit allen Vorsichtsmaßnahmen durchgeführt, da man in einem Behälter Sprengstoff vermutet. Später stellt sich heraus, daß es sich um einen amerikanischen Wetterballon handelt.

Jänner—März: Außergewöhnlich strenger Winter. Die Tiefsttemperatur beträgt in Brixen — 32° C. Seit 1929 war es nie mehr so kalt.

7. 7. Beginn der englischen Hochschulwochen. Professoren der Universität Innsbruck halten Vorlesungen, u. a. auch Staatssekretär Dr. Franz Gschnitzer. 40—50 Studenten aus England besuchen im Turnus von jeweils drei Wochen diese Kurse, um Österreich besser kennenzulernen. Die Höhenluft und die Ruhe am Lande tut den Besuchern außerordentlich wohl.

1957 25. 8. Die Kriegsopferkameradschaft veranstaltet ein großes Trachten- und Heimkehrerfest. Am Festzug beteiligen sich 13 Schützenkompanien und -gilden, 7 Trachtenvereine, 13 Musikkapellen und 9 Festwagen. Die Zahl der Teilnehmer und Besucher wird auf 8000 geschätzt. Am Festabend vor dem Maria-Luisenbad wirken auch die Oberkrainer Musikanten mit.

Herbst: Die Häuser in Brixen und Lauterbach werden an die neue Wasserleitung angeschlossen.

4. 10. Brand beim Ralser: Stall und Tenne brennen bis auf die Grundmauern nieder. Ursache: Überlastung der Elektroinstallation.

1958 März: Rund 200 Kinder und Jugendliche erkranken an Masern. Die Schule muß vom 27. 3. bis 9. 4. gesperrt werden.

24. 8. Die Kriegsopferkameradschaft veranstaltet wie im Vorjahr ein großes Schützen-, Musik- und Trachtenfest. Attraktion ist das 2000 Personen fassende Festzelt einer deutschen Firma, aufgestellt beim Ertlfeld.

22. 10. Sehr früher Wintereinbruch. Lawinen beschädigen am Salvenberg mehrere Ställe. Die Bewohner beim Häusl und Jaggl müssen vorübergehend ihr Haus verlassen.

1959 Der Güterweg in den Brixenbachgraben wird nach zweijähriger Bauzeit fertiggestellt. Die Kosten betragen 1 Mio. Schilling. Der Bau der Sonnbergstraße bis Ahornau wird begonnen.

15. 10. Dekan Feyersinger tritt in den Ruhestand und übersiedelt nach Salzburg. Pfarrer Gasser wird neuer Seelsorger in Brixen.

8. 11. Koop. August Mayer übersiedelt nach 12jährigem Wirken nach Maria Bühel (Salzburg). Die Gemeinde bereitet dem überaus beliebten Seelsorger einen festlichen Abschied.

1960 10. 7. Beginn der Renovierung des Innenraumes unserer Pfarrkirche. Kosten: 250.000 Schilling.

Brand beim Ralserbauern (4. 10. 1957)

8. 8. Errichtung eines privaten Außenlandeplatzes für Sport- und Rettungs-
flugzeuge beim Jagerbauern.

12. 12. Otto Gschwantler promoviert an der Wiener Universität zum Doktor
phil. sub auspiciis praesidentis.

1961 Der Bau der Hochdruckwasserleitung ist im Frühjahr vollendet. Die Länge
beträgt mit allen Nebenleitungen 10 km. Die Quellfassung erfolgt am Fuße
des Gaisberges.

1. 7. Beginn der Außenrenovierung der Pfarrkirche. Die Kosten betragen
etwa 250.000 Schilling.

23. 11. Die Sägehalle des Sägewerkes Andrä Schermer brennt in der Nacht
völlig nieder. Die Brandursache ist ungeklärt.

1962 1. 11. Der Bau der Aufbahrungshalle und die Erweiterung des Friedhofes
werden vollendet. Kosten: 90.000 Schilling.

1963 Die Arbeiten zur Errichtung der Straßenbeleuchtung werden abgeschlossen.
80 Kandelaber werden aufgestellt.

1. 10. Der Gemeindearzt DDr. Luis Gasser tritt nach 17jähriger Tätigkeit in
den Ruhestand.

17. 11. Gründung des Sportvereins Brixen. Zum ersten Obmann wird Franz
Podesser gewählt.

20. 11. Der Fernsehsender auf der Hohen Salve wird in Betrieb genommen.
Damit ist in Brixen erstmalig ein Fernsehempfang möglich.

Die alte Haltestelle Lauterbach, rechts das neue Gebäude

3. 12. Das neue Gemeindehaus wird fertiggestellt und seiner Bestimmung übergeben.

Dezember: Der Schattseitschlepplift beim Badhaus geht in Betrieb.

1964 Der Winter ist äußerst schneearm.

1. 6. Der neue Kindergarten öffnet seine Tore.

1965 Der Gendarmerieposten in Westendorf wird aufgelöst und der Überwachungsbereich dem GP Brixen zugewiesen.

1. 5. Die Kirchenuhr wird elektrifiziert.

September: Die 5 km lange Höhenstraße auf den Brixner Sonnberg wird eingeweiht.

15. 10. Eröffnung der neuen Haltestelle der ÖBB. Die Kosten betragen 717.000 Schilling. Damit erfüllt sich ein langgehegter Wunsch der Gemeinde. Der Verkehrsverein leistet einen Kostenbeitrag von 62.000 Schilling.

20. 12. Der Großschlepplift auf die Kandleralm, der mit einem Aufwand von 2 Mio. Schilling errichtet wurde, geht in Betrieb.

1966 In Österreich werden die Postleitzahlen eingeführt.

5. 6. Ehrenbürgerfeier in Brixen: Altbürgermeister Christian Beihammer und Gemeindearzt DDr. Gasser werden zu Ehrenbürgern ernannt. Gemeindesekretärin Luise Bartl erhält den Ehrenring.

2. 12. Promotion sub auspiciis praesidentis von Sebastian Posch im Beisein von Bundespräsident Franz Jonas. Musikkapelle und Gesangsverein marschieren durch Innsbruck und umrahmen die große Feier.

1967 1. 7. Die Bauarbeiten auf der Brixentaler Bundestraße werden abgeschlossen.

1969 1. 7. Eröffnung des Campingplatzes. Besitzer ist der holländische Kaufmann C. Hagenaars.

Bundespräsident Dr. Adolf Schärf und Dr. Otto Gschwantler

Bundespräsident Franz Jonas und Dr. Sebastian Posch

Hochwasser in Lauterbach (3. 6. 1971)

1. 8. Das auf Initiative des FVV errichtete geheizte Freischwimmbad wird eröffnet.

26. 10. Eröffnung des neuerbauten Altenwohnheimes. 18 Einbett- und 6 Doppelbettzimmer stehen zur Verfügung. Die Bau- und Einrichtungskosten betragen 3,7 Mio. Schilling.

1970 23. 12. Eröffnung des Schizentrums „Hochbrixen". Die Doppelsesselbahn Sonnberg sowie die Schlepplifte Kälberalm, Zinsberg und Poldanger werden in Betrieb genommen.

1971 Hochwasser in Brixen. Ein Gewitter mit Wolkenbruch führt zur Überflutung der Bundesstraße und Verschlammung von Gebäuden.

22. 11. Das Wohnhaus des Johann Wilhelmer in Hof wird durch einen Brand zur Gänze vernichtet.

1972 3. 10. Verleihung des Gemeindewappens.

1. 12. Pfarrer Christian Gasser tritt krankheitshalber in den Ruhestand.

1973 12. 8. Hw. Herbert Haunold wird zum neuen Pfarrer in Brixen ernannt.

1974 23. 2. Jungbürgerfeier für 170 Jungbürger der Jahrgänge 1944—1954 beim Reitlwirt.

20. 4. Der Stöcklbauer Johann Werlberger wird Nachfolger von Franz Podesser als Bürgermeister.

1975 15. 5. Durch schwere Gewitter kommt es zu Überschwemmungen. Größere Schäden gibt es in der Tennishalle und bei der Schuhfabrik.

19. 8. Nach einem schweren Unwetter tritt der Lauterbach aus den Ufern und schwemmt Holz und Schotter entlang der Bundesstraße bis zum Brixnerwirt.

26. 8. Genau eine Woche später gibt es wieder Hochwasseralarm. Die neu errichtete Straßenbrücke über den Lauterbach wird weggerissen. Das Hochwasser verursacht großen Schaden in der Tennishalle Fuhs.

2. 11. Pfarrhofrenovierung abgeschlossen. Der teilweise aus dem 14. Jh. stammende Widum wird unter Bewahrung der künstlerisch bedeutenden In-

nenarchitektur und der Fassade restauriert. Die Einweihung nimmt Prälat Dr. Sebastian Ritter aus Salzburg vor.

1976 Gend.-Bez.-Insp. Franz Caramelle tritt in den Ruhestand.

1978 Mai: In der Pfarrkirche werden Fußboden und Bänke erneuert. Bei den Grabungen entdeckt man Mauerreste, die Aufschluß über die früheren Kirchenbauten geben.

8. 12. Verleihung des Ehrenringes der Gemeinde an Pfarrer Christian Gasser, Altbürgermeister Andrä Schermer, Gemeindearzt Dr. Wolfgang Burghart und Altbürgermeister Franz Podesser. Sr. Liliosa Schipflinger und GR Kaufmann Stefan erhalten das Ehrenzeichen der Gemeinde.

1980 Brixen erhält mit dem Fischteich „Erlensee" eine weitere Fremdenverkehrsattraktion.

1982 Der neue Fußballplatz und der Kinderspielplatz werden von Landesrat Zanon feierlich eröffnet.

16. 9. Pfarrer Herbert Haunold wird zum neuen Dekan des Dekanats Brixen im Thale gewählt.

1983 16. 2. Bürgermeister Hans Werlberger stirbt nach längerer Krankheit. Sein Nachfolger wird der Pfisterbauer Johann Nagele.

16. 10. Das neue Schulgebäude für die Volksschule und den Polytechnischen Jahrgang wird eingeweiht und seiner Bestimmung übergeben.

1985 15. 6. Das neue Gebäude der Raiffeisenkasse auf dem Platz des alten Schulhauses wird eröffnet. Gleichzeitig werden der Musikpavillon und der neugestaltete Dorfplatz mit dem Dorfbrunnen eingeweiht.

20. 12. Die neu errichtete Einseilumlaufbahn mit Sechsergondeln nach Hochbrixen wird in Betrieb genommen. Diese Seilbahn ersetzt den alten Doppelsessellift auf den Sonnberg.

1987 19. 8. Das neue Feuerwehrhaus wird eingeweiht und mit dem neu angeschafften Löschfahrzeug seiner Bestimmung übergeben. Gleichzeitig erhält die Musikkapelle ein neues Probelokal.

15. 11. Mit der Kreuzaufsteckung wird der Abschluß der Kirchenrenovierung gefeiert. Dieses Fest ist zugleich der Auftakt für das Jubiläumsjahr „1200 Jahre Brixen". In der Kirchturmkugel werden Dokumente über unsere Zeit für die Nachwelt verwahrt.

5. 12. Die Sonnberg-Lift-AG errichtet eine neue Vierersesselbahn an der Stelle des alten Zinsbergschleppliftes. Dieser Lift mit der Plexiglasabdeckung (Bubbles) ist bisher einzigartig in ganz Europa. Gleichzeitig wird die Beschneiungsanlage auf der Niedingabfahrt in Betrieb genommen.

1988 Nach den starken Regenfällen Mitte Dezember 1987 ist der Frühwinter durch eine Schneearmut gekennzeichnet, wie man sie seit Jahrzehnten nicht mehr erlebt hat. Bis in Höhen von fast 1500 m sind die Wiesen aper. Erst Ende Jänner gibt es ausreichend Schnee. Anhaltende Schneefälle im März verursachen in weiten Teilen Tirols ein Schneechaos und Lawinenkatastrophen.

Leonhard F e i c h t n e r

Bedeutende Männer aus Brixen im Thale

Daß im Laufe der langen Geschichte Brixens zahlreiche bedeutende Persönlichkeiten hier wirkten, ist aus den vorangehenden Kapiteln sicherlich hervorge-
gangen. Vielfach waren es Männer, die aus anderen Gegenden stammten, die aber
hier die Chance erhielten, ihre Talente zu entwickeln und in große Leistungen um-
zusetzen. Das wäre aber kaum möglich gewesen, hätte es nicht immer auch Einheimische gegeben, die sich durch besondere Tatkraft und klugen Weitblick aus-
zeichneten. Nur auf diese Weise ist eine so lange und — im großen und ganzen —
positive Entwicklung möglich geworden.

Aber nicht diesen Männern, sondern jenen bedeutenden Persönlichkeiten, die
hier in Brixen geboren sind, dann jedoch ganz oder doch zum überwiegenden Teil
außerhalb ihrer Heimat wirkten und mit ihren Leistungen Anerkennung fanden,
soll das folgende kurze Kapitel gewidmet sein.

Leonhard Huntpichler von Brixen († um 1472)

Der erste bedeutende Mann aus Brixen, von dem wir wissen, war ein Mann der
Wissenschaft und der Kirche. Er gehört in jene Zeit des Frühhumanismus, in der
ein tiefes Bildungsbedürfnis alle Stände ergriff und man allenthalben die Wissenschaften mit Hingebung zu pflegen begann. Die natürliche Folge davon war ein
unerhörter Aufschwung der Universitäten, in deutschen Landen vor allem zwischen 1450 und 1510[1]. Das gewaltige Anwachsen der Zahl der Lehrenden und Ler-
nenden, gekoppelt mit einer fast unglaublichen Mobilität beider Gruppen, brachte
insgesamt eine beachtliche Qualitätssteigerung in vielen Bereichen der Wissenschaft. Da Latein die gemeinsame Sprache aller Wissenschaftler war, es also keine
hemmenden Sprachgrenzen gab, konnte ein Student an jeder Universität Europas
seinen Studien nachgehen, ein Professor überall lehren. Diese Freizügigkeit, von
der wir heute trotz aller Bemühungen um ein geeintes Europa noch meilenweit
entfernt sind, führte zu einem scharfen Wettbewerb und letztlich zu größeren Leistungen. Berühmte Lehrer zogen begabte Schüler aus ganz Europa an, berühmte
Universitäten suchten solche Lehrer an sich zu binden. Grundlage des ganzen war
aber ein allgemeiner Bildungshunger, ein reges geistiges Klima, in den Städten
ebenso wie auf dem flachen Lande.

Wie bereits oben kurz angedeutet wurde, können wir für das Brixen des 15.
Jahrhunderts einen kleinen Trägerkreis solcher Bestrebungen ausmachen. Seine
Exponenten waren zwei einheimische Laien und zwei von auswärts kommende
Geistliche: Martein von Lauterbach, der Schreiber unseres ältesten Urbars, und
der Meierhofbesitzer Christoph Rüether zu Hof, der seine wirtschaftliche und politische Tätigkeit mit literarischen Neigungen zu verbinden wußte, auf der einen
Seite — und der weltgewandte Bibliotheksstifter Pfarrer Wilhelm Taz mit seinem
ebenfalls bibliophilen Vikar Niklas Mansl auf der anderen Seite. Und genau in
diesen Kreis hinein gehört auch jener Leonhard Huntpichler (Humpichler), von
dem im folgenden die Rede sein soll.

In den Akten der Artistenfakultät, d. h. der Philosophischen Fakultät der Universität Wien, erscheint 1426 und 1427 ein „Leonhardus Huntpichler de Brixensi

valle" als Lehrer mit Vorlesungen über Schriften des griechischen Philosophen Aristoteles[2]. Bald darauf ging Huntpichler nach Köln, ins „deutsche Rom", um sich dort den theologischen Studien zu widmen; Köln stand unter den rheinischen Universitäten lang an der Spitze. Wenn Huntpichler dorthin zog und, nachdem er in Wien schon selbst doziert hatte, nun wieder bei berühmten Lehrern in die Schule ging, zeigt das deutlich, daß er eine höhere Laufbahn anstrebte und dieses Ziel mit großem Einsatz verfolgte.

Wir haben leider keine Nachricht darüber, wie der Bergbauernbub vom Hundbichlhof in Brixen seine Schulbildung erhielt, wo er seine Universitätsstudien machte und wie er schließlich zum Mitglied der Wiener Artistenfakultät wurde. Eines darf jedoch mit Sicherheit angenommen werden: er hat es gewiß nicht leicht gehabt und trotz einer allfälligen Förderung durch den Brixner Pfarrherrn oder gar durch den Bischof von Chiemsee das meiste zu seinem Aufstieg selbst beitragen müssen.

Neben seinen Studien muß er sich in Köln auch anderweitig umgetan haben, denn er erhielt dort ein Kanonikat. Ab 1445 finden wir ihn dann wieder in Wien.

Wenn Matthias Mayer mit seiner Vermutung (S. 125 f.) recht hat, war Huntpichler in der Zwischenzeit als kaiserlicher Notar tätig. Er soll jener „Leonhard, Kleriker von Brixenthal in der Diözese Chiemsee" gewesen sein, der 1437 bei der Wahl des Brixner Bischofs Georg von Stubai als kaiserlicher Notar beteiligt war[3]. Es wird berichtet, er habe ein öffentliches Instrument über die Kapitulationspunkte zur Bischofswahl, d. h. ein Dokument über die Versprechungen und Zusagen, die der Kandidat seinen Wählern machen mußte, ausgefertigt und habe nach der Wahl das erneuerte Versprechen durch den Gewählten ebenfalls in einer Urkunde festgehalten.

Wenn dieser Kleriker Leonhard aus dem Brixental wirklich mit unserem Leonhard Huntpichler identisch ist, dann darf man wohl die Vermutung anschließen, daß er es war, durch den Wilhelm Taz zum ersten Mal etwas von seiner späteren Wirkungsstätte Brixen erfahren hat. Beide waren zur gleichen Zeit und in ähnlicher Stellung in kaiserlichen Diensten tätig. Sie werden sich also wohl gekannt haben, und undenkbar ist es nicht, daß Huntpichler dem aus Mähren stammenden Taz von seiner schönen Heimat im Gebirge erzählt hat. Als Taz dann bald nach 1442 wegen Schwierigkeiten mit seinem Amtskollegen Enea Silvio Piccolomini, dem späteren Papst Pius II., seinen Dienst quittieren mußte, hat er sich vielleicht an Huntpichlers Schilderung erinnert und sich — neben seinem Kanonikat in Freising (seit 1437) — um Brixen im Thale als Pfründe bemüht. Das würde erklären, wieso Taz als Freisinger Kanoniker ausgerechnet nach Brixen kam, das doch überhaupt keine Beziehung zu Freising hatte.

Sichere Nachrichten über Leonhard Huntpichler haben wir wieder ab dem Jahre 1445, in welchem er an der theologischen Fakultät in Wien als Sententiarius, d. h. als Dogmatiker in der Nachfolge des berühmten Scholastikers Petrus Lombardus, auftrat, jedoch eigenartigerweise vorderhand weiterhin Mitglied der Artistenfakultät verblieb. Noch im Jahre 1447 nahm er als Mitglied der Kommission der Artistenfakultät an den Verhandlungen des Kaisers Friedrich III. mit dem Päpstlichen Stuhl teil.

Bald darauf trat er in den Dominikanerorden ein und wurde nun auch Mitglied der theologischen Fakultät in Wien. Zwischen 1450 und 1468 war er fünfmal Dekan dieser Fakultät (im Sommersemester 1450 und in den Wintersemestern 1453/54, 1460/61, 1463/64, 1468/69). Diese oftmalige Wiederwahl zeugt von seinem hohen Ansehen ebenso wie von seiner Einsatzbereitschaft. Seinen wissenschaftlichen Rang als Dogmatiker erweisen zahlreiche Werke in der Wiener Nationalbibliothek. Daß er aber kein reiner Theoretiker war, sondern auch an politischen Fragen Interesse hatte und in einer gewissen Verbindung zum Zentrum der Macht stand (wir erinnern uns an seine frühere Tätigkeit als kaiserlicher Notar), bestätigen die erhaltenen Briefe, die dem Kaiser Friedrich III. gewidmet sind; sie betreffen teils dessen Sohn, den späteren Kaiser Maximilian, teils den Bruder des Kaisers Albrecht VI. und die unglückselige Feindschaft zwischen den Brüdern.

Daß aber Huntpichler neben allem auch noch ein Mann der Tat war, davon zeugt der Umstand, daß er ein Jahr vor seinem letzten Dekanat an der Spitze einer Anzahl von Studenten an einer Kreuzfahrt gegen die hussitischen Böhmen teilnahm. (In diesem Punkt liegt eine auffällige Parallele zu jenem Mann vor, der in der folgenden Biographie geschildert wird. Den Brixentalern scheint seit eh und je eine resche und zupackende Art zu eigen gewesen zu sein.)

Um das Jahr 1472 muß der vielseitige und unermüdlich tätige Mann mit gut 70 Jahren gestorben sein.

Daß der am 14. April 1439 in Wien inskribierte „Nicolaus Huntpuhler de valle Brixinensi"[4] mit Leonhard Huntpichler eng verwandt war, dürfen wir wohl annehmen. Gleiches könnte auch von jenem Peter Huntpüchler gelten, der am 25. November 1481 als Zeuge in einer Brixner Urkunde aufscheint (Pfarrarchiv Brixen i. Th., Nr. 115).

Sebastian Posch

Anmerkungen

[1] J. JANSSEN, Geschichte des deutschen Volkes seit dem Ausgang des Mittelalters, Band 1, Freiburg [16]1892, S. 87 ff.

[2] Die hauptsächlichen Angaben zur Laufbahn Huntpichlers sind entnommen aus: J. ASCHBACH, Geschichte der Wiener Universität, Band 1, Wien 1865, S. 535 f.

[3] F. A. SINNACHER, Beyträge zur Geschichte der bischöflichen Kirche Säben und Brixen in Tyrol, Band 6, Brixen 1828, S. 221 f.

[4] L. SANTIFALLER, Verzeichnis der Deutschtiroler an der Wiener Universität im Mittelalter, in: Tiroler Heimat, N. F. Band 1, 3. Heft, 1928, S. 258—272 (Nr. 234).

Jakob Ritter von Stöckl (1785 – 1855)

Am 17. Mai 1785 wurde dem Kloobauern zu Hof Leonhard Stöckl und seiner Ehefrau Maria, geb. Rottmayer, als siebtes und letztes Kind ein Sohn geboren, der auf den Namen seines Taufpaten, des Schnaitlbauern Jakob Hirzinger, getauft wurde und den Namen Jakob erhielt. Genau ein Jahr später starb der Vater im Alter von nur 38 Jahren; für die junge Witwe und ihre sieben unmündigen Kinder brachen harte Jahre an, die nur in gemeinsamer Anstrengung gemeistert werden konnten. Noch früher, als es sonst bei den Bauern üblich war, wurden die Kinder zur Mitarbeit auf Feld und Hof herangezogen. Auch Jakob mußte fleißig mitarbeiten, vor allem auf der Alm, bevor er etwa vierzehnjährig zum Studium nach Innsbruck gehen durfte. Er absolvierte das damals sechsklassige Gymnasium und den daran anschließenden zweijährigen philosophischen Grundkurs an der Universität. Sein eigentliches Universitätsstudium der Rechtswissenschaft betrieb er anschließend in den Jahren 1807 und 1808 in Salzburg.

Als die politische Lage sich zuspitzte, trat Jakob Stöckl im Sommer 1808 als Leutnant in die salzburgische Landwehr ein und machte als Oberleutnant den Feldzug von 1809 mit. Zunächst wurde er als Kurier mit wichtigen Depeschen ins Hauptquartier nach Tirol geschickt und dann mit der Aufgabe betraut, einen über 1.000 Mann starken Transport gefangener Franzosen und Bayern von Altötting ins Salzburgische zu führen. In Salzburg war er der letzte Kommandant der Hauptwache, der erst ein paar Stunden vor dem Einmarsch der feindlichen Truppen abgezogen wurde. Als Offizier des 4. Salzburger Landwehr-Bataillons kämpfte er bei St. Michael und Raab tapfer und wich nicht von seinem Posten, obwohl er von drei Kugeln im Mund, an der Hand und am Fuß schwer verwundet wurde. Als im Jahre 1813 die Salzburger Landwehr wieder aufgestellt wurde, war Stöckl führend daran beteiligt. Er muß ein hervorragender Redner und Organisator gewesen sein; in Salzburg war seiner Beredsamkeit die Aufstellung einer eigenen Studentenkompanie zu danken, und in seiner engeren Heimat, im Brixental, brachte er die Aufstellung eines eigenen Brixentaler Bataillons zustande, obwohl die Abneigung der Bauern gegen einen Eintritt in die Armee tief verwurzelt war. Auch bei der Ausbildung der Truppe bewährte er sich so, daß er schließlich zum Adjutanten des Bataillonskommandeurs gemacht wurde.

Nach dem Friedensschluß trat er in den Zivildienst über und diente zunächst in Salzburg unter bairischen Vorgesetzten. Im Mai des Jahres 1814 erhielt er eine Stelle im Criminalsenat des Wiener Magistrates und gleich darauf beim k. k. Stadt- und Landrecht in Laibach. Schon im Jahre 1818 wurde er Stadt- und Landrath beim neu errichteten Stadt- und Landrecht in Karlstadt, 1821 trat er eine solche Stelle in Klagenfurt an. Dort wurde er 1830 Appellationsrath beim k. k. innerösterreichisch-küstenländischen Appellationsgericht, 1849 wurde er schließlich zum Präsidenten des k. k. Landgerichtes in Klagenfurt ernannt. Diese Stelle bekleidete er bis zu seinem Tod am 23. April 1855. Genau ein Jahr vorher war ihm der Orden der eisernen Krone dritter Classe verliehen worden, und am 13. Februar 1855 wurde ihm durch Kaiser Franz Joseph der erbländische Ritterstand verliehen.

Sein Wappen war ein viergeteilter Schild, der im ersten Feld auf goldenem Grund einen einwärts schreitenden Hirsch auf grünem Boden zeigt, im zweiten und

dritten Feld einen goldenen, oben hakenförmig gebogenen, schrägrechts gestellten Stab (ein „Stöckl") auf blauem Grund, im vierten Feld einen ausgebrei-
teten roten Adler mit ausgeschlagener Zunge auf Silbergrund. Auf dem Schild
zwei goldgekrönte Turnierhelme; aus der Krone des rechten Helmes wächst ein
einwärts gekehrter Hirsch hervor, aus der des linken Helmes ein Adler.

Aus der 1814 mit Louise Vogou geschlossenen Ehe entstammten drei Kinder:
Gustav, Emil und Albine. Der ältere Sohn wurde Oberförster, der jüngere Medi-
ziner. Er war als Landes-Sanitäts-Referent für Krain und als Gemeinderat der
Landeshauptstadt Laibach tätig. Die Tochter heiratete den Hof- und Gerichtsad-
vokaten Dr. Rudolf in Laibach.

Sebastian Posch

Anmerkung

Die biographischen Angaben sind entnommen aus: C. von WURZBACH, Biographisches Lexikon des Kaiserthums Oesterreich, 39. Band, Wien 1879, S. 95 f., und den kanonischen Büchern (Tauf- und Sterbebücher) im Pfarrarchiv Brixen im Thale.

Johann Schermer (1874 — 1950)

Als im September 1950 der Jagerbauer Ökonomierat Johann Schermer zu
Grabe getragen wurde, folgte eine überaus große Zahl von Trauergästen seinem
Sarg. Die Bevölkerung und viel Prominenz aus Politik und Wirtschaft erwiesen
einem Mann die letzte Ehre, der sich durch sein Wirken in den verschiedensten
Organisationen in Gemeinde, Bezirk und Land große Verdienste erworben hatte.

Er wurde am 10. Oktober 1874 in Brixen im Thale als Sohn des Jagerbauern
Johann Schermer geboren. Nach dem Besuch der Volksschule in Brixen arbeitete
er auf dem Hof seines Vaters. Schon in jungen Jahren genoß er hohes Ansehen bei
den Bauern. Er übernahm einen Hof, der mit etwa 100 Stück Vieh, einer größeren
Anzahl von Pferden und einer großen Schweinezucht einer der größten des Brixentales war. Außerdem war er seit 1908 auch Besitzer eines Sägewerkes in Hof.
Bereits vom Anfang unseres Jahrhunderts bis zum Ausbruch des Ersten Weltkrieges war er am Aufbau der neuen landwirtschaftlichen Organisationen in der
Gemeinde und im Bezirk maßgeblich beteiligt. Dazu gehörten Zuchtvereine, Raiff-
eisenkassen und Berufsgenossenschaften, in deren Führung er vertreten war. Er
war auch der erste Bezirksobmann des Tiroler Bauernbundes, bei dessen Gründung im Jahre 1904 in Sterzing er auch dabei war. Mit seiner großen Begabung als
Redner gelang es ihm, den Großteil der Groß- und Kleinbauern dieser Gegend auf
seine Seite zu bringen und größere Differenzen innerhalb des Bauernstandes aus-
zuräumen.

Der Jagerbauer erwies sich bereits damals als besonderer Verfechter des Fö-
deralismus. Als Abgeordneter zum Tiroler Landtag, in den er von 1918 bis 1934
gewählt war, wußte er diesen Förderalismus in den verschiedenen Gremien in
Wien immer wieder zu verteidigen.

Schermer war nicht nur Bezirksobmann des Tiroler Bauernbundes, sondern er
bekleidete ab 1919 auch das Amt des Landesobmannstellvertreters. In den Zeiten

Johann Schermer

der wirtschaftlichen Schwierigkeiten und großen innenpolitischen Gegensätze hatten es die Obmänner des Bauernbundes besonders schwer, und die Lösung der großen Probleme verlangte ihren vollen Einsatz, den Schermer nie vermissen ließ.

Da Schermer ein Sägewerk besaß, war er auch der Vertreter dieses Wirtschaftszweiges. Auf allgemeines Verlangen der etwa 300 Sägewerksbesitzer in Tirol wurde im Jahre 1919 die „Exportvereinigung Tiroler Sägewerke" Gen. m. b. H. mit Sitz in Innsbruck gegründet, zu deren Obmann Johann Schermer gewählt wurde. Dieser Zusammenschluß hatte den Zweck, den Sägern den Export des Schnittholzes ins Ausland zu ermöglichen, um dem Preisdiktat der vier ausländischen Holzgroßfirmen mit ihren österreichischen Niederlassungen zu entkommen. Bis zu den Jahren 1922/23 wurden gute Erfolge erzielt. Durch das russische Dumping auf dem italienischen Holzmarkt und die uferlose Inflation in Deutschland wurde die Holzwirtschaft schließlich aber total zerstört. Die Liquidierung dieser Genossenschaft zog sich dann bis in die dreißiger Jahre hin. Schermer und zwei Vorstandsmitglieder hatten persönliche Wechselbürgschaften für die Genossenschaft übernommen, um die exportierten Lieferungen den Sägewerksbesitzern zahlen zu können, und mußte daraus Verluste in der Höhe von über 80.000 Schilling hinnehmen. Auch durch die „Tiroler Viehverwertungs-Gen. m. b. H." hat Schermer durch persönliche Haftung Verluste in der Höhe von etwa 100.000 Schilling erlitten. Das war damals eine riesige Summe, wenn man bedenkt, daß eine Kuh 400—500 Schilling kostete.

Als bäuerlicher Abgeordneter war er auch Funktionär des „Landeskulturrates für Tirol", von dem 1921 die „Tiroler Viehverwertungsgenossenschaft" zum Zwecke des Exportes von Nutzvieh und zur Vieh- und Fleischverwertung im Inland errichtet und zu deren Obmann Schermer gewählt worden war.

Die persönlichen Haftungen für diese Genossenschaften hatte er übernommen, weil man hoffte, dieselben vor dem Zusammenbruch retten zu können. Die Landwirtschaftsminister Haueis, Thaler und Dollfuß versprachen ihm, daß ihm die erlittenen Verluste ersetzt würden. Daraus wurde aber nichts, da Minister Thaler auswanderte und Dollfuß, der inzwischen Bundeskanzler geworden war, von Nationalsozialisten 1934 ermordet wurde. Schermer mußte daher die auf seinen Besitzungen entstandenen Schulden selbst tragen.

1934 legte Schermer seine Funktionen im Landtag und Tiroler Bauernbund in die Hände von Johann Obermoser aus Waidring, dem späteren Bauernbundobmann. Nach 16 Jahren im Tiroler Landtag trat er von der politischen Bühne ab.

Als nach der deutschen Besetzung 1938 das allgemeine Entschuldungsverfahren durchgeführt wurde, ist sein Ansuchen um Entschuldung von den Nationalsozialisten in einem Schreiben des Bauernobmannes des Bezirkes Kitzbühel mit der Begründung abgelehnt worden, daß er „nicht bauernfähig und nicht bauernwürdig" sei, obwohl Schermer einer der ersten Ökonomieräte Tirols und lange Zeit Obmann des Rinderzucht- und auch des Pferdezuchtverbandes war. Er war daher gezwungen, die Hälfte des Jagerbauerngutes und der Alm an die „Deutsche Ansiedlungsgesellschaft" zu verkaufen. Sein ältester Sohn Markus übernahm den Jagerhof, sein zweiter Sohn Andrä, der 1956 Bürgermeister wurde, das Sägewerk.

Neben den bereits erwähnten Funktionen in Land und Bezirk war Schermer Bürgermeister der Gemeinde Brixen von 1908—1914 und nach zweijähriger Unterbrechung von 1916—1917.

Mit seinem Tod verlor nicht nur die Gemeinde Brixen im Thale eine ihrer größten Persönlichkeiten, sondern auch die Landwirtschaft Tirols einen ihrer besten Pioniere, wie es in einem Nachruf der Tiroler Bauernzeitung hieß.

                                                      Leonhard Feichtner

ANHANG

Schrifttum zu Brixen im Thale

Von Sebastian Posch

a) Quellen zur Ortsgeschichte

Neben dem Ordinariatsarchiv Salzburg, dem Tiroler Landesarchiv in Innsbruck (Bestände des Landgerichtes Itter), dem Salzburger Landesarchiv und dem Bayrischen Haupt-Staatsarchiv ist vor allem das wohlgeordnete Pfarrarchiv von Brixen im Thale selbst von besonderer Bedeutung.

Seine reichen Bestände (Urkunden ab 1332, Rechnungsbücher ab 1615, kanonische Bücher ab 1616, Zehentakten ab 1643 . . .) sind nunmehr mustergültig zugänglich gemacht durch den 18. Band der vom Tiroler Landesarchiv herausgegebenen Schriftenreihe „Tiroler Geschichtsquellen": Die Urkunden des Dekanalarchivs Brixen im Thale 1332—1800, bearbeitet von Hanns BACHMANN, Sebastian HÖLZL, Heinz MOSER, Innsbruck 1987, 118 S.

In dieser Publikation sind nicht nur sämtliche Urkunden durch Regesten (mit einem Register) erschlossen, sondern es ist auch ein Inventar der anderen Archivalien (Archivkartonverzeichnis) angeschlossen.

Die seit dem Jahre 1979 monatlich erscheinende Brixner Dorfzeitung „Unter uns" (Herausgeber: Erwachsenenbildung Brixen im Thale, Schriftleiter: Josef WURZRAINER) ist vor allem eine Quelle zur Zeitgeschichte, doch erscheinen in ihr auch regelmäßig Berichte, die sich mit der Vergangenheit des Ortes und seiner Umgebung beschäftigen.

b) Schrifttum über Brixen im Thale

Die Zahl selbständiger Publikationen und größerer Beiträge über Brixen in Sammelwerken ist relativ gering. Zu nennen sind vor allem:

Matthias MAYER, Der Tiroler Anteil des Erzbistums Salzburg, kirchen-, kunst- und heimatgeschichtlich behandelt. 1. Heft: Brixen i. T.; Going, Im Selbstverlag, 1936, 132 S., 21 Abb.

Rudolf ALBRECHT, Wagner's Wanderbuch mit Wanderkarte: Brixen im Thale, Innsbruck 1964, 64 S., 9 Abb.

Franz CARAMELLE, Brixen im Thale. Geschichte und Kunst eines Tiroler Fremdenverkehrsortes, in: Tirol — immer einen Urlaub wert, Sommer 1980, Nr. 16, S. 67—84, mit Abb.

Matthias MAYER, Der Brixentaler Antlaßritt, Innsbruck 1946, 18 S., 1 Taf.

Franz CARAMELLE, Die Brixentaler und ihr Antlaßritt, in: Tirol — immer einen Urlaub wert, Sommer 1973, Nr. 2, S. 5—12, 11 Abb.

Arbeiten zu speziellen Themen sind jeweils in den einschlägigen Kapiteln des Buches zitiert und werden nicht noch einmal aufgenommen. Eine Ausnahme wird bei den folgenden beiden Titeln gemacht, da sie den eigentlichen Anlaß des Buches betreffen, d. h. die erste urkundliche Erwähnung von Brixen vor 1200 Jahren im Indiculus Arnonis:

Matthias MAYER, Der Tiroler Anteil des Erzbistums Salzburg, Ergänzungsheft:
    Entstehung und Alter der Pfarren und Kirchen im Tiroler Anteil des Erzbis-
    tums Salzburg, Innsbruck, Im Selbstverlag, 1959, 52 S.
Hanns BACHMANN, Studien zur Entstehung der in der Notitia Arnonis genannten
    Kirchen Tirols, in: MIÖG 81, 1973, S. 241—303 und MIÖG 82, 1974,
    S. 30—84.

Von den vielen Erwähnungen und Schilderungen Brixens in Reiseführern und
Wanderbüchern soll ein Beispiel aus der Vergangenheit herausgegriffen werden,
das besonders interessant und leicht zugänglich ist:

Franz Michael VIERTHALER, Meine Wanderungen durch Salzburg, Berchtesgaden
    und Österreich, 2. Teil, Wien 1816 (Nachdruck Salzburg 1983), S. 166—176.

Für eine erste, wenn auch sehr knappe Information über den Ort und seine
Sehenswürdigkeiten sind zu empfehlen:

Eduard WIDMOSER, Tirol A—Z, Innsbruck 1970, S. 106—108.
Erich EGG, Das Tiroler Unterland (Österreichische Kunstmonographie VI), Salz-
    burg 1971, 87 f.

Zeitungs- und Zeitschriftenartikel über Brixner Einzelprobleme aus alter und
neuer Zeit sind in der Bibliothek des Landesmuseums „Ferdinandeum" in Innsbruck unter dem Schlagwort „Brixen i. Th." erfaßt. Angesichts der großen Zahl
solcher Artikel und ihrer teilweise sehr engen und zeitbedingten Thematik soll
hier von einem Abdruck des Zettelkataloges abgesehen werden; er würde kaum
das Interesse eines größeren Leserkreises finden, andererseits aber dem interessierten Leser das Aufsuchen der Bibliothek nicht ersparen können.

Verzeichnis der Spender der Farbtafeln

Die Kosten für die 28 Farbtafeln des Buches wurden von folgenden Spendern übernommen:

Stefan und Maria ASCHABER, Waldhof

Hans und Maria ASCHABER, Elektrofachgeschäft

Maria BEIHAMMER, Oberlehrerin, Fieberbrunn

Klaus und Elfriede BEIHAMMER, Tischlerei und Pension

Johann BEIHAMMER, Alpengasthof Jochstube

Andrä und Barbara BEIHAMMER, Pension-Loipenstüberl

Dr. Wolfgang BURGHART, prakt. Arzt

Goldschmiede EHRENSBERGER

Peter EHRENSBERGER, Kandleralm

EPPENSTEINER Ges. m. b. H., Bauunternehmung

Sport-FUCHS

Martin und Elsa FOIDL, Gasthof Alpenrose

Karl und Maria GATT, Gasthof Hoferwirt

Dekan Herbert HAUNOLD

Familie HOFER, Gästehaus

Sebastian KOGLER, Seilbahnen und Pension

Andrä und Maria KNAUER, Gasthof Brixnerwirt

Metzgerei KNAUER

Hans und Maria NAGELE, Pfistererbauer

Markus PATSCH, Darien CT.06820, USA

Matthias und Aloisia RIEDL, Zimmerei und Pension

Altbürgermeister Andrä SCHERMER mit Gattin

Markus SCHERMER, Brixentaler Sand- und Kieswerk

Schischule Brixen im Thale

Rupert und Maresi SILLABER, Stöcklbauer

Dr. Alois STRASSER, Öffentl. Notar

Familie WAHRSTÄTTER, Gasthof Reitlwirt

Fritz WALLNER, Tapezierermeister

Mitarbeiterverzeichnis

Hofrat Dr. Hanns BACHMANN, Landesarchivdirektor i. R.
6020 Innsbruck, An der Furt 18

Alois BOSETTI, Gemeindesekretär
6364 Brixen im Thale III/141

Dr. Franz CARAMELLE, Oberrat des Bundesdenkmalamtes
6020 Innsbruck, Burggraben 31 bzw. 6364 Brixen im Thale I/18

Günter ETTINGER, Schuldirektor
6364 Brixen im Thale I/70

Leonhard FEICHTNER, Hauptschuloberlehrer
6364 Brixen im Thale I/124

Dr. Otto GSCHWANTLER, Univ.-Professor
1180 Wien, Peter-Jordan-Straße 159/II/3 bzw. 6364 Brixen im Thale III/8

Rudolf HAIN, Hauptschuloberlehrer
6363 Westendorf, Bichlingerstraße 44 bzw. 6364 Brixen im Thale III/113

Mag. Hans LAIMINGER, Gymn.-Professor
6364 Brixen im Thale V/126

Prälat Dr. Johannes NEUHARDT, Diözesankonservator
5020 Salzburg, Nonnberggasse 7

Hofrat Dr. Walter NEUHAUSER, Leiter der Handschriftenabteilung der Universitätsbibliothek Innsbruck
6020 Innsbruck, Franz-Fischer-Straße 5

Dr. Hugo PENZ, Univ.-Dozent
6176 Völs, Maximilianstraße 3 H

Dr. Sebastian POSCH, Univ.-Dozent
6020 Innsbruck, Reithmannstraße 18 bzw. 6364 Brixen im Thale III/46

Josef SODER, Sonderschuldirektor
6094 Axams, Elisabethinum bzw. 6364 Brixen im Thale II/82

Franz STÖCKL, Lehrer des Polytechnischen Lehrgangs
6364 Brixen im Thale III/158

Dr. Hannsjörg UBL, Univ.-Dozent
3420 Kritzendorf, Schelhammergasse 64

Dr. Franz VAVTAR, Univ.-Dozent
6020 Innsbruck, Reichenauerstraße 100 bzw. 6364 Brixen im Thale III/44

Namenregister

Schlern-Schriften

Die Schlern-Schriften erscheinen seit 1923. Insgesamt sind in dieser Reihe seither in loser Folge 281 Bände erschienen, die sich mit historischen, kunsthistorischen, volkskundlichen und geographischen Themen der Tiroler Geschichte befassen und dabei alle drei Landesteile und das Trentino berücksichtigen.

Herausgeber der Reihe ist em. Univ.-Prof. Dr. Dr. hc. Franz Huter.

Zuletzt erschienen folgende Bände:

261 *Josefine Benigni,* **Wortschatz und Lautgebung der Innsbrucker Stadtmundart im Wandel dreier Generationen.**
1971. XII, 153 S., öS 380,–

Im Rahmen der österreichischen Mundarten wird der Tiroler Dialekt vielfach als besonders traditionsgebunden angesehen. Daß er sich, vor allem im städtischen Bereich, in einem relativ kleinen zeitlichen Rahmen beachtlich verändert hat, veranschaulicht die Autorin mit dieser Arbeit: Äußerer Einfluß, etwa der Fremdenverkehr, aber auch soziale Struktur und Altersschichten haben Wandel und Vielfalt der sprachlichen Gestaltung beeinflußt.

Anhand von 1700 Einzelausdrücken werden die einzelnen sprachlichen Schichten der Innsbrucker Stadtmundart voneinander differenziert, wobei Unterschiede nicht nur zwischen den Geschlechtern, sondern auch etwa zwischen Stadtvierteln auftreten. Das abschließende Wortregister verzeichnet zum Teil Ausdrücke, die nicht einmal Josef Schatz im „Wörterbuch der Tiroler Mundarten" (Schlern-Schriften 119 und 120) anführt.

262 *Hanns Bachmann,*
Das Buch von Kramsach.
1972. 452 S., 16 Bildtaf., 1 Falttaf., öS 684,–

Die im 16. Jahrhundert errichtete Glashütte hat Kramsach im Unterinntal weit über die Landesgrenzen hinaus bekannt gemacht. Dieses Heimatbuch führt in den Lebensraum und die historische Entwicklung der Gemeinde bis in die Gegenwart ein. In über zwanzig Beiträgen namhafter Autoren werden Siedlung und Wirtschaft, Höfe- und Familiengeschichte, Kirchen-, Religions- und Kunstgeschichte eingehend behandelt. Ein weiterer Abschnitt gilt bedeutenden Persönlichkeiten aus Kramsach und den Gefallenen und Vermißten der beiden Weltkriege. Die einzelnen Beiträge sind mit einer Fülle ergänzenden Bildmaterials sowie mit Karten, Tabellen, Zeichnungen und wertvollen Verweisen auf weiterführende Spezialliteratur ausgestattet.

263 *Gisela Winkler,*
Bevölkerungsgeographische Untersuchungen im Martelltal.
1973. 128 S. mit 1 Karte, 63 Tab., 46 Fig., öS 278,–

In der rund tausend Einwohner zählenden Gemeinde Martell, einer klar umgrenzten Talschaft des mittleren Vinschgaus, hat die Verfasserin etwa 19.000 Eintragungen über Heiraten, Geburten und Sterbefälle aus den Kirchenbüchern in eine genealogische Reihung gebracht, die sich von der ersten Hälfte des 17. Jahrhunderts bis in die Gegenwart spannt. Diese Quelle bildet die Grundlage für die statistischen Untersuchungen: Die Entwicklung von Eheschließungen, Geburten und Sterblichkeit innerhalb der Gesamtgruppe wird eingehend dargestellt, ihre jahreszeitliche Verteilung aufgeschlüsselt. Ein eigener Abschnitt gilt den Heiratskreisen und der Binnenwanderung.

Das Martelltal ist durch diese Arbeit zu einer der bevölkerungsgeographisch bestuntersuchten Talschaften des gesamten Alpenraums geworden.

264 *Franz Caramelle,* **Festschrift für Landeskonservator Dr. Johanna Gritsch.**
Anläßlich der Vollendung des 60. Lebensjahres dargebracht von Kollegen, Freunden, Schülern und dem Verlag. 1973. 295 S., 1 Faltkarte, 65 Bildtaf., öS 588,–

Die 24 Beiträge dieses Sammelbandes behandeln, durch etwa hundert Abbildungen illustriert, Themen der Tiroler Kunstgeschichte, Geschichte und Denkmalpflege. Der Bogen ist dabei so weit gespannt, daß er nicht nur vom Hochmittelalter bis in die neueste Zeit reicht, sondern auch Gebiete von lokalgeschichtlicher und von überregionaler Bedeutung umfaßt und neben wertvollen stilkritischen und restauratorischen Arbeiten hochinteressante Beiträge aus den Bereichen Heraldik, Epitaphik, Burgenkunde und Tiroler Kulturgeschichte bringt. Unter den Themen: Zur Entstehung der Kirche und ihres Quellheiligtums in Mehrn bei Brixlegg (Hanns Bachmann); Vinschgauer Miszellen aus dem Bischofs-Archiv in Chur (Karl Schadelbauer); Der „Codex Brandis" als Quelle burgenkundlicher Forschung in Tirol (Oswald Trapp).

265 *Hanns Bachmann,* **Das Mirakelbuch der Wallfahrtskirche Mariastein in Tirol als Quelle zur Kulturgeschichte (1648—1742).**
1973. 208 S., 2 Bildtaf., 2 Farbtaf., 1 Faltkarte, ISBN 3-7030-0002-3, öS 480,–/DM 68,–

Die Unterinntaler Burg Stein, heute Mariastein, ließen die Herren von Freundsberg im 14. Jahrhundert errichten. Die späteren Besitzer, die Herren von Ebbs, dürften jene kunstvolle Marienstatue aus dem 15. Jahrhundert auf die Feste gebracht haben, die bald den Kristallisationspunkt der Wallfahrt des Tiroler Unterlandes bildete. Am Beginn des 17. Jahrhunderts wurde der Kaplan der Burgkapelle beauftragt, die „Wunderzeichen", welche sich in der Kapelle ereigneten, aufzuschreiben. So begann die Aufzeichnung der Mirakelberichte, die schließlich drei Bände füllten. Einer von ihnen (1678—1742) ist noch erhalten. Hanns Bachmann führt in diese bemerkenswerte Geschichtsquelle ein, die durch den Spiegel des religiösen Denkens einer bäuerlichen Welt in bewegende Zeitereignisse, wundersame Begebenheiten, Unglücksfälle, Katastrophen und die sanitären Verhältnisse Einblick gibt.

266 *Georg Reitter,* **Sankt Chrysanthen.** Das alte Wallfahrtsheiligtum in Osttirol und seine europäischen Kulturzusammenhänge.
1976. 239 S., 16 Bildttaf., 1 Farbtaf., ISBN 3-7030-0030-9, öS 480,–/DM 68,–

Die Filial- und Wallfahrtskirche Sankt Chrysanthen liegt auf einer Felskuppe oberhalb von Nörsach in Osttirol. Der kleine Sakralbau birgt eine ungeahnte Fülle volkskundlicher und kunsthistorischer Kostbarkeiten, darunter Votivtafeln aus vier Jahrhunderten, die der Verfasser eingehend behandelt. Auch das längere Zeit verschollene Original der Weiheurkunde des berühmten Paolo Santonio aus dem Jahr 1485 konnte für diese Arbeit wieder herangezogen werden. Seinen Ausführungen zur geographischen Lage, historischen Entwicklung und kunstgeschichtlichen Bedeutung schließt der Verfasser tiefschürfende Untersuchungen zur Wallfahrt und zur Chrysanthus-Daria Verehrung an. Dabei zeigen sich interessante überregionale Zusammenhänge, die ins Rheinland sowie bis nach Süditalien und Spanien führen.

267 *Josef Weingartner,* **Im Dienste der Musen.**
Briefwechsel mit Josef Garber. Mit einer einleitenden Biographie.
1978. 298 S., 2 Bildtaf., ISBN 3-7030-0058-9, öS 380,–/DM 54,–

Ihre Freundschaft begann 1903 im Brixner Priesterseminar und wurde durch das gemeinsame Theologiestudium und die folgende, vorwiegend der Kunstgeschichte geltende Weiterbildung in Wien gefestigt. Beruflich folgte der Meraner Josef Garber (1883—1933) dem aus Dölsach in Osttirol stammenden Josef Weingartner (1885—1957) in dessen Tätigkeit als Sekretär des Innsbrucker Denkmalamtes, als Leiter der Außenstelle des Denkmalamtes in Bozen und als Generalkonservator des Staatsdenkmalamtes in Wien unmittelbar nach. Der fast dreißig Jahre umspannende Briefwechsel (1906—1933) der beiden Priester ist ein aufschlußreiches Zeitbild des wissenschaftlichen und kulturellen Lebens Tirols, er spiegelt aber auch die umwälzenden politischen Ereignisse wider, die in Österreich und Tirol tiefgreifende Veränderungen mit sich brachten.

268 *Siegfried Krezdorn,* **Burg Klamm in Tirol.**
Ihre Geschichte und Lebensbilder bedeutender Burgbesitzer. Mit einem Beitrag von Fritz Steinegger: Die zwei ältesten Güterverzeichnisse von Burg Klamm.
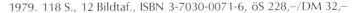
1979. 118 S., 12 Bildtaf., ISBN 3-7030-0071-6, öS 228,–/DM 32,–

Die wechselvolle Geschichte der wehrhaften Burg auf dem Mieminger Plateau beginnt in der Stauferzeit. Der erste Bewohner wird 1260 urkundlich genannt. Als Nachfolger im lehensweisen Besitz scheinen die Mülser und die Starkenberger auf, ehe landesfürstliche Pfleger und später Pfandherrn (unter ihnen Wilhelm Bienner, Kanzler von Tirol) die Burg bewohnen. Im Jahr 1674 verkauft Kaiser Leopold die Herrschaft St. Petersberg mit Burg Klamm an die Grafen von Clary-Aldringen, die die Feste kurz darauf an den oberösterreichischen Kanzler Freiherr Christaßler von Gamerschwang veräußern. Von diesem geht sie in bürgerliche Hand (Familie Hirn) und 1954 an die rheinische Industriellenfamilie Hünnebeck über, die das verfallene Bauwerk mit viel Aufwand wieder wohnlich macht. Das vorliegende Buch setzt sich mit der 700jährigen Geschichte der Burg und ihrer bekanntesten Bewohner auseinander.

269 *Margarete Köfler/Silvia Caramelle,*
Die beiden Frauen des Erzherzogs Sigmund von Österreich-Tirol.
1982. 251 S., 9 Bildtaf., ISBN 3-7030-0081-3, öS 380,–/DM 54,–

Ihr „geliebter Gemahl", Sigmund der Münzreiche, war über fünfzig Jahre lang (1439—1490) Landesfürst von Tirol, ein Mentor der Münzreform, erster Nutznießer der reichen Bergschätze, nostalgischer Burgenbauer und unberechenbarer Politiker. Eleonore, die gebildete, selbstbewußt handelnde Tochter des schottischen Königs Jakob, und die passive, weniger talentierte Katharina von Sachsen, die dem Witwer Sigmund als 16jähriges Mädchen angetraut wurde, standen an der Seite eines Mannes, der im öffentlichen und privaten Leben einen ausgeprägten Hang zu Vergnügung und Unterhaltung zeigte. Die Beziehung der beiden Frauen zu ihrem Ehegatten war durch Anstand, Konvention und Repräsentationspflichten geregelt; die große Kinderschar des Fürsten entsproß seinen außerehelichen Verhältnissen.

270 *Richard Schober,* **Die Tiroler Frage auf der Friedenskonferenz von Saint Germain.**
1982. 606 S., 15 Bildtaf., geb. ISBN 3-7030-0101-1 öS 760,–/DM 108,–, brosch. ISBN 3-7030-0102-X öS 680,–/DM 97,–

Das vorliegende Werk schließt eine lange bestehende Lücke in der österreichischen Geschichtsschreibung über die Friedenskonferenz von Saint Germain. Während für das Burgenland, Kärnten und Vorarlberg bereits diesbezügliche Monographien vorhanden waren, fehlte eine Bearbeitung der Tiroler Frage.
Richard Schober zeichnet nach langjährigem, intensivem Quellenstudium ein neues, vom bisherigen stark abweichendes Bild des Tiroler Kampfes um den Verbleib Südtirols bei Österreich und eröffnet neue Eindrücke in die innere Dialektik der österreichischen Außenpolitik zur Zeit der Friedenskonferenz. Das Kernstück des Buches ist der Tiroler Delegation in Paris gewidmet. Das im Anhang erstmals veröffentlichte Tagebuch des Tiroler Delegierten in Saint Germain, Dr. Franz Schumacher, gibt Einblick in die internsten Vorgänge innerhalb der österreichischen Delegation in Paris und insbesondere in das hoffnungslose Ringen um Südtirol.

271 *Hans Schuladen,* **Die Nikolausspiele des Alpenraumes.**
Ein Beitrag zur Volksschauspielforschung.
1984. 259 S., 16 Bildtaf., ISBN 3-7030-0120-8, öS 380,–/DM 54,–

Nikolausspiele gehören zu den langlebigsten und buntesten Spielen der einstmals so reichen Volksschauspiellandschaften des Alpenraums.
Hans Schuhladens Untersuchung liegt eine neue Bestandsaufnahme der Quellen zugrunde. Durch ein breitangelegtes Heranziehen von Archivalien, den Rückgriff auf wiederaufgefundene oder neu zugänglich gemachte Spieltexte und durch Feldforschung in Orten mit lebendiger oder jüngst erloschener Tradition erweitert er die Materialbasis für die Spielanalyse beträchtlich: 59 Spielorte macht er in Nordtirol aus, 73 in Südtirol, zwanzig in der Steiermark. Intention, Typologie, regionale Verbreitung und Wandel der Nikolausspiele werden eingehend untersucht. Der Leser wird mit einer Form religiöser Unterweisung bekannt, die lange Zeit am Rande des barocken Schul- und Bekehrungstheaters existiert und dabei zur anschaulichen Volksbelehrung gezählt hat.

272 *Hans Hochenegg,* **Bruderschaften und ähnliche religiöse Vereinigungen in Deutschtirol bis zum Beginn des 20. Jahrhunderts.**
1984. 240 S. mit 75 Abb., ISBN 3-7030-0135-6, öS 380,–/DM 54,–

Das Ergebnis der Untersuchungen über ein scheinbares Randthema bildet ein wichtiges Nachschlagewerk zur religiösen Volkskunde Tirols: Es verzeichnet und beschreibt rund 1800 vom Hochmittelalter bis um 1900 bestehende oder nachweisbare Bündnisse zur Vertiefung des religiösen Lebens und zur Pflege der Nächstenliebe. Aus Sorge um das Seelenheil entstanden, erfreuten sich die Bruderschaften früh großen Zulaufs und verzeichneten zum Teil mehrere tausend Mitglieder. In der Namengebung spiegelt sich mosaikartig so manches an religiösem Zeitgeist wider. Hans Hochenegg hat sein Werk reich mit Abbildungen ausgestattet. Die Bruderschaftsdiplome, häufig mit einem Kupferstich geschmückt, sind von kunst- und kulturgeschichtlichem Wert, und, wenn das Ortsbild eingesetzt ist, auch einzigartige Belege zur lokalgeschichtlichen Forschung.

273 *Viktor Schemfil,* **Die Kämpfe am Monte Piano und im Cristallo-Gebiet (Südtiroler Dolomiten) 1915–1917.** Verfaßt auf Grund österreichischer Kriegsakten, Schilderungen von Mitkämpfern und italienischer kriegsgeschichtlicher Werke.
1984. 224 S., 28 Bildtaf., ISBN 3-7030-0145-3, öS 280,–/DM 40,–

Der Kampf in den Bergen der Südfront ist eines der wichtigsten und interessantesten Kapitel der Tiroler Landesgeschichte in der Zeit des Ersten Weltkriegs. Durch den Kriegseintritt Italiens 1915 wird die 350 km lange Grenze vom Stilfser Joch bis Kärnten zur Kampflinie. Ehe die Kaiserjäger und Landesschützen aus Innsbruck zurückbeordert werden können, müssen Marsch-, Landsturm- und Reservebataillone zusammen mit Standschützenformationen die Tiroler Grenzberge halten. Bei den Kämpfen im Cristallo- und Drei Zinnen-Gebiet versuchen die Italiener, ins nahe Pustertal durchzubrechen. Dabei bildet der Monte Piano einen wichtigen Stützpunkt der Dolomitenfront. Kurz nach Kriegsbeginn von Tiroler Einheiten besetzt, wird er auch in schwierigsten Gefechtslagen gehalten, bis die Italiener 1917 das Gebiet räumen. (Vgl. auch Schlern-Schriften 274.)

274 *Viktor Schemfil,* **Die Kämpfe im Drei Zinnen-Gebiet und am Kreuzberg in Sexten 1915–1917.** Verfaßt auf Grund österreichischer Kriegsakten, Schilderungen von Mitkämpfern und italienischer kriegsgeschichtlicher Werke.
1986. 197 S., 23 Bildtaf., ISBN 3-7030-0170-4, öS 280,–/DM 40,–

Der Verfasser, als Regimentsadjutant der Tiroler Kaiserjäger selbst am südlichen Kriegsschauplatz, schildert die Grenzschutzvorbereitungen, die Angriffs- und Verteidigungspläne und die Kampfhandlungen im Drei Zinnen- und Kreuzberggebiet bis zum Abzug der italienischen Truppen im Herbst 1917. Neben zahlreichen anderen Episoden beleuchtet er insbesondere das tragisch verlaufene Paternkofel-Unternehmen des Sextener Bergführers Sepp Innerkofler, der mit Freunden als „fliegende Patrouille" rastlos Gipfel um Gipfel bestieg, und dort ins Blickfeld des Gegners zu gelangen suchte, um ihm den Anschein zu vermitteln, alle diese Berge seien österreichisch besetzt und gesichert.
Viktor Schemfil hat neben österreichischem auch italienisches Schrifttum eingesehen, um ein zuverlässigeres und detaillierteres Bild des Geschehens zu geben. (Vgl. auch Schlern-Schriften 273.)

275 *Franz Huter,* **Hieronymus Leopold Bacchettoni.** Professor der Anatomie und Chirurgie an der Universität Innsbruck. Ein Beitrag zur Verselbständigung der Chirurgie als Lehrfach an den Universitäten nördlich der Alpen. 1985. 62 S. mit 12 Abb., 1 Farbtaf., ISBN 3-7030-0150-X, öS 186,–/DM 26,–

Als Hieronymus Leopold Bacchettoni, Chirurgensohn aus umbrischer Familie, aufgrund eines kaiserlichen Beschlusses im Jahr 1735 die „Cathedra chirurgica" an der medizinischen Fakultät der Universität Innsbruck verliehen wurde, bedeutete dies ein Novum an den Universitäten Altösterreichs. Denn im deutschen Sprachraum nahmen sich die Hochschulen, dem romanischen Vorbild folgend, erst sehr zögernd der Chirurgenausbildung an. Auch in Innsbruck stieß die neue Chirurgielehrkanzel anfänglich auf großen Widerstand; auch wegen des knappen Etats wurde sie von den drei bestehenden Lehrkanzeln der medizinischen Fakultät für unnötig befunden, „da die chirurgia in anatomiam einflüesse". Franz Huter vergleicht die Situation in Innsbruck auch mit der an den medizinischen Fakultäten anderer Städte und bietet so ein facettenreiches Bild aus dem Universitätsleben in der ersten Hälfte des 18. Jahrhunderts.

276 *Waldemar Grossmann,* **Die Innerebner. Ein altes Sarner Geschlecht.** Zweiter Teil (Fortführung des Ersten Teiles von Georg Innerebner, Schlern-Schriften 76). 1984. 227 S. mit 24 Abb., 1 Falttaf., ISBN 3-7030-0139-9, öS 380,–/DM 54,–

Die Innerebner stammen vom Hof In der Eben in Unterreinswald (Sarntal), wo als erster Vorfahre um die Mitte des 16. Jahrhunderts ein Hansen Inderöbner urkundlich greifbar ist. Zum Begründer der städtischen Linie wurde 1810 Peter Innerebner durch seine Heirat mit der Wirtin zur „Weißen Gans" in Bozen, Rosina Wiedenhofer.
Waldemar Grossmann, über seine Mutter selbst mit der Familie verwandtschaftlich verbunden, resümiert, ergänzt und erweitert mit dieser Familiengeschichte die 1952 erschienene und inzwischen vergriffene Arbeit Georg Innerebners (Schlern-Schriften 76). Auf umfangreiches Quellenmaterial aufbauend, gibt er neben übersichtlichen Stammtafeln eine umfassende statistische Auflistung über die Entwicklung einer Familie, die mit den verschiedensten Ländern Altösterreichs bis hin nach Böhmen und Mähren verflochten ist.

277 *Mercedes Blaas,* **Die „Priesterverfolgung" der bayerischen Behörden in Tirol 1806—1809.** Der Churer Bischof Karl Rudolf von Buol-Schauenstein und sein Klerus im Kampf mit den staatlichen Organen. Ein Beitrag zur Geschichte des Jahres 1809. 1986. 397 S., 16 Bildtaf., ISBN 3-7030-0171-2, öS 580,–/DM 83,–

Viele Gründe waren es, die den Aufstand der Tiroler gegen die bayerische Herrschaft auslösten. Vor allem aber entzündete sich der Widerstand der Bevölkerung an den Maßnahmen im kirchlichen Bereich 1806—1809. Die Regierung ging mit einer derartigen Härte daran, die Kontrolle über die Kirche auszudehnen, daß sie in zunehmenden Gegensatz zu Bevölkerung, Klerus und den drei in Tirol residierenden Bischöfen von Brixen, Trient und Chur geriet; die beiden Letztgenannten ließ sie 1807 wegen „Widerspenstigkeit" kurzerhand aus dem Land schaffen. Das Buch schildert die Folgen dieses Gewaltaktes in dem zum Bistum Chur gehörigen Tiroler Gebiet (Vinschgau, Passeiertal rechts der Passer, Teile des Burggrafenamtes mit Meran), wo es zu förmlichen Kirchenkampf kam, in dessen Verlauf siebzig Geistliche eingesperrt, zwangsversetzt, aus dem Land gebracht oder in die Flucht getrieben wurden.

278 *Brigitte Lutz-Dollinger,* **Buchweizenanbau und Buchweizenbauern in Südtirol.**
Ein Beitrag zur Agrar- und Sozialgeographie Südtirols.
1986. 148 S. mit 37 Abb. und 68 Tab., ISBN 3-7030-0172-0, öS 280,–/DM 40,–

Im tirolischen Gesamturbar von 1406 wird für Eppan ein Zins in „haidnischen waiczen" erwähnt. Es ist dies der älteste bekannte Hinweis auf Buchweizenanbau in Tirol, dem ab den vierziger Jahren des 15. Jahrhunderts eine ganze Reihe von Belegen folgen. Fast ein halbes Jahrtausend lang kommt nun dem Buchweizen in allen für den Anbau geeigneten Gebieten hohe Bedeutung zu. Bis in die Zwischenkriegszeit beherrscht er weitgehend das Bild der spätsommerlichen Agrarlandschaft zwischen Laas im Westen und dem Brunecker Becken im Osten und bestimmt — meist mit drei Gerichten am Tag — den bäuerlichen Speisezettel.
Brigitte Lutz-Dollinger geht den Ursachen für die Flächenverluste in den letzten Jahrzehnten nach, die in manchen Gebieten Südtirols 99 % (!) betragen, sie hinterfragt aber auch die mit einer möglichst rentablen Betriebsführung kaum vereinbar scheinenden Gründe für den Weiteranbau.

279 **Tirol im Jahrhundert nach Anno Neun.** Beiträge der 5. Neustifter Tagung des Südtiroler Kulturinstitutes. Hrsg. v. *Egon Kühebacher.*
1986. 198 S., 12 Bildtaf., ISBN 3-7030-0176-3, öS 340,–/DM 48,–

Das 19. Jahrhundert brachte in den Bereichen des politischen, kulturellen, wirtschaftlichen und religiösen Lebens tiefgreifende Neuerungen, denen man sich in Tirol allerdings nur sehr zögernd öffnete. Die konservative Geisteshaltung, die das Land prägte, verklärte die Kämpfer von 1809 und schuf damit das bis heute nachwirkende Bild vom „Heldenzeitalter" Tirols. Historiker, Philologen, Kunsthistoriker und Volkskundler referierten auf der 5. Neustifter Tagung über die vielfältigen Entwicklungstendenzen, die das vorige Jahrhundert seit der bayerischen Herrschaft in Tirol kennzeichneten und leuchten damit einen bis heute noch wenig erforschten Zeitabschnitt der Landesgeschichte aus. Die Beiträge stammen von Michael Forcher, Johann Rainer, Johann Holzner, Gert Ammann, Meinrad Pizzinini, Helmut Reinalter, Richard Schober, Josef Gelmi, Georg Zwanowetz, Karl Ilg, Hans Grießmair und Werner Gürtler.

280 **Die Heidin. Alpbachtaler Sagenbuch.**
Gesammelt und neu erzählt von *Berta Margreiter.*
1986. 163 S. mit 12 Abb., ISBN 3-7030-0177-1, öS 194,–/DM 28,–

Bereits 1966 gab Berta Margreiter im zweiten Teil des Heimatbuches von Reith bei Brixlegg 41 Sagen aus Reith und Umgebung heraus (Schlern-Schriften 186/II). Dieser Band ist vergriffen, die Herausgeberin sammelte weiter, sodaß die vorliegende Neuauflage nunmehr das gesamte Alpbachtal umfaßt und der Sagenbestand um mehr als das Doppelte angestiegen ist. Die Quellenangaben weisen eine Vielzahl von Geschichten als mündliche, bislang schriftlich nicht fixierte Überlieferung aus. Eine übersichtliche Gliederung ermöglicht dem Leser die Wahl zwischen Glockensagen, Schatzsagen, Berg- und Almsagen, Erzählungen über Feen, Zwerge, Hexen, Riesen, Teufel und Hausgeister, von geheimnisvollen Kräften, von Schuld und Sühne, von der Weihnachtszeit, aus der Pestzeit und rund um Schloß Matzen. Dem interessierten Laien wie dem landes- und volkskundlich ausgerichteten Fachmann sichert dieses Buch eine spannende und unterhaltsame Lektüre.

Noch lieferbare Tiroler Heimatbücher
in der Reihe „Schlern-Schriften"

Universitätsverlag Wagner · Postfach 165 · A-6010 Innsbruck

...cat riuii mansos
a nuncup campus
nd ipse dux in pag
nd predict dux in
uulgarit dr galgo.
      regnbtr
n ipso loco habuit.
n pago lisnaguoe q
...ipsor. & ipse tas
cella
...mia tallitonis ad
de illis potestatu ii
...litonis in pago pi
romanisco. in pago
...sos xv. q inter
...atu. & ipsa tradiu
nemorato loco bison
...filius...

puncuia...
bitis eu mai
Ad tahardin
puict benef
Ad erlistedi
In pago q dr
Ad ratfeld ee
Ad prisslech
Ad quantula
Ad praxina e
Ad pirchnui
Ad cuossteni
ubiirs uiri m
Ad episas eccl
Ad rianio m
Ad muihdorf
Ad hrossulh...